André Klahold

Open Access III
Die umfassende Einführung
in das integrierte Softwarepaket

Aus dem Bereich Computerliteratur

Arbeiten mit Microsoft Excel
The Cobb Group (Ein Microsoft Press/Vieweg-Buch)

Programmierleitfaden Microsoft Excel
von D. Peters und G. Vogel

Microsoft Excel Schritt für Schritt
von Ralph Soucie (Ein Microsoft Press/Vieweg-Buch)

Windows 3.0
Eine umfassende Einführung
von Jürgen Burberg

Open Access III – Die umfassende
Einführung in das integrierte Softwarepaket
von André Klahold

Harvard Graphics
von Ernst Tiemeyer

Intensivschulung Lotus 1-2-3 (Version 3)
hrsg. von BITEF

Das große Vieweg Word 5.5 Buch
von Ernst Tiemeyer

Word für Windows Schritt für Schritt
von Michael Boom (Ein Microsoft Press/Vieweg-Buch)

Vieweg

ANDRÉ KLAHOLD

OPEN ACCESS III

DIE UMFASSENDE EINFÜHRUNG IN DAS INTEGRIERTE SOFTWAREPAKET

Bei den Produktbezeichnungen in diesem Buch handelt es sich um geschützte bzw. eingetragene Warenzeichen.

Das in diesem Buch enthaltene Programm-Material ist mit keiner Verpflichtung oder Garantie irgendeiner Art verbunden. Der Autor und der Verlag übernehmen infolgedessen keine Verantwortung und werden keine daraus folgende oder sonstige Haftung übernehmen, die auf irgendeine Art aus der Benutzung dieses Programm-Materials oder Teilen davon entsteht.

Der Verlag Vieweg ist ein Unternehmen der Verlagsgruppe Bertelsmann International.

© Springer Fachmedien Wiesbaden 1991
Originally Friedr. Vieweg & Sohn Verlagsgesellschaft in 1991

ISBN 978-3-528-05137-2   ISBN 978-3-663-14000-9 (eBook)
DOI 10.1007/978-3-663-14000-9

VORWORT

Dieses Buch wendet sich an alle, die mit Open Access III arbeiten wollen. Für den *Einsteiger* bietet es eine schrittweise von Beispielen unterstützte Einführung. Dem *Umsteiger* von Version II hilft es durch ein spezielles Konzept beim schnellen und effektiven Einstieg in die neue Version. Dem *Fortgeschrittenen* schließlich dient es als kompaktes und übersichtlich gestaltetes Nachschlagewerk, das auch in Problemsituationen eine Antwort parat hat.

Open Access III ist die konsequente Weiterentwicklung eines der erfolgreichsten Integrierten Pakete. Es stellt die Hilfsmittel zur Bewältigung beinahe aller in einem Untenehmen anfallender Aufgaben zur Verfügung. Mit der Datenbank verwalten Sie zum Beispiel Ihre Kunden- und Lieferantendaten. Die Kalkulation macht auch aufwendige Berechnungen zum Kinderspiel, und mit der Textverarbeitung erledigen Sie den kompletten Schriftverkehr.

Mit Open Access III sind Sie aber auch für die Zukunft gerüstet. So ist im Lieferumfang bereits eine Programmversion für den Einsatz im lokalen Netzwerk enthalten, und mit *OSA* läßt sich das Programm beliebig erweitern.

Neu in der Version III sind zum Beispiel Erweiterungen der Datenbank. Mit *Memo* und *Zeit* stehen sogar zwei neue Feldtypen zur Erfassung umfangreicher Texte bzw. Uhrzeiten zur Verfügung. Auch andere Programmteile wurden optimiert. Die Textverarbeitung kann nun beliebig große Texte verarbeiten und die Kalkulation bietet unter anderem alle gängigen statistischen Funktionen.

Ich möchte der Firma SPI, insbesondere Frau Kozmary (Product Development Manager), für die freundliche Unterstützung während der Arbeit an diesem Buch danken.

André Klahold,

Haiger-Flammersbach, im Januar 1991

AUFBAU DES BUCHES

Das Buch ist in acht Teile gegliedert, von denen jeder in sich abgeschlossen ist und aus aufeinander aufbauenden Kapiteln besteht. Dadurch kann der Einsteiger sich schrittweise in das Programm einarbeiten, und der Fortgeschrittene findet schnell die gewünschte Information. Die eingearbeiteten Beispiele sind vor allem zu Beginn der Arbeit mit Open Access hilfreich. Alle Funktionen werden aber auch allgemein erläutert, wodurch das Buch zum Nachschlagewerk wird.

Nach einer Einführung, in der Entstehungsgeschichte und Einsatzmöglichkeiten von Open Access beleuchtet werden, befaßt sich der erste Teil des Buches mit den nötigen Vorbereitungen für den Einsatz des Programms.

Danach wird mit der Datenbank der wichtigste Programmteil behandelt. Schrittweise wird erläutert, wie man Datenbankdateien anlegt und diese ändert. Auch Dateneingabe, -pflege und -auswertung werden ausführlich dargestellt.

Der dritte Teil ist der Textverarbeitung gewidmet. Von den Grundlagen bis zur Erstellung aufwendiger Serienbriefe findet der Leser hier alles, was er wissen muß.

Was man mit der Kalkulation machen kann und wie man diese am besten einsetzt, wird im vierten Teil beschrieben. Auch fortgeschrittene Techniken wie die *Zielsuche* werden behandelt.

Die nötigen Kenntnisse zur Programmierung eigener Anwendungen mit der Programmiersprache der Datenbank vermittelt der fünfte Teil des Buches.

Kurz und bündig stellt der sechste Teil die Möglichkeiten und Anwendung der Kommunikation dar.

Ausführliche Informationen zu den allgemeinen Funktionen, die den Anwender beim Bewältigen kleiner und großer Aufgaben unterstützen, finden sich im siebten Teil.

Der abschließende achte Teil beschreibt, wie Sie Open Access Ihren besonderen Bedürfnissen anpassen.

Hinweise für Umsteiger

Dem Umsteiger von Version II bietet der Anhang Informationen zur problemlosen Übernahme seiner Datenbestände in Open Access III.

Um dem Umsteiger das mühsame Aufsuchen der für ihn interessanten Neuerungen zu ersparen, wurde ein besonderes Konzept zur Kennzeichnung der entsprechenden Stellen entworfen.

Die betreffenden Stellen im Buch wurden mit einem Piktogramm markiert.
Außerdem sind auch die Abschnitte über den Einsatz im Lokalen Netzwerk und
die Lösung von Problemen mit einem Symbol versehen.

Übersicht über die Piktogramme des Buches

Wichtig für Umsteiger	U
Hinweise auf - und Lösung für - mögliche Probleme	!
Wichtig für den Einsatz im Lokalen Netzwerk	N

ÜBERSICHT

INHALTSVERZEICHNIS

Teil III - Die Textverarbeitung.....................160

EINFÜHRUNG

Sollten Sie es eilig haben, können Sie dieses Kapitel überspringen. Sie verpassen dann allerdings eine kleine Entstehungsgeschichte, außerdem einige Erläuterungen zu dem, was Open Access ist und kann.

Integrierte Pakete

Integrierte Pakete zeichnen sich durch die Einbindung mehrerer, sonst eigenständiger Programme, wie Datenbank, Tabellenkalkulation und Textverarbeitung in einem Programm aus. Außerdem haben alle Vertreter dieser Softwaregattung die mehr oder weniger konsequente Realisierung eines aus drei Komponenten bestehenden Grundkonzepts gemeinsam. Dabei handelt es sich um die Forderung nach Modularität, intermodularer Datenkompatibilität und homogener Benutzeroberfläche.

Modularität

Der Aufbau Integrierter Pakete aus eigenständigen, deutlich voneinander getrennten Programmteilen bietet dem Benutzer einen übersichtlichen und schnellen Zugriff auf die einzelnen Komponenten des Integrierten Paketes. Die einzelnen Programmteile eines Integrierten Paketes werden aufgrund der Modularität auch als Module bezeichnet. Wir werden uns im folgenden an diese Konvention halten.

Intermodulare Datenkompatibilität

Hinter diesem Begriff verbirgt sich die Idee des uneingeschränkten Datenaustauschs zwischen den einzelnen Modulen eines Integrierten Paketes.

Der Anspruch des Anwenders, einmal erfaßte Daten ohne Probleme in allen genutzten Programmen zur Verfügung zu haben, läßt sich nur dann erfüllen, wenn die verwendeten Programme ihre Daten untereinander austauschen können. Ist dies der Fall, so bezeichnet man die Programme als datenkompatibel. Dieses ist bei Open Access der Fall.

Homogene Benutzeroberfläche

Die Benutzeroberfläche bildet die Schnittstelle zwischen Anwender und Programm. Ein Integriertes Paket besitzt eine homogene Benutzeroberfläche, wenn Aussehen und Handhabung der einzelnen Module weitgehend identisch sind. Ist dies der Fall, so wird der Anwender nicht nur schneller mit dem Programm vertraut, sondern er spart auch Zeit, da er durch die im gesamten Paket beibehaltene Bedienungstechnik wesentlich effizienter arbeiten kann.

Eine gute Benutzeroberfläche muß komfortabel, übersichtlich und einfach zu bedienen sein. Auch wenn diese Anforderungen erfüllt sind, benötigt man immer noch einige Zeit, bis man mit der Handhabung eines Programms vertraut ist. Die Qualität der Benutzeroberfläche entscheidet also letztlich über die Anwenderfreundlichkeit eines Programms. Die Anwenderfreundlichkeit wiederum ist verantwortlich für die benötigte Einarbeitungszeit, die in einem Betrieb einen wichtigen Kostenfaktor darstellt. Eine homogene Benutzeroberfläche ist daher ein nicht zu unterschätzender Pluspunkt Integrierter Pakete. Wer mit der Anwendung eines Moduls vertraut ist, findet wesentlich leichter Zugang zu den anderen Modulen des Paketes.

Open Access

Open Access ist ein Integriertes Paket, das sich besonders durch seine Datenbank auszeichnet. Entstanden ist das Programm in den USA, wo auch der Hauptsitz der Herstellerfirma SPI zu finden ist. Dem Firmennamen (_Software Products International_) gerecht werdend, wurden Niederlassung in vielen Ländern der Erde gegründet.

Der Hersteller

Die deutsche SPI hat ihren Sitz in München und arbeitet relativ unabhängig von der Muttergesellschaft in den USA. So wurde Open Access III von SPI-Deutschland vollkommen überarbeitet und den Anforderungen des bundesdeutschen Marktes angepaßt.

Die Produktphilosophie

Als Open Access im Jahr 1984 in der Version 1.0 auf den bundesdeutschen Markt kam, war es eines der ersten Integrierten Pakete überhaupt. Seitdem erfreut es sich zunehmender Beliebtheit.

Integriert wurden neben Datenbank, Tabellenkalkulation und Textverarbeitung noch ein Programm zur Datenfernübertragung und eine eigene Programmiersprache. Durch konsequente Unterstützung der unabhängigen Entwickler entstand im Laufe der Zeit eine ansehnliche Produktpalette rund um Open Access.

Von Beginn an legte man bei SPI Wert auf eine komfortable und mächtige Programmiersprache für Datenbankanwendungen. Durch Bereitstellung eines Compilers wurde die Entwicklung von Programmen unter Open Access nochmals interessanter. Die Anzahl fertiger Programme für Open Access steigt ständig, so daß man beinahe für jede Aufgabe ein passendes Programm findet. Informationen über die zur Zeit erhältlichen Anwendungen kann man dem sogenannten *Applikationskatalog* entnehmen, der über SPI-Deutschland erhältlich ist.

Um die Anwender umfassend über wichtige Entwicklungen zu informieren, erscheint alle drei Monate die SPI-eigene Zeitschrift *Perspektive* mit einen großen Open-Access-Teil. Dieses Medium für Anwender nannte sich früher *"That's it"* und kann ebenfalls über SPI-Deutschland bezogen werden.

Abgerundet wird das reichhaltige Informationsangebot durch einen SPI-unabhängigen Open-Access-Userclub. Die Adressen zu den einzelnen Angeboten finden Sie im Anhang.

Die Konzeption

Die drei Grundprinzipien Integrierter Pakete wurden in Open Access konsequent umgesetzt. In Abbildung E-1 sehen Sie die Konzeption des Integrierten Paketes skizziert.

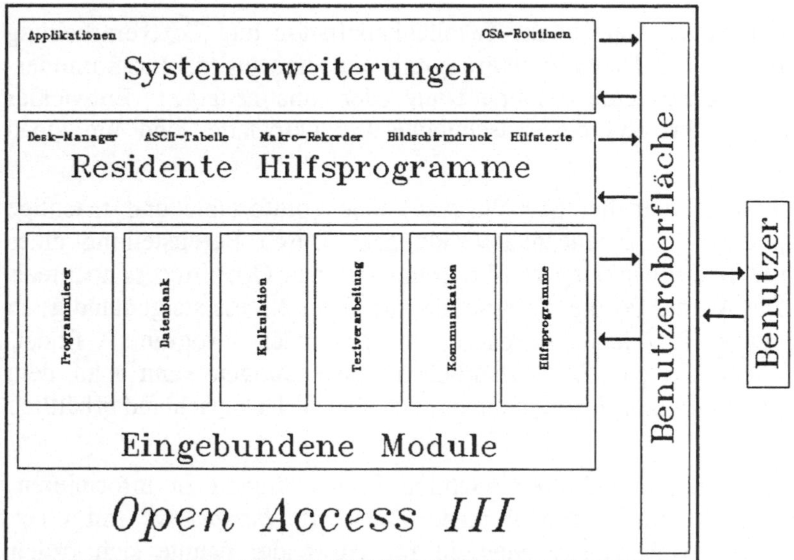

Abbildung E-1 : Der Aufbau des Integrierten Paketes

Durch die Bereitstellung eines Hauptmenüs, in dem alle vorhandenen Module angewählt werden können, wurde der Modularität Rechnung getragen. Man ging aber noch einen Schritt weiter und machte aus den Modulen des Integrierten Paketes eigenständige Programme. Man kann diese also auch einzeln erwerben und sich so ein individuelles Paket zusammenstellen.

Der Austausch der Daten zwischen den einzelnen Modulen kann wahlweise direkt oder indirekt erfolgen. Der intermodulare Datentransfer ist in Open Access aber nicht nur möglich, sondern auch praktikabel und sehr einfach zu handhaben.

Die Open-Access-Benutzeroberfläche hat mit durchgehend gleicher Funktionstastenbelegung und einheitlicher optischer Gestaltung in allen Modulen das Prädikat "homogen" vollauf verdient. Durch einfach zu bedienende Menüs, situationsbezogene Hilfstexte und eine übersichtliche optische Gestaltung wird der zunehmend lauter werdenden Forderung nach Ergonomie im Softwarebereich Rechnung getragen.

Nicht nur bei der homogenen Benutzeroberfläche ging SPI einen Schritt weiter, als es das Grundkonzept verlangt, sondern auch das Prinzip der Modularität wurde erweitert. Programme, die mit der Open-Access-Programmiersprache PRO entwickelt wurden, können einfach und menügesteuert in das Paket integriert werden.

Mit Open Access III besteht auch die Möglichkeit, Daten mit den wichtigsten Fremdprogrammen auszutauschen. So ist zum Beispiel der Import und Export von Dateien aller Dbase-Versionen ohne Probleme möglich.

Perspektiven

Die Grundprinzipien Integrierter Pakete werden schon heute mehr und mehr auf den gesamten Softwaremarkt ausgeweitet. So dürfte diese Software-Gattung auch in Zukunft noch eine sichere Position am Softwaremarkt einnehmen.

Client-Server-Systeme

Der Datenaustausch erfolgt in Client-Server-Systemen über den sogenannten SQL-Server, dem theoretisch beliebig viele Clients zugeordnet werden können. Der SQL-Server stellt einen Rechner mit hohen Leistungsdaten dar, die Gemeinschaft der Clients wird meist durch kleinere Rechner (z.B. PCs) gebildet. Da Open Access in der Version 3.0 für den Anschluß an den SQL-Server von Gupta-Technologies bereit ist, kann der Benutzer sicher sein, für die Zukunft gerüstet zu sein.

Lokale Netzwerke

Open Access ist ab Version 3.0 bereits in der Grundversion für den Einsatz im Lokalen Netzwerk (LAN, engl. Local Area Network) vorbereitet. Da sich die Vernetzung von PCs immer mehr durchsetzt, steht dem Anwender damit eine wichtige Option offen.

TEIL I - VORBEREITUNGEN

Die folgenden Hinweise sollen Ihnen bei der problemlosen Installation des Programms behilflich sein. Sollte Open Access bereits auf Ihrem Rechner installiert sein, können Sie dieses Kapitel überspringen.

KAPITEL 1 - DIE INSTALLATION

Lieferumfang

Open Access III wird in einem Schuber ausgeliefert, der die unten aufgeführten Komponenten enthalten sollte. Dabei sind die Disketten entweder für 5,25"-Laufwerke (vgl. die linke Spalte der Abbildung 1-1) oder für 3,5"-Laufwerke (vgl. die rechte Spalte der Abbildung 1- 1) vorgesehen. Es müssen also nur die Disketten einer der beiden Spalten vorhanden sein. Vergleichen Sie bitte den Inhalt Ihres Paketes mit den folgenden Angaben, um sicher zu sein, alle Komponenten erhalten zu haben.

Sicherheitskopien

Bevor Open Access III auf der Festplatte installiert wird, sollten Sicherheitskopien der Originaldisketten angelegt werden. Verwenden Sie dazu den MS-DOS-Befehl *DISKCOPY*. Legen Sie die erste Originaldiskette in Ihr Diskettenlaufwerk und geben Sie

```
DISKCOPY [Laufwerk]: [Laufwerk]:
```

ein. Anstelle der Platzhalter *[Laufwerk]* setzen Sie den Buchstaben Ihres Diskettenlaufwerks ein. Trägt das Laufwerk zum Beispiel den Buchstaben *A*, so lautet die Anweisung

```
DISKCOPY a: a:
```

Nach Betätigen der Return-Taste wird der Rechner Sie auffordern, die Quelldiskette einzulegen. Da dies bereits geschehen ist, können Sie gleich fortfahren und eine beliebige Taste betätigen. Legen Sie bitte Kopien von allen Disketten des Paketes an.

LIEFERUMFANG

DOKUMENTATION...................7 Handbücher

Installation und Einführung .... 46 Seiten
Hilfsprogramme .... 386 Seiten
Textverarbeitung .... 184 Seiten
Kalkulation und Statistik................. 440 Seiten
Datenbank .... 364 Seiten
Programmierung .... 343 Seiten
Kommunikation............................ 230 Seiten
Kurzreferenz .... Faltblatt

DISKETTEN - Größe 5,25".................17 Stück

Installation .... (a)
Einzelplatz - Install 1 .... (b)
Einzelplatz - Install 2 .... (c)
Einzelplatz - Install 3 .... (d)
Einzelplatz - Install 4 .... (e)
Graphiktreiber .... (f)
Netzwerk - Install 1 .... (g)
Netzwerk - Install 2 .... (h)
Netzwerk - Install 3 .... (i)
Netzwerk - Install 4 .... (j)
Netzwerk - Install 5 .... (k)
Netzwerk - Install 6 .... (l)
Stationsdiskette .... (m)
Hilfe/SQL-System Anbindung................. (n)
Daten...................................... (o)
Rechtschreibhilfe 1 .... (p)
Rechtschreibhilfe 2 .... (q)

DISKETTEN - Größe 3,5"..............10 Stück

Installation....................................... (a)
Einzelplatz - Install 1......................... (b)
Einzelplatz - Install 2......................... (c)

Netzwerk - Install 1 .... (d)
Netzwerk - Install 2 .... (e)
Netzwerk - Install 3 ....(f)

Stationsdiskette .... (g)
Hilfe/SQL-System Anbindung .... (h)
Daten ....(i)
Rechtschreibhilfe ....(j)

Abbildung 1-1 : Der Open-Acces-Lieferumfang

Das Installationsprogramm

Zur Installation legen Sie bitte die Diskette *Installation (a)* in das Diskettenlaufwerk Ihres Computers. Zuerst muß durch die Eingabe von

```
[Laufwerk]:
```

der Zugriff auf die Diskette ermöglicht werden (Ersetzen Sie [Laufwerk] wieder
durch den Buchstaben Ihres Diskettenlaufwerkes). Nun kann die Installation
durch

```
INSTALL
```

gestartet werden. Es erscheint das Titelbild des Installationsprogramms.

```
┌─────────────────────────────────────────────────────────────────┐
│         SOFTWARE PRODUCTS INTERNATIONAL PRÄSENTIERT               │
│                Open Access III Version 3.0                        │
│                                                                   │
│  Dieses Programm dient dazu, Sie durch die Installation und Konfiguration
│  Ihres neuen SPI - Produktes zu führen. Mit Hilfe der Taste  F1  erhalten
│  Sie jederzeit wichtige Informationen,  die die jeweilige Situation er-
│  klären. Diese Taste wird als <hilfe:F1> bezeichnet.
│
│  Neben <hilfe:F1> gibt es noch zwei weitere Tasten von allgemeiner Bedeu-
│  tung: F10 und Esc (vom englischen "Escape").  Diese beiden Tasten werden
│  als <do>- bzw. <undo>- Taste bezeichnet.
│
│         <do:F10>          antwortet auf eine Abfrage mit "JA".
│         <undo:Esc>        dementsprechend mit "NEIN".
│
│
│     Weiter im Programm?       <do:F10>        JA
│     Installation abbrechen?   <undo:Esc>      NEIN
│     Weitere Informationen     <hilfe:F1>      HILFE
└─────────────────────────────────────────────────────────────────┘
```

Abbildung 1-2 : Das Installationsprogramm nach dem Aufruf

In diesem Programm wird die Eingabe eines Wertes oder die Auswahl aus
mehreren angebotenen Alternativen durch die Taste <do:F10> bestätigt. Die
auf die Bestätigung folgende Aktion des Programms kann durch <undo:Esc>
rückgängig gemacht werden.

Hinweis:

Im ganzen Buch halten wir uns an die recht hilfreiche SPI-Konvention zur Tastenbezeichnung, also das Format <Bedeutung:Bezeichnung> bzw. <Bedeutung>. Die *Bedeutung* sagt etwas über die Funktion der betreffenden Taste aus, die *Bezeichnung* steht für den Aufdruck auf der Tastatur. <do:F10> besagt daher, daß die Bestätigung eines Vorgangs durch die Taste *F10* ausgelöst wird. Betätigen Sie eben diese Taste (<do:F10>), um die Installation zu beginnen.

Einzel- oder Mehrplatzsystem

Das Programm fragt, welches Open Access III Produkt installiert werden soll. Es stehen drei Optionen zur Auswahl. *Einzelplatz* ist zu wählen, wenn Open Access nur auf einem Computer genutzt werden soll oder die Rechner, auf denen es installiert wird, in keiner Verbindung (Netzwerk) zueinander stehen. *Novell* ist eine der beiden Optionen für den Einsatz im Lokalen Netzwerk (LAN, engl. Local Area Network), *Netbios* ist die andere. Welche von beiden gewählt werden muß, hängt vom verwendeten LAN ab. Ihre Wahl bestätigen Sie wieder mit <do:F10>.

Definition des Ziellaufwerks

Nachdem das Programm kurz auf das Diskettenlaufwerk zugegriffen hat, müssen Sie den *Buchstaben* (Kennung) Ihres Festplattenlaufwerks angeben. Nach Bestätigung des Buchstabens durch <do:F10>, muß die folgende Rückfrage nochmals mit <do:F10> quittiert werden.

Die Standardpfade

Zuerst werden drei sogenannte *Pfade* definiert. Übernehmen Sie die Vorgaben an dieser Stelle einfach durch <do:F10>. Möchten Sie Open Access allerdings aus irgendwelchen Gründen nicht auf dem Pfad *OA3* auf der Festplatte installieren, so ersetzen Sie *OA3* in allen drei Pfaden durch den Namen des Pfades, auf dem Open Access installiert werden soll. Das Installationsprogramm legt die Pfade an, falls diese noch nicht existieren.

Alle nun zu treffenden Entscheidungen lassen sich im Gegensatz zu den vorausgegangenen auch nach der Installation verändern.

Die Bildschirmkonfiguration

Zur Auswahl der *Bildschirmkonfiguration* steht ein Menü zur Verfügung, in dem Sie mit den Cursortasten <auf> und <ab> die zutreffende Konfiguration anwählen können. Es ist zu beachten, daß diese Auswahl keinen Einfluß auf die Graphikdarstellung hat, es wird nur die Form der Textanzeige bestimmt. Um sich für die Ihnen am angenehmsten erscheinende Bildschirmkonfiguration entscheiden zu können, sollten Sie einmal alle Konfigurationen durchgehen, die für Ihr System geeignet sind. Wählen Sie dazu die Konfiguration und bestätigen diese Wahl mit <do:F10>. Die Bildschirmanzeige wird nun im Format der gewählten Konfiguration dargestellt. Durch nochmaliges Betätigen der Taste <do:F10> wird Ihre Wahl endgültig, drücken Sie aber <undo:Esc>, so erscheint wieder das Menü zur Auswahl einer Bildschirmkonfiguration. <undo:Esc> besagt nach SPI-Konvention, daß ein Vorgang durch die *ESC*-Taste rückgängig gemacht werden kann.

```
            Angeboten werden folgende Alternativen


    Monochrom 1 ......... M .................... Hercules-Karten
    Monochrom 2 ......... M .................... Hercules-Karten
    Monochrom 3 ......... M .................... Hercules-Karten
    Color 1............... F .................. CGA/EGA/VGA-Karten
    Color 2............... F .................. CGA/EGA/VGA-Karten
    Color 3............... F .................. CGA/EGA/VGA-Karten
    EGA Color 1 .......... F .................... EGA/VGA-Karten
    EGA Color 2 .......... F .................... EGA/VGA-Karten
    EGA Color 3 .......... F .................... EGA/VGA-Karten
    EGA Color 4 .......... F .................... EGA/VGA-Karten
    Black&White .......... C .................... Hercules-Karten
    Composite............. C ................. Alle Karten in Laptops
    EGA 16-Farben........ F .................... EGA/VGA-Karten
    VGA 16-Farben........ F ......................VGA-Karten

    LEGENDE :


    M.................... Für Monochrom-Monitore
    F.................... Für Farb-Monitore
    C ................... Für Composite-Monitor
```

Sehr angenehm bei der Verwendung eines Farbmonitors ist die Konfiguration *Color 3*, dagegen ist zum Beispiel der Einsatz von *EGA-16-Farben* oder *VGA-16-Farben* etwas gewöhnungsbedürftig.

| ! | Wichtig ist die Tatsache, daß bei manchen Rechnern mit verschiedenen Bildschirmkonfigurationen zwar die Darstellung auf dem Bildschirm funktioniert, es aber zu unerklärlichen *Abstürzen* des Computers kommen |

kann. Sollte Ihnen der Rechner während des Open-Access-Betriebes hin und wieder - und an verschiedenen Stellen im Programm - den Dienst versagen, also keine Eingabe über die Tastatur mehr möglich sein, könnte dies an der Verwendung einer falschen Bildschirmkonfiguration liegen.

Der Graphiktreiber

Nachdem Sie die Wahl der Bildschirmkonfiguration durch <do:F10> bestätigt haben, stehen verschiedene *Graphiktreiber* zur Auswahl. Hier hängt die Entscheidung von der Hardware Ihres Computers ab. Wählen Sie den Treiber für Ihre Graphikkarte und eventuell für Farb- oder Monochrommonitor. Sollten Sie keine Graphikkarte besitzen, so ist die Voreinstellung (CGA) zu übernehmen. Wenn Ihnen die Bezeichnung Ihrer Graphikkarte nicht bekannt ist, sollten Sie diese in den Unterlagen zum Rechner suchen, oder gegebenenfalls beim Händler nachfragen. Bei der Wahl eines falschen Graphiktreibers ist Open Access nach der Installation nämlich nicht gebrauchsfähig, da keine Darstellung auf dem Bildschirm erscheint.

Zur Auswahl stehen hier :

```
CGA
EGA
 4 Farben, 16 Farben
VGA
 Monochrom
 16 Farben, 256 Farben
Hercules
 Monochrom
 Farben
Exoten
 Colorplus
 Corona 325
 Corona 400
 Ericsson
 AT&T/Olivetti
 Toshiba 3100
```

Das Standardausgabegerät

Nachdem die Wahl des Graphiktreibers quittiert wurde, ist das *Standardausgabegerät* zu bestimmen. Dieses wird von Open Access bei allen Druckvorgängen als Ausgabegerät vorgegeben, kann dann allerdings noch geändert werden. Wählen Sie die Bezeichnung für Ihren Drucker, oder die Bezeichnung, die der Ihres Druckers am ähnlichsten ist. Wenn Sie keinen Drucker besitzen oder die Ausgabe nicht standardmäßig auf diesen ausgeben wollen, bietet Ihnen

Open Access zwei Alternativen. Zum einen können alle Ausgaben auf dem Bildschirm angezeigt werden. Wählen Sie dazu *Konsole* als Standardausgabegerät. Zum anderen können die Ausgaben in einer Textdatei abgelegt werden, was durch die Wahl der Option *Datei* bestimmt wird. Letzteres hat den Vorteil, daß Sie die Ausgaben - ähnlich wie bei einem Drucker - auch noch nach dem "Ausdruck" betrachten können. Zum Betrachten dieser Textdateien verwendet man den *Notizblock* des *Deskmanagers*, oder die Textverarbeitung. Bestätigt wird die getroffene Wahl wieder durch <do:F10>.

Die Zeitzonen

Die nun folgende Festlegung der beiden zusätzlichen Zeitzonen ist auf den ersten Blick sicherlich nicht für jeden Open-Access-Benutzer interessant. Neben den kontinentalen Zeitzonen lassen sich aber zum Beispiel auch die Zeiten für west- bzw. ost-europäische Länder eintragen. Möchte man eine oder beide Zeitzonen definieren, so trägt man die gewünschten Werte ein und quittiert dies durch <do:F10>. Die gleiche Taste betätigt man auch, wenn keine Einstellung gewünscht wird.

Einlegen der weiteren Disketten

Somit ist die Konfiguration abgeschlossen und das Programm fordert Sie nun auf, die übrigen Disketten einzulegen. Liegt eine falsche Diskette im Laufwerk, so wird dies erkannt und Sie erhalten die Möglichkeit, die richtige Diskette einzulegen.

Wurden alle benötigten Disketten gelesen, erscheint eine Abschlußmeldung, die durch <do:F10> verschwindet. Sie befinden sich nun im Betriebssystem MS-DOS auf dem Pfad *C:\OA3*. Haben Sie bei der Konfiguration der Pfade einen anderen Namen eingetragen, befinden Sie sich auf dem Pfad *C:\[Name]*, wobei *[Name]* für den von Ihnen gewählten Namen steht.

Umwandlung der komprimierten Dateien

Bevor Sie ohne Probleme mit dem Programm arbeiten können, müssen noch einige Daten dekomprimiert werden. Durch das Komprimieren benötigen die Daten weniger Platz auf den Disketten, müssen aber vor dem Gebrauch dekomprimiert werden. Sollten Sie bei der Installation aus irgendwelchen Gründen andere Verzeichnisnamen gewählt haben, müssen Sie diese anstelle der vorgegebenen Namen *OA3*, *DATEN* und *HILFE* einsetzen.

Unter der Voraussetzung, daß Sie sich im Verzeichnis *OA3* befinden (dies ist nach der Installation der Fall), können Sie die Daten durch die folgenden Anweisungen dekomprimieren (jede Anweisung ist mit *RETURN* abzuschließen):

```
CD DATEN
DATEN
CD..
CD HILFE
HILFE
CD..
```

Damit ist die Installation beendet und Sie können sich dem zweiten Kapitel zuwenden. Im achten Teil des Buches finden Sie Informationen zur Konfiguration des Systems. Für den Einsatz in einem Lokalen Netzwerk folgen nun noch weitere Installationshinweise.

Installation einer Arbeitsstation

Verfahren Sie bei der Installation des Servers ähnlich wie bei der normalen Installation. Durch Wahl der Option *Mehrplatzsystem* werden während der Installation die Einstellungen für den Server vorgegeben. In der Open-Access-Grundversion können maximal zwei volle Arbeitsstationen eingerichtet werden. Aufgrund eines internen Zählers in der Open-Access-Version auf dem Server können alle Module des Integrierten Paketes jeweils von zwei Arbeitsstationen und dem Server genutzt werden. Vor dem Einrichten einer neuen Station sollten alle Stationen die Arbeit mit Open Access beenden.

Einen zusätzlichen Rechner (Arbeitsstation) richten Sie wie folgt ein. Legen Sie bitte die *Stationsdiskette* ins Laufwerk der Arbeitsstation. Geben Sie nun bitte folgende Befehlsfolge ein :

```
MD [Pfad]
[Diskettenlaufwerk]:
COPY *.* [Pfad]
```

Von der Hardware der Arbeitsstation hängt es ab, was für die Platzhalter der Befehlsfolge eingesetzt werden muß.

Arbeitsstation mit Festplatte

Der Platzhalter *[Pfad]* ist (beidemale) durch den Buchstaben der Stations-Festplatte, gefolgt von einem Namen für das Verzeichnis, in dem Open Access installiert werden soll, zu ersetzen. Buchstabe und Verzeichnis müssen durch ":\" getrennt werden. Soll Open Access auf dem Pfad "OA3" der Stationsfestplatte, die den Buchstaben *C* trägt, installiert werden, so ist die Eingabe *MD C:\OA3* zu tätigen. Anstelle von *[Diskettenlaufwerk]* setzen Sie den Buchstaben des Stations-Diskettenlaufwerks ein.

Arbeitsstation ohne Festplatte

Der Platzhalter *[Pfad]* ist (beide Male) durch den Buchstaben der Server-Festplatte, gefolgt von einem Namen für das Verzeichnis, in dem die Station installiert werden soll, zu ersetzen. Buchstabe und Verzeichnis müssen durch ":\" getrennt werden. Es kann nur ein Verzeichnis eingerichtet werden, das noch nicht auf dem Server existiert. Die neue Station sollte auf dem Pfad *Stat[##]* der Serverfestplatte installiert werden. Der Platzhalter *[##]* ist durch eine zweistellige Nummer zu ersetzen. Vergeben Sie für die Stationen laufende Nummern, so lassen sich die Verzeichnisse auf dem Server leicht identifizieren. Die zweite Befehlszeile mit dem Platzhalter *[Diskettenlaufwerk]* entfällt hier ganz.

Starten von einer Arbeitsstation

Gestartet wird Open Access auf einer Arbeitsstation durch den Befehl

```
OA3 p=[Pfad]
```

Der Platzhalter *[Pfad]* ist durch den Pfad des Verzeichnisses zu ersetzen, in dem Open Access auf dem Server installiert wurde.

Konfiguration

Jede Arbeitsstation kann nach den Bedürfnissen des jeweiligen Anwenders konfiguriert werden. Diese Einstellungen haben keinen Einfluß auf andere Arbeitsstationen oder den Server.

KAPITEL 2 - ERSTE SCHRITTE MIT OPEN ACCESS

Open Access Starten

Unter der Voraussetzung, daß Sie sich im Verzeichnis *OA3* befinden, starten Sie Open Access III durch Eingabe der Anweisung *OA3*, die Sie mit der Return-Taste bestätigen. Nach dem Einschalten des Rechners können Sie durch *CD OA3* ins Verzeichnis *OA3* wechseln.

Nach dem Aufruf durch *OA3* erscheint das in Abbildung 2-1 zu sehende Fenster auf ihrem Bildschirm.

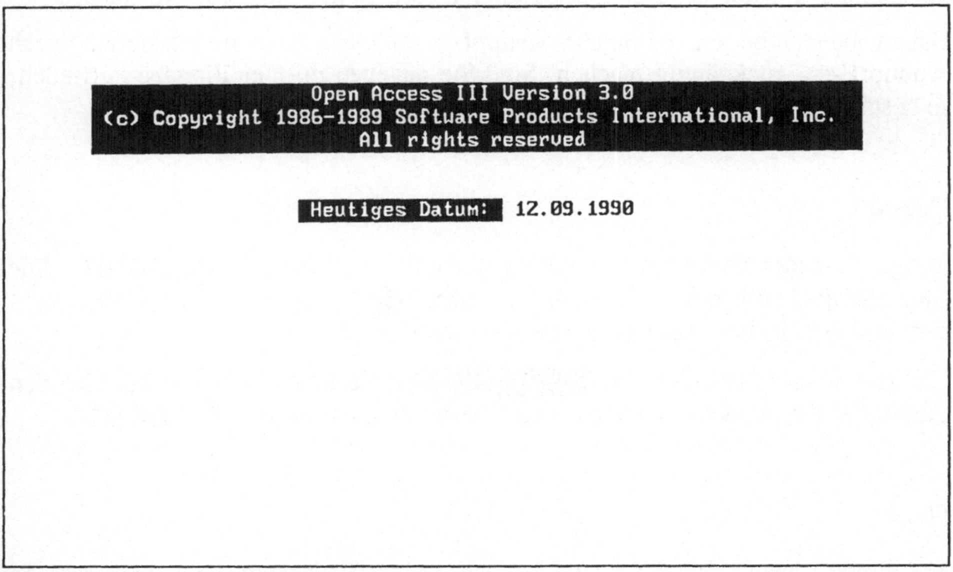

```
                    Open Access III Version 3.0
    (c) Copyright 1986-1989 Software Products International, Inc.
                       All rights reserved


             Heutiges Datum:  12.09.1990
```

Abbildung 2-1 : Open Access nach dem Aufruf

Die Benutzeroberfläche

Für eine effektive Arbeit mit Open Access müssen Sie mit der Benutzeroberfläche - der Schnittstelle zwischen Ihnen und dem Programm - umgehen
können.

Eingaben

Direkt nach dem Aufruf machen Sie gleich mit zwei Komponenten der
Benutzeroberfläche Bekanntschaft. Das blinkende Rechteck wird als *Cursor*
bezeichnet und zeigt die Stelle auf dem Bildschirm an, an der eine *Eingabe*
erwartet wird. In diesem Falle weist der Cursor Sie an, das aktuelle Datum
anzugeben, wobei die *Punkte* (.) zur Trennung von *Tag*, *Monat* und *Jahr*
automatisch vorgegeben werden. Besitzt Ihr Rechner eine interne Uhr, so können
Sie sich die Eingabe des Datums sparen und gleich mit <do:F10> fortfahren.

Haben Sie sich bei einer Eingabe vertippt, so läßt sich diese grundsätzlich durch
<undo:Esc> rückgängig machen. Sind Sie dagegen mit der Eingabe zufrieden,
so bestätigen Sie diese mit <do:F10>.

Cursor

In Open Access sind zwei Darstellungsarten des Cursors zu unterscheiden. Die
Darstellung als blinkender *Ein-Zeichen-Cursor* (█) findet bei Eingaben aller Art -
zum Beispiel bei der Datumseingabe - Verwendung.

In Form eines *Zeilen-Cursors* (████████████) in variabler Länge findet man den
Cursor bei der Auswahl aus mehreren Alternativen - zum Beispiel in Menüs.

Menüs

Als erstes Menü erscheint das Open-Access-Hauptmenü in der rechten
Bildschirmhälfte, nachdem Sie die Datumeingabe mit <do:F10> abgeschlossen
haben.

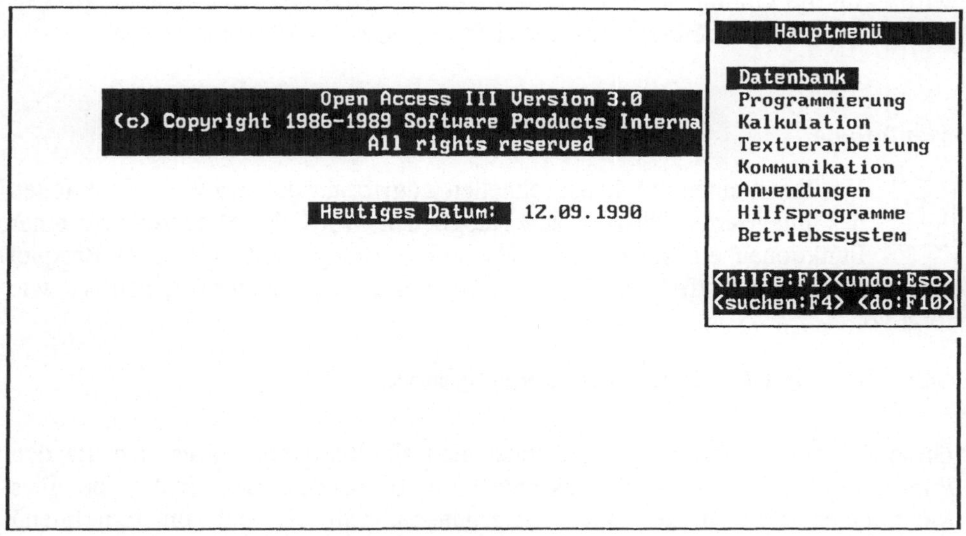

Abbildung 2-2 : Das Open-Access-Hauptmenü

Ein Open-Access-Menü wird in einem Fenster mit Kopf- und Fußzeile dargestellt. Die Kopfzeile sagt etwas über die Funktion des Menüs aus, und in der Fußzeile werden die wichtigsten der aktiven Funktionstasten genannt.

Menüs dienen zur Auswahl einer von mehreren Möglichkeiten (*Optionen*). Da die Optionen Bestandteile eines Menüs sind, bezeichnet man sie auch als *Menüpunkte*. Jeder Menüpunkt steht für eine bestimmte Aktion, die nach der Wahl dieses Punktes ausgeführt wird. So ruft zum Beispiel die Option *Datenbank* des Hauptmenüs die Open-Access-Datenbank auf.

Ein Menüpunkt wird durch Markierung mittels Cursor selektiert. Bewegt werden kann der Cursor in den Menüs durch <auf> und <ab>, alternativ aber auch durch <links> und <rechts>. Mittels <do:F10> (meist auch durch <ret>) kann die zugehörige Aktion ausgeführt werden. <undo:Esc> macht nicht nur Eingaben rückgängig, sondern bringt Sie auch zurück in das Menü, von dem die aktuelle Operation aufgerufen wurde. Nach Aufruf der *Datenbank* bringt Sie <undo:Esc> daher wieder zurück ins Hauptmenü.

Sie können den Cursor aber auch direkt auf einen Menüpunkt positionieren, indem Sie den oder die Anfangsbuchstaben der Option (Groß-/Kleinschreibung unwichtig) eingeben. In diesem Falle wird die zugehörige Aktion direkt nach der Selektion (ohne <do:F10>) ausgeführt. Stehen zum Beispiel die Menüpunkte *Laufen*, *Springen*, *Sperren* und *Ende* zur Verfügung, so reicht der Buchstabe *L* zur Ausführung der Aktion des Punktes *Laufen*. Soll dagegen die Option *Sperren* ausgeführt werden, so reicht der Buchstabe *S* alleine nicht aus, da auch die Option *Springen* mit einem *S* beginnt. Vom ersten Buchstaben an müssen soviele Folgebuchstaben eingegeben werden, bis ein Menüpunkt eindeutig bestimmt wird. Für die Option *Sperren* ist daher die Eingabe der Buchstabenfolge *SPE* nötig. Open Access könnte ansonsten auch den Befehl *Springen* erwarten.

Menüpfade

Um Ihnen einen möglichst schnellen Zugriff auf die einzelnen Funktionen des Integrierten Paketes zu ermöglichen, wird der Beschreibung einer Funktionen ein sogenannter *Menüpfad* vorangestellt. Um zum Beispiel den Vorgang zum Aufruf der Funktion *Suchtabelle* zu erläutern, gehen wir wie folgt vor :

"MP : <u>H</u>ilfsprogramme - <u>S</u>ystemeinstellungen - <u>SU</u>chtabelle"

Diese Art der Beschreibung bezeichnet man als *Menüpfad*, da es sich um den *Pfad* durch die *Menüs* zur gewünschten Funktion handelt. Bei der Angabe eines Menüpfades wird immer davon ausgegangen, daß Sie sich im Hauptmenü befinden. Natürlich müssen Sie nicht zurück zum Hauptmenü gehen, um die Funktion *Suchtabelle* zu erreichen, wenn Sie sich bereits im Menü *Systemeinstellungen* befinden. In diesem Fall setzen Sie eben in der Mitte des Pfades ein.

Die beiden Buchstaben *MP* zu Beginn eines <u>Menüp</u>fades dienen lediglich zur Kennzeichnung desselben. Bei den einzelnen Menüpunkten eines Pfades wurden jeweils die Buchstaben hervorgehoben, die zur eindeutigen Auswahl der Option eingegeben werden müssen.

Einige Funktionen erfordern eine Eingabe, bevor Sie aufgerufen werden können. In diesen Fällen geben wir nur die nach der Eingabe zu wählenden Optionen an. Ist es nötig, eine Funktionstaste zu betätigen, um die gewünschte Funktion zu aktivieren, so wird diese im gewohnten Format (z.B. <desk:F8>) angegeben.

Funktionstasten

Etliche Funktionen können über die Betätigung einer einzigen Taste (Funktionstaste) ausgelöst werden. Welche Funktionstasten anwählbar sind, können Sie immer der Fußzeile des aktuellen Fensters entnehmen. In der Fußzeile des Hauptmenüfensters finden wir neben <do:F10> und <undo:Esc> auch <suchen:F4> und <hilfe:F1>.

Die Dateiliste

Durch Betätigung der Funktionstaste *F4* rufen Sie die Dateiliste auf (vgl. Abbildung 2-3).

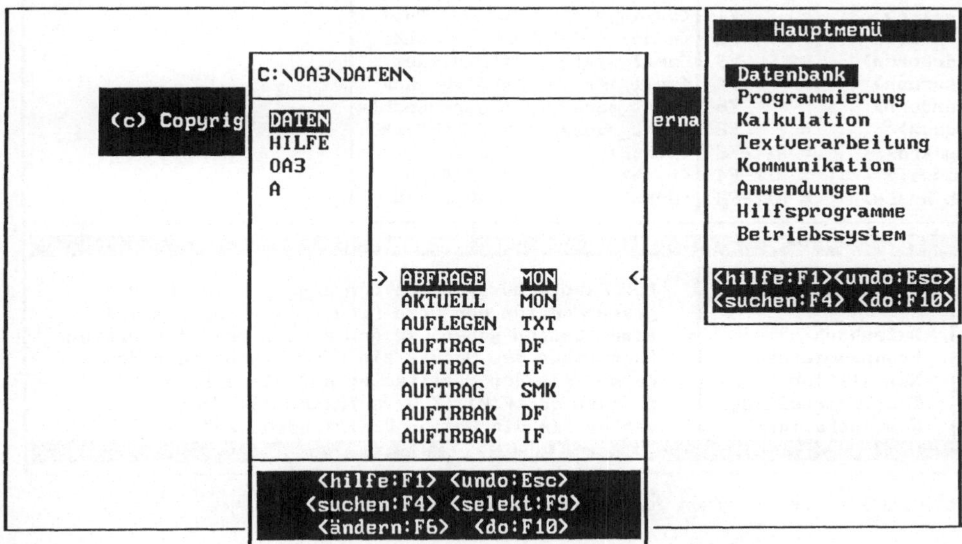

Abbildung 2-3 : Die Dateiliste

Die Dateiliste steht immer dann zur Verfügung, wenn eine Datei geladen oder gespeichert werden soll. Wie Sie sehen, kann Sie aber auch vom Hauptmenü aus aufgerufen werden. Sie zeigt alle für eine Operation sinnvollen Dateien an. Das heißt in der Datenbank werden beim Aufruf der Dateiliste keine Dateien der Textverarbeitung angezeigt. Bei Aktivierung aus dem Hauptmenü zeigt die Dateiliste die Dateien an, die zur angewählten Option gehören. Wählen Sie den Menüpunkt *Betriebssytem*, so werden alle Dateien angezeigt.

Rufen Sie die Dateiliste auf, wenn eine Datei geladen oder gespeichert werden soll, so können Sie eine Datei aus der Liste wählen und deren Namen mit <do:F10> übernehmen. Weitere Informationen zur Dateiliste finden Sie im siebten Teil des Buches.

Hilfstexte

Im Hauptmenü und an jeder Stelle im Programm, an der Sie nicht wissen, wie Sie sich verhalten sollen, können Sie durch Betätigen der Funktionstaste <hilfe:F1> einen Hilfstext einblenden. Dieser Hilfstext ist immer situationsbezogen, vermittelt also Information über die gerade angewählte Funktion.

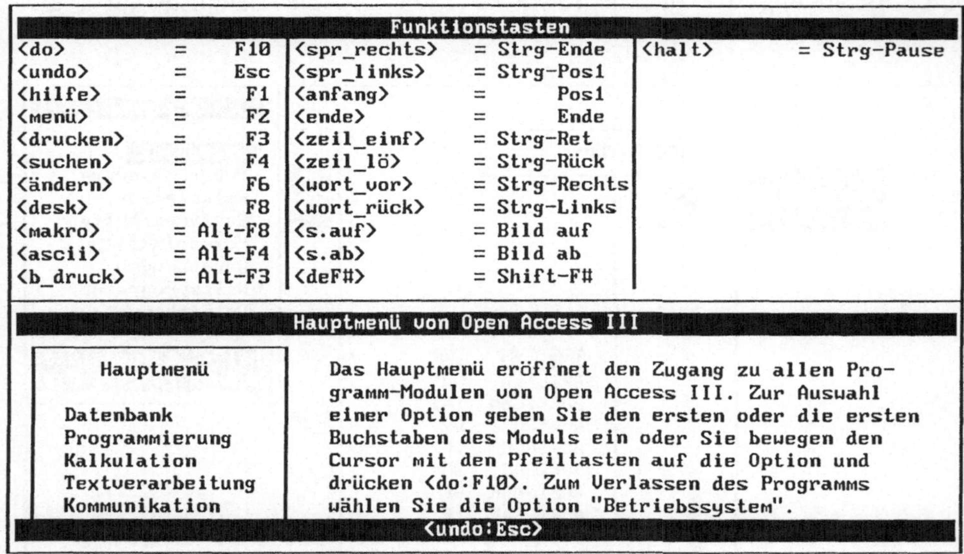

Abbildung 2-4 : Der Hilfstext zum Hauptmenü

Besondere Tasten und Tastenkombinationen

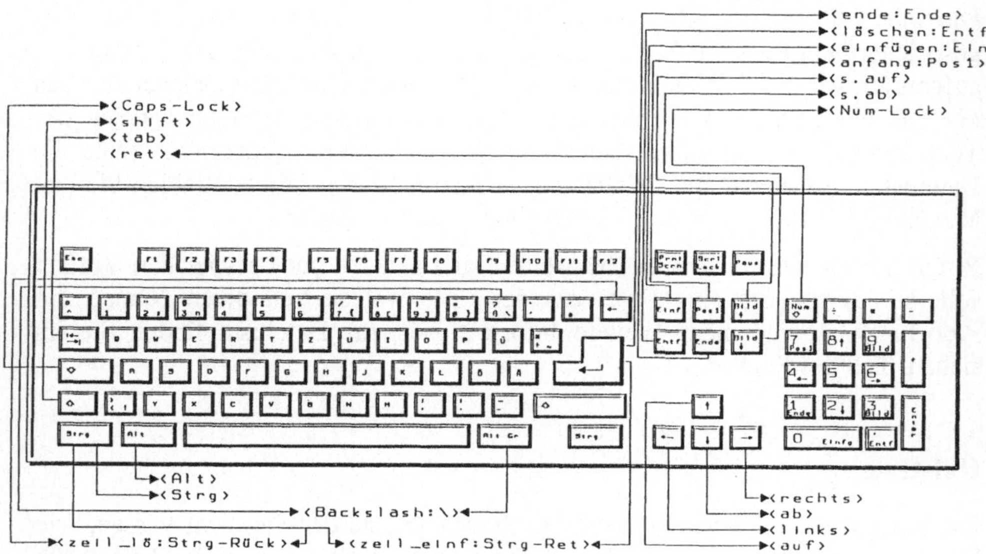

Abbildung 2-5 : Besondere Tasten und Tastenkombinationen

Um Ihnen Probleme beim Auffinden verschiedener Tasten zu ersparen, wurden Abbildungen der Tastatur entworfen. Als Grundlage diente die MF2-Tastatur (mit zwölf Funktionstasten), die mittlerweile den Standard für PCs darstellt. Sollten Sie noch mit einer alten XT-Tastatur (mit zehn Funktionstasten) arbeiten, können Sie in den Abbildungen zumindest das Aussehen der einzelnen Tasten ersehen. Der Abbildung 2-5 können Sie die wichtigsten Tasten und Tastenkombinationen entnehmen, die Sie teilweise auch während der *Vorbereitungen* benötigen.

<Caps-Lock> .... Großschrift, bis erneut <shift-lock> betätigt wird
<shift> .... Großschrift
<tab> .... Einfügen eines Tabulatorschrittes
<ret> .... Return
<ende> .... Setzt den Cursor ans Ende einer Liste
<löschen> .... Löscht das Zeichen, auf dem der Cursor steht
<einfügen> .... Setzt ein Leerzeichen an der Cursorposition ein
<anfang> .... Setzt den Cursor an den Anfang einer Liste
<s.auf> .... Bewegt den Cursor um eine "Seite" nach oben
<s.ab> .... Bewegt den Cursor um eine "Seite" nach unten
<Num-Lock> .... Schaltet die Zahleneingabe des Nummernblocks ein
<Alt> .... Sonderfunktionen für verschiedene Tasten
<Strg> .... Sonderfunktionen für verschiedene Tasten
<Backslash> .... Das Sonderzeichen "\"
<zeil_lö> .... Löscht ein Element aus einer Liste
<zeil_einf> .... Fügt ein neues Element in eine Liste ein
<rechts> .... Bewegt den Cursor um eine Stelle nach rechts
<ab> .... Bewegt den Cursor um eine Stelle nach unten
<links> .... Bewegt den Cursor um eine Stelle nach links
<auf> .... Bewegt den Cursor um eine Stelle nach oben

Die Tastenkombinationen (z.B. <einfügen:Strg-ret>) erreichen Sie durch gleichzeitiges Betätigen der angegebenen Tasten. In den Abbildungen der Tastatur erkennen Sie diese daran, daß am kennzeichnenden Synonym ("<Synonym>") mehr als eine Linie einläuft.

Universelle Funktionstasten

Open Access kennt einige Funktionstasten, die in allen Modulen des Integrierten Paketes die gleiche Funktion haben. Der Abbildung 2-6 können Sie deren Anordnung auf der Tastatur entnehmen.

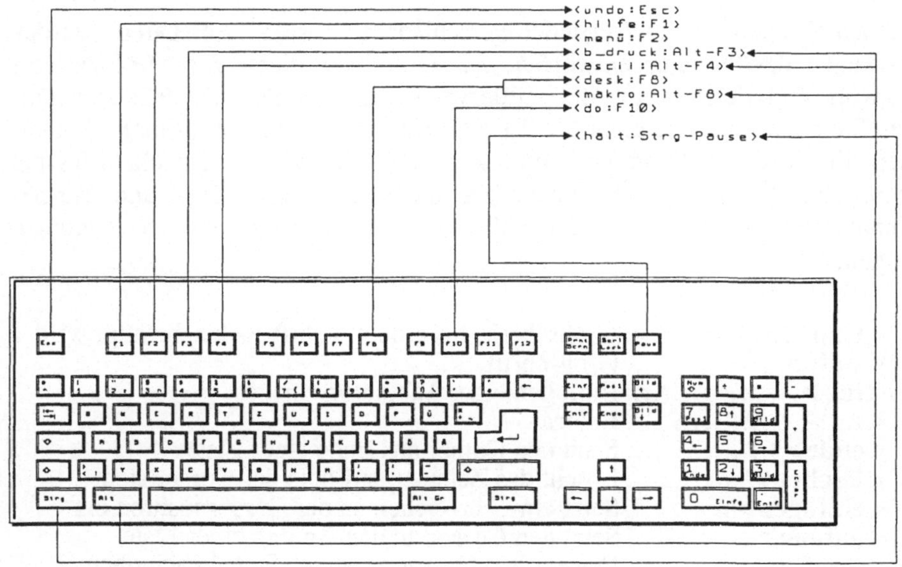

Abbildung 2-6 : Universelle Funktionstasten

<undo> .... Macht Vorgang rückgängig oder verneint Frage
<hilfe> .... Blendet einen situationsbezogenen Hilfstext ein
<menü> .... Zeigt - wenn vorhanden - ein Menü an
<b_druck> .... Gibt den Bildschirminhalt auf ein Ausgabegerät aus
<ascii> .... Zeigt die Liste der ASCII-Zeichen an (F7 setzt ein)
<desk> .... Ruft den Desk-Manager auf
<makro> .... Das Menü des Makro-Rekorders erscheint
<do> .... Bestätigt Wahl oder beantwortet Frage mit JA
<halt> .... Unterbricht einen Vorgang

Open Access verlassen

Wenn Sie ein Programm starten können, müssen Sie auch wissen, wie Sie es ordnungsgemäß verlassen. Um die Arbeit mit Open Access zu beenden, rufen Sie das Hauptmenü auf und wählen die Option *Betriebssystem*. Wenn Sie danach wieder den DOS-Prompt auf dem Bildschirm sehen, haben Sie das Programm erfolgreich verlassen.

TEIL II - DIE DATENBANK

In diesem Teil des Buches werden Sie die Funktionen der Datenbank kennenlernen. Planung und Entwurf einer Tabelle zur Erfassung beliebiger Daten sollten nach der Lektüre kein Problem mehr für Sie sein. Wir machen Sie auch mit der relationalen Tabellenverknüpfung vertraut und versetzen Sie dadurch in die Lage, auch größere Aufgaben ohne Schwierigkeiten zu lösen.

KAPITEL 3 - GRUNDLAGEN

Eine Datenbank dient der Erfassung, Verwaltung und Ausgabe von Daten. Sie stellt somit ein umfassendes Informationssystem dar. Die Daten werden dabei in sogenannten Tabellen abgelegt. Die Schnittstelle zwischen den Daten der Tabellen und dem Anwender bildet die sogenannte Verwaltungskomponente.

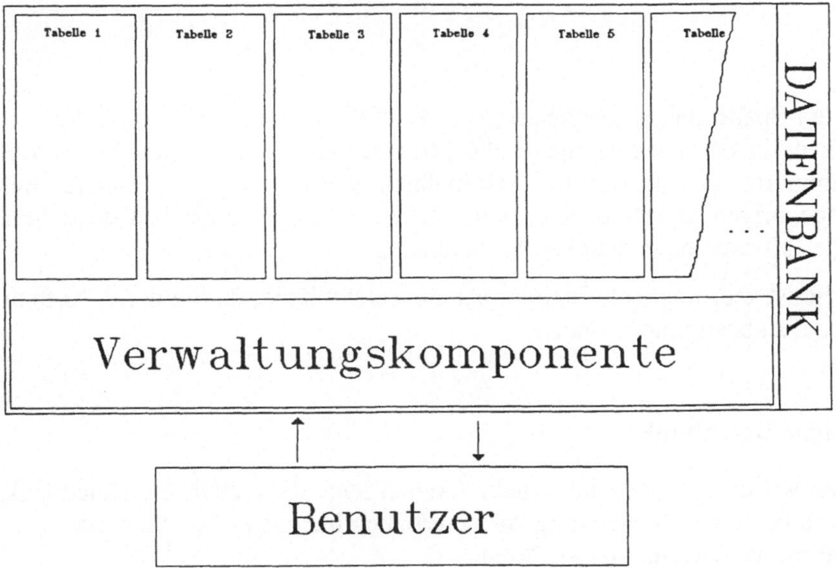

Abbildung 3-1 : Aufbau einer Datenbank

Sie können die Verwaltungskomponente einer Datenbank mit einem Bibliothekar vergleichen, der auf Ihre Anweisung hin ein Buch aus dem Bibliotheksbestand heraussucht. Das Buch entspricht in diesem Vergleich den gewünschten Informationen, die Ihnen die Verwaltungskomponente der Datenbank aus dem Informationsbestand sucht.

Die Tabelle als Datenspeicher

In früheren Open-Access-Versionen und anderen Datenbanksystemen spricht man anstatt von *Tabellen* auch von *Dateien*. Dieser und weitere Begriffe wurden in der Version 3.0 den gängigen Fachbegriffen der Informatik angepaßt. Im Anhang finden Sie eine Gegenüberstellung der alten und neuen Begriffe.

Sehr anschaulich läßt sich eine Tabelle durch den Vergleich mit einem Telefonbuch darstellen. Die zusammengehörigen Daten werden in einer Zeile so angeordnet, daß die einzelnen Komponenten (Name, Straße, Telefonnummer) der Zeilen in der Tabelle die Spalten bilden :

```
Aarnsig,Erwin     Möllgasse 3a      (0111)12345
Abratel,Christa   Am-Quell-32       (0112)71111
Amfeld,Jürgen     Werweg 172        (0111)23616
Ansell,Marta      Nordstraße 11     (0111)8888
Anwart,Anton      Hohe Straße 2     (0112)6451
        .                 .                 .
        .                 .                 .
```

In der ersten Spalte dieses exemplarischen Telefonbuchs finden wir die Namen der Personen, in der zweiten Spalte die Straßen und in der letzten Spalte die Telefonnummern. Genau wie im Telefonbuch werden in einer Tabelle die zusammengehörigen Daten in einer Zeile erfaßt. Dadurch entstehen auch hier Spalten, die Informationen gleicher Art beinhalten.

Eine Tabelle ist aber ungleich flexibler als ein Telefonbuch, da Sie deren Aufbau und Inhalt selbst bestimmen können.

Vorteile einer Datenbank

Vergleichen wir eine Tabelle mit einem Aktenordner, dann stellt die Datenbank den Raum zu dessen Aufbewahrung dar. Zusätzlich bietet sie aber auch mächtige Werkzeuge zur Verwaltung dieser Daten.

Nehmen wir einmal an, Sie möchten wissen, wann der Lieferant *Schmitz* zum letzten Mal geliefert hat. Dazu müßten Sie den Lieferanten-Ordner zur Hand nehmen und dort nach dem Namen *Schmitz* suchen. Haben Sie diesen gefunden, ist noch das Datum der letzten Lieferung festzustellen.

Haben Sie Ihre Lieferanten dagegen mit der Datenbank erfaßt, so teilen Sie dieser mit, daß Sie das Datum der letzten Lieferung des Lieferanten *Schmitz* benötigen. Alles weitere erledigt dann die Datenbank für Sie.

Eine Datenbank kann auch Aufgaben übernehmen, die ohne deren Hilfe ungleich aufwendiger wären. Ein gutes Beispiel dafür sind umfangreiche statistische Auswertungen, auf die heutzutage kaum ein Unternehmen verzichten kann.

Voraussetzungen

Bevor Sie alle diese Vorteile nutzen können, müssen Sie allerdings mit dem Aufbau von Tabellen und der Handhabung der Datenbank vertraut sein. Um möglichst schnell zum Erfolg zu kommen, sollten Sie alle im folgenden beschriebenen Operationen am Rechner nachvollziehen. Ob Sie sich an unser Beispiel halten oder gleich die Erfassung ihrer eigenen Daten realisieren, ist dabei unwesentlich.

Ein Beispiel

Um die teilweise recht komplizierten Zusammenhänge auch anschaulich darstellen zu können, werden wir alle Vorgänge an einem Beispiel durchführen. Um eine gewisse Kontinuität zu erhalten, werden wir uns dabei auf eine Anwendung beschränken. Gewählt haben wir dazu die Lagerverwaltung eines kleinen Unternehmens, dem wir den Firmennamen *Maier-GmbH* geben. Die *Maier-GmbH* vertreibt Computer und Zubehör.

KAPITEL 4 - PLANUNG EINER TABELLE

Die Tabelle stellt das wichtigste Element der Datenbank dar. Haben Sie deren Aufbau und Funktion verstanden, dann steht Ihnen der Weg zum Datenbankexperten offen. Schenken Sie den folgenden Seiten daher besondere Aufmerksamkeit.

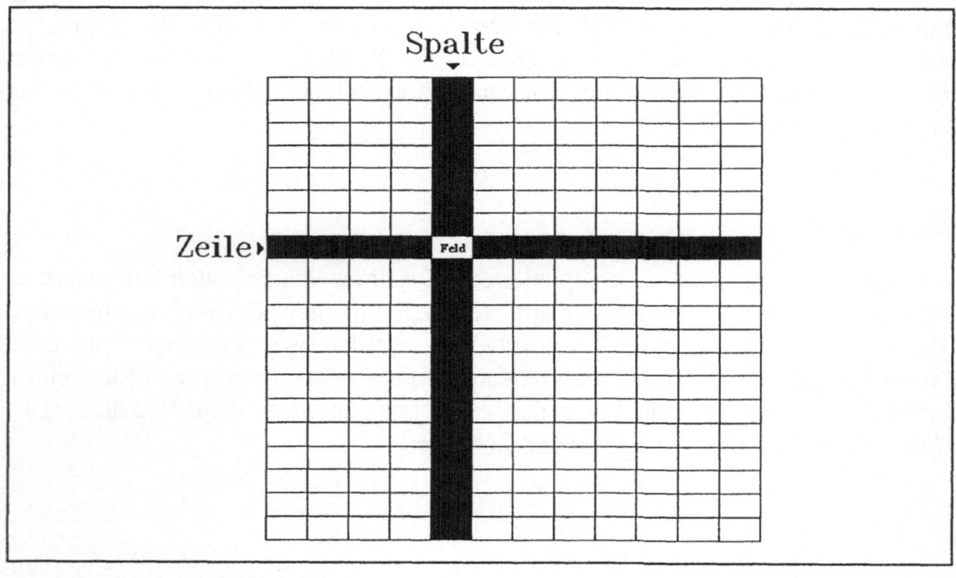

Abbildung 4-1 : Aufbau einer Datenbank-Tabelle

Vorüberlegungen

Bevor Sie mit dem Anlegen einer Tabelle beginnen, müssen Sie sich Gedanken über die zu erfassenden Daten und deren Anordnung in einer Tabelle machen. Auch wenn Sie lieber sofort eine Tabelle anlegen möchten, sollten Sie sich der Planung nicht entziehen. Nur so können Sie potentielle Schwierigkeiten vermeiden.

Um den Planungsaufwand zu minimieren, haben wir eine Art Checkliste entworfen, die Ihnen die Arbeit erleichtern wird.

Prüfen der Daten auf Datenbanktauglichkeit

Zuerst ist zu prüfen, ob eine Tabelle zur Erfassung der Daten geeignet ist. Grundsätzlich sollten Sie sich dazu folgende Fragen stellen :

Kriterien für die Datenbanktauglichkeit
■.........................Lassen sich die Daten in Tabellenform erfassen ?
■.........................Werden die Daten immer wieder benötigt ?
■.........................Ist eine komfortable Analyse der Daten gefragt ?
■.........................Sollen sich die Daten leicht bearbeiten lassen ?

Können Sie diese Fragen positiv beantworten, so ist die *Datenbank* das richtige Modul zur Erfassung dieser Daten.

Beispiele für nicht datenbanktaugliche Daten wären eine Kostenrechnung, weil sie in der Regel nur einmal benötigt wird, und ein Besuchsbericht, weil er sich nicht tabellarisch darstellen läßt. Die Kostenrechnung sollte mit der *Kalkulation* vorgenommen werden und der Besuchsbericht ist ein Fall für die *Textverarbeitung*.

Die Informationen zur Lagerhaltung unserer *Maier-GmbH* lassen sich gut in Tabellenform erfassen. Die Daten der auf Lager liegenden Artikel werden auch immer wieder benötigt und sollten sich leicht ändern lassen, wenn Artikel verkauft oder eingekauft werden. Die komfortable Analyse ist nötig, um den Überblick zu behalten und eventuelle Nachbestellungen in die Wege leiten zu können.

Selektion relevanter Daten

Bevor Sie die Struktur einer Tabellenzeile definieren können, müssen die zu erfassenden Daten festgelegt werden. Notieren Sie sich die als relevant betrachteten Daten in Listenform.

Dabei ist darauf zu achten, daß alle nötigen, aber keine überflüssigen Daten berücksichtigt werden. Unnötige Datenerfassung bedeutet Mehraufwand bei der Eingabe und Verschwendung von Speicherplatz. Außerdem können maximal 255 verschiedene Daten (Spalten) pro Tabelle erfaßt werden - die Anzahl der Einträge (Zeilen) ist allerdings nicht beschränkt.

Die *Maier-GmbH* entschließt sich, folgende Daten in die Tabelle zur Lagerverwaltung aufzunehmen :

```
Bezeichnung des Artikels
Nummer des Artikels bei der Maier-GmbH
Hersteller
Lieferant
Vorrätige Stückzahl
Einkaufspreis
Verkaufspreis
Datum und Uhrzeit der letzten Änderung
Kurzbeschreibung des Artikels
```

Die Information über den Zeitpunkt der letzten Änderung der Daten eines Artikels möchte man erfassen, um weitere Auswertungen möglich zu machen. Dadurch will man zum Beispiel in der Lage sein, eine Liste aller neu eingegangenen Artikel zu erstellen. Die Uhrzeit soll lediglich dazu dienen, die letzte Änderung zeitlich genau zu fixieren.

Anfangs wollte man für jeden Artikel auch die Kundennummer und die Lieferfrist erfassen. Nach gründlicher Überlegung kam man jedoch zu dem Schluß, daß diese Daten nicht in die Tabelle zur Lagerverwaltung gehören. Sowohl Lieferfrist, als auch Kundennummer sind in eine ebenfalls anzulegende Lieferanten-Tabelle zu integrieren.

Betrachten Sie daher die Liste der relevanten Daten noch einmal kritisch und entscheiden Sie dann, ob sie wirklich alle in dieser Tabelle erfaßt werden sollen. Sie müssen die nicht dazugehörigen Daten vom Inhalt dieser Tabelle abgrenzen, indem Sie sie in eine andere Tabelle integrieren.

Abgrenzung durch mehrere Tabellen

Um bei der Arbeit mit der Datenbank die Übersicht behalten zu können, sollten Informationsblöcke in Form von Tabellen geschaffen werden. Dazu müssen Daten, die nicht oder nur bedingt zusammengehören, in verschiedenen Tabellen abgelegt werden.

Sie sollten aber auf keinen Fall die Daten einer umfangreichen Tabelle auf mehrere kleine Tabellen verteilen. Ein solches Vorgehen bringt nur Nachteile mit sich, außerdem kann die Open-Access-Datenbank jederzeit angewiesen werden, nur einen Auszug einer umfangreichen Tabelle zur Verfügung zu stellen.

Definition der Tabellenstruktur

Nachdem die Aufstellung der relevanten Daten abgeschlossen ist, kann man sich dem Aufbau der Tabelle zuwenden. Wenn eine neue Tabelle angelegt werden soll, müssen Sie der Datenbank Informationen über die Spalten der Tabelle liefern. Mit den Spalten legen Sie gleichzeitig auch den Aufbau einer Tabellenzeile fest. In jeder Tabellenspalte sind vier Parameter veränderbar. Das Ändern einer einmal angelegten Tabellenstruktur ist zwar möglich, gestaltet sich aber teilweise sehr aufwendig. Sie sollten die Vergabe der Spaltenparameter daher sehr sorgfältig vornehmen.

Spaltennamen

Jede Tabellenspalte muß einen Namen tragen, damit Sie diese später während der Arbeit mit der Tabelle eindeutig adressieren können. Für den Namen einer Spalte gelten folgende Bedingungen :

Bedingungen für Spaltennamen

- Der Name darf maximal 10 Zeichen lang sein
- Das erste Zeichen muß ein Buchstabe sein
- Jeder Name darf pro Tabelle nur einmal verwendet werden
- Der Name darf Buchstaben, Zahlen, sowie die Zeichen # und _ enthalten

---

Der Name sollte so gut wie möglich den Inhalt der Spalte beschreiben. Wenn die zur Verfügung stehenden 10 Zeichen nicht ausreichen, sollten Sie nach einer sinnvollen Abkürzung suchen.

Die *Maier-GmbH* legt für die Spalten der Lagertabelle folgende Namen fest :

```
ARTIKEL .............. Bezeichnung des Artikels
NUMMER ............. Nummer des Artikels bei der Maier-GmbH
HERSTELLER ........ Hersteller
LIEFERANT........... Lieferant
STÜCKZAHL ......... Vorrätige Stückzahl
EK_PREIS ............. Einkaufspreis
VK_PREIS ............ Verkaufspreis
DATUM ............... Datum der letzten Änderung
ZEIT .................... Uhrzeit der letzten Änderung
BESCHREIB .......... Kurzbeschreibung des Artikels
```

Notieren Sie die Spaltennamen Ihrer Tabelle auf der Liste der relevanten Daten. Sollte Ihnen der Name einer Spalte einmal nicht weiterhelfen, können Sie dadurch jederzeit feststellen, welche Bedeutung der betreffenden Spalte zukommt.

Spaltentypen

In einer Tabellenspalte können nicht beliebige Daten erfaßt werden. Jede Spalte kann genau einen Datentyp aufnehmen. Der einer Tabellenspalte zugeordnete Typ ist von grundlegender Bedeutung für die in dieser Spalte erfaßbaren Daten.

Diese auf den ersten Blick einschränkende Regelung ist aus mehreren Gründen sinnvoll. Zum einen kann dadurch sehr viel Speicherplatz eingespart werden, zum anderen ist die Datenbank nur so in der Lage, Operationen mit den Daten einer Spalte durchzuführen, die vom Datentyp abhängen. Eine Spalte, die Texteinträge enthält, kann eigentlich nur alphabetisch sortiert werden. Nimmt eine Spalte dagegen numerische Werte (Zahlen) auf, stehen wesentlich mehr Operationen zur Verfügung. Die Summenbildung und die Errechnung des Durchschnitts sind nur zwei mögliche Anwendungen.

Die Open-Access-Datenbank bietet Ihnen 8 verschiedene Datentypen für Tabellenspalten, deren Bedeutung wir im folgenden erläutern.

Zuvor soll allerdings noch die Vergabe der Spaltentypen für die Lagertabelle der *Maier-GmbH* vorgestellt werden. Wir geben diese in Listenform an, wobei jedem Spaltennamen der passende Typ zugeordnet wurde.

```
ARTIKEL .............. Text
NUMMER .............. Text, da auch Buchstaben in Artikelnummer
HERSTELLER ........ Text
LIEFERANT .......... Text
STÜCKZAHL ......... Nummer
EK_PREIS ............. Dezimal mit 2 Nachkommastellen
VK_PREIS ............. Dezimal mit 2 Nachkommastellen
DATUM ................ Datum
ZEIT ..................... Zeit im 24-Stunden-Modus ohne Sekunden
BESCHREIB........... Memo, da Beschreibungslänge sehr unterschiedlich
```

Daß - und warum - diese Typvergabe sinnvoll ist, werden Sie nach Lektüre der untenstehenden Beschreibungen beurteilen können.

Text

In Textspalten können beliebige Einträge (Text, Nummern, usw.) bis zu einer Länge von 78 Zeichen gemacht werden. Bei Einträgen, die mehr als 78 Zeichen beanspruchen, müssen mehr als eine Textspalte oder eine *Memospalte* (siehe unten) angelegt werden. Aus zwei Gründen sollten nur die Daten, die mit keinem anderen Spaltentyp erfaßt werden können, den Typ *Text* erhalten. Zum einen benötigen Spalten dieses Typs den meisten Speicherplatz und zum anderen bieten sie relativ wenig Auswertungsmöglichkeiten.

Beispiele :

Namen .... Schmitz
Straßen.................. Wollenweg 7b
Artikelnummern AS557156

Nummer

Dieser Spaltentyp läßt nur die Eintragung ganzer Zahlen zu (z.B. 1, 100, -70). Er benötigt im Gegensatz zu Textspalten relativ wenig Speicherplatz. Da führende Nullen nicht eingetragen werden können, eignet sich der Typ *Nummer* zum Beispiel nicht zur Erfassung einer Telefon-Vorwahl.

Beispiele :

Stückzahlen............. 23
Telefonrufnummern... 78829
Prozentwerte 60

Sollten Sie beabsichtigen, die Daten einer Tabelle für die Erstellung von Rundschreiben mit der Textverarbeitung zu verwenden, so dürfen Postleitzahlen auf keinen Fall in einer Spalte vom Typ *Nummer* gespeichert werden. Beim Ausdruck eines Rundschreibens wird bei Nummer-spalten automatisch der Tausendertrennpunkt ausgegeben. Die Postleitzahl 6000 würde daher als 6.000 gedruckt.

Dezimal

Mit diesem Typ können reelle Zahlen (z.B. 1,23 oder 100,7) erfaßt werden. Die Anzahl der Nachkommastellen ist frei festlegbar. Es sind aber maximal 18stellige

Werte zulässig. Vorgegeben wird für die Anzahl der Nachkommastellen der Wert
2, so daß nur abweichende Werte beim Anlegen der Spalte anzugeben sind.

Beispiele :

    Gradzahlen 22,5
    Längenmaße............ 10,73

Exponent

Die Spaltentypen *Exponent* und *Dezimal* unterscheiden sich lediglich durch die
Darstellung der enthaltenen Werte. Beim Typ *Exponent* werden diese in
wissenschaftlicher Schreibweise angezeigt. So wird die reelle Zahl *201,34* als
2,0134E2 angezeigt. Diese Darstellungsart besteht aus zwei Komponenten. Die
gebrochene Zahl vor dem Buchstaben *E* bezeichnet man als *Mantisse*. Sie hat
genau eine von Null verschiedene Ziffer vor dem Dezimalkomma und muß sooft
mit *10* multipliziert werden, wie die ganze Zahl hinter *E* (der *Exponent*) angibt.
Da die Multiplikation mit 10 dem Verschieben des Dezimalkommas um eine
Stelle nach rechts entspricht, muß bei *2,0134E2* das Dezimalkomma um 2 Stellen
nach rechts gerückt werden, was korrekterweise wieder *201,34* ergibt. Ein
negativer Wert hinter *E* verlangt, daß das Dezimalkomma um den angegebenen
Wert nach links verschoben wird.

Beispiele :

    Gradzahlen 2,25E1
    Längenmaße............ 1,073E1

Logisch (Ja/Nein)

Spalten dieses Typs enthalten logische Werte. Das heißt, es sind nur zwei
unterschiedliche Eintragungen, nämlich *Ja* und *Nein*, möglich.

Beispiele :

    Sonderangebot .... Ja
    Gebucht................. Nein

Datum

Dieser Spaltentyp steht zur Erfassung eines Kalenderdatums zur Verfügung. Es werden auch nur Eintragungen von existenten Datumswerten angenommen. Da der *06.14.1990* nicht existiert, wird ein solcher Eintrag auch nicht akzeptiert. Das bei der Eingabe zu beachtende Format hängt von der Einstellung des Parameters *Zeit* in der Konfiguration ab. Normalerweise wird das in Deutschland übliche Format *TT.MM.JJJJ* verwendet, wobei *TT* für den Tag, *MM* für den Monat und *JJJJ* für das Jahr stehen.

Beispiele :

```
Buchungsdatum........01.01.1990
Termin.................20.11.1990
```

Zeit

Seit Version 3.0 steht mit *Zeit* auch ein Spaltentyp zur Speicherung von Uhrzeiten bereit. Dabei können neben Stunden und Minuten auch Sekunden erfaßt werden. Im Gegensatz zum Typ *Datum* ist das Format einer Zeitspalte nicht nur von der Konfiguration abhängig. Durch die Voreinstellung des Parameters *Zeit* werden die Werte einer Zeitspalte im Format *HH:MM:SS* angezeigt, wobei *HH* für die Stunden, *MM* für die Minuten und *SS* für die Sekunden stehen.

Sie können aber für jede einzelne Zeitspalte einen anderen Darstellungsmodus festlegen. Zur Verfügung stehen der *12-Stunden-*, der *24-Stunden-* und der *Intervall-Modus*. Letzterer ermöglicht die Eingabe von Zeitwerten mit mehr als 24 Stunden und dient der Erfassung von Zeitspannen.

Neben dem Darstellungsmodus kann für jede Zeitspalte definiert werden, ob die Sekunden angezeigt werden sollen.

Memo

Ebenfalls erst seit Version 3.0 steht der Typ *Memo* für Spalten zur Verfügung. Memospalten dienen wie Spalten vom Typ *Text* zur Erfassung beliebiger Einträge (Text, Nummern, usw.). Dabei ist das Aufnahmevolumen aber wesentlich größer. Obwohl Memospalten auch noch sparsamer mit dem Speicherplatz umgehen, haben sie im Vergleich zu Textspalten einen entscheidenden Nachteil. Zu ihrer Auswertung stehen außer dem reinen Betrachten keine Funktionen zur Verfügung.

Spaltenbreite

Die *Spaltenbreite* wird von Open Access für alle Spaltentypen außer dem Typ *Text* vorgeschrieben und automatisch gesetzt. Zum Beispiel können alle Nummernspalten bis zu 9stellige Zahlen aufnehmen.

Bei Textspalten bestimmt die Spaltenbreite, wieviele Zeichen von dieser Spalte aufgenommen werden können. Die Vergabe dieses Parameters sollte gut überlegt sein, da jedes einzelne Zeichen einer Textspalte soviel Speicherplatz wie eine ganze Spalte vom Typ *Logisch* beansprucht. Da es kein Problem darstellt, die Breite einer Textspalte nachträglich zu erweitern, sollten Sie im Zweifelsfall einen kleineren Wert wählen.

Die *Maier-GmbH* entschließt sich, den Textspalten ihrer Lagertabelle folgende Breiten zuzuordnen :

```
ARTIKEL ............. 20
NUMMER ............ 10
HERSTELLER ........ 15
LIEFERANT ......... 15
```

Vergabe der Indexart

Zur Erläuterung des *Index* für Tabellenspalten kommen wir noch einmal auf den Vergleich der Verwaltungskomponente mit einem Bibliothekar zurück. Um ein Buch schnell zu finden verwendet der Bibliothekar das Bibliotheksverzeichnis. Dadurch kann der Standort des gesuchten Werkes sehr schnell ermittelt werden. Der Index stellt im übertragenen Sinne den Bibliothekskatalog der Datenbank dar. In ihm werden die Daten aller mit *Index* versehenen Tabellenspalten geführt.

Index

Die Verwaltungskomponente der Datenbank kann die Zeilen einer Tabelle nur nach den mit *Index* versehenen Spalten sortieren. Außerdem gestaltet sich das Suchen nach einem bestimmten Wert in Spalten mit *Index* einfacher und schneller. Leider benötigt jede mit *Index* versehene Tabellenspalte in etwa den doppelten Speicherplatz. Es sollten daher nicht alle Spalten einer Tabelle indiziert werden. Sie sollten nur die besonders häufig zur Auswertung herangezogenen Spalten in den Index aufnehmen. Ihre Entscheidung ist jederzeit revidierbar, da in einer bestehenden Tabelle Spalten nachträglich in den oder aus dem Index genommen werden können.

In jeder Tabelle muß mindestens eine Spalte mit *Index* oder dem unten beschriebenen *Unique_Index* versehen werden, um eine Datenpflege zu ermöglichen. Die Dateneingabe ist allerdings auch ohne die Definition einer Index-Spalte möglich.

Die *Maier-GmbH* versieht folgende Spalten mit dem Parameter *Index* :

```
ARTIKEL .............. Bezeichnung des Artikels
DATUM ............... Datum der letzten Änderung
ZEIT ................... Uhrzeit der letzten Änderung
HERSTELLER ........ Hersteller
LIEFERANT.......... Lieferant
```

Unique_Index

Der *Unique_Index* besitzt alle Eigenschaften des *Index*. Zusätzlich sorgt die Verwaltungskomponente dafür, daß in diesen Spalten kein Wert zweimal vorkommt. Wurde in eine Textspalte mit Unique_Index der Eintrag *TEST* gemacht, so kann *TEST* in dieser Spalte nicht noch einmal eingetragen werden.

Die *Maier-GmbH* möchte nur bei der Artikelnummer einen doppelten Eintrag verhindern :

```
NUMMER ............. Nummer des Artikels bei der Maier-GmbH
```

Hier ist die Vergabe des Unique_Index wichtig, da die doppelte Vergabe einer Nummer zu großen Problemen (Verwechslungen, Fehlauslieferungen, etc.) führen könnte.

Kein_Index

Spalten, die nicht in den Index aufgenommen werden sollen, erhalten die Einstellung *Kein_Index*.

Folgende Spalten der Lagertabelle wurden bei der *Maier-GmbH* nicht in den Index aufgenommen :

```
STÜCKZAHL ......... Vorrätige Stückzahl
EK_PREIS ............. Einkaufspreis
VK_PREIS ............. Verkaufspreis
BESCHREIB.......... Kurzbeschreibung des Artikels
```

Extern

Die Einstellung *Extern* steht mit dem Index nicht in Verbindung und hat nur dann eine Bedeutung, wenn man mit mehreren Tabellen arbeitet. Wir wollen daher an dieser Stelle noch nicht näher darauf eingehen.

Technische Daten

Zum Abschluß der Tabellenplanung stellen wir die wichtigsten Informationen noch einmal in einer Übersicht dar. Zusätzlich führen wir auch die Inanspruchnahme des Speicherplatzes auf. Angegeben werden diese Werte in der üblichen Einheit *byte* (b). Besonders wichtig ist der Speicherplatzbedarf der einzelnen Spaltentypen, da der Speicherplatz einer Tabellenzeile auf 2048 byte begrenzt ist.

Spaltentypen
Text...................... (1b/Zeichen) ....max.78 Zeichen
Nummer .... (4b)............................. Nur ganze Zahlen
Dezimal.................. (10b)........Max. 18stellige Festkommazahlen
Exponent .... (10b) .... wissenschaftl. Dezimal-Format
Logisch .... (2b)..................... Logische Werte (Ja/Nein)
Datum.................... (4b)....... Kalenderdaten mit Eingabekontrolle
Zeit .... (10b) .... Uhrzeit mit Eingabekontrolle
Memo .... (4b)......................... Beliebig große Texte

Indexarten
Index .... Ermöglicht Sortieren und schnelles Suchen
Unique_Index .... Wie Index, verhindert zusätzlich doppelte Einträge
Kein_Index.............. Ohne Index
Extern.................... Nur für die Arbeit mit mehreren Tabellen

<table>
<tr><td colspan="2" align="center">Tabellen</td></tr>
<tr><td>Zeilen</td><td>Maximal 2.2 Milliarden</td></tr>
<tr><td>Spalten</td><td>Maximal 255</td></tr>
<tr><td>Index</td><td>Möglich für alle Spalten</td></tr>
</table>

Bei Spalten vom Typ *Text* kommt zu den Bytes für jedes Zeichen grundsätzlich noch ein weiteres Byte. Ergeben dieses zusätzliche Byte und die Bytes pro Zeichen eine ungerade Zahl, so wird ein weiteres Byte veranschlagt. Für eine Textspalte mit einer Breite von 10 Zeichen werden daher 12 byte benötigt.

KAPITEL 5 - ANLEGEN EINER TABELLE

Bedeutung von Schirmmasken

Nachdem eine Datei geplant wurde, kann diese mit Hilfe der Datenbank eingerichtet werden. Um dem Anwender die Arbeit mit den Tabellen zu erleichtern, schaltet Open Access zwischen Tabelle und Anwender eine sogenannte *Schirmmaske*. In dieser findet der Anwender Eingabefelder zur Erfassung, Bearbeitung und Darstellung der Daten einer Tabellenzeile. Jedem Eingabefeld ist genau eine Tabellenspalte zugeordnet.

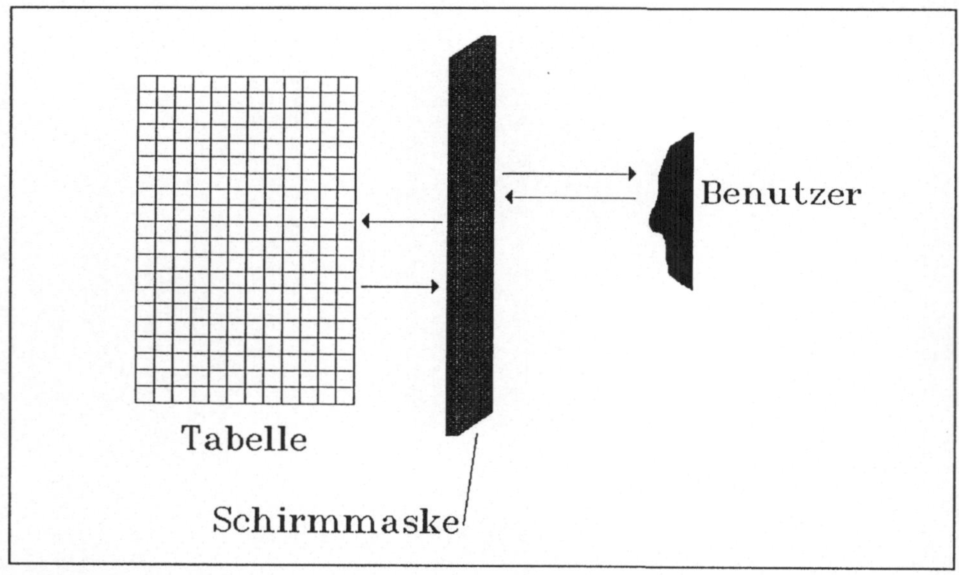

Abbildung 5-1 : Funktion der Schirmmaske

In Open Access kann eine Tabelle nur über eine Schirmmaske angelegt werden. Neben dem Aufbau der Tabelle können Sie dabei auch die Darstellung der Daten auf dem Bildschirm festlegen.

Gestaltung der Schirmmaske

MP: <u>D</u>atenbank - <u>AU</u>fbau - <u>ANL</u>egen

Geben Sie den Dateinamen der Schirmmaske an. Diesen Namen erhält auch die anzulegende Tabelle.

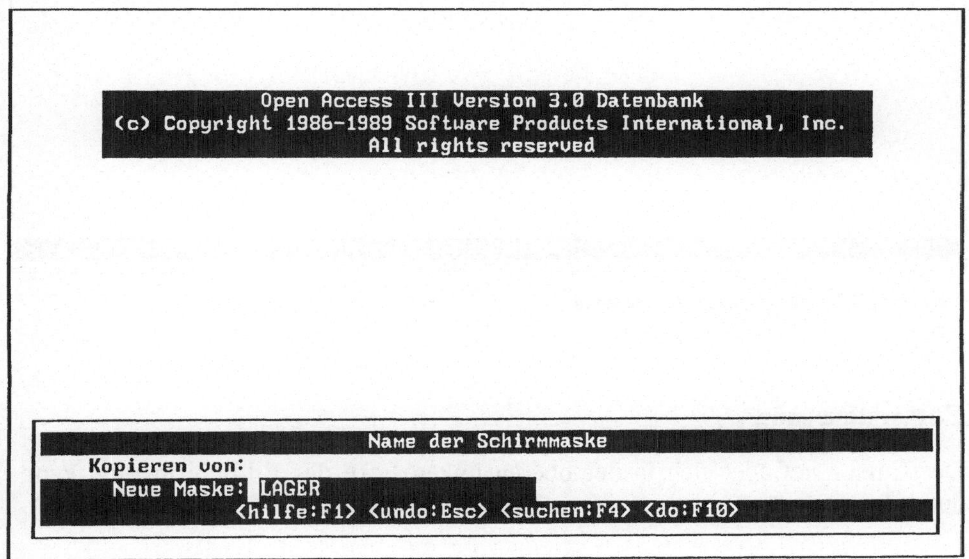

Abbildung 5-2 : Angabe des Dateinamens

Beide Dateien können durch das Suffix (Dateiendung) unterschieden werden. Die Tabelle trägt das Suffix *DF* (<u>D</u>ata<u>F</u>ile) und die Schirmmaske das Suffix *SMK* (<u>S</u>creen<u>M</u>as<u>K</u>). Es wird noch eine weitere Datei mit dem angegebenen Namen angelegt. Sie trägt das Suffix *IF* (<u>I</u>ndex<u>F</u>ile) und enthält die Informationen zum Index der Tabelle.

Der Dateiname einer Tabelle sollte möglichst aussagekräftig sein. Da nur acht Zeichen zur Verfügung stehen, muß eventuell eine Abkürzung verwendet werden. Besonders bei Kürzeln sollte auf eine sinnvolle Namensvergabe geachtet werden. Einem unverständlichen *LAGERART*, das als Abkürzung für *LAGER-ARTIKEL* steht, kann man nicht unbedingt entnehmen, daß es sich um eine Tabelle zur Lagerverwaltung handelt. Die *Maier-GmbH* teilt der Lagertabelle daher den eindeutigeren Dateinamen *LAGER* zu. Unter dem Dateinamen kann die Tabelle später jederzeit aufgerufen werden.

Bestätigen Sie den angegebenen Dateinamen durch <do:F10>, so erscheint das in Abbildung 5-3 zu sehende Fenster zum Anlegen der Schirmmaske.

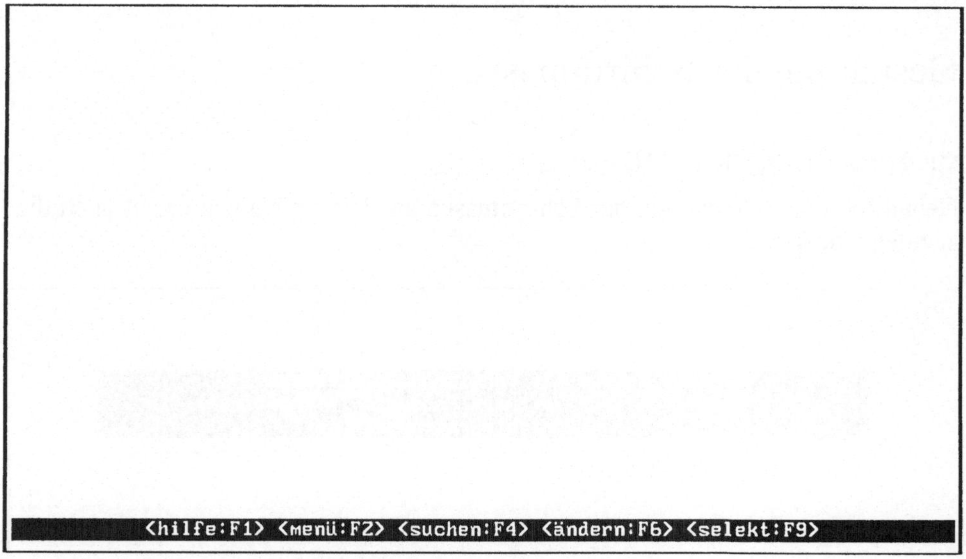

Abbildung 5-3 : Eine leere Schirmmaske

Cursorsteuerung

Der Cursor befindet sich in der oberen linken Ecke des Bildschirms und kann durch folgende Tasten bewegt werden :

Tasten zur Cursorsteuerung

<auf> .... ein Zeichen nach oben
<ab> ....ein Zeichen nach unten
<links> ....ein Zeichen nach links
<rechts> .... ein Zeichen nach rechts
<s.auf> ....eine Seite zurückblättern
<s.ab> .... eine Seite vorblättern
<anfang:Pos1> ....in die erste Bildschirmzeile
<ende:Ende> .... in die letzte Bildschirmzeile
<spr_rechts:Strg-Ende> .... an den Zeilenanfang
<spr_links:Strg-Pos1> .... an das Zeilenende
<wort_vor> ....Bis zum nächsten Zeichen nach rechts
<wort_rück> .... Bis zum nächsten Zeichen nach links

Möglichkeiten

Eine Schirmmaske kann nach Belieben gestaltet werden, sollte dem Anwender aber Informationen über die Daten der Tabelle liefern. Es stehen alle ASCII-Zeichen zur Verfügung. Für besondere Zeichen können Sie die ASCII-Liste über <ascii:Alt-F4> aufrufen, das Zeichen wählen und dann mit <einsetzen:F7> in die Schirmmaske übernehmen.

Durch <zeil_lö:Strg-Rück> kann die Zeile, in der der Cursor steht, gelöscht werden. Befindet sich in dieser Zeile ein Eingabefeld, muß noch eine Rückfrage mit <do:F10> bestätigt werden. Um eine Zeile einzufügen, betätigen Sie <zeil_einf:Strg-Ret>. Es werden alle Zeilen ab der Cursorposition um eins nach unten verschoben. Eine Zeile am unteren Bildschirmrand geht dabei verloren. Eine Schirmmaske bietet 15 Seiten zur Plazierung von Text und Eingabefeldern.

Abgeschlossen wird die Bearbeitung einer Schirmmaske durch <do:F10>. Dabei werden aber nur die Seiten der Schirmmaske gespeichert, die Eingabefelder für Tabellenspalten enthalten. Wird dies nicht beachtet, so kann eine aufwendig gestaltete Schirmmaskenseite verloren gehen.

In Abbildung 5-4 sehen Sie die Gestaltung der Schirmmaske für die Lagertabelle der *Maier-GmbH*.

```
 Lagerdaten der Maier-GmbH                              Seite 1 von 1
 ___________________________________________________________________

 Name des Artikels.. :
 Nummer des Artikels :
 Hersteller........  :
 Lieferant.........  :
 Stückzahl.........  :
 Einkaufspreis.....  :
 Verkaufspreis.....  :

 Letzte Änderung.... - Datum :
                       Zeit  :

 Kurzbeschreibung... :



 ___________________________________________________________________
 Keine weiteren Seiten vorhanden

 <hilfe:F1> <menü:F2> <suchen:F4> <ändern:F6> <selekt:F9>
```

Abbildung 5-4 : Gestaltung einer Schirmmaske

Anlegen einer Tabellenspalte

```
┌──────────────────────────────────────────────────────────────────────────┐
│ Lagerdaten der Maier-GmbH                                    Seite 1 von 1 │
├──────────────────────────────────────────────────────────────────────────┤
│                                                                            │
│  Name des Artikels.. : ███████████████████████████                        │
│  Nummer des Artikels :                                                     │
│  Hersteller......... :                                                     │
│  Lieferant.......... :                                                     │
│  Stückzahl.......... :                                                     │
│  Einkaufspreis...... :                                                     │
│  Verkaufspreis...... :                                                     │
│                                                                            │
│  Letzte Änderung.... - Datum :                                             │
│                        Zeit  :                                             │
│                                                                            │
│  Kurzbeschreibung... :                                                     │
│                                                                            │
│                                                                            │
│                                                                            │
├──────────────────────────────────────────────────────────────────────────┤
│  Keine weiteren Seiten vorhanden                                           │
│  Anzeigelänge:    20                                                       │
│          <hilfe:F1> <undo:Esc> <ändern:F6> <do:F10>                        │
└──────────────────────────────────────────────────────────────────────────┘
```

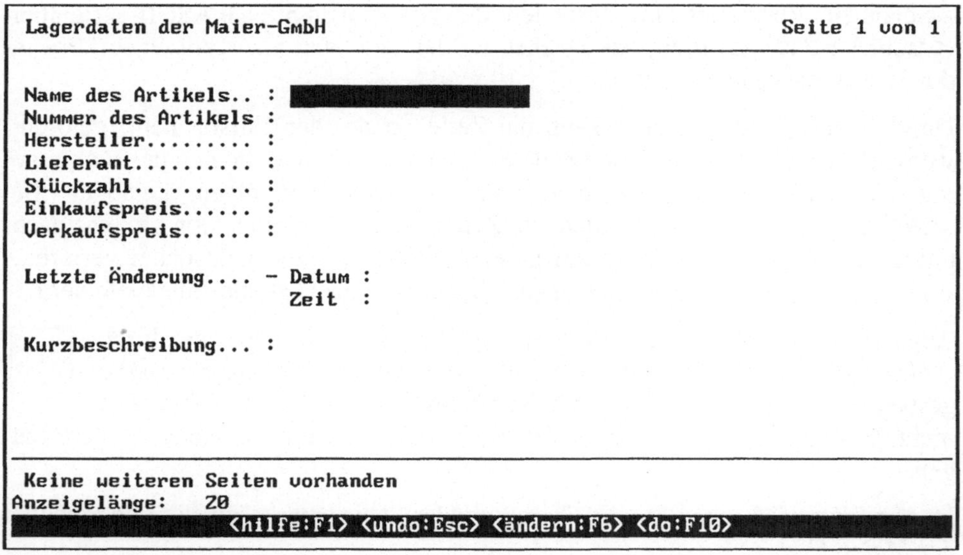

Abbildung 5-5 : Anlegen einer Tabellenspalte

Mit <selekt:F9> können Sie in der Schirmmaske eine Spalte für die Tabelle anlegen. Die Position des Cursors legt dabei die Position des Feldes zur Dateneingabe für diese Spalte in der Schirmmaske fest. In der linken unteren Ecke des Bildschirms wird die *Anzeigelänge* eingeblendet. Mit <rechts> kann die Anzeigelänge erhöht, mit <links> reduziert werden.

> **!** Wie Sie während der Planungsphase erfahren haben, kann die Spaltenbreite nur für Textspalten definiert werden. In der Schirmmaske kann aber die anzuzeigende Breite für alle Spalten definiert werden. Es ist zu beachten, daß die Anzeigelänge bei Spalten mit dem Typ *Text* die Spaltenbreite festlegt.

In der Abbildung 5-5 soll die Spalte für den Artikelnamen der *Maier*-Lagertabelle angelegt werden. Hier wurde die Anzeigelänge bereits auf *20* erhöht.

Durch <do:F10> oder nochmaliges <selekt:F9> wird die Einstellung der Anzeigelänge beendet und das in Abbildung 5-6 zu sehende Fenster erscheint. In diesem Fenster können Sie neben den Parametern der Tabellenspalte auch die Darstellung der Daten dieser Spalte in der Schirmmaske definieren. Mit <ab> oder <ret> bestätigen Sie die Einstellung und wählen den nächsten Parameter an. Mit <auf> setzen Sie den Cursor wieder auf den vorhergehenden Parameter.

Bei der Auswahl aus mehreren Alternativen stehen die Tasten <links> und
<rechts> zur Verfügung.

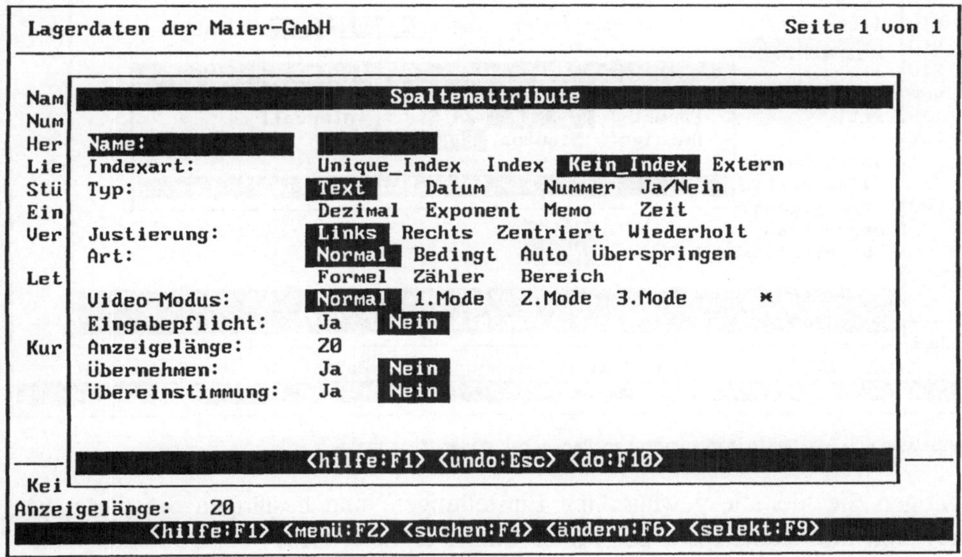

Abbildung 5-6 : Das Fenster zur Spaltendefinition

Die Spaltenparameter

Für *Textspalten* wurde mit der *Anzeigelänge* bereits die Spaltenbreite festgelegt.
Diese kann auch im Fenster zur Festlegung der *Spaltenattribute* unter dem
Parameter *Anzeigelänge* angegeben werden. Die ersten beiden Spaltenattribute
legen den *Namen* und die *Indexart* der Tabellenspalte fest.

Der dritte Parameter definiert den Spaltentyp. Steht der Cursor auf *Zeit*, *Dezimal*
oder *Exponent*, so können über <ändern:F6> die typspezifischen Einstellungen
getätigt werden. In Abbildung 5-7 sehen Sie das Fenster zur Definition der
besonderen Parameter einer Zeitspalte.

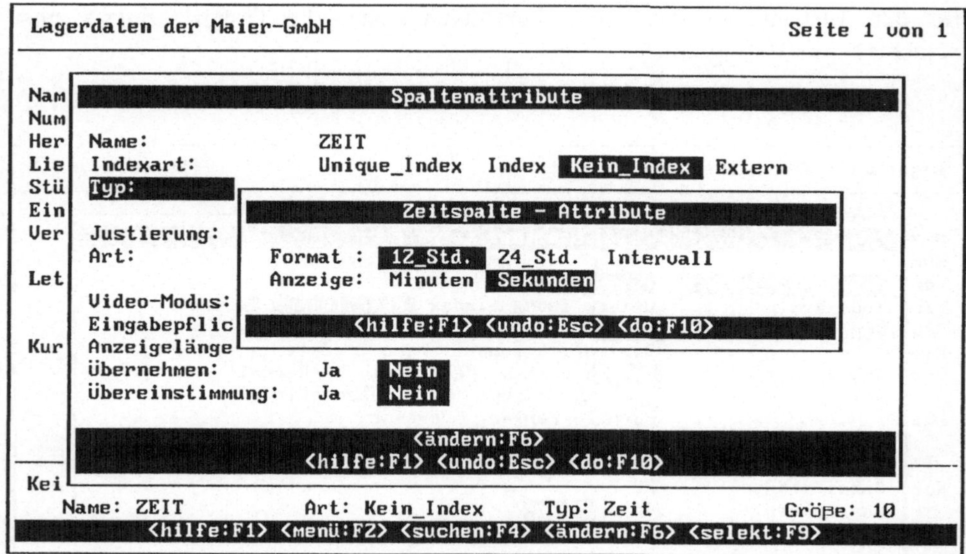

Abbildung 5-7 : Definition weiterer Parameter einer Zeitspalte

Tätigen Sie hier die gewünschten Einstellungen, und bestätigen Sie diese wie gewohnt mit <do:F10>. Die *Maier-GmbH* legt auf diese Weise für die Spalte *Zeit* ihrer Lagertabelle die gewünschten Einstellungen (24-Stunden-Modus, keine Sekunden) fest.

> [!] Es ist zu beachten, daß die *Anzeigelänge* dieser Parametrierung anzupassen ist. Sollen die Werte einer Zeitspalte zum Beispiel im 24-Stunden-Modus ohne Sekunden angezeigt werden, so sollte die *Anzeigelänge* für dieses Format (HH:MM) auf 5 Zeichen eingestellt werden.

Zur Festlegung der Nachkommastellen für Dezimal- oder Exponentspalten wird ein kleines Fenster geöffnet, in das der gewünschte Wert einzutragen ist.

Definition der Schirmmaskenparameter

Im Gegensatz zu den Spaltenparametern haben die im folgenden vorgestellten Parameter keinen Einfluß auf die Struktur der Tabelle und können daher zu jeder Zeit ohne Probleme geändert werden. Aus diesem Grunde muß auch keine Planung vor dem Anlegen erfolgen.

Reglementierung der Eingabe

Neben der Darstellung auf dem Bildschirm regeln die Schirmmasken auch die Eingabe der Daten für die einzelnen Tabellenspalten. Leider lassen sich nicht alle Eingabebedingungen nebeneinander verwenden. Von den folgenden sieben Einstellungen kann daher nur eine gewählt werden :

Normal
Auto
Überspringen
Bereich
Zähler
Formel
Bedingung

Eingabefilter für Textspalten

Über das Spaltenattribut *Typ* kann nicht nur der Spaltentyp definiert werden. Für Textspalten kann über diesen Parameter ein Filter für die Datenerfassung erstellt werden. Betätigen Sie dazu <ändern:F6>, während der Cursor auf der Einstellung *Text* des Parameters *Typ* steht. Es erscheint das in Abbildung 5-8 zu sehende Fenster zur *Text-Definition*.

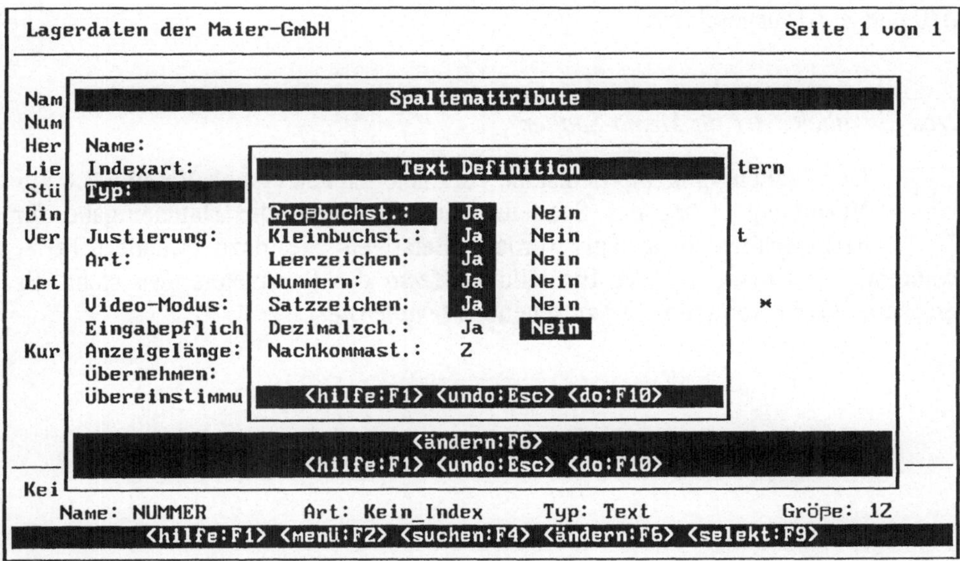

Abbildung 5-8 : Definition des Eingabefilters für Textspalten

Sie können hier festlegen, ob die aufgeführten Zeichengruppen bei der Eingabe zulässig sind (*Ja*) oder ignoriert werden sollen (*Nein*). Welche Zeichen sich hinter den einzelnen Gruppennamen verbergen, entnehmen Sie bitte der folgenden Tabelle :

Zeichengruppen
Großbuchstaben........ .... ABC...XYZ
Kleinbuchstaben .... abc...xyz
Leerzeichen............... .... Die Leertaste
Nummern............... .... Ziffern (0-9), Vorzeichen (+,-)
Satzzeichen .... Alle Sonderzeichen
Dezimalzeichen........ .... Dezimalkomma oder Dezimalpunkt

Die *Nachkommastellen* haben keine Bedeutung für die Eingabe und sind daher in diesem Zusammenhang nicht von Interesse. Ob das *Dezimalzeichen* ein Komma oder ein Punkt ist, hängt von der Konfiguration ab.

Unsere *Maier-GmbH* nutzt den Eingabefilter für die Spalte *NUMMER*. Da die Artikelnummern neben Ziffern (0-9) auch Buchstaben enthalten, mußte eine Textspalte gewählt werden. Um mögliche Fehleingaben zu verhindern und lediglich die Eingabe von Großbuchstaben zu ermöglichen, wird der Filter so definiert, daß nur die Parameter *Großbuchstaben* und *Nummer* mit *Ja* versehen werden. Soll die Artikelnummer *A10* vergeben werden, so sind die Fehleingaben *a10* und *A-10* ausgeschlossen.

Das Eingabefenster für Memo-Spalten

U Der Spaltentyp *Memo* und seine Parameter stehen erst ab Version 3.0 zur Verfügung. Über das Spaltenattribut *Typ* kann die Dateneingabe für Memospalten festgelegt werden. Betätigen Sie dazu <ändern:F6>, während der Cursor auf der Einstellung *Memo* des Parameters *Typ* steht. Es erscheint das in Abbildung 5-9 zu sehende *Memofenster*.

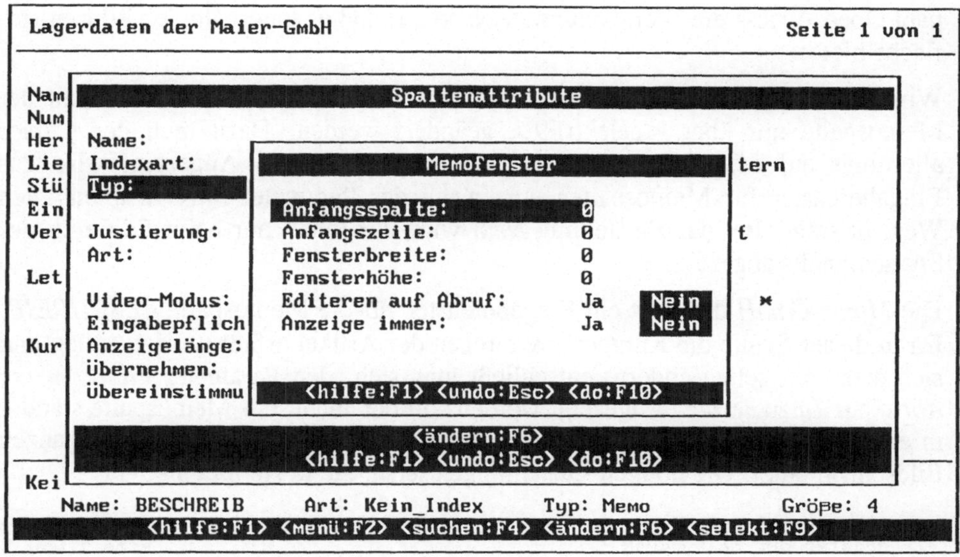

Abbildung 5-9 : Eingabeparameter für Memospalten

Dort können die Parameter des Fensters zur Dateneingabe definiert werden. Die Bedeutung der einzelnen Parameter wird in der folgenden Abbildung illustriert.

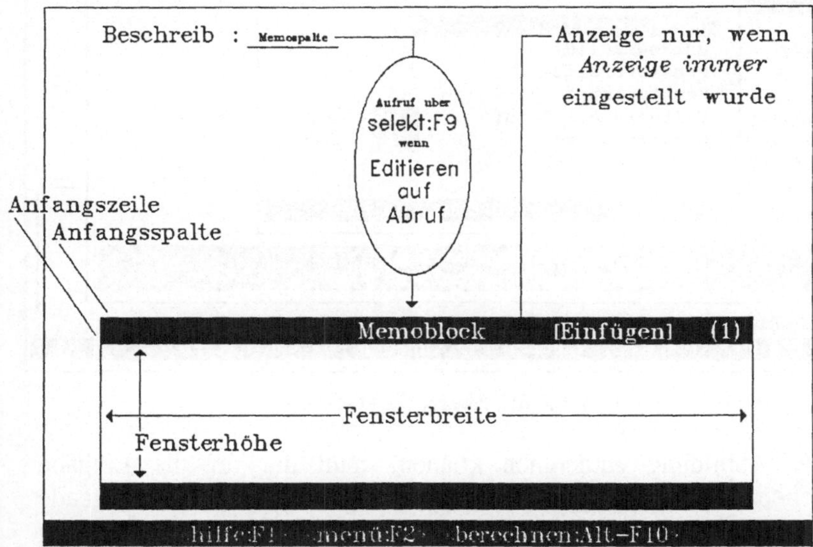

Abbildung 5-10 : Bedeutung der Parameter des Memofensters

Für *Anfangsspalte* und *Fensterbreite* stehen Werte zwischen 1 und 78 zur Verfügung, für *Anfangszeile* und *Fensterhöhe* Werte zwischen 1 und 25. Wurde ein Fenster so parametriert, daß es über den Bildschirmrand hinausragen würde,

paßt Open Access die Werte automatisch so an, daß es innerhalb der Bildschirm-
fläche bleibt.

Wird der Parameter *Editieren auf Abruf* auf *Ja* gesetzt, so kann der Inhalt der
Memospalte nur über <selekt:F9> geändert werden. Dazu muß der Cursor
allerdings auf dem Eingabefeld der Memospalte stehen. Angezeigt wird das
Eingabefenster für Memospalten nur, wenn der Parameter *Anzeige immer* den
Wert *Ja* trägt. Bei der Einstellung *Nein* wird der Inhalt nur beim Editieren des
Spalteninhalts angezeigt.

Die *Maier-GmbH* definiert ein Eingabefenster für die Memospalte *BESCHREIB*.
Da in dieser Spalte die Kurzbeschreibungen der Artikel erfaßt werden sollen und
sich diese nur selten ändern, entschließt man sich, den Parameter *Editieren auf
Abruf* auf *Ja* zu setzen. Angezeigt werden soll der Inhalt der Memospalte ständig
in einem Fenster, das 3 Zeilen zur Eingabe bietet und in der Breite den ganzen
Bildschirm nutzt. Die nötigen Einstellungen sehen Sie in Abbildung 5-11.

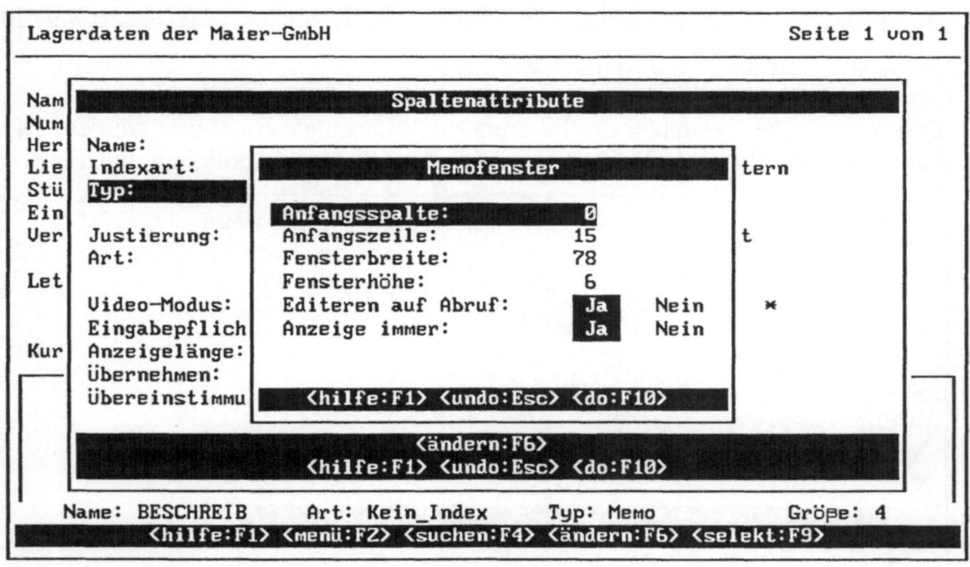

Abbildung 5-11 : Parameter des Fensters für die Memospalte BESCHREIB

Wie Sie dieser Abbildung entnehmen können, muß die für die Eingabe
gewünschte Zeilenzahl (3) um 3 erhöht werden, um auf die einzutragende
Fensterhöhe (6) zu kommen.

Normal - freie Eingabe

Der Parameter *Art* stellt weitere Möglichkeiten zur Reglementierung der Eingabe
zur Verfügung. Wählen Sie hier die Einstellung *Normal*, unterliegt die Eingabe

keinen besonderen Einschränkungen. Der Filter für Textspalten und die Parametrierung des Memofensters bleiben aber weiterhin aktiv.

Auto - schneller Zugriff

Setzen Sie den Parameter *Art* auf *Auto*, so sind wie bei *Normal* alle Eingaben gestattet. Allerdings können Sie diese Eingabefelder bei der Datenerfassung schneller erreichen. Durch <selekt:F9> während der Eingabe wird der Cursor auf Eingabefelder der Art *Auto* gesetzt.

Da sich die Einkaufs- und Verkaufspreise der Artikel in der Lagertabelle am häufigsten ändern werden, entschließt man sich, bei der *Maier-GmbH* die Eingabefelder für die Spalten *EK_PREIS* und *VK_PREIS* mit der Art *Auto* zu versehen.

Überspringen - keine Änderung möglich

Wie bei *Normal* und *Auto* ist die Eingabe der Daten auch bei der Einstellung *Überspringen* nicht eingeschränkt. Wurden die Daten einer Tabellenzeile aber bereits erfaßt und sollen nun geändert werden, so sind die Eingabefelder der Art *Überspringen* gesperrt - sie werden dann übersprungen.

Die *Maier-GmbH* legt fest, daß die einmal vergebenen Nummern der Artikel nicht geändert werden dürfen. Zur Realisierung dieser Forderung versieht man das Eingabefeld der Spalte *NUMMER* mit der Einstellung *Überspringen* für den Parameter *Art*.

Bereich - Festgelegte Wertemenge

Über die Einstellung *Bereich* des Parameters *Art* kann für die zulässigen Daten eine obere und eine untere Grenze festgelegt werden. Lediglich für *Memo-* und *Ja/Nein-Spalten* kann kein Bereich festgelegt werden. Bei allen Spaltentypen außer *Nummer* müssen die Werte für die obere und die untere Grenze in Anführungszeichen (") gefaßt werden. Bei *Datums-* und *Zeitspalten* muß zusätzlich noch das jeweilige Format inklusive den Trennzeichen (*TT.MM.JJJJ* bzw. *HH:MM:SS*) eingehalten werden.

Zur Definition des Bereichs betätigen Sie <ändern:F6>, wenn der Cursor auf der Einstellung *Bereich* des Parameters *Art* steht. Die obere Grenze muß verständlicherweise über der unteren Grenze liegen. Ist dies nicht der Fall, bietet Open Access Ihnen an, die Grenzwerte zu vertauschen. Bei der Datenerfassung steht in Eingabefeldern mit Bereichsfestlegung der Wert der unteren Grenze.

Um Fehleingaben für Einkaufs- und Verkaufspreis der Artikel zu verhindern, möchte man bei der *Maier-GmbH* ausschließen, daß negative Beträge in die betreffenden Spalten eingetragen werden können. Dazu legt man für die Eingabefelder der Spalten *EK_PREIS* und *VK_PREIS* einen *Bereich* fest. Als untere Grenze wird *0,00* angegeben, die obere Grenze liegt bei *100000,00*, da kein Artikel diesen Preis überschreitet.

Zähler - Automatische Numerierung

Stellen Sie den Parameter *Art* auf *Zähler*, so steht die betreffende Tabellenspalte nicht zur Eingabe zur Verfügung. Mit jeder neu angelegten Tabellenzeile wird ein interner Zähler um eins erhöht und in diese Spalte eingetragen. Pro Tabelle kann nur eine Spalte der Art *Zähler* existieren. Diese muß außerdem vom Spaltentyp *Nummer* sein. Es ist möglich, den internen Zähler per Hand einzustellen.

| ! | Während der Arbeit mit einer Tabelle wird sicherlich auch die eine oder andere Zeile wieder gelöscht. In diesem Falle ist die Numerierung in der *Zählerspalte* nicht mehr fortlaufend, da die Nummern der übrigen Zeilen nicht automatisch angepaßt werden. |

Formel - Automatische Berechnung

Auf Tabellenspalten der Art *Formel* hat der Benutzer keinen Zugriff. Ihr Inhalt wird durch eine Formel bestimmt.

| U | Die maximale Länge einer Formel wurde von 56 Zeichen in der Version II auf 255 in Open Access III erweitert. Daher ist man in Version III nicht mehr gezwungen, möglichst kurze Spaltennamen zu wählen, um mehrere von diesen in einer Formel verwenden zu können. |

Zum Aufbau der Formel stehen die folgenden mathematischen Operatoren zur Verfügung :

Mathematische Operatoren für Formeln
+ .... Addition
- .... Subtraktion
* .... Multiplikation
/ .... Division
% .... Prozent
\ .... Modulo

Es kann aber nicht nur mit ganzen und reellen Zahlen, sondern auch mit Uhrzeiten und Daten gerechnet werden.

Die Formel *"20.11.90"-10* sorgt für den Eintrag *10.11.90* in der betreffenden Spalte. Eine solche Formel ist natürlich sinnlos, da man den *10.11.90* auch gleich eintragen könnte. Sinnvoll wird eine Formel erst durch die Möglichkeit, die übrigen Werte der Tabellenzeile als Variable zu verwenden.

Nehmen wir einmal an, Sie erfassen ausgehende Rechnungen in einer Tabelle. In der Tabellenspalte *AUSGANG* tragen Sie das Datum ein, an dem die Rechnung versandt wurde. Für die Zahlungsüberwachung müssen Sie auf die Ausgangs-daten der Rechnungen immer 30 Tage aufschlagen, um den letzten Zahlungs-termin zu erhalten. Mit einer Formel können Sie dies automatisieren. Sie legen eine weitere Spalte *MAHNUNG* an, die ebenfalls vom Typ *Datum* sein muß. In der Schirmmaske versehen Sie diese Spalte mit der Formel *AUSGANG+30*. Von nun an enthält die Spalte *MAHNUNG* das Datum, zu dem der Kunde gemahnt werden muß, wenn die Rechnung noch nicht beglichen wurde.

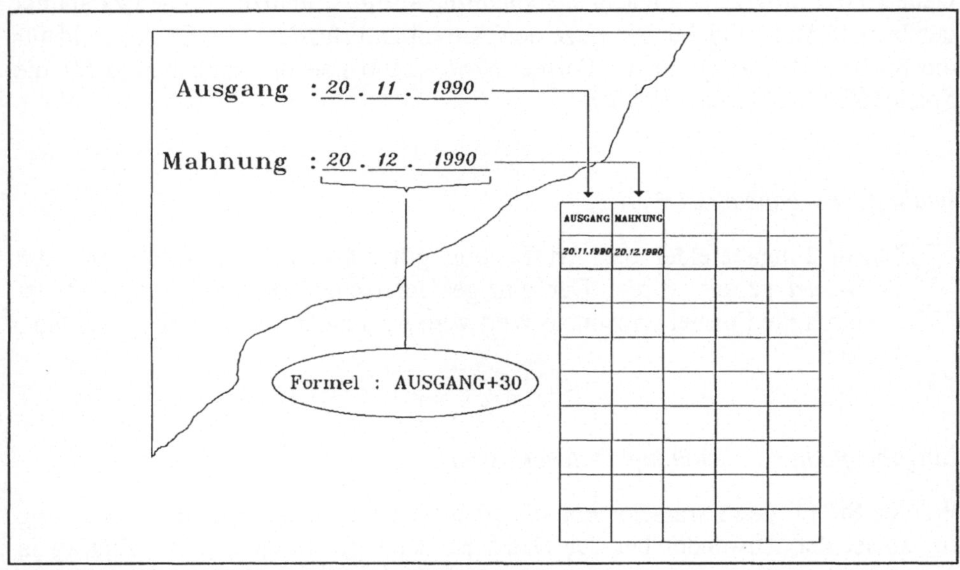

Abbildung 5-12 : Beispiel für den Einsatz einer Formel

Auf die gleiche Weise können Sie von Geldbeträgen die Vorsteuer abziehen oder die Mehrwertsteuer aufrechnen. Auch die automatische Errechnung des Gewinns aus Einkaufs- und Verkaufspreis stellt kein Problem dar.

Grundsätzlich sollten alle nötigen Rechnungen für eine Tabellenzeile, die auf den Daten eben dieser Zeile basieren, mit einer Formel realisiert werden.

Es muß beachtet werden, daß der Anwender den "errechneten" Eintrag in den mit einer Formel versehenen Eingabefeldern nur dann sieht, wenn mindestens ein weiteres Eingabefeld auf der Schirmmaskenseite existiert. Dieses weitere Eingabefeld muß einen Eintrag ermöglichen.

Durch den mathematischen Operator + können auch die Werte mehrerer Textspalten verknüpft werden. Durch die Formel

```
NAME+", "+VORNAME
```

können zum Beispiel Vor- und Nachname einer Person verknüpft werden. Dabei kann auch beliebiger Text - in diesem Fall ein Komma mit Leerzeichen zur Trennung - eingebunden werden.

Mit den beiden Systemwerten *SYSDATUM* und *SYSZEIT* kann das aktuelle Datum bzw. die momentane Uhrzeit in die Formel integriert werden. Trägt man nur einen dieser Platzhalter in die Formel ein, so wird ein aktueller chronologischer Wert in die betreffende Spalte übernommen.

Genau diese Möglichkeit macht sich die *Maier-GmbH* zunutze, um den Zeitpunkt der letzten Änderung für die einzelnen Artikel zu erfassen. Das Eingabefeld für die Spalte *DATUM* erhält die Formel *SYSDATUM* und das Eingabefeld für die Spalte *ZEIT* die Formel *SYSZEIT*.

Bedingt - Vorgabe eines Wertes

 Für Eingabefelder der Art *Bedingt* gilt alles, was für solche der Art *Formel* gesagt wurde. Der einzige Unterschied besteht darin, daß der durch die Formel errechnete Wert vom Anwender überschrieben werden kann.

Eingabepflicht - Vollständige Datenerfassung

Wählen Sie für den Parameter *Eingabepflicht* eines Eingabefeldes die Einstellung *Ja*, so ist der Anwender bei der Datenerfassung gezwungen, einen Eintrag in dieses Feld zu tätigen. Sie können somit die vollständige Erfassung der Daten einer Tabellenspalte erzwingen.

Die *Maier-GmbH* hält einen Eintrag des Einkaufspreises, des Verkaufspreises und der Artikelnummer für zwingend. Bei den Eingabefeldern für die Spalten EK_PREIS, VK_PREIS und NUMMER wird der Parameter *Eingabepflicht* daher auf *Ja* gesetzt.

Übernehmen - Arbeitsersparnis bei der Datenerfassung

Wird der Parameter *Übernehmen* für ein Eingabefeld auf *Ja* gesetzt, so kann dies bei der Datenerfassung eine Arbeitserleichterung darstellen. Nach dem Speichern der Daten einer Tabellenzeile werden normalerweise die Eingabefelder der Schirmmaske geleert, um die Erfassung der nächsten Zeile zu ermöglichen. Die Inhalte der Eingabefelder, bei denen der Parameter *Übernehmen* auf *Ja* gesetzt wurde, werden nicht gelöscht. Sie stehen bei der Erfassung der nächsten Tabellenzeile zur Verfügung, können aber überschrieben werden.

Der Parameter *Übernehmen* sollte nur für die Eingabefelder von Spalten mit wenig Bedeutung vergeben werden. Da der Wert der vorhergehenden Zeile automatisch übernommen wird und das Eingabefeld daher bereits ausgefüllt ist, kann eine nötige Änderung leicht übersehen werden. 

Darstellung in der Schirmmaske

Die Darstellung der Werte einer Spalte in der Schirmmaske kann durch die Parameter *Justierung* und *Video-Modus* beeinflußt werden.

Justierung

Der Parameter *Justierung* bietet neben der linksbündigen Darstellung (*Links*) für den Inhalt eines Eingabefeldes drei weitere Einstellungen.

Die Wahl von *Rechts* bietet sich besonders für numerische Werte an. Der Inhalt des Feldes wird rechtsbündig dargestellt. Die *Maier-GmbH* ordnet den Eingabefeldern für die Spalten *EK_PREIS* und *VK_PREIS* diese Justierung zu, da Geldbeträge üblicherweise rechtsbündig geschrieben werden.

Die Einstellung *Zentriert* sorgt dafür, daß der Inhalt einer Tabellenspalte im Eingabefeld mittig dargestellt wird.

Bei der Wahl von *Wiederholt* wird der Inhalt der Spalte im Eingabefenster so oft wie möglich dargestellt. Enthält eine Textspalte den Wert *Test*, so wird dieser in einem Eingabefenster mit Anzeigelänge 10 als *TestTestTe* dargestellt.

Video-Modus

Der Parameter *Video-Modus* legt das Erscheinungsbild des Spalteninhalts im Eingabefenster der Schirmmaske fest. Welchen Effekt die vier möglichen Einstellungen *Normal*, *1.Mode*, *2.Mode* und *3.Mode* haben, hängt von der Konfiguration und der Hardware Ihres Rechners ab.

Dokumentation einer Tabelle

Während Sie sich in der Schirmmaske befinden, können Sie jederzeit über
<suchen:F4> eine Liste aller Eingabefelder mit den Parametern der zuge-
hörigen Tabellenspalten einblenden.

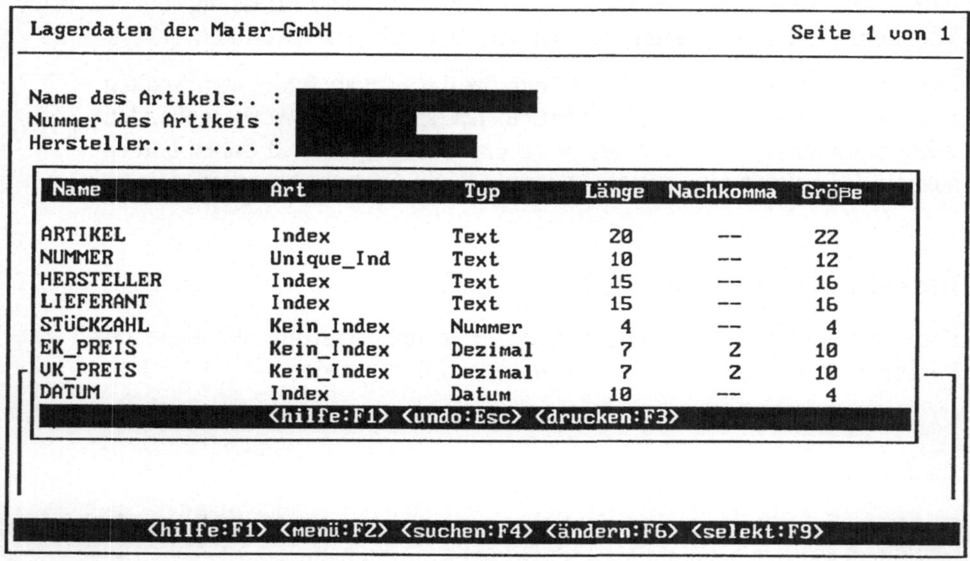

Abbildung 5-13 : Informationsliste zu den Tabellenspalten

Angezeigt werden für jedes Eingabefeld der *Name* der Tabellenspalte, deren
Index-*Art* und der Spalten-*Typ*. Die *Länge* eines Eingabefeldes finden Sie in der
vierten Spalte der Informationsliste.

Die *Größe* gibt an, wieviel Speicherplatz die betreffende Spalte benötigt. Bei
Tabellenspalten vom Typ *Text* ist die Spaltenbreite ein oder zwei Zeichen kleiner
als die *Größe*. Zwischen *Länge* und *Größe* wird bei Dezimal- und Exponentspalten noch die Anzahl der *Nachkommastellen* angegeben.

Über <drucken:F3> kann die Informationsliste auf einem Ausgabegerät ausgegeben werden. Auf diese Weise können Sie den Aufbau Ihrer Tabellen einfach
und standardisiert dokumentieren.

KAPITEL 6 - ARBEITEN MIT EINER TABELLE

Nachdem eine Tabelle angelegt wurde, muß sie noch mit Daten gefüllt werden. Diese Angelegenheit ist bei den meist großen Datenbeständen sehr zeitaufwendig und fehlerträchtig. Belohnt wird diese Arbeit aber später durch einen effektiven Zugriff und umfassende Auswertungsmöglichkeiten.

Dateneingabe

MP: Datenbank - Eingabe

Es erscheint das in Abbildung 6-1 zu sehende Fenster zur Definition der Schirmmaske. Wie Sie in Kapitel 5 erfahren haben, dient eine Schirmmaske der Datenerfassung für eine Tabelle. Eine ausgefüllte Schirmmaske entspricht dabei einer Zeile der Tabelle. Tragen Sie den Namen der Schirmmasken-Datei ein, wählen Sie damit automatisch die zugehörige Tabelle.

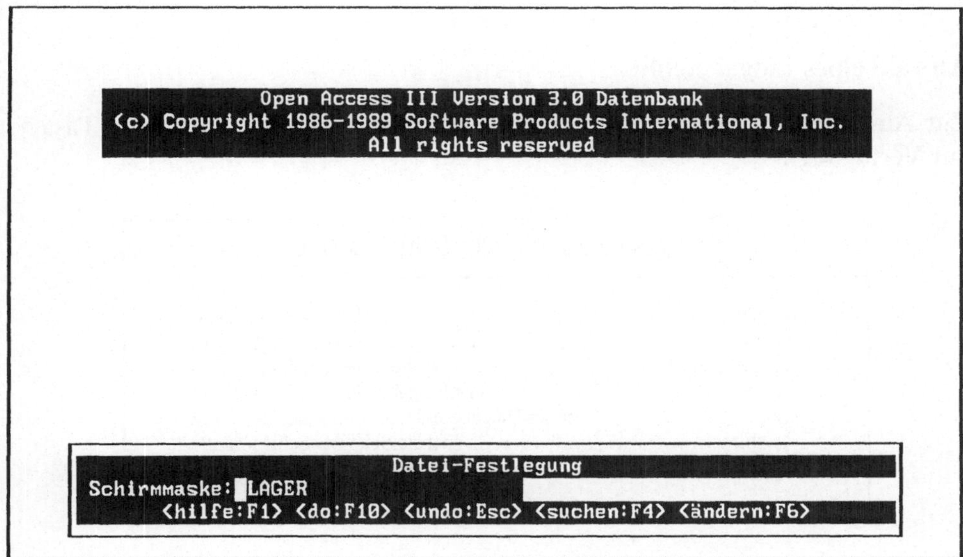

Abbildung 6-1 : Definition der Schirmmaske für die Dateneingabe

Nachdem der Dateiname der Schirmmaske mit <do:F10> bestätigt wurde, erscheint die erste Seite der Schirmmaske auf dem Bildschirm. In Abbildung 6-2 sehen Sie die Schirmmaske zur Datenerfassung für die Lagertabelle der *Maier-GmbH*.

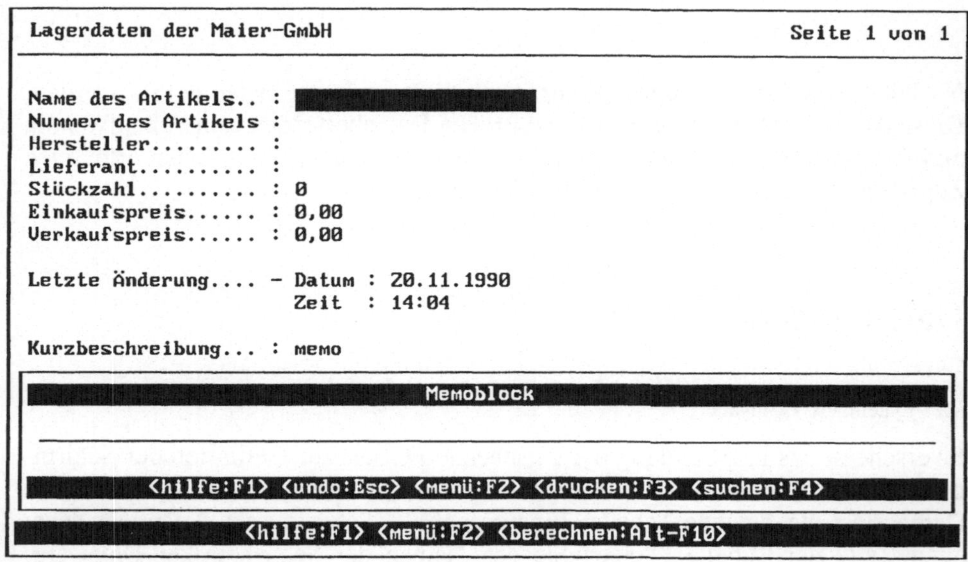

Abbildung 6-2 : Dateneingabe über eine Schirmmaske

Anwahl eines Eingabefeldes

Zur Anwahl eines Eingabefeldes der Schirmmaske stehen die folgenden Tasten zur Verfügung :

Cursorsteuerung in der Schirmmaske
<ret>.. nächstes Eingabefeld
<tab>... nächstes Eingabefeld
<rücktab:Shift-tab>........................vorhergehendes Eingabefeld
<ab>.................................erstes Eingabefeld in der Folgezeile
<auf>................... .. erstes Eingabefeld der vorangehenden Zeile
<s.ab>..nächste Seite der Schirmmaske
<s.auf>........................ .... vorangehende Seite der Schirmmaske

Schneller Zugriff auf wichtige Felder

Durch <selekt:F9> schalten Sie die Schirmmaske auf den sogenannten *Formmodus* um. Der Cursor wird auf das erste Eingabefeld mit dem Attribut *Auto* gesetzt. Jedes <ret> bringt Sie zum nächsten mit *Auto* versehenen Eingabefeld, bis alle Auto-Felder angesprungen wurden. Sie können den Formmodus aber auch vorher durch nochmaliges Betätigen von <selekt:F9> beenden.

Dateneingabe für Memospalten

Je nach Parametrierung des Eingabefeldes einer Memospalte sehen Sie das zugehörige Eingabefenster immer oder nur bei der Dateneingabe auf dem Bildschirm. Ebenfalls beim Anlegen der Schirmmaske wurde festgelegt, ob Sie automatisch in dieses Fenster gelangen, sobald der Cursor über das Eingabefeld läuft. Ist dies nicht der Fall, setzen Sie den Cursor auf das Eingabefeld der Memospalte, das zur Kennzeichnung immer den Eintrag *memo* enthält. Betätigen Sie nun <selekt:F9>, so kann der Text des Memoblocks editiert werden.

Im Eingabefenster des *Memoblocks* stehen alle Möglichkeiten und Funktionen des *Notizblock*-Editors zur Verfügung. Mit <do:F10> schließen Sie die Eingabe ab. Durch <undo:Esc> und die Option *Verlassen* des Memoblock-Menüs kann die Eingabe revidiert werden.

Besondere Funktionen

In der Schirmmaske stehen während der Eingabe der Daten einer Tabellenzeile neben der Feldselektion noch einige Sonderfunktionen zur Verfügung, die im folgenden beschrieben werden.

Eingabe eines Datums

In Eingabefeldern für Datumsspalten können Sie über <suchen:F4> einen kleinen Kalender aufrufen. Der Cursor steht auf dem aktuellen Tag des laufenden Monats, wenn das Eingabefeld beim Aufruf leer (*00.00.0000*) war. Sonst markiert er das im Eingabefeld stehende Datum im Kalender.

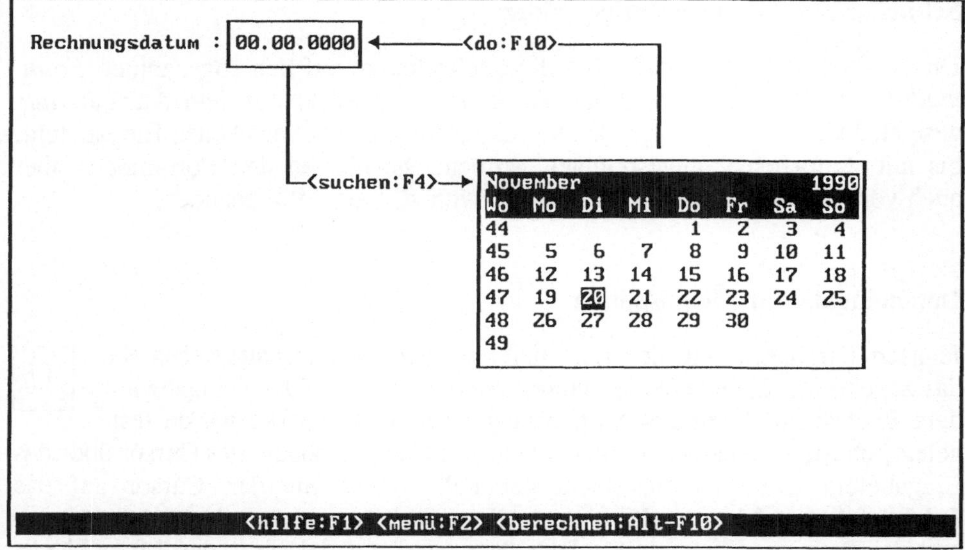

Abbildung 6-3 : Kalenderaufruf während der Datumseingabe

Durch <s.ab> und <s.auf> können Sie im Kalender einen Monat vor- bzw. zurückblättern. Mit den Cursortasten (<ab>, <auf>, <links>, <rechts>) wählen Sie einen Tag im angezeigten Monat. Mit <do:F10> bestätigen Sie den gewählten Tag, dessen Datum daraufhin in das Eingabefeld übertragen wird.

Eingabe der aktuellen Uhrzeit

Betätigen Sie <suchen:F4> während der Cursor auf dem Eingabefeld einer Zeitspalte steht, so wird automatisch die aktuelle Uhrzeit eingetragen.

Datenpflege

MP: <u>D</u>atenbank - <u>P</u>flege

Bereits erfaßte Daten können über die Pflege-Funktion der Datenbank bearbeitet werden. Nach dem Aufruf erscheint das in Abbildung 6-4 zu sehende Fenster zur Angabe der Datei.

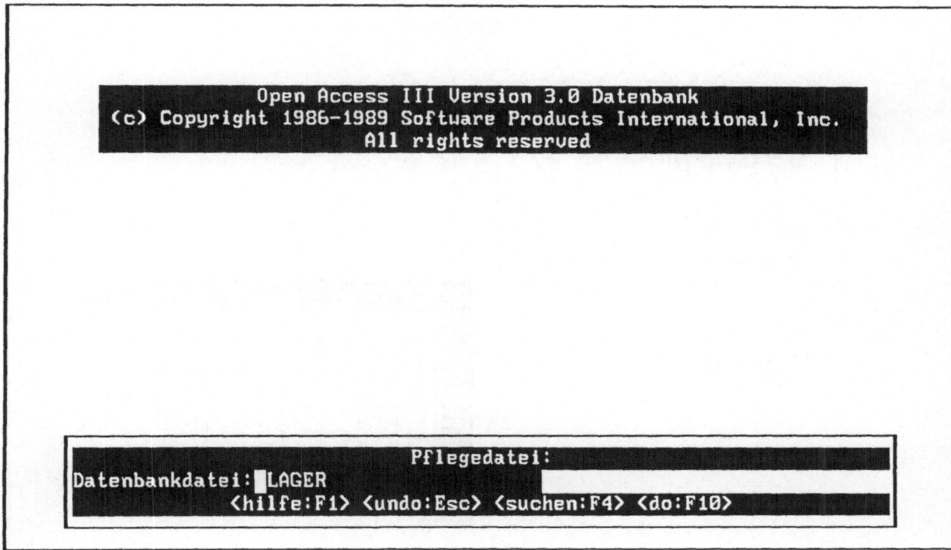

Abbildung 6-4 : Angabe der Datei für die Datenpflege

Geben Sie den Dateinamen der Datei an und bestätigen Sie diesen mit
<do:F10>, so erscheint das in Abbildung 6-5 zu sehende Pflegefenster.

```
GANO-MAUS                      ARTIKEL      Gano-Maus
GANO-OPTIKMAUS                 NUMMER       HPZ01-0001
HUMMER MEGASTAR                HERSTELLER   Gano AG
LOOK-GOOD-V4                   LIEFERANT    Hans Müller
LOOK-GOOD-V5                   STÜCKZAHL    10
MASTER-KEY                     EK_PREIS     60,00
MASTERSCAN MONITOR             VK_PREIS     78,00
MEGA-MAUS                      DATUM        21.11.1990
NEWCOMP 386                    ZEIT         09:51
NEWCOMP 486                    BESCHREIB    MEMO
NEWCOMP SUPER-AT
NEWCOMP XT-PC
PC-EXTRAKEY
PC-KEY
PYRA-MAUS
QUECKS AT
QUECKS MASTER
SEEKS-BUDGET
SEEKS-COLOR
SEEKS-JUWEL

                     OA3:LAGER.ARTIKEL
        <hilfe:F1> <undo:Esc> <suchen:F4> <ändern:F6>
```

Abbildung 6-5 : Die Pflegefunktion der Datenbank

In diesem Fenster sehen Sie links die Spaltenanzeige und rechts die Zeilenanzeige.

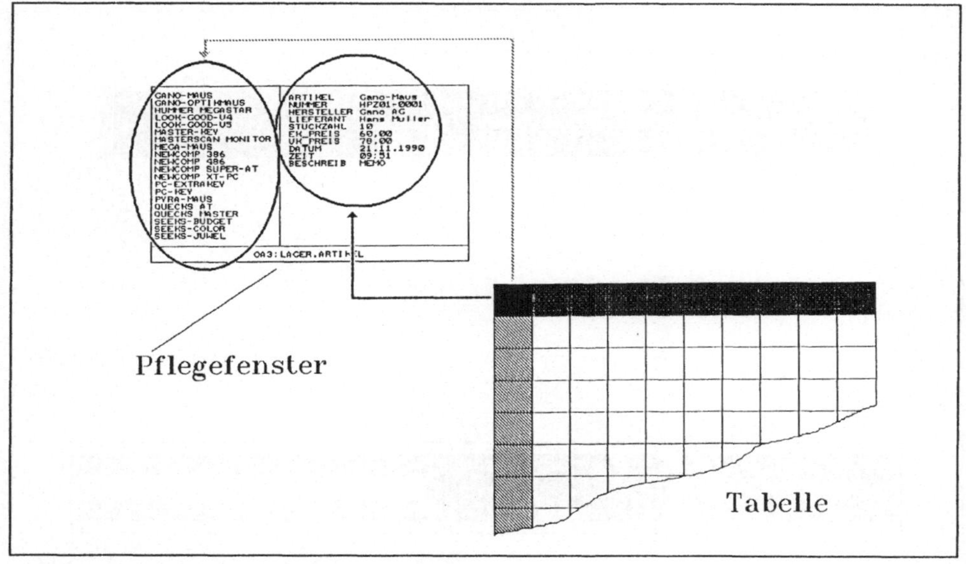

Abbildung 6-6 : Bedeutung der Anzeigebereiche

Die Spaltenanzeige

In der linken Hälfte des Fensters werden die Daten der ersten Indexspalte der Tabelle angezeigt. Bei der Lagertabelle der *Maier-GmbH* ist dies die Spalte mit den Artikelnamen. Die Zeilen der Tabelle werden nach dem Inhalt der Indexspalte sortiert. Mit <rechts> selektieren Sie die nächste Indexspalte, mit <links> die vorhergehende.

Die Zeilenanzeige

In der rechten Hälfte des Pflegefensters werden - soweit möglich - alle Daten der aktuellen Tabellenzeile angezeigt.

Wenn nicht alle Daten einer Tabellenzeile auf einmal im rechten Teil des Pflegefensters angezeigt werden können, stehen <wort_vor:Strg-rechts> und <wort_rück:Strg-links> zur Verfügung. Mit Ihnen kann der darstellbare Bereich um eine Spalte nach rechts bzw. nach links verschoben werden.

Mit <ab> gelangen Sie in die nächste Zeile, mit <auf> in die vorhergehende. Dadurch wird auch der Cursor in der linken Fensterhälfte bewegt. Bei größeren Datenbeständen können nicht alle Daten einer Indexspalte gleichzeitig im linken Fenster dargestellt werden. In diesem Falle stehen einige Funktionen zur Verfügung, um einen schnellen Zugriff zu ermöglichen.

```
                    Tasten zur Zeilenanwahl

    <ab> ................... ........................... In die nächste Zeile
    <zeile_vor:F7> ...... ........................... In die nächste Zeile
    <auf> ................... ....................In die vorangehende Zeile
    <zeile_rück:F5>> ... .................In die vorangehende Zeile
    <s.ab> ................. ....................... 20 Zeilen nach unten)
    <s.auf> ................. ....................... 20 Zeilen nach oben
    <anfang:Pos1> ...... ........Erster Eintrag der aktuellen Seite
    <ende:Ende>.......... ........ Letzter Eintrag der aktuellen Seite
    2 x <anfang:Pos1>... ................Anwahl der ersten Tabellenzeile
    2 x <ende:Ende>..... ................Anwahl der letzten Tabellenzeile
```

Ändern einer Zeile

Durch <ändern:F6> kann die in der Spaltenanzeige durch den Cursor selektierte Tabellenzeile geändert werden. Beim ersten Aufruf muß die zu verwendende Schirmmaske angegeben werden. Beim Ändern weiterer Zeilen der Tabelle wird diese dann ebenfalls verwendet.

```
GANO-MAUS           ARTIKEL     Gano-Maus
GANO-OPTIKMAUS      NUMMER      HPZ01-0001
HUMMER MEGASTAR     HERSTELLER  Gano AG
LOOK-GOOD-V4        LIEFERANT   Hans Müller
LOOK-GOOD-V5        STÜCKZAHL   10
MASTER-KEY          EK_PREIS    60,00
MASTERSCAN MONITOR  VK_PREIS    78,00
MEGA-MAUS           DATUM       21.11.1990
NEWCOMP 386         ZEIT        09:51
NEWCOMP 486         BESCHREIB   MEMO
NEWCOMP SUPER-AT
NEWCOMP XT-PC
PC-EXTRAKEY
PC-KEY
PYRA-MAUS
QUECKS AT
QUECKS MASTER
S
S
S  Welche Schirmmaske wollen Sie benutzen?  OA3:LAGER.SMK

        <hilfe:F1> <undo:Esc> <suchen:F4> <do:F10>
```

Abbildung 6-7 : Angabe der Schirmmaske zum Ändern einer Tabellenzeile

Im Zweifelsfalle stimmen der Name der zu ändernden Tabelle und der zu verwendenden Schirmmaske überein. Aus diesem Grunde gibt die Datenbank den Dateinamen der Tabelle vor.

Bestätigen Sie den gewünschten Dateinamen durch <do:F10>, so erscheint die Schirmmaske auf dem Bildschirm. In den Eingabefeldern finden Sie die Daten der gewählten Tabellenzeile.

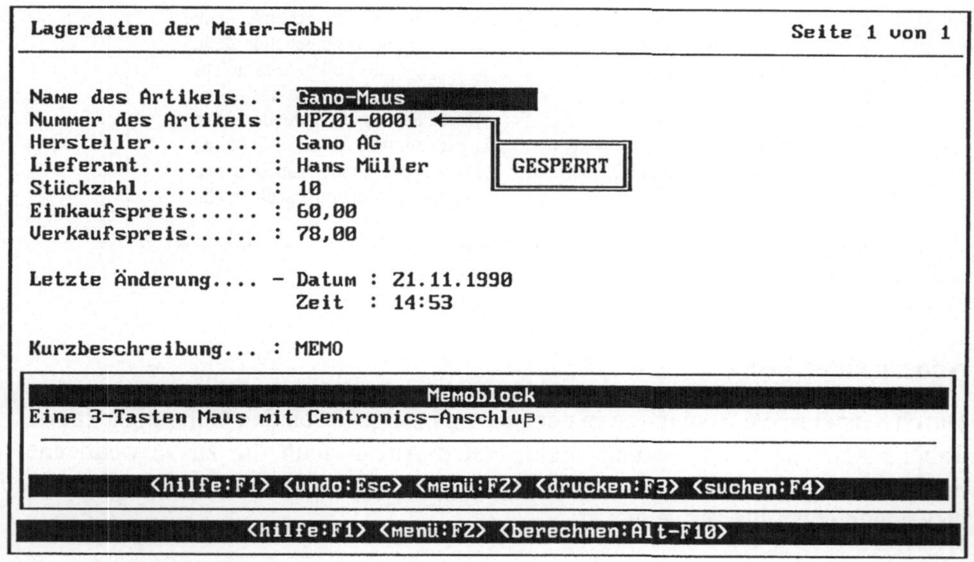

Abbildung 6-8 : Ändern einer Tabellenzeile

Gesperrte Eingabefelder

Beim Ändern einer Tabellenzeile sind eventuell einige Eingabefelder gesperrt, auf die Sie bei der Eingabe noch zugreifen konnten. Diese Eingabefelder wurden beim Anlegen der Schirmmaske mit dem Attribut *Überspringen* versehen, wodurch Änderungen unmöglich gemacht werden.

Die *Maier-GmbH* hat in der Schirmmaske für ihre Lagertabelle dem Eingabefeld für die Artikelnummer dieses Attribut zugeteilt. Eine einmal vergebene Artikelnummer kann daher nicht mehr geändert werden - das Eingabefeld ist gesperrt.

Anwahl einer anderen Zeile

Über <zeile_vor:F7> und <zeile_rück:F5> kann bei der Datenpflege in der Schirmmaske die nächste bzw. vorangehende Tabellenzeile angewählt werden. Sollen die Änderungen an der aktuellen Zeile gespeichert werden, muß vorher <do:F10> betätigt werden.

Speichern der Änderungen

Durch <do:F10> können die in der Schirmmaske vorgenommenen Änderungen gespeichert werden. Außer einem kurzen Aufleuchten der Festplatten-LED macht sich dieser Vorgang durch nichts bemerkbar. Mit <ändern:F6> gelangen Sie wieder ins Pflegefenster mit Spalten- und Zeilenanzeige.

Revidieren der Änderungen

Gespeichert werden die in der Schirmmaske vorgenommenen Änderungen nur durch <do:F10>. Verlassen Sie die Schirmmaske durch <ändern:F6> ohne zuvor <do:F10> betätigt zu haben, so gelangen Sie wieder ins Pflegefenster und die Änderungen werden nicht gespeichert.

Die Änderung des Inhalts eines Eingabefeldes kann durch <undo:Esc> rückgängig gemacht werden. Dies funktioniert aber nur, wenn der Cursor noch in diesem Eingabefeld steht.

Löschen einer Zeile

```
GANO-MAUS              ARTIKEL    Gano-Maus
GANO-OPTIKMAUS         NUMMER     HPZ01-0001
HUMMER MEGASTAR        HERSTELLER Gano AG
LOOK-GOOD-V4           LIEFERANT  Hans Müller
LOOK-GOOD-V5           STÜCKZAHL  10
MASTER-KEY             EK_PREIS   60,00
MASTERSCAN MONITOR     VK_PREIS   78,00
MEGA-MAUS              DATUM      21.11.1990
NEWCOMP 386            ZEIT       09:51
NEWCOMP 486            BESCHREIB  MEMO
NEWCOMP SUPER-AT
NEWCOMP XT-PC
PC-EXTRAKEY
PC-KEY
PYRA-MAUS
QUECKS AT
QUECKS MASTER
SEEKS-BUDGET
SEEKS-COLOR
SEEKS-JUWEL

Zeile löschen?
              <hilfe:F1> <undo:Esc> <suchen:F4> <ändern:F6>
```

Abbildung 6-9 : Löschen einer Tabellenzeile

Die in der Spaltenanzeige selektierte und im rechten Teil des Fensters (Zeilenanzeige) dargestellte Zeile kann durch <zeil_lö:Strg-Rück> gelöscht werden. Vor dem Löschen erscheint unten links auf dem Bildschirm die

Rückfrage *"Zeile löschen ?"*. Erst wenn daraufhin <do:F10> betätigt wird, löscht die Datenbank die Zeile aus der Tabelle.

Einfügen/Kopieren einer Zeile

Eine neue Zeile kann durch <zeil_einf:Einfg> in die Tabelle eingefügt werden. Es erscheint die Schirmmaske auf dem Bildschirm. Alle Daten der durch den Cursor selektierten Zeile werden in die Eingabefelder für die neue Zeile übernommen. Diese können nun nach Belieben geändert werden. In die Tabelle wird die neue Zeile aber erst durch <do:F10> eingefügt.

Sollten Sie die Fehlermeldung *Doppelter Eintrag in Unique_index* erhalten, wurde der Eintrag für eine Tabellenspalte, die keine doppelten Einträge zuläßt, nicht geändert. Bei der Lagertabelle der *Maier-GmbH* erscheint diese Fehlermeldung, wenn die Artikelnummer nicht geändert wurde.

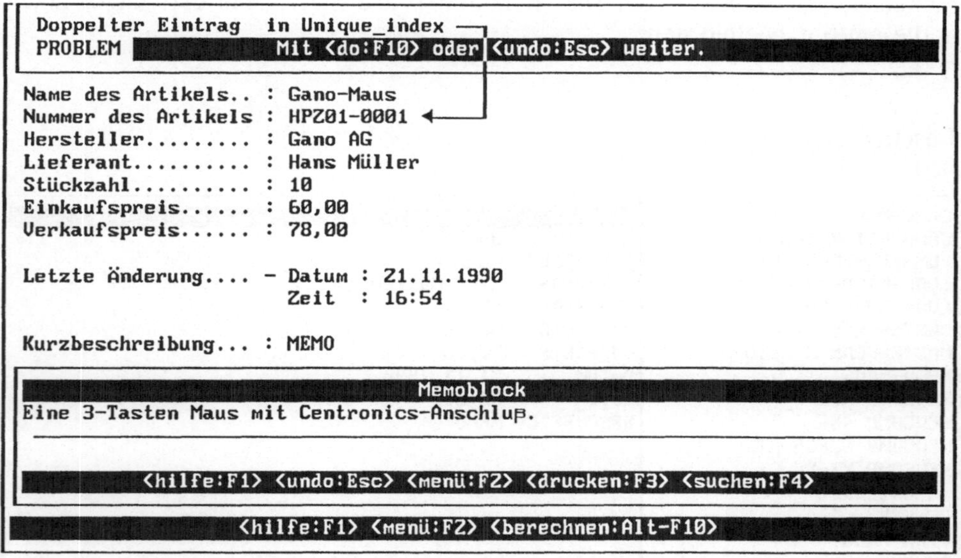

Abbildung 6-10 : Fehlermeldung bei Nichtändern des Inhalts einer Unique-Index-Spalte

Sollen die Daten der Eingabefelder nicht gespeichert und somit keine neue Tabellenzeile eingefügt werden, verlassen Sie die Schirmmaske mit <undo:Esc>. Die Frage *"Änderungen speichern ?"* müssen Sie dann ebenfalls mit <undo:Esc> quittieren.

Suchen einer Zeile

Bei Tabellen mit einer großen Anzahl Zeilen ist es teilweise recht schwierig und zeitaufwendig, einen bestimmten Eintrag innerhalb einer Spalte zu finden. Die *Pflege* bietet Ihnen deshalb eine Suchfunktion zum Auffinden eines bestimmten Eintrags.

Betätigt man <suchen:F4> während das Pflegefenster angezeigt wird, so wird am unteren Bildschirmrand ein Fenster geöffnet.

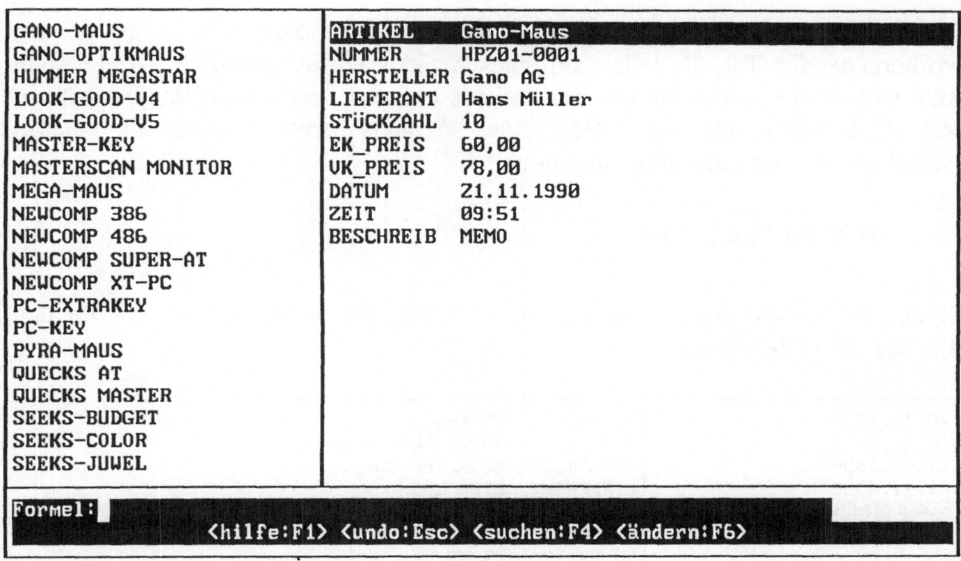

Abbildung 6-11 : Suchen eines Eintrags im Pflegefenster

In diesem Fenster kann dann der gesuchte Eintrag angegeben werden. Soll dieser nicht in der im linken Fensterteil angezeigten Tabellenspalte gesucht werden, muß auch der Name der gewünschten Spalte angegeben werden. Dabei sind Spaltenname und gesuchter Eintrag durch ein Komma zu trennen :

[Spaltenname],[Eintrag]

Zu beachten ist, daß Einträge nur in Spalten mit *Index* gesucht werden können. Bei Text-, Datums- und Zeitspalten muß der gesuchte Eintrag in Anführungszeichen (") gefaßt werden. Halten Sie sich nicht an diese Konventionen, wird die Fehlermeldung *Fehler im Ausdruck* ausgegeben. 

Wenn der gesuchte Eintrag nicht existiert, wird ein Eintrag selektiert, der dem gesuchten am ähnlichsten ist.

Wenden wir uns noch einmal der Abbildung 6-11 zu. Der Lagerist der *Maier-GmbH* hat die *Pflege* aufgerufen, um in der Lagertabelle die Stückzahl des Artikels *Seeks-Color* um fünf neu eingegangene Geräte zu erhöhen. Er wählt den Artikel an, indem er <suchen:F4> betätigt und dessen Namen eingibt:

"SEEKS-COLOR"

Daraufhin erscheint der Artikel in der rechten Hälfte des Bildschirms und kann dann über <ändern:F6> geändert werden.

Nach dieser Änderung will der Lagerist noch überprüfen, ob er am vorhergehenden Tag die Stückzahl eines Artikels korrekt geändert hat. Er kann sich nicht mehr an den Namen des Artikels erinnern, weiß aber, daß er gestern, am 22.11.1990 nur die Daten eines Artikels geändert hat. Er betätigt <suchen:F4> und gibt folgendes ein:

DATUM,"22.11.90"

Dadurch wird die erste Tabellenzeile selektiert, die in der Spalte *DATUM* den Eintrag *22.11.90* enthält.

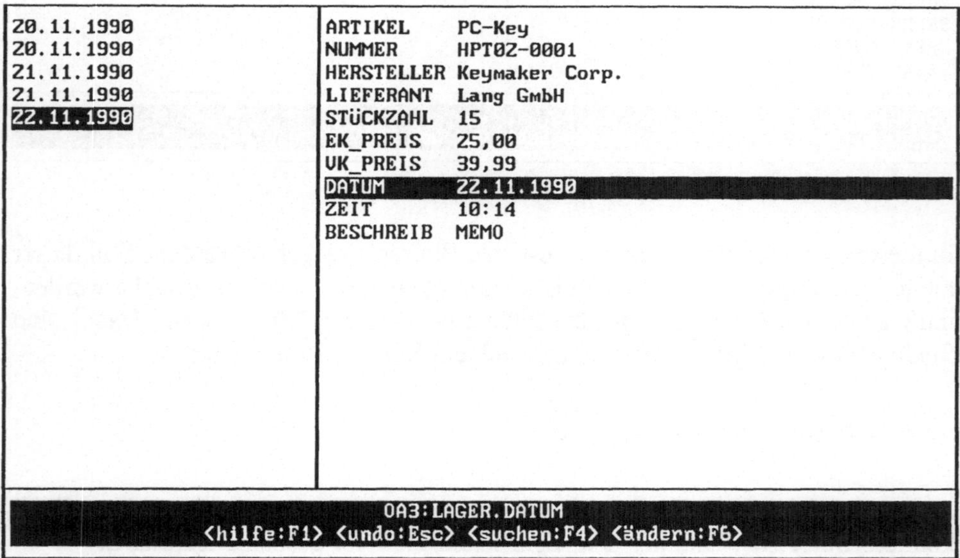

Abbildung 6-12 : Die gesuchte Tabellenzeile

Wie Sie Abbildung 6-12 entnehmen können, wird nun in der linken Bildschirmhälfte die Indexspalte angezeigt, nach der gesucht wurde. In der rechten Bildschirmhälfte werden die Daten der gefundenen Tabellenzeile dargestellt.

KAPITEL 7 - ÄNDERN EINER TABELLE

Auch eine sehr gründlich geplante Tabelle wird früher oder später geändert werden müssen. Alle Änderungen, die sich auf die Schirmmaske beschränken und die Tabellenstruktur nicht berühren, sind besonders leicht durchzuführen. Aber auch eine Umstellung der Tabellenstruktur ist unproblematisch, wenn einige Besonderheiten beachtet werden.

Ändern der Tabellenstruktur

MP: Datenbank - AUfbau - Tabelle_ändern ...

Abbildung 7-1 : Angabe des Dateinamens der zu ändernden Tabelle

Bevor Sie mit dem Ändern einer Tabelle beginnen, sollten Sie sich folgendes vor Augen halten:

! Bei Änderungen an der Tabellenstruktur kann es zu Datenverlusten kommen, wenn der Vorgang nicht ordnungsgemäß und wohlüberlegt durchgeführt wird. Bei großen Datenbeständen dürfte ein nicht unerheblicher zusätzlicher Arbeitsaufwand für die erneute Erfassung der verlorenen Daten die Folge sein. Dies sollte Sie aber nicht von der Änderung der Tabellenstruktur abhalten, da keine Gefahr für Ihre Daten besteht, wenn Sie alle Hinweise beachten.

Grundsätzlich müssen alle Änderungen der Tabellenstruktur auch für die Eingabefelder der Schirmmaske durchgeführt werden. Auch die erst später beschriebenen Druckmasken müssen an die veränderte Struktur angepaßt werden.

Nachdem Sie den Dateinamen der zu ändernden Tabelle angegeben oder über die Dateiliste (<suchen:F4>) gewählt haben, erscheint das in Abbildung 7-2 zu sehende Menü.

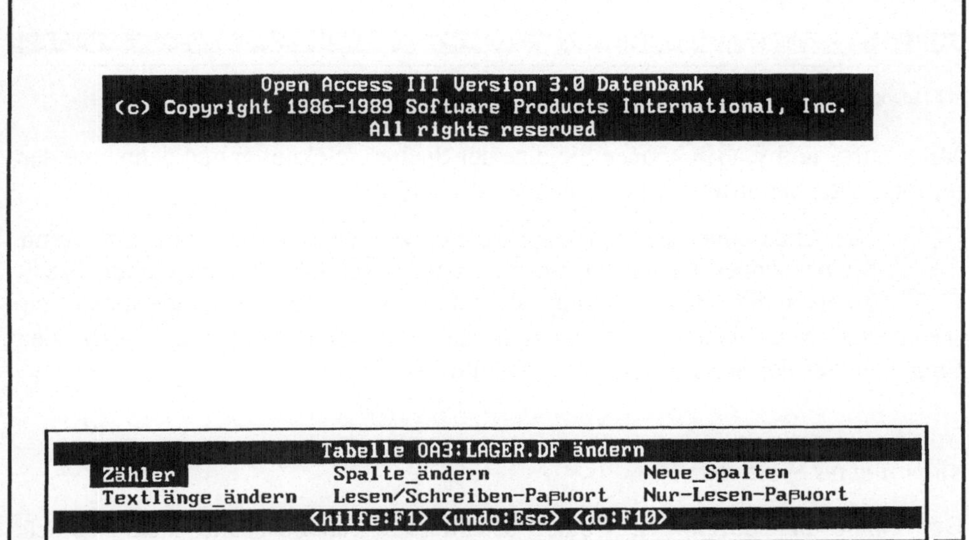

Abbildung 7-2 : Das Menü zum Ändern der Tabellenstruktur

Ändern der Spaltenparameter

MP: ... - Spalte_ändern

Nach dem Aufruf der Option *Spalte_ändern* erscheint das in Abbildung 7-3 zu sehende Änderungsfenster, in dem alle Spalten der Tabelle aufgelistet werden.

```
                           Ändern von OA3:LAGER.DF
   Spaltenname      Indexart        Nachkomma         Memo/Zeit      gelöscht
 ARTIKEL          Index              2
 NUMMER           Unique_Index       2
 HERSTELLER       Index              2
 LIEFERANT        Index              2
 STÜCKZAHL        Kein_Index
 EK_PREIS         Kein_Index         2
 UK_PREIS         Kein_Index         2
 DATUM            Index
 ZEIT             Index            Minuten           24_Std.
 BESCHREIB        Kein_Index                         32000




 <hilfe:F1><undo:Esc><ändern:F6><do:F10><+/nachkomma:F9><-/nachkomma:Alt-F9>
```

Abbildung 7-3 : Das Änderungsfenster

Mit <auf> und <ab> können Sie eine der Spalten selektieren und dann eine der im folgenden beschriebenen Operationen durchführen.

> **!** Die Änderungen der Spaltenparameter werden erst dann wirksam, wenn Sie das Änderungsfenster mit <do:F10> verlassen. Durch <undo:Esc> brechen Sie den Vorgang ab, ohne die getätigten Änderungen zu speichern. Alle Änderungen müssen auch in den *Spaltenattributen* der Eingabefelder der Schirmmaske durchgeführt werden.

Ändern eines Spaltennamens

Der Name der durch den Cursor selektierten Tabellenspalte kann einfach überschrieben werden. Der neue Name muß mit einem Buchstaben beginnen und darf keine Leerzeichen enthalten.

Ändern des Index

Die nachträgliche Aufnahme einer Tabellenspalte in den Index ist genauso einfach zu realisieren, wie das Entfernen einer Spalte aus dem Index. Über <ändern:F6> können Sie den Parameter *Index* für die selektierte Spalte ändern. Es stehen die Einstellungen *Index*, *Kein_Index* und *Unique_Index* zur Verfügung. Deren Bedeutung wurde im vierten Kapitel erläutert.

Ändern der Nachkommastellen

Für Dezimal- und Exponentspalten kann die Anzahl der im Anzeigefenster dargestellten Nachkommastellen festgelegt werden. Mit <+/nachkomma:F9> wird die Anzahl erhöht, mit <-/nachkomma:Alt-F9> wird sie reduziert. Es besteht auch die Möglichkeit, den Cursor durch zweimaliges <tab> auf den Wert der Nachkommastellen zu bewegen und den gewünschten Wert einzugeben. Maximal sind 15 Nachkommastellen zulässig.

Ändern der Zeitspaltenparameter

Um den Anzeigemodus einer Zeitspalte zu ändern, betätigen Sie <-/nachkomma:Alt-F9>. Mit <+/nachkomma:F9> kann die Anzeige mit Sekunden (*Sekunden*) oder ohne Sekunden (*Minuten*) gewählt werden. 

Ändern der Memogröße

Nachdem Sie die Memospalte selektiert haben, bewegen Sie den Cursor mit <tab> in die Spalte *Memo/Zeit* und tragen den gewünschten Wert ein. Durch diesen Wert wird die maximale Anzahl der erfaßbaren Zeichen für ein Memo festgelegt. Es handelt sich aber nicht um die Breite der Spalte, da Memospalten nur den Verweis auf den zugehörigen Text enthalten.

Löschen einer Tabellenspalte

Mit <zeil_lö:Strg-Rück> kann die selektierte Spalte gelöscht werden. Am rechten Bildschirmrand wird dies mit einem *Spalte gelöscht* bestätigt. Durch <zeil_Einf:Strg-Ret> läßt sich dies wieder rückgängig machen, solange man das Änderungsfenster noch nicht durch <do:F10> verlassen hat.

Ändern der Spaltenbreite für Textspalten

MP: ... - Textlänge_ändern

Nach Aufruf der Option *Textlänge_ändern* erscheint das in Abbildung 7-4 zu sehende Fenster. Es wird eine Liste aller Textspalten mit deren Breiten angezeigt. Bei der Anzeige werden aus internen Gründen gerade Werte für die Breite um eins erhöht. Die Eingabe erfolgt aber auch für gerade Werte ganz normal. Wirksam werden die Änderungen erst, wenn Sie die Liste mit <do:F10> verlassen. Durch <undo:Esc> brechen Sie den Vorgang ab, ohne die Änderungen zu speichern.

```
╔══════════════════════════════════════════════════════════╗
║                  Ändern von OA3:LAGER.DF                 ║
╟──────────────────────────────────────────────────────────╢
║ ARTIKEL        21                                        ║
║ NUMMER         11                                        ║
║ HERSTELLER     15                                        ║
║ LIEFERANT      15                                        ║
║                                                          ║
║                                                          ║
║                                                          ║
║                                                          ║
║                                                          ║
║                                                          ║
╟──────────────────────────────────────────────────────────╢
║           <hilfe:F1>  <undo:Esc>  <do:F10>               ║
╚══════════════════════════════════════════════════════════╝
```

Abbildung 7-4 : Ändern der Breite einer Textspalte

> **!** Durch Reduzierung der *Breite* einer Textspalte gehen in allen Einträgen
> die Zeichen, die über diese Breite hinausgehen, verloren. Vergessen Sie
> nicht, die *Anzeigelänge* des Eingabefeldes für die Textspalte in der
> Schirmmaske zu ändern, da es sonst zu Problemen kommen kann. Haben Sie die
> Breite reduziert, die Anzeigelänge aber nicht, so kann der Anwender weiterhin
> die volle Anzeigelänge nutzen. Gespeichert werden aber nur soviele Zeichen, wie
> die Spaltenbreite zuläßt. Datenverluste sind die Folge. Wurde die Spaltenbreite
> erhöht, muß die Anzeigelänge um den gleichen Wert erhöht werden, um längere
> Eingaben zu ermöglichen.

Anlegen einer weiteren Tabellenspalte

MP: ... - <u>N</u>eue_Spalten

Nach Wahl der Option *Neue_Spalten* geben Sie den Namen der Schirmmaske an,
über die Sie eine neue Spalte anlegen möchten. Dadurch steht nach dem Anlegen
in dieser Schirmmaske direkt ein Eingabefeld für die neue Tabellenspalte zur
Verfügung.

> **!** Das Anlegen einer neuen Spalte gestaltet sich wie beim Tabellenaufbau.
> Lediglich der Parameter *Index* steht nicht zur Verfügung. Die neue Spalte
> wird vorerst nicht in den Index aufgenommen (*Kein_Index*). Der Index
> kann erst später über die Option *Spalte_ändern* eingestellt werden.

Nachdem Sie das Eingabefeld der neuen Spalte konfiguriert haben, können Sie noch weitere Eingabefelder anlegen. Mit <do:F10> speichern Sie die Schirmmaske ab. Mit <undo:Esc> kann der Vorgang abgebrochen werden, ohne daß die neue(n) Spalte(n) angelegt werden.

Einstellen des Zählers

MP: ... - Zähler

Wurde eine Spalte (Typ *Nummer*) der Tabelle im Eingabefeld der Schirmmaske mit dem Attribut *Zähler* versehen, kann der Stand des Zählers über diese Option geändert werden.

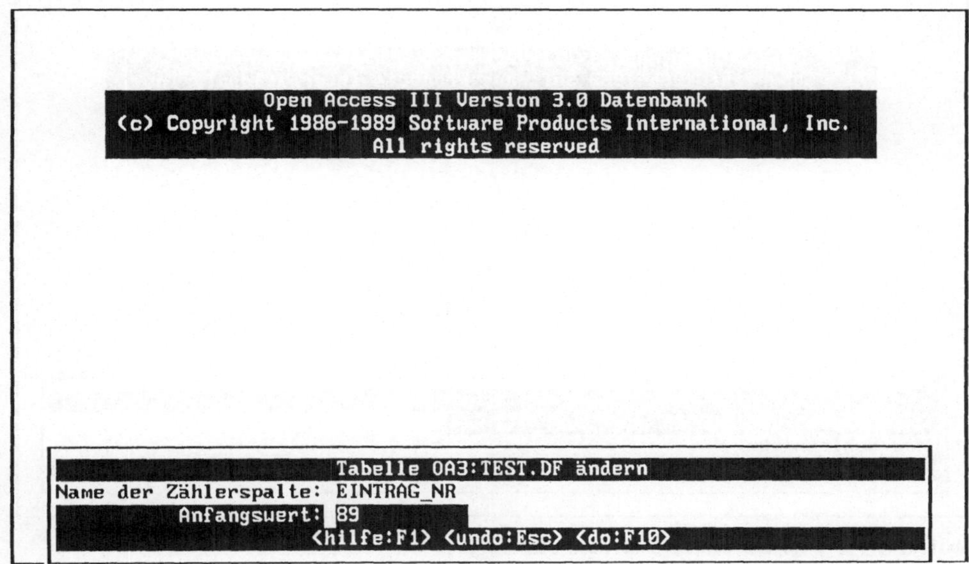

Abbildung 7-5 : Verändern des Tabellen-Zählers

Neben dem Zählerstand ist auch eine Änderung der Zählerspalte möglich. Über <suchen:F4> kann ein Fenster mit allen potentiellen Zählerspalten (Typ *Nummer*) aufgerufen werden. Die gewünschte Spalte wählen Sie mit <do:F10> aus. Der neuen Zählerspalte muß auch in der Schirmmaske das Attribut *Zähler* zugeteilt werden. Aus dem Eingabefeld der alten Zählerspalte muß dieses Attribut entfernt werden.

Ändern der Schirmmaske

MP: <u>D</u>atenbank - <u>AU</u>fbau - <u>S</u>chirmmaske

Beim Ändern einer Schirmmaske sind Änderungen des Maskenaufbaus und Änderungen der Parameter der Eingabefelder zu unterscheiden.

Nach dem Aufruf geben Sie in dem dann geöffneten Fenster den Namen der zu ändernden Schirmmaske hinter *Kopieren von* an. Bestätigen Sie diese Angabe durch <do:F10>, so erscheint daraufhin die Schirmmaske auf dem Bildschirm.

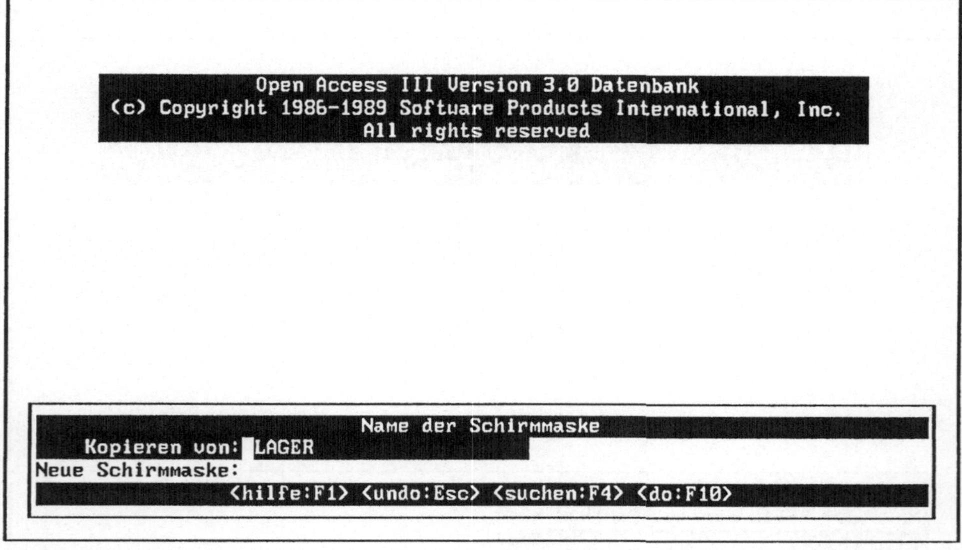

Abbildung 7-6 : Angabe der zu ändernden Schirmmaske

Ändern des Maskenaufbaus

Der Aufbau einer Schirmmaske hat keinen Einfluß auf die zugehörige Tabelle. Er beeinflußt lediglich die Reihenfolge der Datenerfassung und das Erscheinungsbild des Bildschirms.

Es stehen alle in Kapitel 5 beschriebenen Möglichkeiten zur Gestaltung der Schirmmaske zur Verfügung. Bestehende Eingabefelder können mittels <selekt:F9> selektiert und dann wie der Cursor in der Schirmmaske bewegt werden. Mit <s.auf> bzw. <s.ab> kann das Eingabefeld auch auf eine andere Seite der Schirmmaske verschoben werden.

Ändern der Parameter eines Eingabefeldes

Setzen Sie den Cursor auf ein Eingabefeld, so können dessen Parameter durch
<ändern:F6> geändert werden. Es wird ein Fenster geöffnet, in dem bis auf den
Typ und die *Index-Art* alle Parameter auf die gewohnte Weise (Kapitel 5)
geändert werden können.

Anlegen einer weiteren Schirmmaske

MP: <u>D</u>atenbank - <u>AU</u>fbau - <u>S</u>chirmmaske

Für eine Tabelle können mehrere Schirmmasken angelegt werden. Daß dies
durchaus sinnvoll sein kann, zeigt das folgende Beispiel :

In der Schirmmaske, über die jeder Anwender die Daten einer Tabelle betrachten
kann, werden keine Eingabefelder für Spalten mit sensiblen Daten angelegt. Die
Schirmmaske, in der auch die Daten dieser Spalten angezeigt werden, schützen
Sie durch ein Paßwort (siehe Kapitel 8), das nur Ihnen bekannt ist. Auf diese
Weise läßt sich ein ausgefeilter Datenschutz aufbauen.

Eine neue Schirmmaske muß auch immer dann angelegt werden, wenn
eine Tabelle aufgrund der Daten eines anderen Open-Access-Moduls oder
eines Fremdprogramms angelegt wurde. In diesem Fall steht nämlich
noch keine Schirmmaske zur Dateneingabe und -pflege zur Verfügung. 

Es sind zwei Arten des Anlegens einer Schirmmaske zu unterscheiden.

Kopieren einer bestehenden Schirmmaske

Geben Sie neben dem Dateinamen der neu anzulegenden Schirmmaske hinter
Kopieren von noch den Dateinamen einer bestehenden Schirmmaske an, so wird
deren Aufbau in die neue Schirmmaske übernommen. Die kopierte Schirmmaske
muß allerdings zur gleichen Tabelle gehören.

Anlegen einer neuen Schirmmaske

Geben Sie hinter *Kopieren von* nichts an, wird ein Fenster geöffnet, nachdem Sie
den Dateinamen für die anzulegende Schirmmaske durch <do:F10> bestätigt
haben. In diesem Fenster geben Sie hinter *FROM* den Namen der Tabelle an, für
welche die Schirmmaske angelegt werden soll. Nach Bestätigung dieser Angabe
durch <do:F10> ist noch die Frage nach der *Übernahme aller Spalten* mit
<do:F10> zu quittieren.

Die Schirmmaske kann nun wie beim Ändern einer bestehenden Schirmmaske bearbeitet werden. Durch das Bestätigen der Frage (*Übernahme aller Spalten ?*) wurden aber bereits Eingabefelder für alle Spalten der Tabelle angelegt. Diese müssen aber noch korrekt parametriert werden.

KAPITEL 8 - SCHUTZ FÜR SENSIBLE DATEN

Mittlerweile wird auch in der Welt der PCs der Ruf nach Datensicherheit immer lauter. Oftmals gingen wichtige Daten verloren und wurden hochsensible Informationen an Unbefugte, oder schlimmer noch Konkurrenzunternehmen, weitergeleitet.

Das Problem, empfindliche Daten vor unbefugtem Zugriff zu sichern, tritt bei der Vernetzung mehrerer PCs in noch größerem Ausmaß auf, als dies bei einem Einzelplatzrechner der Fall ist. Hier kann man nicht mehr überprüfen, wer am Rechner gearbeitet hat. 

Der Schaden, den eine ungenügende Datensicherung zur Folge haben kann, muß nicht auf den vorsätzlichen Mißbrauch eines Mitarbeiters zurückzuführen sein. Die unbeabsichtigte Zerstörung wichtiger Datenbestände aufgrund unzureichenden Fachwissens ist leider keine Seltenheit. Auch eine strikte Anweisung an die Mitarbeiter schützt nicht vor ungewollter Datenzerstörung aufgrund einer Fehlbedienung. Selbst die tägliche Sicherheitskopie bietet nur ungenügend Schutz, da eine (ungewollte) Datenmanipulation meist erst dann auffällt, wenn die Bilanzen nicht mehr stimmen. Der Aufwand für die dann nötige Suche nach der Fehlerursache ist kaum zu unterschätzen.

Bedeutung von Paßworten

Um Ihnen all diese Probleme zu ersparen, bietet die Datenbank ein ausgefeiltes Paßwortsystem, das verschiedene Zugangsstufen bereitstellt. Der Benutzer kann bestimmte Funktionen auf eine geschützte Tabelle nur dann anwenden, wenn er das entsprechende Paßwort kennt.

Die Vergabe eines Passwortes bewirkt gleichzeitig die Zugriffssperre für Personen, die das Paßwort nicht kennen.

Wirksam wird dieser Schutz aber erst, nachdem Sie das Modul *Datenbank* verlassen und wieder aufgerufen haben. Wurde ein Paßwort während der Arbeit mit der Datenbank angegeben, so wird dieses erst wieder wirksam, wenn Sie das Modul *Datenbank* verlassen. Wenn Sie Ihren Arbeitsplatz vorübergehend verlassen, sollten Sie daher ins Hauptmenü zurückkehren, um den Paßwortschutz wieder zu aktivieren.

Der Abbildung 8-1 können Sie die Zugangsberechtigung bei Kenntnis der verschiedenen Paßworte entnehmen.

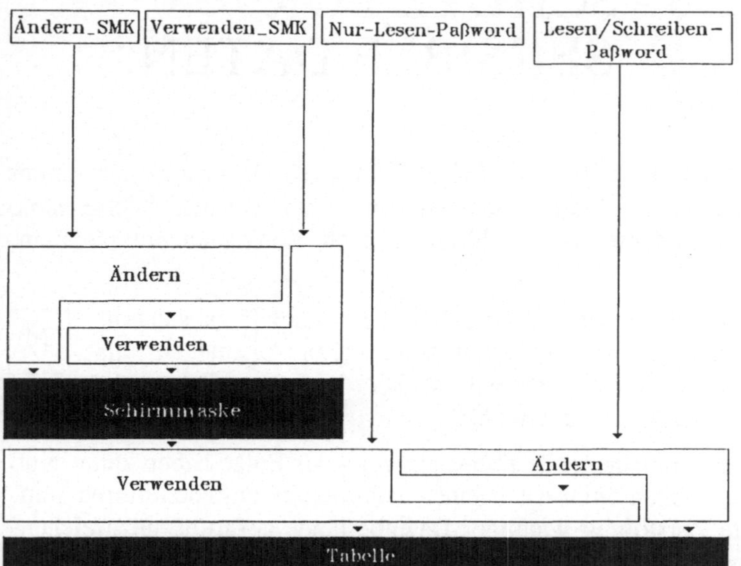

Abbildung 8-1 : Die verschiedenen Paßworte mit Zugangsberechtigungen

Wenn die Datenbank die Eingabe eines Paßwortes verlangt, wird diese durch Überblenden von Bindestrichen (-) verdeckt.

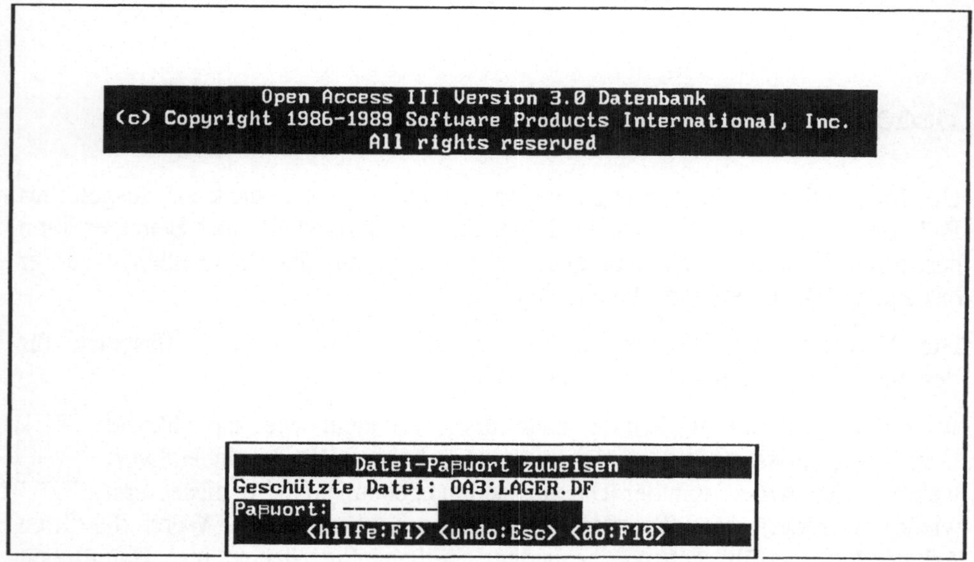

Abbildung 8-2 : Eingabe eines Paßworts

Der gleiche Sichtschutz besteht auch bei der Vergabe eines Paßwortes. Um zu vermeiden, daß Ihnen dabei ein unbemerkter Tippfehler unterläuft, müssen Sie das Paßwort zweimal angeben.

Sehr wichtig ist die Tatsache, daß bei der Paßworteingabe und -abfrage zwischen Groß- und Kleinschreibung unterschieden wird. Haben Sie das Paßwort *Geheim* vergeben, so wird bei der Abfrage weder *geheim* noch *GEHEIM* aktzeptiert. Haben Sie ein Paßwort vergessen, so gibt es keinen Weg mehr, an die geschützten Daten heranzukommen. Sie sollten sich Paßworte daher zur Sicherheit notieren. Diese Notiz darf natürlich nur Ihnen zugänglich sein.

Schützen einer Schirmmaske

MP: <u>D</u>atenbank - <u>AU</u>fbau - <u>S</u>chirmmaske

Sie können sowohl das Verwenden als auch das Ändern einer Schirmmaske von der Kenntnis eines Paßwortes abhängig machen.

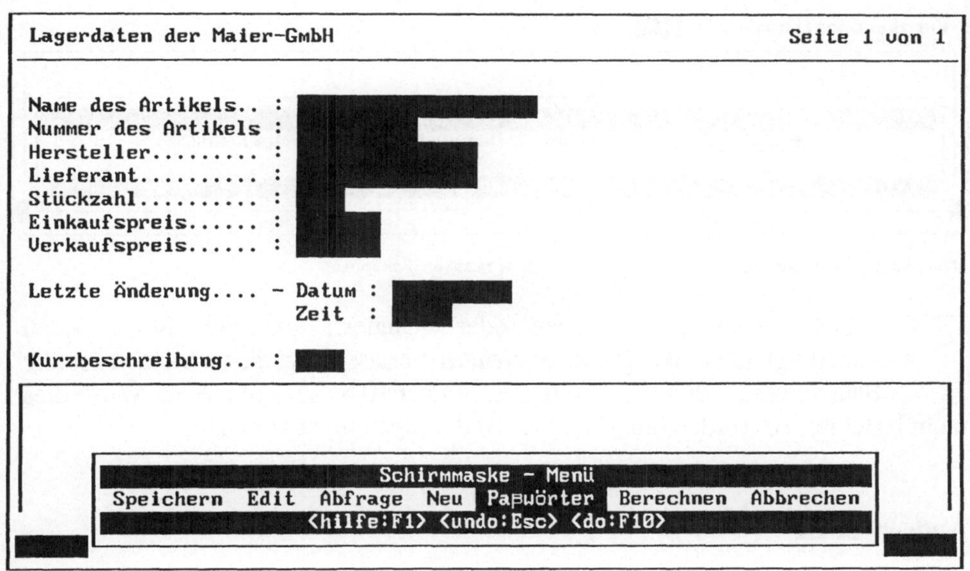

Abbildung 8-3 : Das Menü der Schirmmaske

Wurde eine Tabelle durch das *Lesen/Schreiben-* oder das *Nur-Lesen-Paßwort* geschützt, so kann ein Anwender, dem eines der Schirmmasken-Paßworte bekannt ist, trotzdem auf die Daten der Tabelle zugreifen. Die *Pflege* ist zwar gesperrt, über die Option *Abfrage_laden* des Abfrage-Menüs hat man aber Zugriff auf die geschützten Tabellendaten. Das Ändern der Struktur einer geschützten Tabelle ist ohne das *Lesen/Schreiben-* oder das *Nur-Lesen-Paßwort* allerdings unmöglich.

Nach dem Aufruf der Option *Schirmmaske* geben Sie hinter *Kopieren von* den Dateinamen der zu schützenden Schirmmaske an und bestätigen diesen durch <do:F10>. Daraufhin erscheint die Schirmmaske, und Sie können mit <menü:F2> das in Abbildung 8-3 zu sehende Menü aufrufen. Die Option *Paßwörter* bringt dann das in Abbildung 8-4 zu sehende *Paßwort-Menü* auf den Bildschirm.

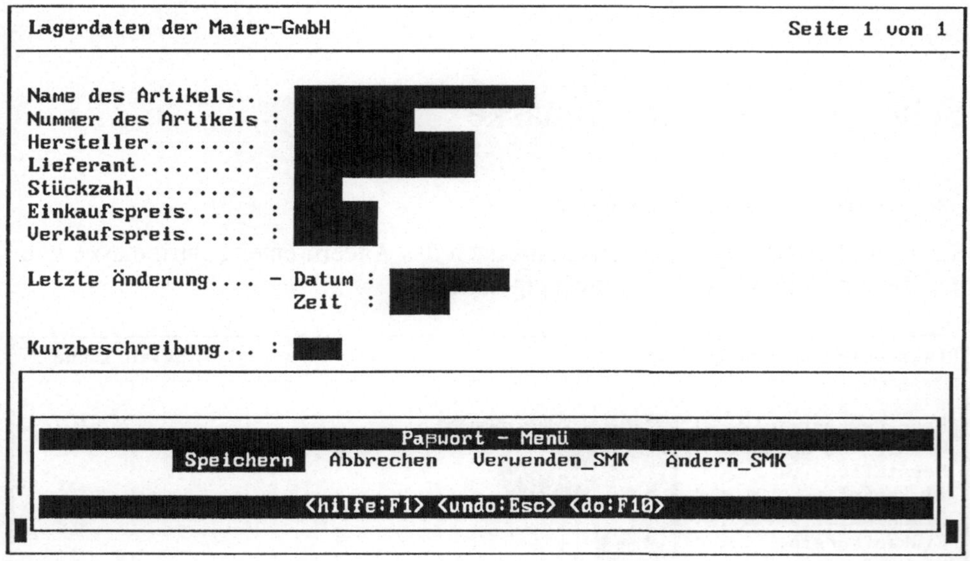

Abbildung 8-4 : Das Menü zur Vergabe der Schirmmasken-Paßworte

! Werden Paßworte vergeben oder geändert, so muß dieses Menü unbedingt über den Punkt *Speichern* verlassen werden. Danach ist die Schirmmaske durch zweimaliges <do:F10> zu speichern. Wird dies nicht beachtet, so werden die getätigten Änderungen nicht wirksam.

Ändern_SMK

MP: Ändern_SMK

Wird dieses Paßwort vergeben, so kann die Schirmmaske von Unbefugten nicht mehr geändert werden. Für die Dateneingabe oder -änderung kann die Schirmmaske jedoch weiter verwendet werden. Ein eventuell vergebenes *Verwenden_SMK*-Paßwort kann bei Kenntnis des *Ändern_SMK*-Paßwortes entfernt oder geändert werden, ohne daß der Anwender dieses kennt.

Verwenden_SMK

MP: <u>V</u>erwenden_SMK

Das *Verwenden_SMK*-Paßwort ist nur wirksam, wenn für die Schirmmaske auch das *Ändern_SMK*-Paßwort vergeben wurde. Ist dies der Fall, so kann nur ein Anwender, dem das *Verwenden_SMK*-Paßwort oder das *Ändern_SMK*-Paßwort bekannt ist, die Schirmmaske verwenden. Geändert werden kann die Schirmmaske und deren Paßworte aber nur über das *Ändern_SMK*-Paßwort.

Schützen einer Tabelle

MP: <u>D</u>atenbank - <u>AU</u>fbau - <u>T</u>abelle_ändern

Sie können sowohl das Arbeiten mit den Daten, als auch das Ändern der Struktur einer Tabelle von der Kenntnis eines Paßwortes abhängig machen.

Nach dem Aufruf der Option *Tabelle_ändern* geben Sie den Dateinamen der zu schützenden Tabelle an und bestätigen diesen durch <do:F10>. Daraufhin erscheint das in Abbildung 8-5 zu sehende Menü.

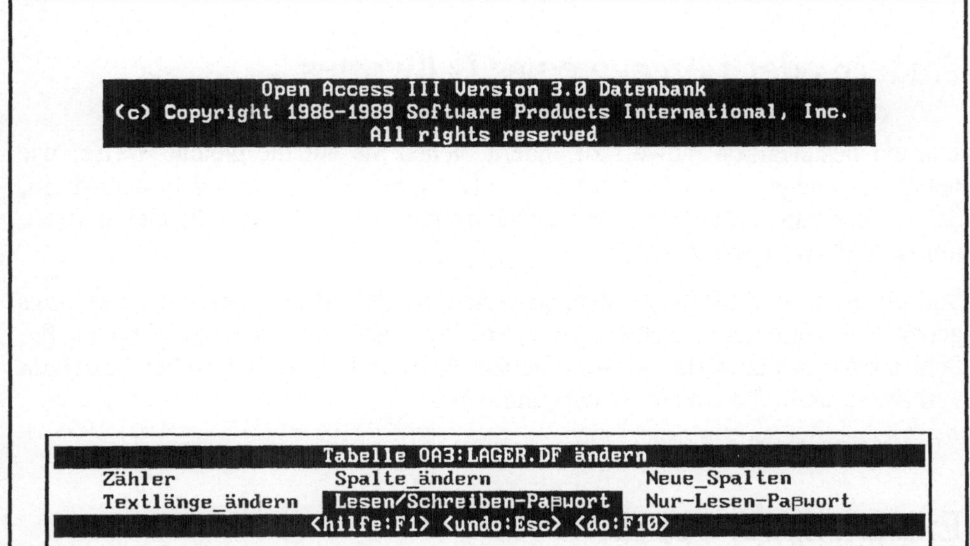

Abbildung 8-5 : Das Menü zum Ändern einer Tabelle

Lesen/Schreiben-Paßwort

MP: <u>L</u>esen/Schreiben-Paßwort

Wird dieses Paßwort vergeben, so kann die Tabelle von Unbefugten weder geändert noch benutzt werden. Die Dateneingabe oder -änderung über eine Schirmmaske ist jedoch möglich, wenn Schirmmasken-Paßworte vergeben wurden und dem Benutzer eines dieser Schirmmasken-Paßworte bekannt ist. Wer das *Lesen/Schreiben-Paßwort* kennt, kann das *Nur-Lesen-Paßwort* löschen oder ändern.

Nur-Lesen-Paßwort

MP: <u>NU</u>r_Lesen_Paßwort

Das *Nur-Lesen-Paßwort* ist lediglich dann wirksam, wenn für die Tabelle auch das Lesen/Schreiben-Paßwort vergeben wurde. Ist dies der Fall, kann ein Anwender, dem lediglich das *Nur-Lesen-Paßwort* bekannt ist, die Daten der Tabelle betrachten, aber nicht ändern. Auch die Eingabe neuer Daten ist nicht möglich, wenn nur das *Nur-Lesen-Paßwort* bekannt ist. Wird beim Zugriff auf die Tabelle das *Lesen/Schreiben-Paßwort* angegeben, können alle Operationen durchgeführt werden.

Ändern oder Löschen eines Paßwortes

Um ein bestehendes Paßwort zu ändern, gehen Sie auf die gleiche Weise, wie beim Neuanlegen eines Paßwortes vor. Der einzige Unterschied besteht darin, daß Sie das Paßwort zum Ändern der Schirmmaske bzw. Tabelle kennen müssen, um ein Paßwort auszutauschen.

Soll ein Paßwort entfernt werden, so verfahren Sie wie beim Ändern, allerdings geben Sie kein neues Paßwort ein, sondern betätigen zweimal <ret>. Bei Schirmmasken-Paßworten müssen Sie das Paßwort-Menü wieder über *Speichern* verlassen, damit die Änderung wirksam wird.

Einsatz in der Praxis

Die recht komplexe Thematik der Paßwortvergabe veranschaulichen wir nun noch einmal an einem Beispiel. Die *Maier-GmbH* versieht ihre Lagertabelle mit einem Paßwortschutz. Vergeben werden folgende Paßworte :

<table>
<tr><td colspan="2" align="center">Paßworte für die Lagertabelle der Maier-GmbH</td></tr>
<tr><td>Lesen/Schreiben-Paßwort</td><td>Wasser</td></tr>
<tr><td>Nur-Lesen-Paßwort</td><td>Sonne</td></tr>
<tr><td>Ändern_SMK</td><td>Maus</td></tr>
<tr><td>Verwenden_SMK</td><td>Laufen</td></tr>
</table>

Nur der für die Datenverarbeitung im Betrieb Verantwortliche kennt alle Paßworte, da er sie selbst vergeben hat. Der für die Pflege der Tabelle verantwortliche Lagerist kennt nur die Paßworte *Wasser* und *Laufen*. Er hat daher keinen Zugriff auf den Aufbau der Schirmmaske, kann aber Struktur und Daten der Tabelle verändern. Einige Aushilfskräfte kennen das Paßwort *Sonne* und können daher nur die Daten der Lagertabelle betrachten (über die Liste der *Pflege*). Die Eingabe neuer Daten, sowie das Ändern und Löschen bestehender Daten, ist ihnen nicht möglich.

Wenn große Datenmengen zu erfassen sind, ermöglicht der Lagerist durch Angabe der Paßworte *Wasser* und *Laufen* einer Aushilfskraft den vollen Zugriff auf die Daten einer Tabelle. Somit wird der volle Zugriff auf einen überschaubaren Zeitraum begrenzt und der Lagerist muß die Daten nicht selbst eingeben.

Unbefugte haben aufgrund der vergebenen Paßworte keinerlei Zugriff auf die Tabelle oder deren Schirmmaske.

KAPITEL 9 - AUSGABE AUF EINEN DRUCKER

Das in den Anfangstagen der elektronischen Datenverwaltung propagierte papierlose Büro ist auch heute noch nicht zu finden. Im Gegenteil - durch den Einsatz von Druckern zur Datenausgabe werden wahre Papierberge produziert. Ein Grund dafür besteht darin, daß ausgedruckte Daten handlicher und somit portabler sind als ein Personal Computer. Für ein Gespräch mit Kunden, für Verhandlungen mit Geschäftspartnern ist Papier sicherlich das bessere Medium.

Die Datenbank bietet Ihnen zwei Wege, Ihre Daten zu Papier zu bringen. Einer der beiden bietet den sofortigen Ausdruck, der andere benötigt einige Vorbereitungen, ermöglicht dafür aber eine ansprechende Gestaltung und wesentlich mehr Gestaltungsmöglichkeiten.

Eine Tabellenzeile schnell gedruckt

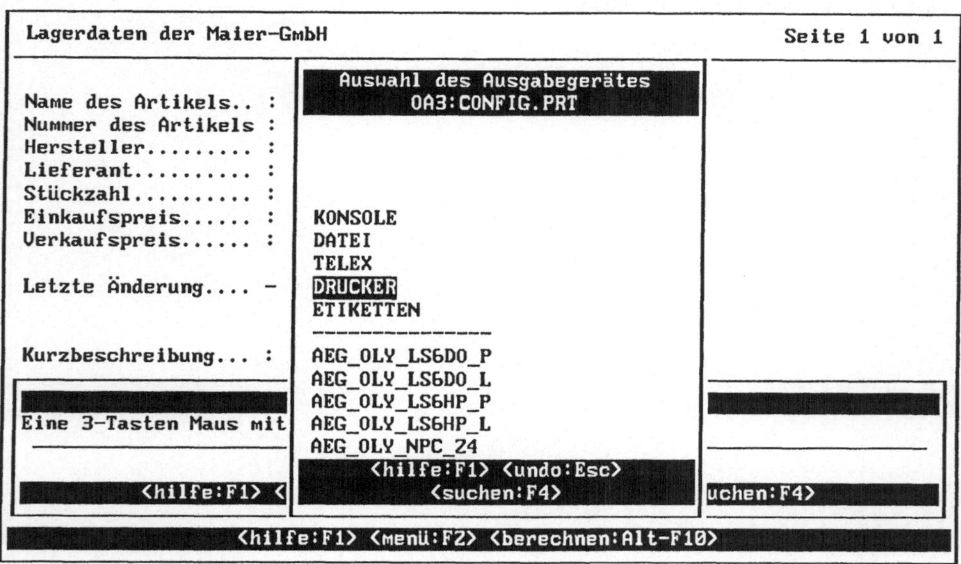

Abbildung 9-1 : Drucken einer Tabellenzeile

Während der Arbeit mit einer Tabelle können die Daten einer Zeile auf einfache Weise ausgedruckt werden. Diese Form des Ausdrucks eignet sich aber nur für den Druck einzelner Tabellenzeilen. Sollen mehrere Zeilen gedruckt werden oder steht der Ausdruck der Daten immer wieder an, empfiehlt sich die Verwendung einer Druckmaske.

Die während *Eingabe* oder *Pflege* angezeigte Schirmmaskenseite kann durch <drucken:F3> auf ein Ausgabegerät ausgegeben werden. Der Inhalt eines Memofensters wird beim Ausdruck allerdings nicht berücksichtigt.

Ausgabe durch Druckmasken

Die Druckmasken bieten Ihnen umfangreiche Möglichkeiten zur Ausgabe Ihrer Daten auf einen Drucker. Eine Druckmaske kann mit einem Formular verglichen werden. Für jede Zeile der zu druckenden Tabelle wird dieses Formular von der Datenbank ausgefüllt.

Es sind grundsätzlich drei Ausgabeformen zu unterscheiden, die wir vorab kurz vorstellen wollen.

Einzelblattdruck

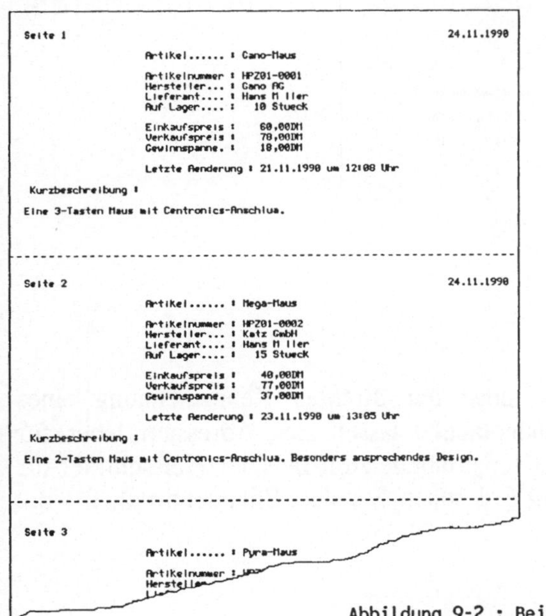

Abbildung 9-2 : Beispiel für Einzelblattdruck

Bei dieser Ausgabeart wird pro Seite genau eine Tabellenzeile gedruckt. Das Hauptinteresse liegt hier bei den Daten einer einzelnen Zeile. Für die Lagertabelle der *Müller-GmbH* würde ein solcher Ausdruck wie der in Abbildung 9-2 aussehen.

Listendruck

Die Ausgabe in Listenform bietet meist weniger Information zu den einzelnen Tabellenzeilen. Eine Liste bietet dafür einen wesentlich besseren Überblick und kann auch das Verhältnis der einzelnen Zeilen zueinander besser vermitteln. In Abbildung 9-3 sehen Sie den Listendruck für die Lagertabelle der *Maier-GmbH*.

```
Seite 1                   Liste der Lagerartikel                  24.11.1990
------------------------------------------------------------------------------
|      Artikel        |  Nummer   |   EK    |    UK    |   Lieferant   | Stck.|
------------------------------------------------------------------------------
| Gano-Maus           | HPZ01-0001|   60,00 |    78,00 | Hans Miler    |    10 |
| Gano-Optikmaus      | HPZ01-0004|   80,00 |   129,80 | Hans Miler    |    10 |
| Hummer Megastar     | HPC02-0003| 1900,00 |  2599,00 | Willi Manger  |    20 |
| Look-Good-V4        | HPM02-0001|  400,00 |   599,00 | Lang GmbH     |    15 |
| Look-Good-V5        | HPM02-0002|  650,00 |   899,00 | Lang GmbH     |    20 |
| Master-Key          | HPT01-0002|   40,00 |    59,50 | Lang GmbH     |    10 |
| MasterScan Monitor  | HPM01-0001|  800,00 |  1399,00 | Lang GmbH     |    10 |
| Mega-Maus           | HPZ01-0002|   40,00 |    77,00 | Hans Miler    |    15 |
| NewComp 386         | HPC02-0005| 2500,00 |  3299,00 | Hans Miler    |    25 |
| NewComp 486         | HPC02-0006| 4900,00 |  6999,00 | Hans Miler    |    25 |
| NewComp Super-AT    | HPC02-0001| 1900,00 |  2499,00 | Hans Miler    |    25 |
| NewComp XT-PC       | HPC01-0001|  700,00 |  1199,00 | Hans Miler    |    10 |
| PC-ExtraKey         | HPT02-0002|   30,00 |    49,99 | Lang GmbH     |    15 |
| PC-Key              | HPT02-0001|   25,00 |    39,99 | Lang GmbH     |    15 |
| Pyra-Maus           | HPZ01-0003|   90,00 |   169,80 | Hans Miler    |    10 |
| Quecks AT           | HPC02-0002| 1500,00 |  1899,00 | Hans Miler    |    15 |
| Quecks Master       | HPC02-0004| 3000,00 |  3999,00 | Hans Miler    |    15 |
| Seeks-Budget        | HPZ02-0002|    0,33 |     0,60 | Till Wang     |  2000 |
| Seeks-Color         | HPZ02-0004|    0,45 |     0,90 | Till Wang     |   500 |
| Seeks-Juwel         | HPZ02-0003|    0,89 |     1,70 | Till Wang     |   500 |
| Seeks-Super         | HPZ02-0001|    0,55 |     1,10 | Till Wang     |  1000 |
| Tippmeister V3      | HPT01-0001|   70,00 |   119,00 | Lang GmbH     |    30 |
| Tippmeister V5      | HPT01-0003|   90,00 |   149,00 | Lang GmbH     |    30 |
| Turbo-Manchester    | HPF01-0001|  500,00 |   799,00 | Weiland GmbH  |    10 |
| Turbo-Manchester 2  | HPF01-0002|  700,00 |  1099,00 | Weiland GmbH  |    15 |
------------------------------------------------------------------------------

Auswertung !
============

Insgesamt liegen     4358 Artikel auf Lager

Diese haben einen Gesamteinkaufswert von ..................404.705,00 DM

Der Gesamtverkaufswert belaeuft sich auf ..................567.502,70 DM

Der Reinerloes aus dem Verkauf aller Artikel betraegt .....162.797,70 DM
```

Abbildung 9-3 : Beispiel für einen Listendruck

Etikettendruck

Das Drucken von Etiketten dient meist der direkten Kennzeichnung eines Objekts. Mit den Daten einer Kundentabelle lassen sich Adressaufkleber für Briefe erstellen, mit den Daten einer Lagertabelle zum Beispiel Preisschilder für die einzelnen Artikel. In Abbildung 9-4 sehen Sie den Etikettendruck für die Lagertabelle der *Maier-GmbH*.

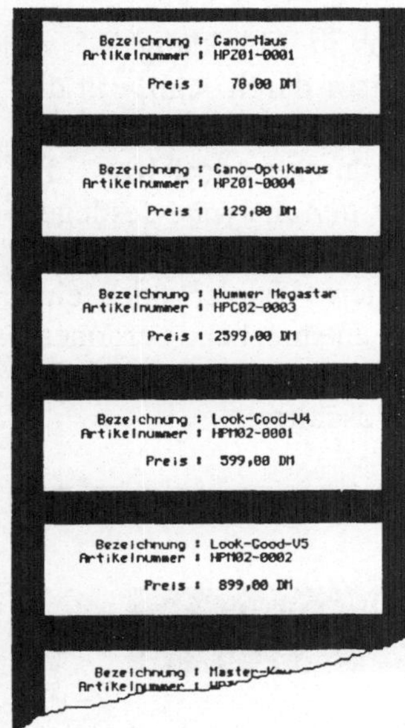

Abbildung 9-4 : Beispiel für einen Etikettendruck

Anlegen einer Druckmaske

MP: Datenbank - AUfbau - Druckmaske

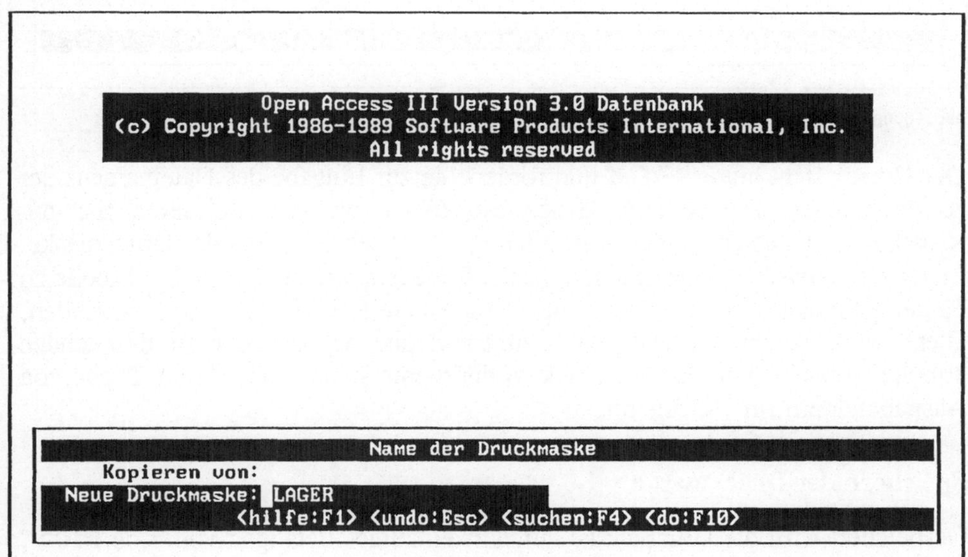

Abbildung 9-5 : Angabe des Dateinamens für eine Druckmaske

Nach dem Aufruf der Option *Druckmaske* erscheint das in Abbildung 9-5 zu sehende Fenster auf dem Bildschirm. Setzen Sie den Cursor durch <ab> in die Zeile *Neue Druckmaske*, und geben Sie den gewünschten Dateinamen für die anzulegende Druckmaske ein. Bestätigen Sie diesen durch <do:F10>. Es erscheint ein längliches Fenster, in dem Sie die *Breite der Ausgabe* festlegen können. Der vorgegebene Wert von 80 Zeichen entspricht der Breite eines DIN-A4-Blattes bei normaler Schriftgröße. Wenn Sie breiteres Papier oder eine kleinere Schrift verwenden, können Sie den Wert entsprechend erhöhen. Nachdem die gewählte *Breite* mittels <do:F10> bestätigt wurde, erscheint das in Abbildung 9-6 zu sehende *Abfrage*-Fenster auf dem Bildschirm.

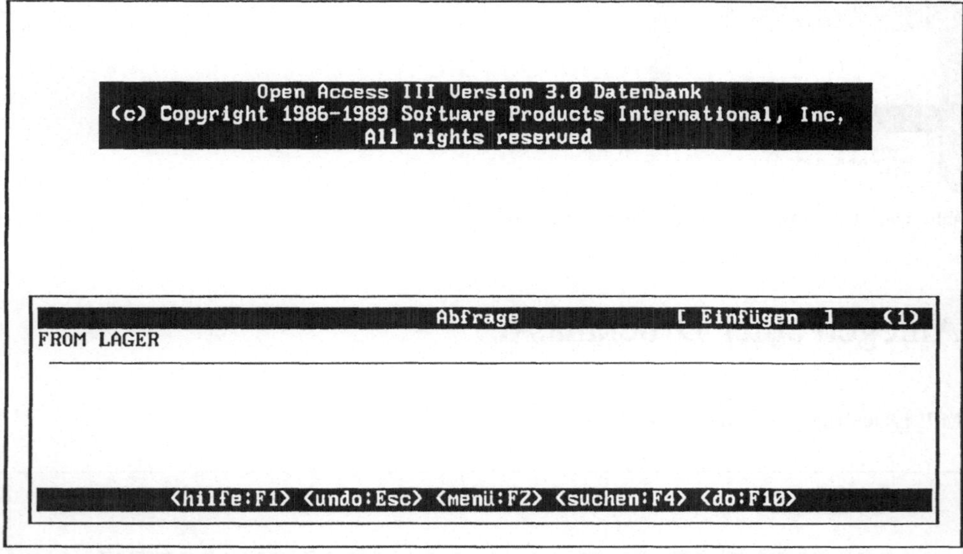

Abbildung 9-6 : Definition der Abfrage

Der Cursor steht hinter *FROM* und fordert Sie zur Eingabe des Dateinamens der zu druckenden Tabelle auf. Geben Sie diesen ein und quittieren Sie mit <do:F10>. Es erscheint der in Abbildung 9-7 zu sehende *Kopf* der Druckmaske. In der Druckmaske können Sie nun genau festlegen, wie die Daten der Tabelle zu Papier gebracht werden sollen. Sie werden bereits einige Einträge vorfinden. Diese wurden von der Datenbank aufgrund des Aufbaus der zu druckenden Tabelle gemacht. Um den Ausdruck zu definieren stehen, Ihnen fünf Typen von Ausgabefeldern zur Verfügung.

Speichern der Druckmaske

Gespeichert wird die Druckmaske durch zweimaliges Betätigen von <do:F10>. Durch <undo:Esc> kann der Vorgang abgebrochen werden, ohne daß die Druckmaske gespeichert wird.

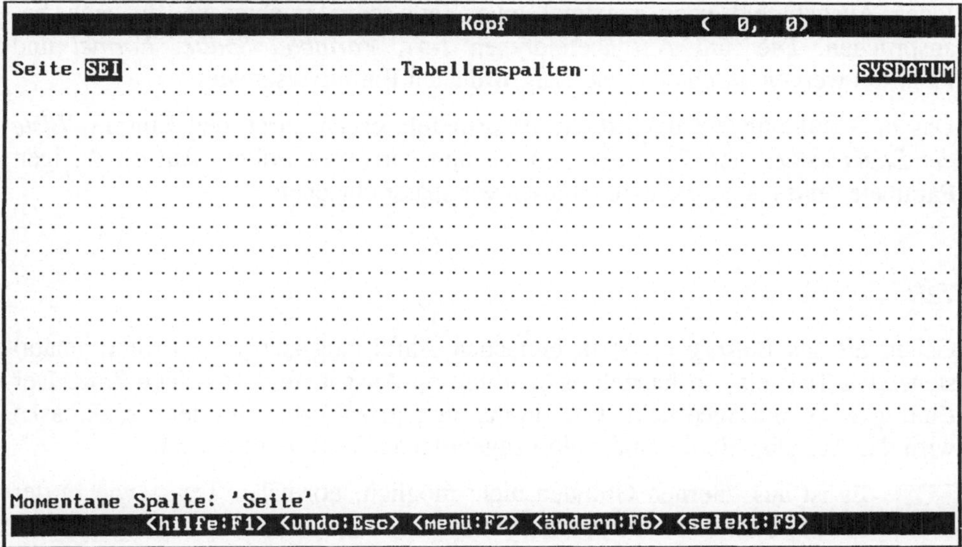

Abbildung 9-7 : Der Kopfbereich einer Druckmaske

Fünf Typen von Ausgabefeldern

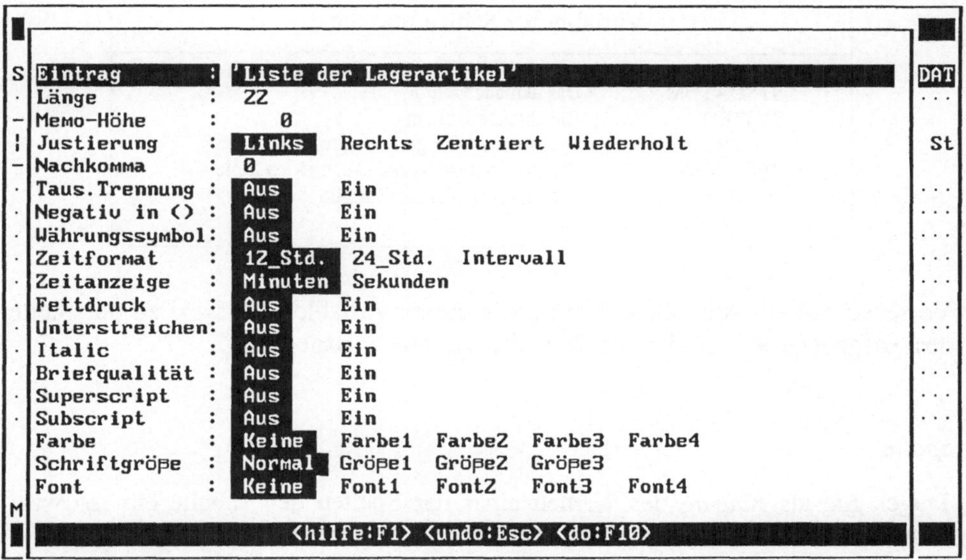

Abbildung 9-8 : Definition des Eintrags eines Ausgabefeldes

Jedes Ausgabefeld kann maximal eine Zeile der Druckmaske für sich beanspruchen. Die fünf Ausgabefeldtypen *Text*, *Variable*, *Spalte*, *Formel* und *Funktion* werden durch den ihnen zugeordneten Eintrag festgelegt.

Das in Abbildung 9-8 dargestellte Ausgabefeld erhält durch den Eintrag *'Liste der Lagerartikel'* den Typ *Text*, den wir nun vorstellen wollen. Auf die übrigen Parameter eines Ausgabefeldes werden wir später eingehen.

Text

Geben Sie als *Eintrag* einen in einfachen Anführungszeichen (Hochkommata) stehenden Text ein, so handelt es sich um ein Ausgabefeld vom Typ *Text*. Der Eintrag wird so ausgedruckt, wie Sie ihn eingegeben haben. In der Druckmaske wird das Ausgabefeld durch den ihm zugeordneten Text repräsentiert.

> **!** Es ist aus internen Gründen nicht möglich, normalen Text - wie in der Schirmmaske - einfach einzugeben.

Variable

Für Druckmasken stehen folgende Variable zur Verfügung:

Variable für Schirmmasken
SYSDATUM .... Das aktuelle Datum
SYSZEIT .... Die aktuelle Uhrzeit
SEITENNR .... Die Nummer der gerade gedruckten Seite
ZEILENNR............. Die Nummer der gerade gedruckten Zeile
COUNT .... Anzahl der Zeilen der Tabelle

Versehen Sie ein Ausgabefeld mit einer dieser Variablen, so wird an der Stelle des Ausgabefeldes der aktuelle Wert der Variablen ausgegeben.

Spalte

Tragen Sie als *Eintrag* den Namen einer der Spalten der Tabelle ein, so wird beim Ausdruck der Inhalt aus der Tabellenzeile gewonnen.

Formel

Den Typ *Formel* besitzen alle Ausgabefelder, in denen die Typen *Text*, *Variable* und *Spalte* durch die folgenden Operatoren verbunden wurden :

<table>
<tr><td colspan="2" align="center">Operatoren für Formeln</td></tr>
<tr><td>+</td><td>Addition numerischer Werte / verbindet Texte</td></tr>
<tr><td>-</td><td>Subtraktion numerischer Werte</td></tr>
<tr><td>/</td><td>Division numerischer Werte</td></tr>
<tr><td>*</td><td>Multiplikation numerischer Werte</td></tr>
<tr><td>%</td><td>Angegebener Prozentsatz vom numerischen Wert</td></tr>
</table>

Grundsätzlich ist das Format

[Wert] [Operator] [Wert]

einzuhalten. Beim Operator % ist zuerst der Wert und dann der gewünschte Prozentsatz anzugeben. Die Formel *1000%50* ergibt zum Beispiel den Wert *500*.

Wir wollen den Einsatz einer Formel nun noch an einem Beispiel illustrieren. Nehmen wir an, die *Maier-GmbH* will zu jedem Artikel auch den potentiellen Gewinn beim Verkauf aller vorrätigen Exemplare ausdrucken. Ist ein Artikel zum Beispiel 10 mal vorhanden, hat einen Einkaufspreis von 90,00 DM und einen Verkaufspreis von 130,00 DM, so kann beim Verkauf aller Exemplare ein Gewinn von 400,00 DM erzielt werden. Die entsprechende Formel lautet wie folgt :

VK_PREIS*STÜCKZAHL-EK_PREIS*STÜCKZAHL

Da aber in einer Formel alle mathematischen Gesetze Geltung haben, führt die Formel

(VK_PREIS-EK_PREIS)*STÜCKZAHL

zum gleichen Ergebnis.

Funktion

Ein Ausgabefeld vom Typ *Funktion* kann nur am Ende eines Ausdrucks ausgegeben werden. Die Funktionen liefern Informationen über die Daten aller Tabellenzeilen und sind im Format

FUNKTION ([Spalte])　oder　FUNKTION ([Formel])

anzugeben. Der Platzhalter *[Spalte]* ist durch den Namen der Tabellenspalte zu ersetzen, auf welche die Funktion angewendet werden soll. Zulässig sind allerdings nur Nummern-, Dezimal-, und Exponentspalten. Anstelle des Platzhalters *[Formel]* kann eine beliebige Formel stehen, die eine oder mehrere Spalten enthält und einen numerischen Wert liefert. Die Formel *'STW-'+NUMMER* ist daher im Gegensatz zu *VK_PREIS-EK_PREIS* nicht zulässig.

|!| In jedem Ausgabefeld kann grundsätzlich nur eine Funktion verwendet werden. Außerdem kann eine Funktion nicht Bestandteil einer *Formel* sein. Der Eintrag *SUM(VK_PREIS)-SUM(EK_PREIS)* ist daher im Gegensatz zum Eintrag *SUM(VK_PREIS-EK_PREIS)* unzulässig. Folgende Merkregel hilft Probleme zu vermeiden: Eine Funktionsklammer muß alle Zeichen des Eintrags, außer dem Funktionswort (SUM, MEAN, etc.) selbst, umschließen.

Hier nun die verfügbaren Funktionen, die sich immer auf alle Zeilen der Tabelle beziehen, mit ihrer Bedeutung:

<table>
<tr><td colspan="2" align="center">Funktionen für alle Zeilen einer Tabelle</td></tr>
<tr><td>SUM</td><td>Summe</td></tr>
<tr><td>MEAN</td><td>Durchschnitt</td></tr>
<tr><td>MAX</td><td>Größter Wert</td></tr>
<tr><td>MIN</td><td>Kleinster Wert</td></tr>
<tr><td>VAR</td><td>Varianz</td></tr>
<tr><td>STDV</td><td>Standardabweichung</td></tr>
</table>

Anstelle eines Ausgabefeldes mit der Funktion *SUM(VK_PREIS)* wird beim Ausdruck die Summe der Werte der Spalte *VK_PREIS* ausgegeben. Die Funktion

SUM((VK_PREIS-EK_PREIS)*STÜCKZAHL)

berechnet dementsprechend den potentiellen Gewinn beim Verkauf aller auf Lager liegenden Artikel der *Maier-GmbH*.

Cursorsteuerung

Mit <links>, <rechts>, <auf> und <ab> kann der Cursor um jeweils ein Zeichen in die gewünschte Richtung bewegt werden. Durch <anfang:Pos1> und <ende:Ende> wird er in die erste bzw. letzte Zeile des aktuellen Bereichs (Kopf, Gruppenkopf, etc.) gesetzt. Mittels <spr_links:Strg-Pos1> und <spr_rechts:Strg-Ende> gelangt man an den Anfang bzw. das Ende der aktuellen Zeile. In den nächsten Bereich kommt man mit <s.ab>, in den vorangegangenen mit <s.auf>.

Zeile einfügen oder löschen

Durch <zeil_lö:Strg-Rück> kann die aktuelle Zeile gelöscht werden. Enthält diese ein Ausgabefeld, so muß das Löschen noch durch <do:F10> bestätigt werden. Mit <zeil_einf:Strg-Ret> kann an der Cursorposition eine Zeile eingefügt werden. Alle Zeilen unterhalb des Cursors werden um ein Zeichen nach unten verschoben, so daß die letzte Zeile des aktuellen Bereichs gelöscht wird. Enthält diese ein Ausgabefeld, muß das Löschen dieser Zeile mit <do:F10> bestätigt werden.

Anlegen und Parametrieren eines Ausgabefeldes

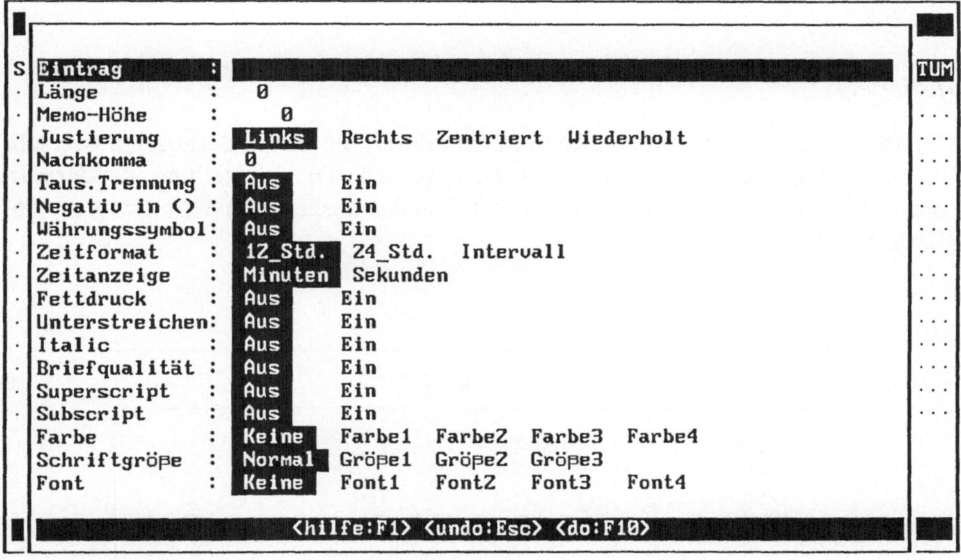

Abbildung 9-9 : Parametrierung eines Ausgabefeldes

Um an der Cursorposition ein neues Ausgabefeld anzulegen, betätigen Sie <selekt:F9>. Es erscheint das in Abbildung 9-9 zu sehende Fenster.

Wir gehen nun auf die einzelnen Parameter ein. Kann bei einem Parameter zwischen den Einstellungen *Ein* und *Aus* gewählt werden, wird die Funktion des Parameters durch *Ein* aktiviert.

Eintrag

Durch den *Eintrag* legen Sie fest, was ausgedruckt werden soll; die übrigen Parameter bestimmen, wie es ausgegeben wird.

Länge

Der hier angegebene Wert legt die maximale Anzahl an Zeichen fest, die für den Inhalt des Ausgabefeldes beim Ausdruck zur Verfügung stehen.

Memo-Höhe

Dieser Parameter ist nur bei Ausgabefeldern vom Typ *Spalte* aktiv, wenn zusätzlich die auszugebende Spalte vom Typ *Memo* ist. Bei einer *Memo-Höhe* von 0 werden alle Zeilen des Memotextes gedruckt. Jeder andere Wert legt die maximale Anzahl zu druckender Zeilen des Memotextes fest.

Justierung

Der Inhalt eines Ausgabefeldes kann in dem durch die *Länge* definierten Bereich links-, rechtsbündig oder zentriert justiert werden. Die Einstellung *Wiederholt* sorgt dafür, daß der Inhalt so oft hintereinander ausgegeben wird, wie es die *Länge* zuläßt.

<table>
<tr><td colspan="2" align="center">Justierungsarten</td></tr>
<tr><td>Links .... :</td><td>Test</td></tr>
<tr><td>Rechts................... :</td><td align="right">Test</td></tr>
<tr><td>Zentriert .... :</td><td align="center">Test</td></tr>
<tr><td>Wiederholt .... :</td><td>TestTestTestTestTestTestTestTestTestTestTestTe</td></tr>
</table>

Nachkomma

Ob und wieviele Nachkommastellen beim Ausdruck berücksichtigt werden, legt der Parameter *Nachkomma* fest. Er hat nur bei der Ausgabe von numerischen Werten Bedeutung.

Taus. Trennung

Ebenfalls nur für numerische Werte relevant ist dieser Parameter. Er legt fest, ob Werte mit (1.000.000) oder ohne (1000000) Tausender-Trennung ausgegeben werden.

Als Trennzeichen wird nur dann ein Punkt (.) verwendet, wenn das in der Konfiguration definierte *Dezimalzeichen* ein Komma (,) ist. Ist das Dezimalzeichen ein Punkt, so wird zur Tausender-Trennung das Komma verwendet. 

Negativ in ( )

Normalerweise werden negative numerische Werte beim Ausdruck durch ein führendes Minuszeichen (-100) gekennzeichnet. Wenn Sie diesen Parameter jedoch auf *Ein* setzen, werden negative Werte in Klammern gefaßt ((100)).

Währungssymbol

Ob hinter numerische Werte ein *DM* gesetzt wird oder nicht, hängt von der Einstellung dieses Parameters ab.

Zeitformat und Zeitanzeige

Für Ausgabefelder mit Zeitwerten legen diese beiden Parameter fest, ob der Ausdruck im 12-, 24- oder Intervall-Modus mit oder ohne Sekunden erfolgen soll.

Schriftparameter

Die restlichen Parameter (*Fettdruck* bis *Font*) beeinflussen lediglich die Schriftart des auszudruckenden Wertes eines Ausgabefeldes. Welche Wirkung die einzelnen Parameter haben und ob die einzelnen Schriftformen überhaupt zur

Verfügung stehen, hängt von Ihrem Drucker und der Konfiguration des Druckertreibers ab.

Funktionen zur Arbeit mit Ausgabefeldern

Für die Bearbeitung bestehender Ausgabefelder stehen vier Funktionen zur Verfügung, die wir im folgenden beschreiben.

Parameter ändern

Um die Parameter eines bestehenden Ausgabefeldes zu ändern, setzen Sie den Cursor auf dieses und betätigen dann <ändern:F6>. Es erscheint das aus Abbildung 9-9 bekannte Fenster. Es können alle Parameter nach Belieben geändert werden.

Ändern der Position

Soll die Position eines Ausgabefeldes in der Druckmaske und somit die Position des auszugebenden Wertes im Ausdruck verändert werden, setzen Sie den Cursor auf das entsprechende Ausgabefeld. Nachdem Sie <selekt:F9> betätigt haben, können Sie das Ausgabefeld mit den Funktionen zur Cursorsteuerung bewegen.

Kopieren eines Ausgabefeldes

Um ein bestehendes Ausgabefeld zu kopieren, betätigen Sie <zeil_einf:Strg-Einfg>, nachdem Sie das entsprechende Ausgabefeld durch <selekt:F9> selektiert haben. Bewegen Sie die Kopie des Ausgabefeldes mit den Funktionen zur Cursorsteuerung an die gewünschte Position und bestätigen dies mit <do:F10>.

Löschen

Ein durch <selekt:F9> angewähltes Ausgabefeld kann durch <zeil_lö:Strg-Rück> gelöscht werden.

Aufbau einer Druckmaske

Eine Druckmaske besteht aus sechs verschiedenen Bereichen. Jeder dieser Bereiche hat eine bestimmte Funktion. Wir wollen nun die einzelnen Bereiche mit ihren besonderen Funktionen vorstellen. Dabei gehen wir auch auf ihre

Bedeutung für die verschiedenen Druckformen (Einzelblatt, Liste, Etiketten) ein.
Betrachten Sie sich daher nochmals die Abbildung 9-2, 9-3 und 9-4.

Abbildung 9-10 : Komponenten einer Druckmaske

Kopf

```
                                    Kopf                    ( 0, 5)
Seite SEI ················· Liste der Lagerartikel ·················· SYSDATUM
.................................................................................
 _
 |     Artikel        |    Nummer   |   EK   |   UK   |   Lieferant   | Stck. |
 _
 .................................................................................
 .................................................................................
 .................................................................................
 .................................................................................
 .................................................................................
 .................................................................................
 .................................................................................
 .................................................................................
 .................................................................................
 .................................................................................
 .................................................................................
 .................................................................................

        <hilfe:F1> <undo:Esc> <menü:F2> <ändern:F6> <selekt:F9>
```

Abbildung 9-11 : Der Kopfteil für den Listendruck

Im Kopfbereich befinden Sie sich nach dem Aufruf der Druckmaske. Der Inhalt der Ausgabefelder, die im Kopf plaziert wurden, wird nur einmal zu Beginn jeder Seite ausgedruckt. Wenn auf einer Seite fünf Tabellenzeilen ausgegeben werden, findet man den Kopfteil trotzdem nur einmal. Beim Etikettendruck bleibt dieser Bereich unberücksichtigt. Für den Listendruck werden im Kopfteil Erläuterungen und die Kopfzeile der Liste ausgegeben.

Beim Einzelblattausdruck wird pro Seite ohnehin nur eine Tabellenzeile ausgedruckt. Aus diesem Grunde kann der Kopfteil - im Gegensatz zum Listendruck - auch schon Ausgabefelder vom Typ *Spalte* enthalten.

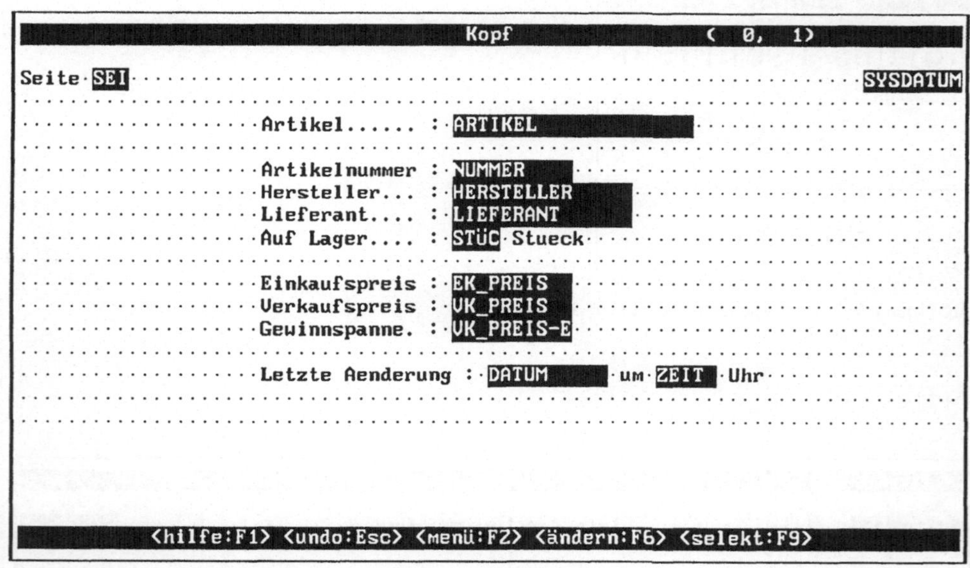

Abbildung 9-12 : Der Kopfteil für den Einzelblattdruck

Daten

Der Datenbereich wird von allen Druckformen genutzt. Er wird für jede Tabellenzeile neu ausgegeben. Beim Etikettendruck ist *Daten* der einzige zu verwendende Bereich. Die Ausgabefelder sollten für den Etikettendruck am linken Rand positioniert werden und die erste Zeile des Datenbereichs nutzen.

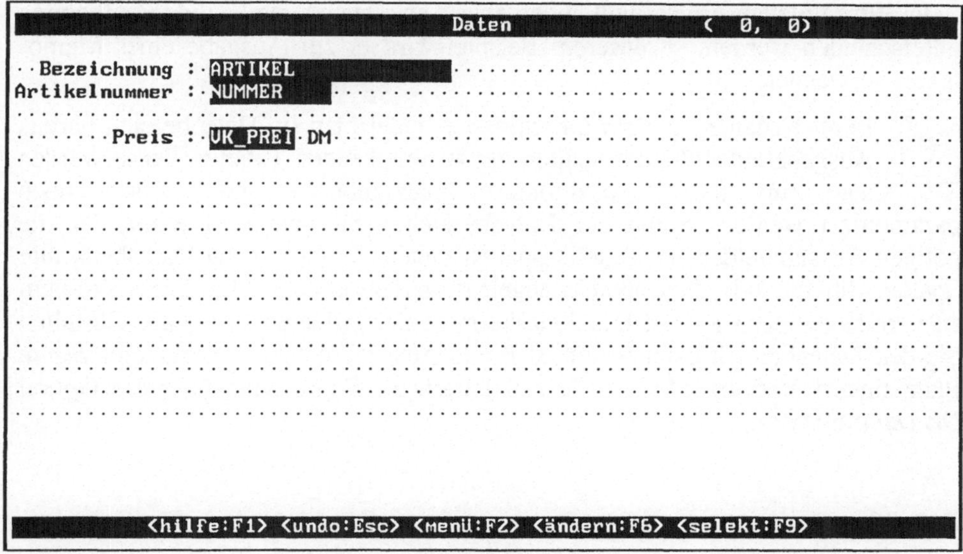

Abbildung 9-13 : Der Datenbereich beim Etikettendruck

Der Listendruck verwendet den Datenbereich zur Definition einer Zeile (manchmal auch mehrerer Zeilen), welche die Ausgabefelder enthält (enthalten).

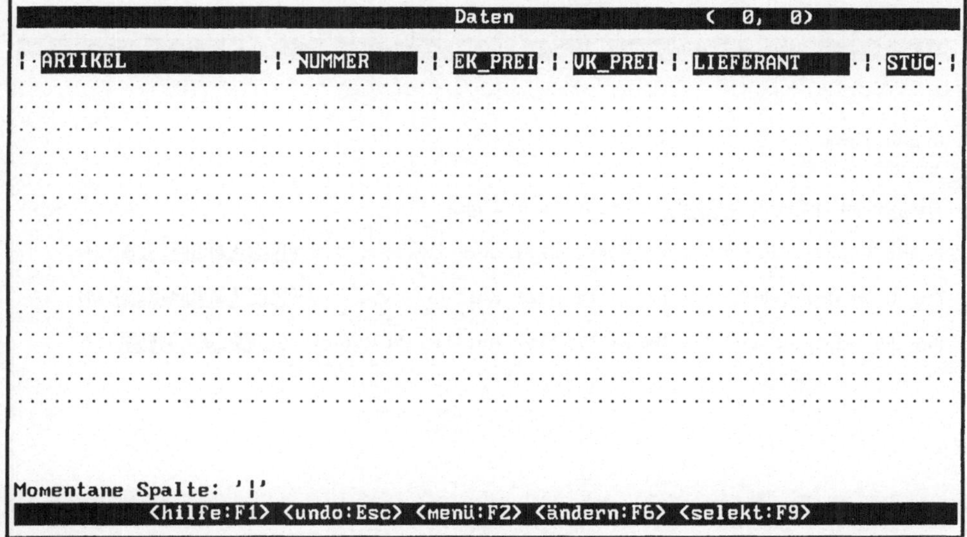

Abbildung 9-14 : Der Datenbereich beim Listendruck

Beim Einzelblattausdruck muß nicht zwischen Datenbereich und Kopfbereich unterschieden werden. In unserem Beispiel wird er zur Ausgabe eines Memotextes verwendet.

Beim Neuanlegen einer Druckmaske findet man im Datenbereich bereits Ausgabefelder für die Spalten der zu druckenden Tabelle. Diese werden aber unvorteilhaft positioniert (platzraubend) und müssen noch parametriert werden. Sollte der Datenbereich nicht genügend Raum für die nötigen Ausgabefelder der Tabellenspalten bieten, so meldet die Datenbank alle Spalten, für die kein Ausgabefeld angelegt werden konnte. Um dieses Problem zu vermeiden legen Sie die Druckmaske mit einer größeren *Breite* an. Gestalten Sie den Datenbereich dann so um, daß alle Ausgabefelder bei geringerer *Breite* Platz finden, und erniedrigen Sie den Parameter *Breite* dann über die Option *Druckparameter*.

Fuß

Die Bedeutung des Fußbereichs einer Druckmaske stimmt mit dem Kopfbereich überein. Der einzige Unterschied besteht darin, daß der *Fuß* am Ende einer Druckseite ausgegeben wird.

Summen

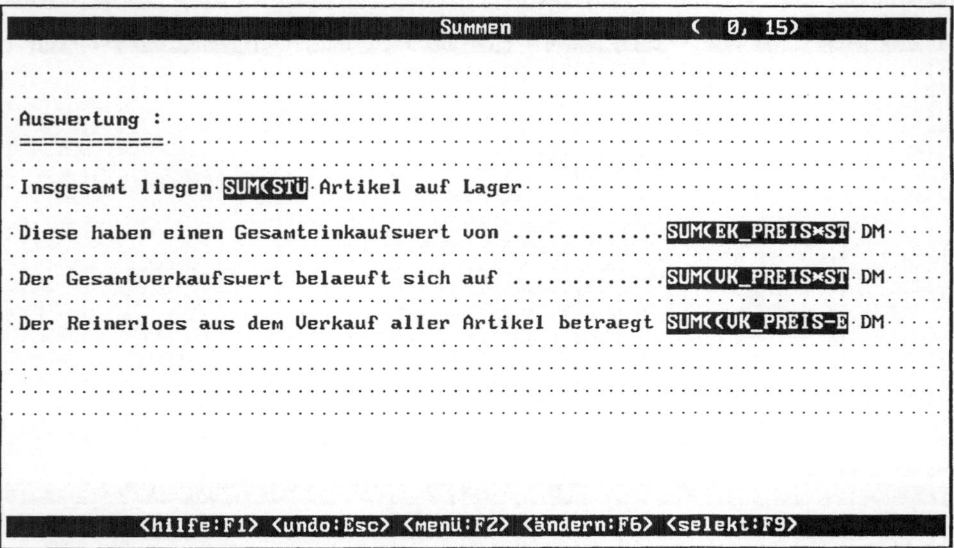

Abbildung 9-15 : Der Summenbereich beim Listendruck

Die *Summen* werden erst am Ende eines Ausdrucks, wenn alle Tabellenzeilen ausgegeben wurden, gedruckt. Hier sollten daher Informationen über alle Zeilen der Tabelle plaziert werden. Ein Beispiel für die Verwendung des Summenbereichs beim Listendruck finden Sie in Abbildung 9-15. Beim Einzelblattausdruck wäre dieser Bereich auf die gleiche Weise zu nutzen.

Gruppieren der Tabellenzeilen

Eine Druckmaske bietet die Möglichkeit, die Zeilen der zu druckenden Tabelle zu gruppieren. Dies ist besonders bei Tabellen mit sehr vielen Zeilen vorteilhaft. Listendrucke werden übersichtlicher und die Einzelblätter müssen nicht perHand sortiert werden. Auf diese Weise könnten zum Beispiel die Kunden eines Unternehmens in In- und Ausland aufgeteilt werden. Um die Zeilen einer Tabelle zu gruppieren, müssen die in einer Gruppe zusammenzufassenden Zeilen ein gemeinsames Merkmal besitzen. Die Artikel der *Maier-GmbH* könnten zum Beispiel nach den einzelnen Lieferanten gruppiert werden. Das Merkmal, nach dem die Datenbank eine Tabelle gruppieren kann, sind die Einträge einer der Spalten der Tabelle.

Definition einer Gruppierungsspalte

Um die Tabellenspalte festzulegen, nach deren Inhalt die Zeilen gruppiert werden sollen, rufen Sie durch <menü:F2> das Menü der Druckmaske auf.

```
                              Kopf              (  0,   0)
Seite SEI ·············Liste der Lagerartikel···············SYSDAT
·································································
·································································
·································································
·································································
·································································
·································································
·································································
·································································
·································································
·································································
·································································
·································································
·································································
·································································
·································································
·································································
                    Druckmaske - Menü
   Speichern     Druckparameter   Kopf   Gruppenkopf   Daten   Gruppensummen
   Fuß             Summen   Gruppenerstellung  Abfrage   Neu     Abbrechen
M                   <hilfe:F1> <do:F10> <undo:Esc>
```

Abbildung 9-16 : Das Menü der Druckmaske

Wählen Sie die Option *Abfrage*, damit das in Abbildung 9-17 zu sehende Fenster erscheint.

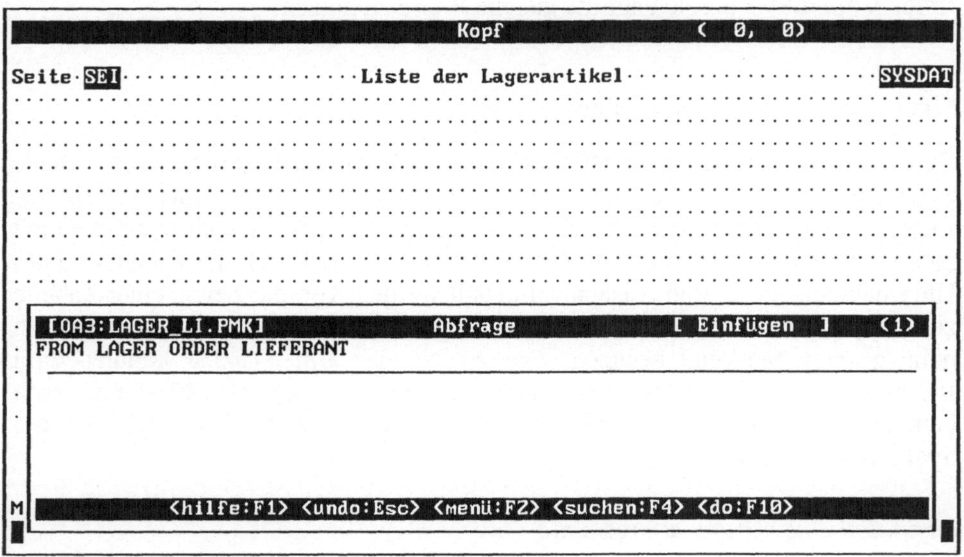

Abbildung 9-17 : Das Abfragefenster der Druckmaske

Als Eintrag finden Sie hier die Anweisung *FROM*, gefolgt vom Dateinamen der zu druckenden Tabelle. Erweitern Sie diese Zeile nun durch *ORDER* und den Namen der Spalte, nach der die Zeilen gruppiert werden sollen. Den Spaltennamen können Sie per Hand eintragen oder aus der Liste aller vorhandenen Spalten wählen. Betätigen Sie für die Auswahl aus der Liste einmal <suchen:F4> und selektieren Sie im dann erscheinenden Menü die Option *alle_Spalten*. Es erscheint die Liste der verfügbaren Spalten, in der Sie den Cursor mit <auf> und <ab> auf den gewünschten Namen setzen können. Bestätigen Sie Ihre Wahl mit <do:F10>.

> **!** Damit diese Definition eine Wirkung hat, muß zumindest einer der Druckmaskenbereiche *Gruppenkopf* und *Gruppensummen* mit Ausgabefeldern belegt werden. Außerdem müssen noch die auf Seite 107ff. beschriebenen *Gruppierungsparameter* gesetzt werden.

Durch die *ORDER*-Anweisung werden die Zeilen der Tabelle nach dem Inhalt der angegebenen Spalte sortiert ausgedruckt.

Der Gruppenkopf

Der Bereich *Gruppenkopf* wird nur zu Beginn einer neuen Gruppe ausgegeben und sollte Informationen über die Zeilen der Gruppe enthalten. Dazu kann der Inhalt der zur Gruppierung verwendeten Spalte ausgegeben werden.

Die *Maier-GmbH* baut den *Gruppenkopf* für den Listendruck ihrer Lagertabelle wie in Abbildung 9-18 zu sehen auf.

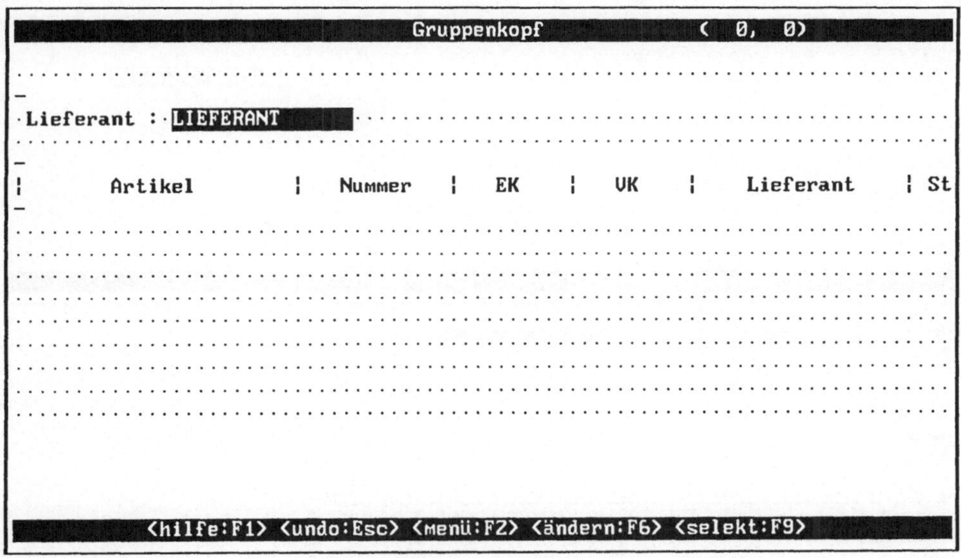

Abbildung 9-18 : Beispiel für einen Gruppenkopf

Der Kopf der Liste wird beim gruppierten Listendruck nicht im *Kopf*, sondern im *Gruppenkopf* ausgegeben, da die Informationen des Gruppenkopfs sonst die Liste unterbrechen würden. Beim Einzelblattdruck entfällt natürlich der Listenkopf.

Die Gruppensummen

Der Bereich *Gruppensummen* wird nur am Ende einer Gruppe ausgegeben und sollte - wie der Gruppenkopf - Informationen über die Zeilen der Gruppe enthalten. Es kann auch hier der Inhalt der zur Gruppierung verwendeten Spalte ausgegeben werden.

So wie der *Gruppenkopf* den *Kopf* für eine Gruppe darstellt, entspricht der Bereich *Gruppensummen* dem Bereich *Summen* für die gesamte Tabelle.

In Abbildung 9-19 sehen Sie den Aufbau des Bereichs *Gruppensummen* für den Ausdruck der Lagertabelle der *Maier-GmbH*.

```
Gruppensummen                          ( 0,   4)

_
..........................................................................
·Gruppenauswertung :······················································
·==================··········
..........................................................................
·Vom Lieferanten·LIEFERANT       ·liegen CO·Artikel auf Lager.·········
·Diese haben einen Gesamteinkaufswert von ..........SUM(EK_PREIS*ST·DM····
·Der Gesamtverkaufswert belaeuft sich auf ..........SUM(VK_PREIS*ST·DM····
·Der Reinerloes aus dem Verkauf aller Artikel betraegt SUM((VK_PREIS-E·DM····
..........................................................................
..........................................................................
..........................................................................

    <hilfe:F1> <undo:Esc> <menü:F2> <ändern:F6> <selekt:F9>
```

Abbildung 9-19 : Ein Beispiel für die Gruppensummen

```
Seite 1                    Liste der Lagerartikel                  23.09.19
--------------------------------------------------------------------------
Lieferant : Hans Müller
--------------------------------------------------------------------------
!        Artikel        !   Nummer   !   EK   !   VK   !    Lieferant    ! Stck
--------------------------------------------------------------------------
! NewComp XT-PC         ! HPC01-0001 !  700,00 ! 1199,00 ! Hans Mller    !   10
! NewComp Super-AT      ! HPC02-0001 ! 1900,00 ! 2499,00 ! Hans Mller    !   25
! Quecks AT             ! HPC02-0002 ! 1500,00 ! 1899,00 ! Hans Mller    !   15
! Gano-Maus             ! HPZ01-0001 !   60,00 !   78,00 ! Hans Mller    !   10
! Mega-Maus             ! HPZ01-0002 !   40,00 !   77,00 ! Hans Mller    !   15
! Pyra-Maus             ! HPZ01-0003 !   90,00 !  169,80 ! Hans Mller    !   10
! Gano-Optikmaus        ! HPZ01-0004 !   80,00 !  129,80 ! Hans Mller    !   10
! Quecks Master         ! HPC02-0004 ! 3000,00 ! 3999,00 ! Hans Mller    !   15
! NewComp 386           ! HPC02-0005 ! 2500,00 ! 3299,00 ! Hans Mller    !   25
! NewComp 486           ! HPC02-0006 ! 4900,00 ! 6999,00 ! Hans Mller    !   25
--------------------------------------------------------------------------

Gruppenauswertung :
==================

Vom Lieferanten Hans Müller      liegen 10 Artikel auf Lager.

Diese haben einen Gesamteinkaufswert von .................309.900,00 DM

Der Gesamtverkaufswert belaeuft sich auf ................425.316,00 DM

Der Reinerloes aus dem Verkauf aller Artikel betraegt .....115.416,00 DM
--------------------------------------------------------------------------
Lieferant : Lang GmbH
--------------------------------------------------------------------------
!        Artikel        !   Nummer   !   EK   !   VK   !    Lieferant    ! Stck
--------------------------------------------------------------------------
! MasterScan Monitor    ! HPM01-0001 !  800,00 ! 1399,00 ! Lang GmbH     !   18
! Tippmeister U3        ! HPT01-0001 !   70,00 !  119,00 ! Lang GmbH     !   30
! Look-Good-V4          ! HPM02-0001 !  400,00 !  599,00 ! Lang GmbH     !   15
```

```
Seite 2                    Liste der Lagerartikel                  23.09.19
--------------------------------------------------------------------------
Lieferant : Till Wang
--------------------------------------------------------------------------
!        Artikel        !   Nummer   !   EK   !   VK   !    Lieferant    ! Stck
--------------------------------------------------------------------------
! Seeks-Super           ! HPZ02-0001 !   0,55 !   1,10 ! Till Wang       ! 1000
! Seeks-Budget          ! HPZ02-0002 !   0,33 !   0,60 ! Till Wang       ! 2000
! Seeks-Juwel           ! HPZ02-0003 !   0,89 !   1,70 ! Till Wang       !  500
! Seeks-Color           ! HPZ02-0004 !   0,45 !   0,90 ! Till Wang       !  500
--------------------------------------------------------------------------

Gruppenauswertung :
==================

Vom Lieferanten Till Wang        liegen 4  Artikel

Diese haben einen Gesamteinkauf

Der Gesamtve

Der Re
```

Abbildung 9-20 : Listendruck mit Gruppierung

Wenn Sie diesen Aufbau mit dem des Summenbereichs vergleichen, werden Sie kaum Abweichungen finden. Die gleichen Funktionen wie im Summenbereich führen bei den *Gruppensummen* automatisch zu den Ergebnissen für die Zeilen der Gruppe. Die Funktion *COUNT(SPALTE)* liefert bei den *Summen* die Anzahl aller Tabellenzeilen, bei den *Gruppensummen* aber nur die Anzahl der Zeilen, die zur aktuellen Gruppe gehören. In Abbildung 9-20 sehen Sie ein Beispiel für den gruppierten Listendruck.

Weitere Parameter für den Ausdruck

Neben den bisher beschriebenen Möglichkeiten zur Gestaltung eines Ausdrucks bieten die Druckmasken noch weitere Parameter.

Die Druckparameter

Über < menü:F2 > kann das Menü der Druckmaske aufgerufen werden. Wählen Sie hier die Option *Druckparameter*. Es erscheint das in Abbildung 9-21 zu sehende Fenster.

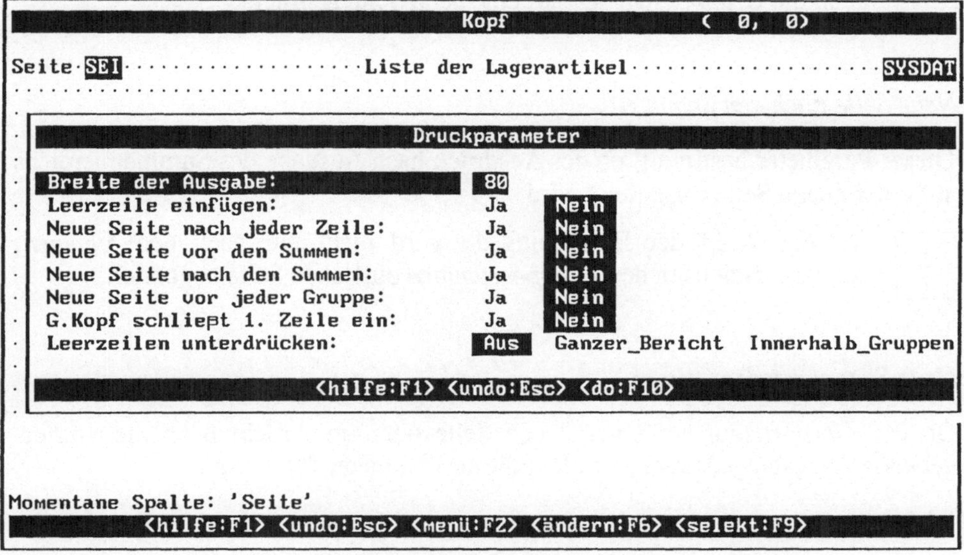

Abbildung 9-21 : Das Fenster zur Parametrierung der Druckparameter

Breite der Ausgabe

Der Wert dieses Parameters wurde bereits beim Anlegen der Druckmaske angegeben. Soll er erniedrigt werden, so ist darauf zu achten, daß alle Ausgaben innerhalb der neuen *Breite* liegen.

Leerzeile einfügen

Dieser Parameter bestimmt, ob nach jeder gedruckten Tabellenzeile im Ausdruck eine Leerzeile eingefügt wird.

Neue Seite nach jeder Zeile

Dieser Parameter bestimmt, ob nach jeder gedruckten Tabellenzeile der Ausdruck auf einer neuen Seite fortgesetzt wird.

Neue Seite vor den Summen

Ob der Ausdruck des Summenbereichs auf einer neuen Seite oder im Anschluß an die letzte Ausgabe erfolgt, bestimmt dieser Parameter.

> Bei der Wahl der Einstellung *Ja* werden nicht nur die *Summen*, sondern auch die *Gruppensummen* auf eine neue Seite gedruckt.

Neue Seite nach den Summen

Dieser Parameter bestimmt, ob der Ausdruck nach Ausgabe des Summenbereichs auf einer neuen Seite fortgesetzt wird.

> Bei der Wahl der Einstellung *Ja* wird nicht nur nach den *Summen*, sondern auch nach den *Gruppensummen* eine neue Seite begonnen.

Neue Seite vor jeder Gruppe

Ob der *Gruppenkopf* auf einer neuen Seite oder im Anschluß an die vorhergehende Ausgabe gedruckt wird, legt dieser Parameter fest.

G.Kopf schließt 1.Zeile ein

Wenn die Daten der ersten Zeile einer Gruppe im Gruppenkopf ausgegeben werden und daher im Datenbereich nicht mehr berücksichtigt werden sollen, setzen Sie diesen Parameter auf *Ja*.

Leerzeilen unterdrücken

Nur wenn dieser Parameter die Einstellung *Aus* besitzt, werden Tabellenzeilen, die keinen Eintrag enthalten, gedruckt. Ob die Ausgabe leerer Tabellenzeilen im ganzen Ausdruck (*Ganzer_Bericht*) oder nur im Bereich für den Gruppenausdruck (*Innerhalb_Gruppen*) unterdrückt wird, legen Sie durch die Wahl einer der beiden anderen Einstellungen fest.

Die Gruppierungsparameter

Ob die Gruppierung nach der in der *Abfrage* definierten Tabellenspalte im Ausdruck berücksichtigt wird, kann über die Option *Gruppenerstellung* des durch <menü:F2> aufzurufenden Menüs der Druckmaske festgelegt werden.

```
                                    Kopf                    (  0,   0)

Seite SEI · · · · · · · · · · · · · Liste der Lagerartikel · · · · · · · · · · · · · SYSDAT
 · · · · · · · · · · · · · · · · · · · · · · · · · · · · · · · · · · · · · · · · · · · · · ·


M  Gruppenerstellung für LIEFERANT:   Nein  Kopf  Summen  Beide
```

Abbildung 9-22 : Das Fenster der Gruppenerstellung

Definieren Sie hier, ob nur die Ausgabefelder des Gruppenkopfes (*Kopf*), nur die der Gruppensummen (*Summen*) oder die beider Bereiche (*Beide*) ausgegeben werden sollen. Wenn Sie *Nein* wählen, wird der Ausdruck normal, das heißt ohne Gruppierung, gestaltet.

Ändern einer bestehenden Druckmaske

MP: <u>D</u>atenbank - <u>AU</u>fbau - <u>D</u>ruckmaske

Nach dem Aufruf der Option *Druckmaske* erscheint ein Fenster auf dem Bildschirm, in dem Sie hinter *Kopieren von* den Dateinamen der zu ändernden Druckmaske angeben. Dieser kann natürlich auch über die Dateiliste (<suchen:F4>) ausgewählt werden.

Bestätigen Sie Ihre Eingabe mit <do:F10>, so erscheint die gewählte Druckmaske auf dem Bildschirm und kann geändert werden. Beim Ändern stehen die gleichen Funktionen wie beim Anlegen einer Druckmaske zur Verfügung.

Durch zweimaliges <do:F10> können die vorgenommenen Änderungen gespeichert werden. Mit <undo:Esc> verlassen Sie die Druckmaske, ohne die Änderungen zu speichern.

KAPITEL 10 - ARBEITEN MIT MEHREREN TABELLEN

Bis jetzt haben wir nur mit einer isolierten Tabelle gearbeitet. Wir wollen nun auf die Arbeit mit Tabellen eingehen, die in Beziehung zueinander stehen. Open Access bietet Ihnen eine relationale Datenbank. Das heißt, Sie können Relationen (lat.: Relation = Beziehung) zwischen Tabellen definieren. Was dies in der Praxis bedeutet, wollen wir nun an einem Beispiel zeigen.

Eine Problemstellung

In der Lagertabelle der *Maier-GmbH* werden auf den ersten Blick alle für die einzelnen Artikel wichtigen Daten erfaßt:

Zu erfassende Daten der Lagertabelle der Maier-GmbH

ARTIKEL	Bezeichnung des Artikels
NUMMER	Nummer des Artikels bei der Maier-GmbH
HERSTELLER	Hersteller
LIEFERANT	Lieferant
STÜCKZAHL	Vorrätige Stückzahl
EK_PREIS	Einkaufspreis
VK_PREIS	Verkaufspreis
DATUM	Datum der letzten Änderung
ZEIT	Uhrzeit der letzten Änderung
BESCHREIB	Kurzbeschreibung des Artikels

Bei der Arbeit mit der Tabelle stellt der Lagerist nun aber fest, daß die Erfassung des Namens des Lieferanten nicht ausreicht. Das Nachschlagen im Lieferantenverzeichnis der *Maier-GmbH* erweist sich bei den regelmäßig anfallenden Nachbestellungen von Artikeln als sehr lästig.

Lösung mit einer Tabelle

Mit unserem bisherigen Wissen würden wir der *Maier-GmbH* empfehlen, die Lagertabelle um Spalten für die Erfassung der Lieferantenadresse zu erweitern.

Wenn man diese Lösung durchdenkt, stößt man aber recht schnell auf Probleme. Jeder Lieferant kann mehrmals in der Lagertabelle vorkommen und jedesmal müßte die vollständige Adresse eingegeben werden.

ARTIKEL	NUMMER	HERSTELLER	LIEFERANT	STRASSE	PLZ	ORTSSITZ	STCK	EK_PREI	UK_PREI	DATUM	ZEIT	BESCHREIB
NewComp XT-PC	HPC01-0001	NewComp AG	Hans Mueller	Wollengasse 77-79	6000	Frankfurt 69	10	700,00	1199,00	23.09.1990	16:13	Memo
NewComp Super-AT	HPC02-0001	NewComp AG	Hans Mueller	Wollengasse 77-79	6000	Frankfurt 69	25	1900,00	2499,00	23.09.1990	16:13	Memo
Quecks AT	HPC02-0002	Quecks GmbH	Hans Mueller	Wollengasse 77-79	6000	Frankfurt 69	15	1500,00	1899,00	23.09.1990	16:13	Memo
Cano-Maus	HPZ01-0001	Cano AG	Hans Mueller	Wollengasse 77-79	6000	Frankfurt 69	10	60,00	78,00	23.09.1990	16:13	Memo
Mega-Maus	HPZ01-0002	Katz GmbH	Hans Mueller	Wollengasse 77-79	6000	Frankfurt 69	15	40,00	77,00	23.09.1990	16:13	Memo
Pyra-Maus	HPZ01-0003	Katz GmbH	Hans Mueller	Wollengasse 77-79	6000	Frankfurt 69	10	90,00	169,80	23.09.1990	16:14	Memo
Cano-OptiKmaus	HPZ01-0004	Cano AG	Hans Mueller	Wollengasse 77-79	6000	Frankfurt 69	10	80,00	129,80	23.09.1990	16:13	Memo
Quecks Master	HPC02-0004	Quecks GmbH	Hans Mueller	Wollengasse 77-79	6000	Frankfurt 69	15	3000,00	3999,00	23.09.1990	16:14	Memo
NewComp 386	HPC02-0005	NewComp AG	Hans Mueller	Wollengasse 77-79	6000	Frankfurt 69	25	2500,00	3299,00	23.09.1990	16:14	Memo
NewComp 486	HPC02-0006	NewComp AG	Hans Mueller	Wollengasse 77-79	6000	Frankfurt 69	25	4900,00	6999,00	23.09.1990	16:14	Memo
MasterScan Monitor	HPM01-0001	Eyetool Inc.	Lang GmbH	Sierichstraae 12	2000	Hamburg 40	18	800,00	1399,00	19.11.1990	13:42	Memo
Tippmeister U3	HPT01-0001	Keymaker Corp.	Lang GmbH	Sierichstraae 12	2000	Hamburg 40	30	70,00	119,00	12.11.1990	16:07	Memo
Look-Good-U4	HPM02-0001	Queens Inc.	Lang GmbH	Sierichstraae 12	2000	Hamburg 40	15	400,00	599,00	09.11.1990	14:42	Memo
Look-Good-V5	HPM02-0002	Queens Inc.	Lang GmbH	Sierichstraae 12	2000	Hamburg 40	20	650,00	899,00	23.11.1990	13:08	Memo
Master-Key	HPT01-0002	Keymaker Corp.	Lang GmbH	Sierichstraae 12	2000	Hamburg 40	10	40,00	59,50	09.11.1990	10:13	Memo
PC-Key	HPT02-0001	Keymaker Corp.	Lang GmbH	Sierichstraae 12	2000	Hamburg 40	15	25,00	39,99	22.11.1990	10:14	Memo
Tippmeister V5	HPT01-0003	Keymaker Corp.	Lang GmbH	Sierichstraae 12	2000	Hamburg 40	30	90,00	149,00	16.11.1990	12:17	Memo
PC-ExtraKey	HPT02-0002	Keymaker Corp.	Lang GmbH	Sierichstraae 12	2000	Hamburg 40	15	30,00	49,99	20.11.1990	11:24	Memo
SeeKs-Super	HPZ02-0001	ZeeK Corp.	Till Wang	Habichtstraae 44	1000	Berlin	1000	0,55	1,10	14.11.1990	09:27	Memo
SeeKs-Budget	HPZ02-0002	ZeeK Corp.	Till Wang	Habichtstraae 44	1000	Berlin	2000	0,33	0,60	16.11.1990	08:36	Memo
SeeKs-Juwel	HPZ02-0003	ZeeK Corp.	Till Wang	Habichtstraae 44	1000	Berlin	500	0,89	1,70	09.11.1990	15:09	Memo
SeeKs-Color	HPZ02-0004	ZeeK Corp.	Till Wang	Habichtstraae 44	1000	Berlin	500	0,45	0,90	19.11.1990	16:56	Memo
Turbo-Manchester	HPF01-0001	Discmaker Inc.	Weiland GmbH	Westerweg 44	6000	Frankfurt	10	500,00	799,00	16.11.1990	08:35	Memo
Turbo-Manchester 2	HPF01-0002	Discmaker Inc.	Weiland GmbH	Westerweg 44	6000	Frankfurt	15	700,00	1099,00	19.11.1990	09:18	Memo
Hummer Megastar	HPC02-0003	Hummer AG	Willi Manger	Sollweg 12	8000	Muenchen 19	20	1900,00	2599,00	12.11.1990	13:53	Memo

Abbildung 10-1 : Die Lösung mit einer Tabelle

Nachteile

Die Schwierigkeiten sind offensichtlich. Zum einen kostet es sehr viel Zeit eine Adresse mehrmals einzugeben, zum anderen wird dadurch Speicherplatz verschwendet.

Lösung mit zwei Tabellen

Hier hilft nur der Einsatz einer weiteren Tabelle. Wir erweitern also nicht die ursprüngliche Lagertabelle, sondern legen eine neue Tabelle zur Erfassung der Lieferantenadressen an.

ARTIKEL	NUMMER	HERSTELLER	LIEFERANT	STCK	EK_PREI	UK_PREI	DATUM	ZEIT	BESCHREIB
NewComp XT-PC	HPC01-0001	NewComp AG	Hans Mueller	10	700,00	1199,00	23.09.1990	16:13	Memo
NewComp Super-AT	HPC02-0001	NewComp AG	Hans Mueller	25	1900,00	2499,00	23.09.1990	16:13	Memo
Quecks AT	HPC02-0002	Quecks GmbH	Hans Mueller	15	1500,00	1899,00	23.09.1990	16:13	Memo
Cano-Maus	HPZ01-0001	Cano AG	Hans Mueller	10	60,00	78,00	23.09.1990	16:13	Memo
Mega-Maus	HPZ01-0002	Katz GmbH	Hans Mueller	15	40,00	77,00	23.09.1990	16:13	Memo
Pyra-Maus	HPZ01-0003	Katz GmbH	Hans Mueller	10	90,00	169,80	23.09.1990	16:14	Memo
Cano-OptiKmaus	HPZ01-0004	Cano AG	Hans Mueller	10	80,00	129,80	23.09.1990	16:13	Memo
Quecks Master	HPC02-0004	Quecks GmbH	Hans Mueller	15	3000,00	3999,00	23.09.1990	16:14	Memo
NewComp 386	HPC02-0005	NewComp AG	Hans Mueller	25	2500,00	3299,00	23.09.1990	16:14	Memo
NewComp 486	HPC02-0006	NewComp AG	Hans Mueller	25	4900,00	6999,00	23.09.1990	16:14	Memo
MasterScan Monitor	HPM01-0001	Eyetool Inc.	Lang GmbH	10	800,00	1399,00	19.11.1990	13:42	Memo
Tippmeister V3	HPT01-0001	Keymaker Corp.	Lang GmbH	30	70,00	119,00	12.11.1990	16:07	Memo
Look-Good-V4	HPM02-0001	Queens Inc.	Lang GmbH	15	400,00	599,00	09.11.1990	14:42	Memo
Look-Good-V5	HPM02-0002	Queens Inc.	Lang GmbH	20	650,00	899,00	23.11.1990	13:08	Memo
Master-Key	HPT01-0002	Keymaker Corp.	Lang GmbH	10	40,00	59,50	09.11.1990	10:13	Memo
PC-Key	HPT02-0001	Keymaker Corp.	Lang GmbH	15	25,00	39,99	22.11.1990	10:14	Memo
Tippmeister V5	HPT01-0003	Keymaker Corp.	Lang GmbH	30	90,00	149,00	16.11.1990	12:17	Memo
PC-ExtraKey	HPT02-0002	Keymaker Corp.	Lang GmbH	15	30,00	49,99	20.11.1990	11:24	Memo
Seeks-Super	HPZ02-0001	ZeeK Corp.	Till Wang	1000	0,55	1,10	14.11.1990	09:27	Memo
Seeks-Budget	HPZ02-0002	ZeeK Corp.	Till Wang	2000	0,33	0,60	16.11.1990	08:36	Memo
Seeks-Juwel	HPZ02-0003	ZeeK Corp.	Till Wang	500	0,89	1,70	09.11.1990	15:09	Memo
Seeks-Color	HPZ02-0004	ZeeK Corp.	Till Wang	500	0,45	0,90	19.11.1990	16:56	Memo
Turbo-Manchester	HPF01-0001	DiscmaKer Inc.	Weiland GmbH	10	500,00	799,00	16.11.1990	08:35	Memo
Turbo-Manchester 2	HPF01-0002	Discmaker Inc.	Weiland GmbH	15	700,00	1099,00	19.11.1990	09:18	Memo
Hummer Megastar	HPC02-0003	Hummer AG	Willi Manger	20	1900,00	2599,00	12.11.1990	13:53	Memo

NAME	STRASSE	PLZ	ORTSSITZ
Hans Mueller	Wollengasse 77-79	6000	Frankfurt 69
Lang GmbH	Sierichstraae 12	2000	Hamburg 40
Till Wang	Habichtstraae 44	1000	Berlin
Heiland GmbH	Westerweg 44	6000	Frankfurt
Willi Manger	Sollweg 12	8000	Muenchen 19

Abbildung 10-2 : Die Lösung mit zwei Tabellen

Vorteile

Durch diese Vorgehensweise ersparen wir uns die Nachteile bei der Lösung mit einer Tabelle. Jede Adresse muß nur einmal eingegeben werden, und es wird auch kein Speicherplatz vergeudet.

Durch die Möglichkeiten der relationalen Datenbank können die beiden Tabellen über eine Beziehung verknüpft werden. Diese Beziehung wäre wie folgt zu beschreiben :

"Jeder Zeile der Tabelle *A* ist eine Zeile der Tabelle *B* zuzuordnen, die in der *Übereinstimmungsspalte* mit dem Inhalt der *Bezugsspalte* der Tabelle *A* übereinstimmt."

In Abbildung 10-3 sehen Sie diesen Sachverhalt veranschaulicht. Aus dieser Abbildung ist auch zu ersehen, daß aufgrund der Beziehung eine Zeile der Tabelle *B* mehreren Zeilen der Tabelle *A* zugeordnet werden kann.

Die Zeilen der Lager- und Lieferantentabelle der *Maier-GmbH* werden - wie in Abbildung 10-4 zu sehen - verknüpft. Hier wurden der Übersicht halber nicht alle, sondern nur einige Verknüpfungen zwischen den Tabellenzeilen eingezeichnet. Die *LIEFERANT*-Spalte der Lagertabelle wird als *Bezugsspalte* definiert. Die Spalte *NAME* der Lieferantentabelle ist die *Übereinstimmungsspalte*. Bearbeitet man nun die Lagertabelle, so kann man in jeder Zeile auf die Daten der zugehörigen Zeile der Lieferantentabelle zugreifen.

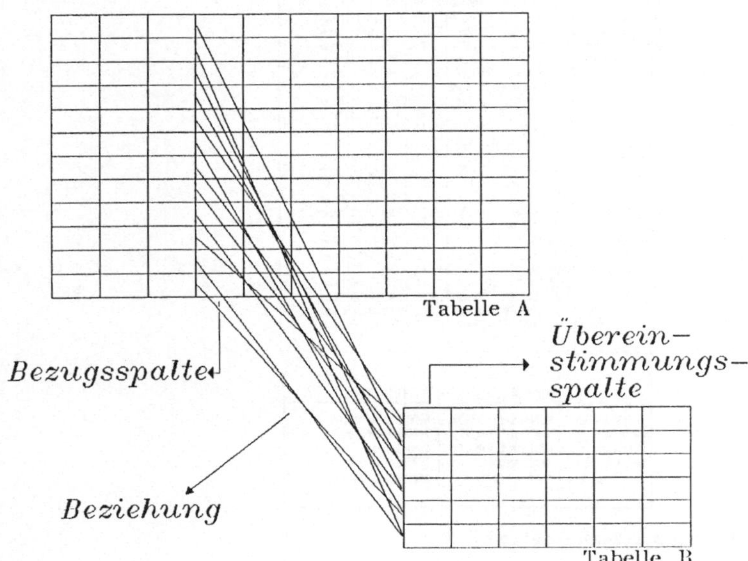

Abbildung 10-3 : Prinzip einer Beziehung zwischen zwei Tabellen

ARTIKEL	NUMMER	HERSTELLER	LIEFERANT	STCK	EK_PREI	UK_PREI	DATUM	ZEIT	BESCHREIB
NewComp XT-PC	HPC01-0001	NewComp AG	Hans Mueller	10	700,00	1199,00	23.09.1990	16:13	Memo
NewComp Super-AT	HPC02-0001	NewComp AG	Hans Mueller	25	1900,00	2499,00	23.09.1990	16:13	Memo
Quecks AT	HPC02-0002	Quecks GmbH	Hans Mueller	15	1500,00	1899,00	23.09.1990	16:13	Memo
Gano-Maus	HFZ01-0001	Gano AG	Hans Mueller	10	60,00	78,00	23.09.1990	16:13	Memo
Mega-Maus	HFZ01-0002	Katz GmbH	Hans Mueller	15	40,00	77,00	23.09.1990	16:13	Memo
Pyra-Maus	HPZ01-0003	Katz GmbH	Hans Mueller	10	90,00	169,00	23.09.1990	16:14	Memo
Gano-Optikmaus	HPZ01-0004	Gano AG	Hans Mueller	10	80,00	129,00	23.09.1990	16:13	Memo
Quecks Master	HPC02-0004	Quecks GmbH	Hans Mueller	15	3000,00	3999,00	23.09.1990	16:14	Memo
NewComp 386	HPC02-0005	NewComp AG	Hans Mueller	25	2500,00	3299,00	23.09.1990	16:14	Memo
NewComp 486	HPC02-0006	NewComp AG	Hans Mueller	25	4900,00	6999,00	23.09.1990	16:14	Memo
MasterScan Monitor	HPM01-0001	Eyetool Inc.	Lang GmbH	18	800,00	1399,00	19.11.1990	13:42	Memo
Tippmeister V3	HPT01-0001	Keymaker Corp.	Lang GmbH	30	70,00	119,00	12.11.1990	16:07	Memo
Look-Good-V4	HPM02-0001	Queens Inc.	Lang GmbH	15	400,00	599,00	09.11.1990	14:42	Memo
Look-Good-V5	HPM02-0002	Queens Inc.	Lang GmbH	20	650,00	899,00	23.11.1990	13:08	Memo
Master-Key	HPT01-0002	Keymaker Corp.	Lang GmbH	10	40,00	59,50	09.11.1990	10:13	Memo
PC-Key	HPT02-0001	Keymaker Corp.	Lang GmbH	15	25,00	39,99	22.11.1990	10:14	Memo
Tippmeister V5	HPT01-0003	Keymaker Corp.	Lang GmbH	30	90,00	149,00	16.11.1990	12:17	Memo
PC-ExtraKey	HPT02-0002	Keymaker Corp.	Lang GmbH	15	30,00	49,99	28.11.1990	11:24	Memo
Seeks-Super	HPZ02-0001	Zeek Corp.	Till Wang	1000	0,55	1,10	14.11.1990	09:27	Memo
Seeks-Budget	HPZ02-0002	Zeek Corp.	Till Wang	2000	0,33	0,60	16.11.1990	08:36	Memo
Seeks-Juwel	HPZ02-0003	Zeek Corp.	Till Wang	500	0,89	1,70	09.11.1990	15:09	Memo
Seeks-Color	HPZ02-0004	Zeek Corp.	Till Wang	500	0,45	0,90	19.11.1990	16:56	Memo
Turbo-Manchester	HPF01-0001	Discmaker Inc.	Weiland GmbH	10	500,00	799,00	16.11.1990	08:35	Memo
Turbo-Manchester 2	HPF01-0002	Discmaker Inc.	Weiland GmbH	15	700,00	1099,00	19.11.1990	09:18	Memo
Hummer Megastar	HPC02-0003	Hummer AG	Willi Manger	20	1900,00	2599,00	12.11.1990	13:53	Memo

Lagertabelle

NAME	STRASSE	PLZ	ORTSSITZ
Hans Mueller	Wollengasse 77-79	6000	Frankfurt 69
Lang GmbH	Sierichstrasse 12	2000	Hamburg 40
Till Wang	Habichtstrasse 44	1000	Berlin
Weiland GmbH	Westerweg 44	6000	Frankfurt
Willi Manger	Sollweg 12	8000	Muenchen 19

Lieferantentabelle

Abbildung 10-4 : Verknüpfung der Lager- und Lieferantentabelle

Wir wollen nun auf die bei der Verknüpfung zu beachtenden Regeln eingehen und zeigen, wie eine Beziehung zwischen zwei Tabellen in Open Access realisiert wird.

Verknüpfen zweier Tabellen

Grundsätzlich können alle Tabellen miteinander verknüpft werden. Ob die Erstellung einer Beziehung sinnvoll ist, müssen Sie im Einzelfall entscheiden. Um Ihnen dabei zu helfen, geben wir später noch einige Beispiele für den Einsatz der Tabellenverknüpfung.

Die Relation zwischen zwei Tabellen wird nicht in den Tabellen selbst definiert, sondern in einer der Schirmmasken.

Definition der Relation

Sollen zwei Tabellen miteinander verknüpft werden, so muß die dazu nötige Beziehung definiert werden. Es ist festzulegen, welche Tabelle als *Bezugstabelle* und welche als *Übereinstimmungstabelle* verwendet werden soll.

Bezugs- und Übereinstimmungstabelle

Der Bezugstabelle werden die Zeilen der Übereinstimmungstabelle zugeordnet, bei denen der Inhalt der Übereinstimmungsspalte mit dem der Bezugsspalte übereinstimmt. Das heißt, die Daten der Übereinstimmungstabelle ergänzen die Daten der Bezugstabelle. Sie können demnach auch in der Schirmmaske der Bezugstabelle angezeigt werden.

Im oben angeführten Beispiel der *Maier-GmbH* dient die Lagertabelle als Bezugstabelle und die Lieferantentabelle als Übereinstimmungstabelle. Die Daten der Lieferanten können daher in der Schirmmaske der Lagertabelle angezeigt werden.

Die Bezugsspalte

Der Inhalt der *Bezugsspalte* legt fest, welche Zeile der Übereinstimmungstabelle der Bezugstabelle zugeordnet wird. An diese Spalte werden keine besonderen Anforderungen gestellt. Dadurch kann jede Spalte auch nachträglich zur Bezugsspalte gemacht werden. Maximal können 16 Bezugsspalten pro Schirmmaske definiert werden.

Die Übereinstimmungsspalte

Die zum Aufbau der Beziehung gewählte Spalte der Übereinstimmungsdatei wird als *Übereinstimmungsspalte* bezeichnet. Eine Spalte muß einige Bedingungen erfüllen, um als Übereinstimmungsspalte dienen zu können. Die Übereinstimmungsspalte muß den gleichen Spaltentyp wie die Bezugsspalte besitzen. Die Anzeigelänge der Eingabefelder in der Schirmmaske sollte ebenfalls übereinstimmen, da es sonst zu Problemen kommen kann. Des weiteren muß die Übereinstimmungsspalte mit Index (siehe viertes Kapitel) versehen sein. Es sollte ein *Unique_Index* gewählt werden, da die Beziehung sonst nicht eindeutig wäre.

ARTIKEL	NUMMER	HERSTELLER	LIEFERANT	STCK	EK_PREI	VK_PREI	DATUM	ZEIT	BESCHREIB
NewComp XT-PC	HPC01-0001	NewComp AG	Hans Mueller	10	700,00	1199,00	23.09.1990	16:13	Memo
NewComp Super-AT	HPC02-0001	NewComp AG	Hans Mueller	25	1900,00	2499,00	23.09.1990	16:13	Memo
Quecks AT	HPC02-0002	Quecks GmbH	Hans Mueller	15	1500,00	1899,00	23.09.1990	16:13	Memo
Gano-Maus	HPZ01-0001	Gano AG	Hans Mueller	10	60,00	78,00	23.09.1990	16:13	Memo
Mega-Maus	HPZ01-0002	Katz GmbH	Hans Mueller	15	40,00	77,00	23.09.1990	16:13	Memo
Pyra-Maus	HPZ01-0003	Katz GmbH	Hans Mueller	10	90,00	169,80	23.09.1990	16:14	Memo
Gano-OptikMaus	HPZ01-0004	Gano AG	Hans Mueller	10	80,00	129,80	23.09.1990	16:13	Memo
Quecks Master	HPC02-0004	Quecks GmbH	Hans Mueller	15	3000,00	3999,00	23.09.1990	16:14	Memo
NewComp 386	HPC02-0005	NewComp AG	Hans Mueller	25	2500,00	3299,00	23.09.1990	16:14	Memo
NewComp 486	HPC02-0006	NewComp AG	Hans Mueller	25	4900,00	6999,00	23.09.1990	16:14	Memo
MasterScan Monitor	HPM01-0001	Eyetool Inc.	Lang GmbH	10	800,00	1399,00	19.11.1990	13:42	Memo
Tippmeister V3	HPT01-0001	Keymaker Corp.	Lang GmbH	30	70,00	119,00	12.11.1990	16:07	Memo
Look-Good-V4	HPM02-0001	Queens Inc.	Lang GmbH	15	400,00	599,00	09.11.1990	14:42	Memo
Look-Good-V5	HPM02-0002	Queens Inc.	Lang GmbH	20	650,00	899,00	23.11.1990	13:08	Memo
Master-Key	HPT01-0002	Keymaker Corp.	Lang GmbH	10	40,00	59,50	09.11.1990	10:13	Memo
PC-Key	HPT02-0001	Keymaker Corp.	Lang GmbH	15	25,00	39,99	22.11.1990	10:14	Memo
Tippmeister V5	HPT01-0003	Keymaker Corp.	Lang GmbH	30	90,00	149,00	16.11.1990	12:17	Memo
PC-ExtraKey	HPT02-0002	Keymaker Corp.	Lang GmbH	15	30,00	49,99	20.11.1990	11:24	Memo
SeeKs-Super	HPZ02-0001	ZeeK Corp.	Till Wang	1000	0,55	1,10	14.11.1990	09:27	Memo
SeeKs-Budget	HPZ02-0002	ZeeK Corp.	Till Wang	2000	0,33	0,60	16.11.1990	08:36	Memo
SeeKs-Juwel	HPZ02-0003	ZeeK Corp.	Till Wang	500	0,09	1,70	09.11.1990	15:09	Memo
SeeKs-Color	HPZ02-0004	ZeeK Corp.	Till Wang	500	0,45	0,90	19.11.1990	16:56	Memo
Turbo-Manchester	HPF01-0001	Discmaker Inc.	Weiland GmbH	10	500,00	799,00	16.11.1990	08:35	Memo
Turbo-Manchester 2	HPF01-0002	Discmaker Inc.	Weiland GmbH	15	700,00	1099,00	19.11.1990	09:18	Memo
Hummer Megastar	HPC02-0003	Hummer AG	Willi Manger	20	1900,00	2599,00	12.11.1990	13:53	Memo

Name	STRASSE
Hans Mueller	Wollengasse 77-79
Lang GmbH	Sierichstrasse 12
Lang GmbH	Erlenstrasse 16
Till Wang	Habichtstrasse 44
Weiland GmbH	Westerweg 44

Abbildung 10-5 : Nicht eindeutige Tabellenverknüpfung

Im Beispiel der Abbildung 10-5 wurde der Lieferantenname *Lang-GmbH* zweimal vergeben (z.B. für Haupt- und Nebenlager des Lieferanten). Die Verknüpfung ist nicht mehr eindeutig, da beide Zeilen der Lieferantentabelle mit dem Inhalt der *LIEFERANT*-Spalte der Lagertabelle übereinstimmen.

Vergeben Sie für die Übereinstimmungsspalte einen *Unique_Index*, so verhindert dieser die doppelte Erfassung eines Eintrags. Dadurch wird die Verknüpfung zwischen den Zeilen der Bezugs- und Übereinstimmungstabelle eindeutig.

Voraussetzungen für eine Übereinstimmungsspalte

Spaltentyp .... wie die Bezugsspalte
Anzeigelänge .... wie die Bezugsspalte
Indexart .... Unique_Index

Herstellen der Beziehung

MP: Datenbank - AUfbau - Schirmmaske

Die Relation zwischen zwei zu verknüpfenden Tabellen wird über die Schirmmaske der Bezugstabelle realisiert. Nach dem Aufruf der Option *Schirmmaske* geben Sie hinter *Kopieren von* den Namen der Schirmmaske der Übereinstimmungstabelle an. Bestätigen Sie diese Angabe durch <do:F10>, so erscheint daraufhin die Schirmmaske auf dem Bildschirm. Setzen Sie nun den Cursor auf das Eingabefeld der als Bezugsspalte gewählten Tabellenspalte. Durch <ändern:F6> erscheint das Fenster zur Definition der Parameter des Eingabefeldes. Wählen Sie den Parameter *Übereinstimmung*, so werden Sie nach der Übereinstimmungstabelle (*mit Tabelle*) und der Übereinstimmungsspalte (*und mit Spalte*) für die gewünschte Verknüpfung gefragt.

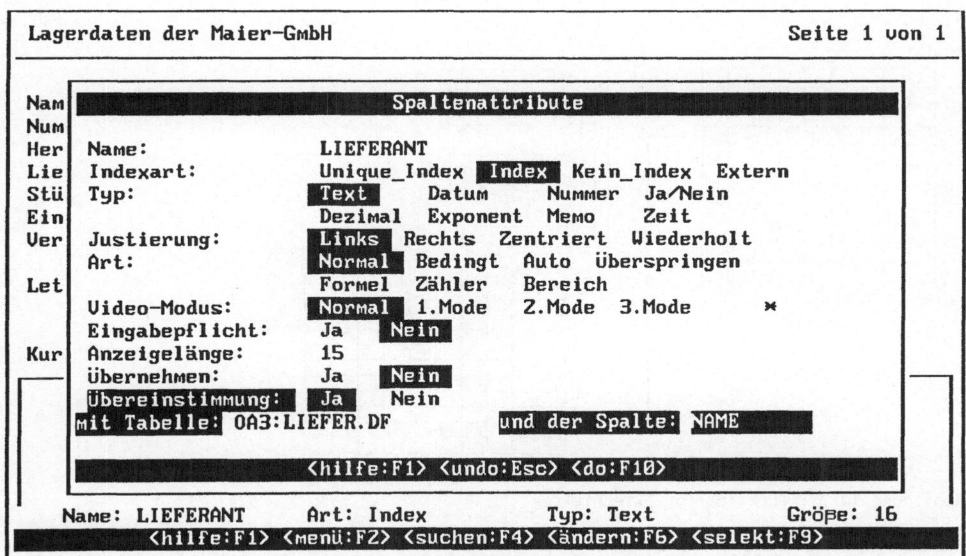

Abbildung 10-6 : Einrichten einer Verknüpfung

Bezugstabelle und -spalte haben Sie bereits durch die Wahl der Schirmmaske und des Eingabefeldes bestimmt.

Bei der Eingabe der Übereinstimmungstabelle steht die über <suchen:F4> aufzurufende Dateiliste zur Verfügung. Ebenfalls über <suchen:F4> kann bei der Definition der Übereinstimmungsspalte eine Liste mit allen Indexspalten der angegebenen Tabelle aufgerufen werden. Wie in der Dateiliste kann die gewünschte Spalte selektiert und übernommen werden.

Speichern Sie das Eingabefeld mit dem geänderten Parameter durch einmaliges <do:F10>. Verlassen Sie die Schirmmaske daraufhin durch zweimaliges <do:F10>. Die Verknüpfung ist nun beim Arbeiten mit der Schirmmaske der Bezugstabelle aktiv.

Externe Spalten - Einbinden von Daten der Übereinstimmungstabelle

Um die Daten der Übereinstimmungstabelle in die Schirmmaske der Bezugstabelle anzuzeigen, müssen *Externfelder* angelegt werden.

Der Inhalt dieser Externfelder hängt vom Eintrag in der Bezugsspalte ab. Die Externfelder stellen den Wert einer externen Spalte, nämlich einer Spalte der Übereinstimmungstabelle, zur Verfügung.

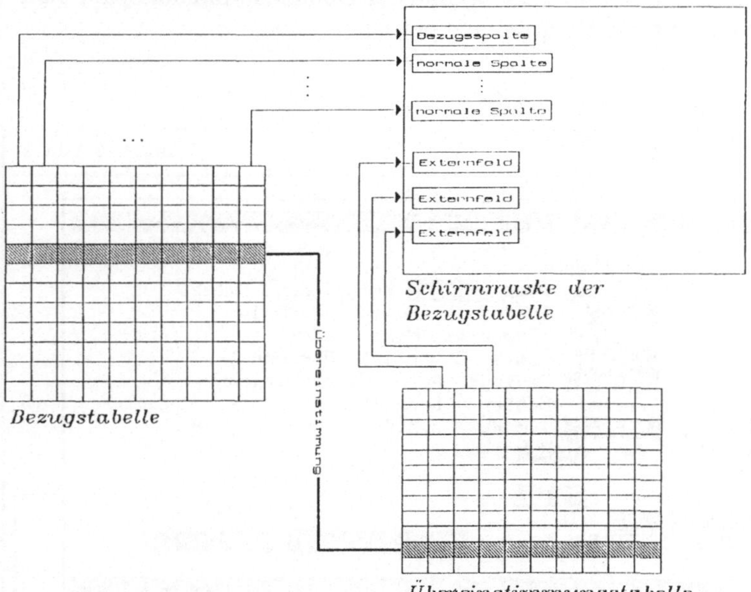

Abbildung 10-7 : Funktion der Externfelder

Es ist nicht möglich, in Externfeldern eine Eingabe oder Änderung durchzuführen. Der Inhalt der Externfelder kann aber in Formeln verwendet werden. Dadurch ist es möglich, den Wert eines Eingabefeldes von den Daten einer Spalte der Übereinstimmungstabelle abhängig zu machen.

In der Schirmmaske der Lagertabelle der *Maier-GmbH* könnte durch den Einsatz von Externfeldern die Adresse des Lieferanten angezeigt werden.

Anlegen eines Externfeldes

Ein Externfeld kann erst angelegt werden, wenn bereits eine Bezugsspalte definiert wurde. Sollte sich die Schirmmaske der Bezugstabelle nicht mehr auf dem Bildschirm befinden, so muß diese wie zum Anlegen der Bezugsspalte aufgerufen werden.

Legen Sie nun durch <selekt:F9> ein neues Eingabefeld an der gewünschten Stelle an. Durch nochmaliges <selekt:F9> wird das Fenster zur Parameter-definition geöffnet.

Geben Sie zuerst den Namen der Spalte an, die im Externfeld dargestellt werden soll. Sollten Sie den Namen nicht griffbereit haben, so geben Sie irgendein Zeichen, zum Beispiel ein X, ein. Machen Sie keinen Eintrag, so wird eine Fehlermeldung ausgegeben und der Cursor kann nicht weiterbewegt werden.

Als nächstes wählen Sie die Einstellung *Extern* für den Parameter *Index*. Daraufhin werden Sie nach der Bezugsspalte gefragt, deren Eintrag dann den Inhalt des Externfeldes festlegt.

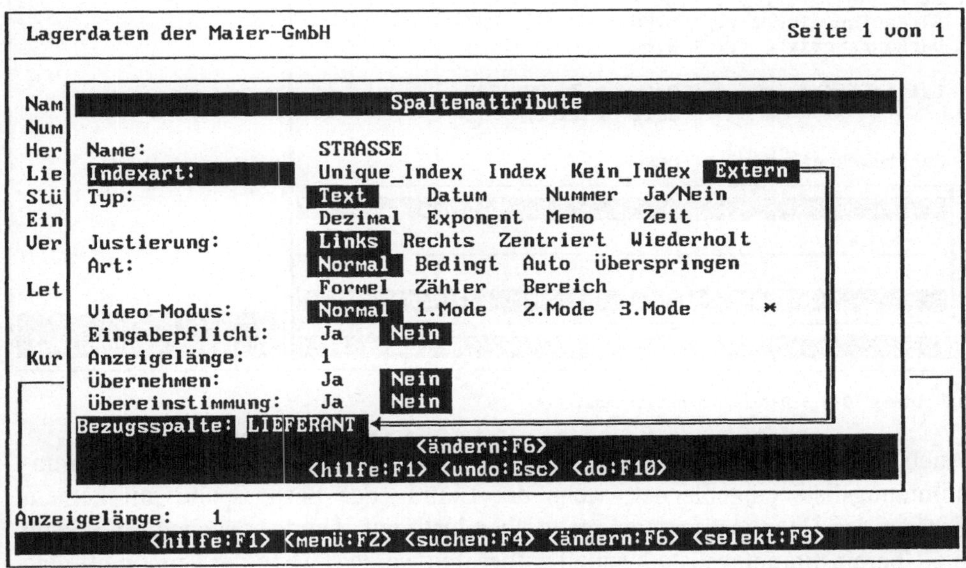

Abbildung 10-8 : Parametrierung eines Externfeldes

Der *Typ* des Externfeldes wird automatisch festgelegt. Er ist mit dem Typ der angegebenen Spalte der Übereinstimmungstabelle identisch. Für Externfelder stehen nur die Parameter *Justierung*, *Video-Modus* und *Anzeigelänge* zur Verfügung.

Arbeit mit verknüpften Tabellen

Eine Schirmmaske, in der eine Verknüpfung definiert wurde, sieht wie eine Schirmmaske ohne Verknüpfung aus. Der Anwender bemerkt die Verknüpfung erst dann, wenn er das Eingabefeld der Bezugsspalte anwählt. Stimmt der Eintrag mit keinem Eintrag der Übereinstimmungsspalte der Übereinstimmungstabelle überein, so wird am rechten Rand die *Übereinstimmungsliste* (Liste mit allen Einträgen der Übereinstimmungsspalte) eingeblendet.

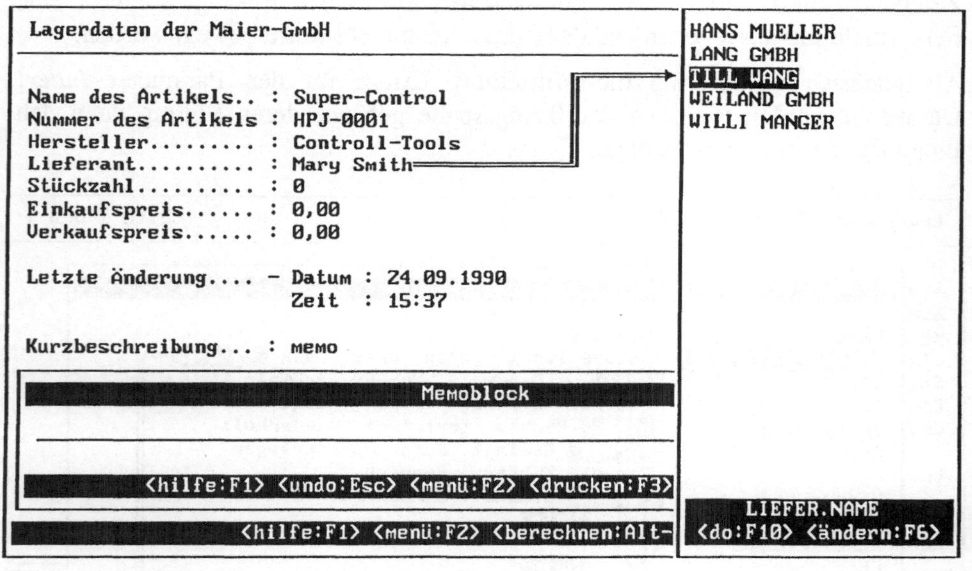

Abbildung 10-9 : Die Übereinstimmungsliste

Auch beim Speichern einer Zeile der Bezugstabelle wird die Übereinstimmungsliste eingeblendet, wenn der Eintrag der Bezugsspalte mit keinem Eintrag der Übereinstimmungsspalte übereinstimmt. Durch <suchen:F4> kann die Übereinstimmungsliste manuell aufgerufen werden, wenn der Cursor auf dem Eingabefeld der Bezugsspalte steht.

Es ist möglich, nur das manuelle Einblenden der Übereinstimmungsliste zu ermöglichen. In diesem Fall ist keine unbedingte Übereinstimmung gefordert. Die Übereinstimmungsliste erscheint also nicht automatisch. 
Dadurch können auch Zeilen abgespeichert werden, deren Eintrag in der Bezugsspalte mit keinem Eintrag der Übereinstimmungsspalte übereinstimmt. Um dies zu ermöglichen, muß für das Eingabefeld der Bezugsspalte der Parameter *Art* auf *Bedingt* gesetzt werden.

In der Abbildung 10-9 hat der Benutzer die mit einer Verknüpfung versehene Schirmmaske der Lagertabelle der *Maier-GmbH* aufgerufen. Bei Eingabe des neuen Lieferanten *Mary Smith* erscheint die Übereinstimmungsliste, da dieser Name nicht in der Übereinstimmungsspalte vorhanden ist.

Der Cursor steht beim Aufruf der Übereinstimmungsliste auf dem Eintrag (*Till Wang*), der der Eingabe im Eingabefeld der Bezugsspalte (*Mary Smith*) am ähnlichsten ist.

Übernahme aus der Übereinstimmungsliste

In der Übereinstimmungsliste kann ein bestehender Eintrag mit <do:F10> oder <ret> in das Eingabefeld der Bezugsspalte übernommen werden.

Durch <rechts> und <links> kann man sich die Inhalte aller Indexspalten der Übereinstimmungstabelle ansehen. Ein Eintrag der Übereinstimmungsliste kann auch über den Wert einer Indexspalte selektiert werden.

Einfügen eines Eintrags in die Übereinstimmungsliste

Mit <zeil_einf:Strg-Ret> kann ein neuer Eintrag in die Übereinstimmungsliste und somit eine neue Zeile in die Übereinstimmungstabelle eingetragen werden. Dazu blendet die Datenbank die Schirmmaske der Übereinstimmungstabelle ein. Geben Sie die Daten der neuen Zeile ein und bestätigen diese mit <do:F10>, so erscheint wieder die Übereinstimmungsliste. Hier steht nun auch der neue Eintrag zur Verfügung.

Ändern eines Eintrags der Übereinstimmungsliste

Die Daten der - zu einem Eintrag der Übereinstimmungsliste gehörigen - Tabellenzeile können über <ändern:F6> geändert werden.

Einsatzbeispiele für verknüpfte Tabellen

Abschließend wollen wir noch einige Beispiele für den sinnvollen Einsatz der Tabellenverknüpfung vorstellen.

Vermeidung unnötiger Datenerfassung

Wird eine Information, zum Beispiel die Adresse eines Lieferanten, mehr als einmal in einer Tabelle benötigt, sollte eine Übereinstimmungstabelle angelegt werden. Dadurch umgeht man die unnötige mehrfache Dateneingabe und spart Speicherplatz.

Bildung von Hierarchien

Durch die Dateiverknüpfung kann eine Hierarchie zwischen einzelnen Tabellen aufgebaut werden. Man kann nämlich nicht nur Tabelle A mit Tabelle B, sondern auch Tabelle B wiederum mit Tabelle C verknüpfen. Dadurch kann ein gut strukturierter Zugriff auf den Datenbestand realisiert werden.

Erstellen von Referenzlisten

Damit die Datenbank Tabellenzeilen mit gleicher Information selektieren kann, muß die Information absolut identisch sein. Wollen Sie sich zum Beispiel alle Kunden in *Frankfurt* anzeigen lassen, so müssen Sie den gesuchten Ort angeben. Bei der Eingabe von *Frankfurt* werden aber Kunden mit den Ortseinträgen

    Frankfurt am Main
    Frankfurt a.M.
    Ffm.

nicht angezeigt, da diese nicht absolut identisch sind. Um dies zu vermeiden, machen Sie aus der Spalte zur Erfassung des Ortssitzes eine Bezugsspalte. Zuvor legen Sie eine Übereinstimmungstabelle an, die nur eine Spalte, nämlich die Übereinstimmungsspalte, enthält. In die Übereinstimmungstabelle tragen Sie alle Orte in der gewünschten Form ein. Bei der Datenerfassung erscheint nun automatisch die Übereinstimmungsliste, wenn die Eingabe nicht der Vorgabe entspricht.

Einfaches Ändern von Werten

Der Einsatz einer Tabellenverknüpfung unter Verwendung von Externfeldern ermöglicht es, bestimmte Werte in großen Datenbeständen einfach, schnell und sicher zu ändern.

Nehmen wir einmal an, die *Maier-GmbH* möchte in ihrer Lagertabelle neben dem regulären Einkaufspreis auch den realen Einkaufspreis erfassen. Eine Differenz zwischen diesen beiden Werten kommt durch Rabatte bei den Lieferanten zustande. Nach dem Anlegen der neuen Spalte müßte der reale Einkaufspreis für alle Artikel eingetragen werden. Es wäre eine sehr aufwendige und fehlerträchtige Aufgabe, die einzelnen Realeinkaufspreise anhand des normalen Einkaufspreises und des Rabattes beim jeweiligen Lieferanten zu berechnen. Würde sich der Rabatt bei einem Lieferant ändern, so wäre bei allen Artikeln dieses Lieferanten eine Überarbeitung der Realeinkaufspreise nötig.

All diese Nachteile können durch eine Tabellenverknüpfung und den Einsatz eines Externfeldes gelöst werden. Zuerst wird in der Lagertabelle eine neue Spalte zur Erfassung des realen Einkaufspreises angelegt. Sie erhält den Namen *REAL_EK* und wird wie die Spalte *EK_PREIS* parametriert. In der Schirmmaske der Lagertabelle wurde die Spalte zur Erfassung des Lieferantennamens bereits als Bezugsspalte definiert. In der Lieferantentabelle, die als Übereinstimmungstabelle verwendet wird, muß nun eine weitere Spalte angelegt werden. Diese erhält den Namen *RABATT* und dient der Erfassung des prozentualen Preisnachlasses bei einem Lieferanten.

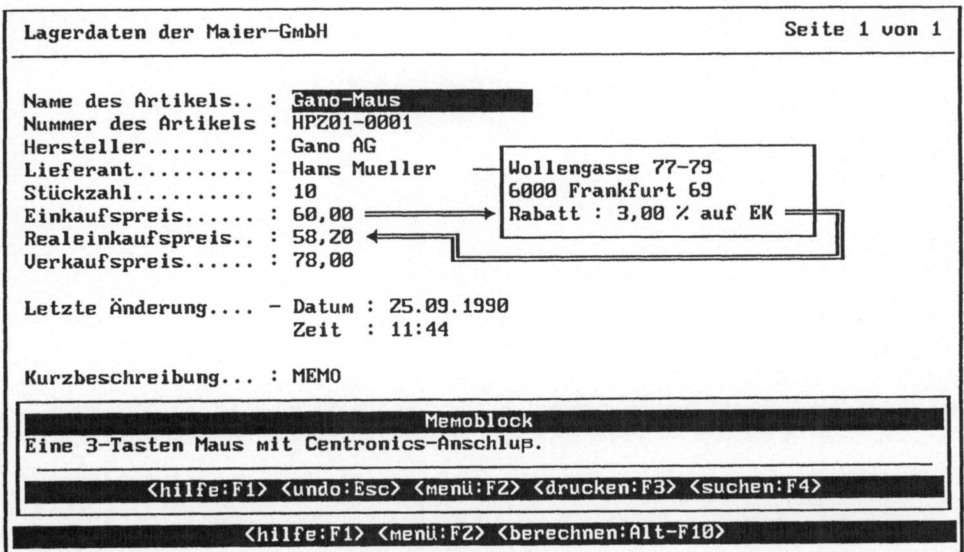

Abbildung 10-10 : Verwendung eines Externfeldes in einer Formel

Nachdem die neue Spalte der Lieferantentabelle angelegt wurde, wird für diese ein Externfeld in der Schirmmaske der Lagertabelle eingerichtet. Bezugsspalte ist die bereits als solche definierte Spalte *LIEFERANT* der Lagertabelle. Zuletzt ist noch das Eingabefeld der neu angelegten Spalte *REAL_EK* mit der Formel

EK_PREIS-(EK_PREIS%RABATT)

zu versehen. Mit dieser Formel wird der reguläre Einkaufspreis (*EK_PREIS*) um den gewährten Rabatt (*EK_PREIS%RABATT*) vermindert und in die Spalte *REAL_EK* eingetragen.

Immer wenn ein variabler Wert in vielen Zeilen einer Tabelle verwendet wird, bietet sich der Einsatz der Tabellenverknüpfung unter Verwendung eines Externfeldes an.

KAPITEL 11 - SELEKTION BESTIMMTER TABELLENZEILEN

Sollen bei Auswertungen oder der Erstellung eines Ausdrucks nicht alle Zeilen einer Tabelle, sondern nur bestimmte Zeilen berücksichtigt werden, so bietet die Datenbank Ihnen zwei Möglichkeiten, dies zu realisieren. Wir wollen zunächst auf die weniger komplizierte eingehen und uns der anderen dann später zuwenden.

Die Formabfrage - Selektion über die Schirmmaske

MP: <u>D</u>atenbank - <u>AB</u>frage - <u>F</u>ormabfrage

Die Selektion bestimmter Tabellenzeilen über die *Formabfrage* gleicht dem Ausfüllen eines Formulars, in dem die Kennzeichen der zu selektierenden Zeilen eingetragen werden.

Nach dem Aufruf der Formabfrage erscheint wie bei der Dateneingabe die Schirmmaske. Die Anzeigelänge aller Eingabefelder wurde um zwei Zeichen erhöht.

In der Formabfrage kann keine Übereinstimmungsliste aufgerufen werden. Auch der Zugriff auf Externfelder ist nicht möglich. Im Gegensatz zur Dateneingabe unterliegt die Eingabe in der Formabfrage kaum Beschränkungen. In das Eingabefeld einer Dezimalspalte kann zum Beispiel normaler Text eingetragen werden.

In Abbildung 11-1 sehen Sie eine einfache Formabfrage für die Lagertabelle der *Maier-GmbH*.

Schirmmasken früherer Programmversionen

Wird eine mit früheren Open-Access-Versionen angelegte Schirmmaske verwendet, so kommt es zur Fehlermeldung *"Funktion WHERE unbekannt"* und die Formabfrage wird abgebrochen. Um dieses Problem zu beseitigen, gehen Sie wie im folgenden beschrieben vor.

```
┌─────────────────────────────────────────────────────────────────────────┐
│ Lagerdaten der Maier-GmbH                                  Seite 1 von 1  │
├─────────────────────────────────────────────────────────────────────────┤
│                                                                           │
│  Name des Artikels.. :                                                    │
│  Nummer des Artikels :                                                    │
│  Hersteller........ :                                                     │
│  Lieferant......... : ▓Lang GmbH▓        ┌──────────────────────┐        │
│  Stückzahl......... :                    │                      │        │
│  Einkaufspreis...... :                   │ Rabatt :     % auf EK │        │
│  Realeinkaufspreis.. :                   │                      │        │
│  Verkaufspreis...... :                   └──────────────────────┘        │
│                                                                           │
│  Letzte Änderung.... - Datum :                                            │
│                        Zeit  :                                            │
│                                                                           │
│  Kurzbeschreibung... :                                                    │
│                                                                           │
│                                                                           │
│                                                                           │
├─────────────────────────────────────────────────────────────────────────┤
│            <hilfe:F1> <undo:Esc> <do:F10>                                 │
└─────────────────────────────────────────────────────────────────────────┘
```

Abbildung 11-1 : Eine einfache Formabfrage

Anpassung an die neue Version

Datenbank - AUfbau - Schirmmaske

Nach Aufruf der Option Schirmmaske geben Sie hinter *Kopieren von* den Namen der mit einer früheren Open-Access-Version angelegten Schirmmaske an. Bestätigen Sie diese Eingabe mit <do:F10>, erscheint die erste Seite der betreffenden Schirmmaske auf dem Bildschirm. Rufen Sie nun über <menü:F2> das Menü der Schirmmaske auf und wählen Sie in diesem die Option *Abfrage*. Es wird ein Fenster eingeblendet, in dem das Befehlswort *VON*, gefolgt vom Dateinamen der zur Schirmmaske gehörigen Tabelle, zu finden ist. Ersetzen Sie dieses *VON* durch ein *FROM*. Speichern Sie die Änderung und die Schirmmaske durch dreimaliges <do:F10> ab. Nun kann auch mit dieser Schirmmaske eine Formabfrage vollzogen werden.

Die Ergebnisliste

Sobald die Eingabe der Auswahlkriterien durch <do:F10> abgeschlossen wird, erscheint die in Abbildung 11-2 zu sehende *Ergebnisliste*.

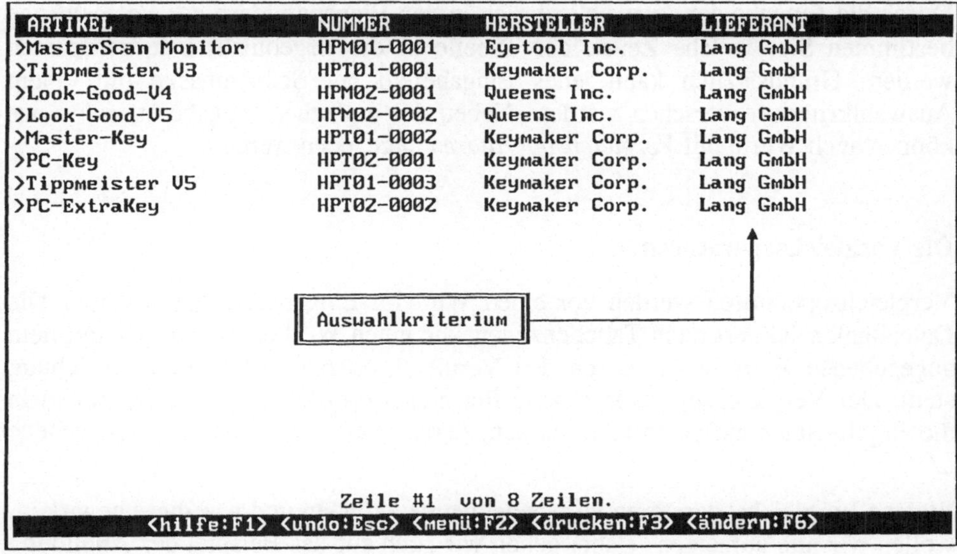

Abbildung 11-2 : Die Ergebnisliste

In dieser Ergebnisliste finden Sie nur Tabellenzeilen, die den Auswahlkriterien der Formabfrage entsprechen.

Definition der Auswahlkriterien

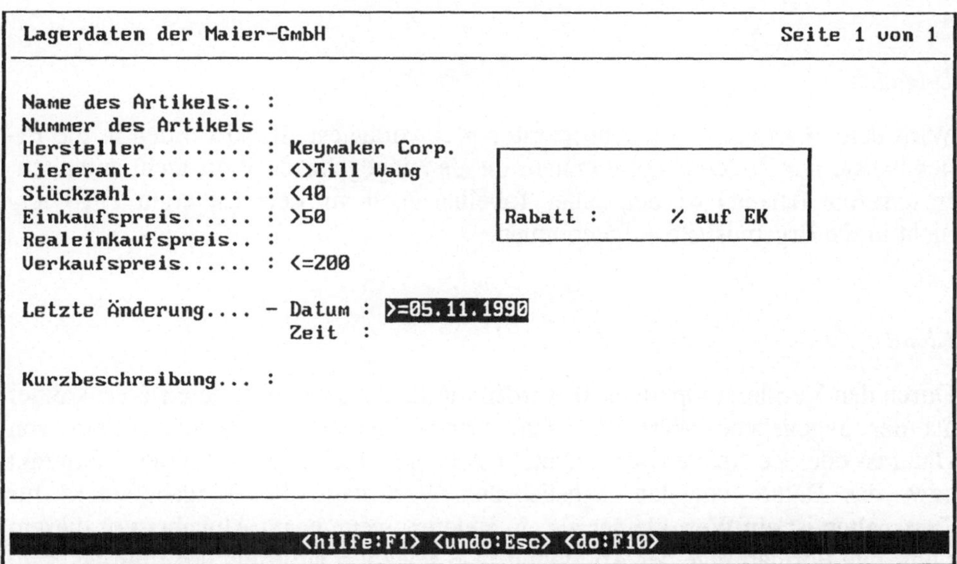

Abbildung 11-3 : Eine aufwendige Formabfrage mit Vergleichsoperatoren

Durch die Eingabe der Auswahlkriterien in den Eingabefeldern der Formabfrage bestimmen Sie, welche Zeilen der Tabelle in die Ergebnisliste aufgenommen werden. Grundsätzlich kann jedes Eingabefeld der Schirmmaske mit einem Auswahlkriterium versehen werden. Neben der einfachen Angabe eines Wertes können auch Werte mit *Vergleichsoperatoren* angegeben werden.

Die Vergleichsoperatoren

Vergleichsoperatoren werden vor einen Wert im Eingabefeld geschrieben. Die Datenbank selektiert dann Tabellenzeilen, die einen Wert enthalten, der mit dem angegebenen Wert in der durch den Vergleichsoperator definierten Beziehung steht. Der Vergleichsoperator < zum Beispiel sorgt dafür, daß all die Zeilen in die Ergebnisliste aufgenommen werden, deren Wert kleiner als der angegebene ist.

Welche Vergleichsoperatoren verwendet werden können und was diese bewirken, wollen wir nun aufzeigen. Dabei gehen wir auch auf das Beispiel der Abbildung 11-3 ein.

Gleich

Durch den Vergleichsoperator = oder die einfache Eingabe eines Wertes werden Zeilen selektiert, die eben diesen Wert enthalten. In Abbildung 11-3 wird eine Übereinstimmung mit dem Wert *Keymaker Corp.* gefordert.

Ungleich

Wird dem Wert der Vergleichsoperator < > vorangestellt, so werden in die Ergebnisliste nur Zeilen aufgenommen, die den angegebenen Wert nicht enthalten. In unserem Beispiel werden daher Tabellenzeilen mit dem Lieferant *Till-Wang* nicht in die Ergebnisliste aufgenommen.

Kleiner

Durch den Vergleichsoperator < werden die Zeilen selektiert, deren Wert kleiner als der angegebene Wert ist. Wird dieser Operator in Eingabefeldern von Datums- oder Zeitspalten verwendet, so bedeutet "kleiner als", daß der Zeitpunkt bzw. das Datum vor dem angegebenen Wert liegt. Bei Eingabefeldern für Textspalten ist ein Wert kleiner als ein anderer, wenn er im Alphabet vor diesem steht. Die Formabfrage der Abbildung 11-3 selektiert aufgrund des Eintrags *<40* nur Zeilen, deren Artikel weniger als 40 mal vorhanden sind.

Größer

Die Selektion der Tabellenzeilen aufgrund eines Eintrags mit dem Vergleichs-operator > entspricht der beim Operator *Kleiner* (<). Es werden hier aber nur die Zeilen in die Ergebnisliste aufgenommen, deren Werte größer als der angegebene Wert sind. Nur Zeilen, deren Artikel einen Einkaufspreis über 50 DM haben, werden durch die Bedingung *>50* in der Formabfrage unseres Beispiels selektiert.

Kleiner-gleich und Größer-gleich

Die Vergleichsoperatoren *Kleiner-gleich* (<=) und *Größer-gleich* (>=) ent-sprechen den Operatoren *Kleiner* (<) und *Größer* (>). Allerdings werden hier zusätzlich die Zeilen selektiert, deren Wert gleich dem angegebenen ist. In unserem Beispiel werden daher auch Zeilen selektiert, deren Artikel einen Verkaufspreis von genau 200 DM haben.

SQL - Selektion über die Abfragesprache

Die *Neuabfrage* bietet zwar wesentlich mehr Möglichkeiten als die *Formabfrage*, ist aber auch etwas komplizierter in der Handhabung.

Die Selektion bestimmter Tabellenzeilen über die *Neuabfrage* gleicht einem Gespräch mit dem Verwalter einer Bibliothek. Sie teilen dem Verwalter, also der Datenbank, durch die Eingabe eines Textes mit, welche Information Sie benötigen. Damit die Datenbank Ihren Wunsch versteht, müssen Sie Ihre Anforderung in einer besonderen Sprache formulieren. Diese Sprache wurde speziell für die Kommunikation mit Datenbanken entwickelt und trägt den Namen *SQL*. Das Kürzel steht für *Structured Query Language*, was soviel wie *Strukturierte Abfragesprache* heißt.

Was ist eine Abfrage ?

Einen Text, mit dem Sie Informationen von der Datenbank anfordern, bezeichnet man als *Abfrage*.

Das Konzept der Abfragesprache

Um die Sprache für die Kommunikation mit der Datenbank nicht unnötig kompliziert zu machen, wurde der Wortschatz möglichst klein gehalten. Außerdem ist grundsätzlich nur die Eingabe von Großbuchstaben möglich. Die Worte der Abfragesprache wurden der englischen Sprache entnommen. Alternativ dazu können aber auch die entsprechenden deutschen Begriffe verwendet werden. Eine Kombination aus beiden Sprachen ist allerdings nicht möglich.

Bestandteile der Abfragesprache		
Englisch	Deutsch	Funktion
FROM	VON	Tabellenselektion
ALLOW	ERLAUBE	Zugriffsrechte
G	N	Ansehen
C	Ä	Ändern
D	L	Löschen
I	E	Einfügen
SELECT	FELDER	Spaltenselektion
WHERE	WOBEI	Zeilenselektion
MATCHES	GLEICH	Übereinstimmung
LIKE	WIE	Ähnlichkeit
IN	IN	Zugehörigkeit
AND	UND	Zusatz
OR	ODER	Alternative
NOT	NICHT	Ausschluß
ORDER	SORTIERE	Sortierfolge

! Wir raten Ihnen trotz der Möglichkeit, die deutschen Begriffe verwenden zu können, sich für die englische Abfragesprache zu entscheiden. Da die englischen Begriffe der Standard-SQL entsprechen, können Sie bei deren Kenntnis ohne große Umstellung auch mit anderen Datenbanken kommunizieren. Wir werden daher im folgenden auch nur die englischen Begriffe verwenden.

Ein Beispiel

Wir wenden uns nun noch einmal der Formabfrage für die Lagertabelle der *Maier-GmbH* aus Abbildung 11-1 zu (Seite 124). Umgangssprachlich würden wir die Abfrage wie folgt formulieren :

Selektiere alle Zeilen der Lagertabelle, die in der Lieferantenspalte den Namen Lang GmbH enthalten.

In der Open-Access-Abfragesprache würde die gleiche Anfrage so aussehen:

FROM LAGER WHERE LIEFERANT= "LANG GMBH"

Tatsächlich erzeugt diese Abfrage die gleiche Ergebnisliste, wie die in Abbildung 11-1 zu sehende Formabfrage. Wir wollen nun auf die Funktion der einzelnen Befehlsworte eingehen.

Die Abfragesprache

Jede Abfrage muß die Befehlsworte in folgender Reihenfolge enthalten :


```
FROM [Tabellen]
ALLOW [Zugriffsrechte]
SELECT [Spalten]
WHERE [Bedingung]
ORDER [Spalten]
```


Ob die einzelnen Befehlsworte in eigenen Zeilen, oder aufeinanderfolgend angeordnet werden, spielt keine Rolle. Bei aufeinanderfolgenden Befehlsworten muß lediglich ein Leerzeichen zur Trennung verwendet werden.

FROM - Selektion der Tabelle

Hinter *FROM* geben Sie den Dateinamen der Tabelle an, in der die gesuchte Information enthalten ist. Die *FROM*-Angabe ist der einzige zwingende Bestandteil einer Abfrage. Alle anderen Befehlsworte können nach Belieben verwendet oder nicht verwendet werden.

ALLOW - Zugriffsberechtigung

Durch *ALLOW* kann festgelegt werden, welche Operationen auf die - durch die Abfrage selektierten - Daten angewendet werden können. Hier stehen vier Operationsarten zur Verfügung, die bliebig kombiniert werden können :


```
G(et).................... Die Daten können nur betrachtet werden
C(hange)................ Bestehende Daten können geändert werden
D(elete) ................ Bestehende Daten können gelöscht werden
I(nsert) ................. Es können neue Daten erfaßt werden
```

Bei Angabe von *GI* hinter *ALLOW* können die selektierten Daten nur angesehen und geändert werden. Ohne die Verwendung des Befehlswortes *ALLOW* können alle Operationen auf die Daten angewendet werden.

SELECT - Selektion der Tabellenspalten

Sollen nicht alle Spalten der Tabelle in die Ergebnisliste aufgenommen werden, so muß das Befehlswort *SELECT* verwendet werden. In diesem Falle werden nur die hinter *SELECT* angegebenen, durch Kommata getrennten, Spalten selektiert.

WHERE - Selektion der Tabellenzeilen

Durch dieses Befehlswort können die von der Formabfrage bekannten Auswahlkriterien für die Tabellenzeilen festgelegt werden. Die in Abbildung 11-3 zu sehende Formabfrage hat die gleiche Wirkung, wie die Abfrage

```
FROM LAGER
WHERE HERSTELLER="KEYMAKER CORP."
AND LIEFERANT<>"TILL WANG"
AND STÜCKZAHL<40
AND EK_PREIS>50
AND VK_PREIS<=200
AND DATUM>="05.11.1990"
```


AND und OR - Kombinieren von Auswahlkriterien

Wie Sie sehen, können einem *WHERE* mehrere Auswahlkriterien folgen. Sollen die Zeilen der Ergebnisliste alle Kriterien gleichzeitig erfüllen, so müssen diese durch *AND* (und) getrennt werden. Sollen Kriterien nur alternativ, also entweder das eine oder das andere erfüllt sein, so sind diese durch *OR* (oder) zu trennen. Durch den Einsatz von Klammern können zwei oder mehr durch *AND* oder *OR* getrennte Kriterien zu einem Kriterium zusammengefaßt werden. So müssen die Zeilen für die Aufnahme in die Ergebnisliste bei der Abfrage

```
(K1 AND K2) OR (K3 AND K4) AND K5
```

die Kriterien *K1* und *K2*, oder *K3* und *K4* erfüllen. Das Kriterium *K5* muß auf jeden Fall erfüllt werden.

Angabe der Werte - Verwendung von Anführungszeichen

Es ist unbedingt zu beachten, daß die angegebenen Werte für Text-, Datums- und Zeitspalten in Anführungszeichen gesetzt werden. Dabei spielt es keine Rolle, ob Sie einfache (') oder doppelte (") Anführungszeichen verwenden. Wenn die zu selektierenden Zeilen in einer Spalte vom Typ *Ja/Nein* den Eintrag *Ja* enthalten sollen, so ist dies durch *WHERE SPALTE=JA* zu erreichen. Das *JA* muß nicht in Anführungszeichen stehen. Ersetzen Sie *JA* durch *NEIN*, so werden Spalten mit dem Eintrag *Nein* selektiert.

MATCHES - Vergleichsoperator für Textspalten

Für die Definition eines Kriteriums stehen neben den aus der Formabfrage bekannten Vergleichsoperatoren noch weitere zur Verfügung. Der Operator *MATCHES* gleicht im wesentlichen dem Operator *Ist-Gleich* (=), durch den Zeilen nur dann selektiert werden, wenn Sie den nach dem Operator angegebenen Wert enthalten. *MATCHES* kann im Gegensatz zu *Ist-Gleich* nur für Textspalten angewendet werden, bietet dafür aber auch mehr. Wird in dem nach dem Operator angegebenen Wert das *Fragezeichen* (?) verwendet, spielt es für die Selektion keine Rolle, welches Zeichen der Wert einer Zeile an der durch das Fragezeichen markierten Stelle besitzt. Durch das Kriterium

... KUNDENNAME MATCHES "BA?ER"

werden alle Zeilen selektiert, deren Wert in der Spalte *KUNDENNAME* mit *BA* beginnt, mit *ER* endet und dazwischen ein beliebiges Zeichen besitzt. Zum Beispiel erfüllen die Tabellenzeilen mit den Werten *BAIER* und *BAUER* dieses Kriterium.

Setzen Sie in dem auf den Operator *MATCHES* folgenden Wert anstelle des Fragezeichens (?) einen *Joker* (*, auf der Tastatur neben dem *ü*), dürfen die Werte der Zeilen an dieser Stelle nicht nur ein beliebiges Zeichen, sondern sogar eine beliebige Zeichenfolge enthalten. Durch das Kriterium

... KUNDENNAME MATCHES "BA*ER"

werden alle Zeilen selektiert, deren Wert in der Spalte *KUNDENNAME* mit *BA* beginnt, mit *ER* endet und dazwischen eine beliebige Zeichenfolge besitzt. Zum Beispiel erfüllen die Tabellenzeilen mit den Werten *BAUER* und *BACHMAIER* dieses Kriterium.

LIKE - Vergleichsoperator für Textspalten

Der Operator *LIKE* gleicht dem Operator *Ist-Gleich* (=). Es werden aber nicht nur Zeilen selektiert, die den angegebenen Wert enthalten, sondern auch solche, die einen ähnlichen Wert enthalten. Bei der Entscheidung, ob ein Wert einem anderen ähnlich ist, entscheidet die Datenbank nur bei sehr ähnlichen Werten positiv. Durch das Kriterium

   ... KUNDENNAME LIKE "SCHMITZ"

werden daher die Zeilen mit den Einträgen *SCHMIDT* und *SCHMITTS* im Gegensatz zu den Zeilen mit den Einträgen *SCHMITZ* und *SCHMÜTZ* nicht in die Ergebnisliste aufgenommen.

IN - Bereichsangabe

Auch dieser Operator ist dem *Ist-Gleich* (=) ähnlich. Man gibt aber nicht einen Wert, sondern einen Wertebereich an. Es werden alle Zeilen selektiert, deren Wert innerhalb des angegebenen Bereichs liegt. Die Bereichsangabe kann in vier Formen erfolgen :

Formen der Bereichsangabe mit Bedeutung
(a:b) .... von a bis b inklusive a und b
<a:b) .... von a bis b inklusive b, ohne a
(a:b> .... von a bis b inklusive a, ohne b
<a:b> .... von a bis b, ohne a und b

Die Platzhalter *a* und *b* können durch Werte beliebigen Typs ersetzt werden. Allerdings muß der Typ in einer Bereichsangabe für beide Werte gleich sein.

NOT - Umkehren eines Kriteriums

Durch das Befehlswort *NOT* kann ein beliebiges Kriterium umgekehrt werden. Das heißt, es werden dann nur die Zeilen selektiert, deren Werte das Kriterium nicht erfüllen. Sollen mehrere Kriterien umgekehrt werden, so sind diese in eine Klammer zu fassen, der *NOT* vorangestellt wird.

ORDER - Definition der Sortierfolge

Durch das Befehlswort ORDER können die Zeilen der Ergebnisliste nach dem Inhalt einer oder mehrerer Spalten sortiert werden. Geben Sie die Spalte(n) hinter dem Befehlswort - durch Kommata getrennt - an. Beim Sortieren nach mehreren Spalten werden die Zeilen vorrangig nach der erstgenannten Spalte sortiert. Stimmt bei Zeilen der Inhalt dieser Spalte überein, so wird deren Reihenfolge vom Inhalt der zweitgenannten Spalte bestimmt. Stellen Sie dem Namen einer Spalte ein Minus (-) voran, so wird die Sortierfolge umgekehrt. Der kleinste Wert steht also nicht mehr ganz oben, sondern ganz unten.

Systemvariablen

Die Systemvariablen *SYSDATUM* (das aktuelle Datum) und *SYSTIME* (die aktuelle Uhrzeit) können wie normale Werte für die Formulierung eines Kriteriums verwendet werden.

Anlegen einer Abfrage

MP: Datenbank - ABfrage - Neuabfrage

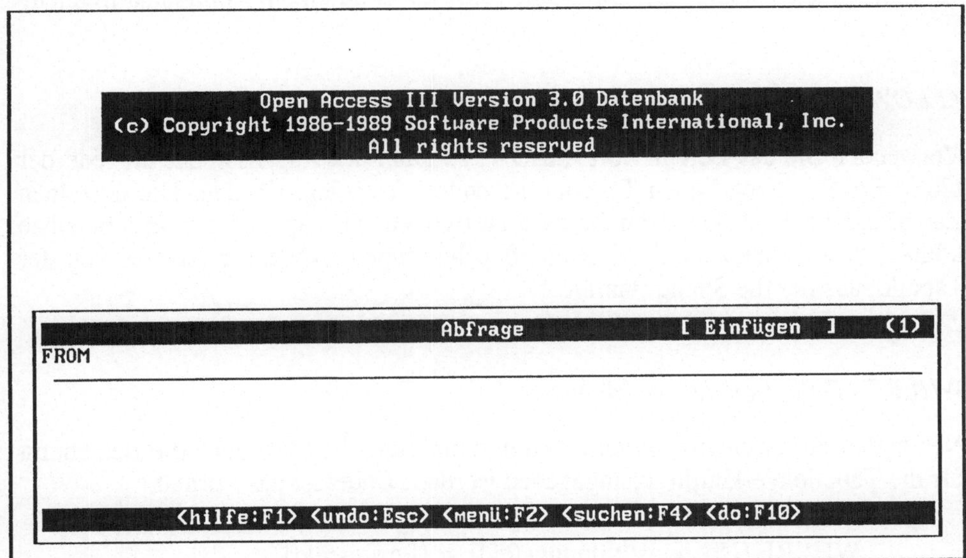

Abbildung 11-4 : Das Fenster der Neuabfrage

Nach dem Aufruf der Neuabfrage erscheint das in Abbildung 11-4 zu sehende Fenster. Hier tragen Sie die gewünschte Abfrage ein. Durch <do:F10> werden die - der Abfrage genügenden - Zeilen selektiert. Erfüllen keine Zeilen die Kriterien, so wird eine entsprechende Fehlermeldung ausgegeben. Sonst erscheint das Fenster der Ergebnisliste. Durch <suchen:F4> können Sie ein Menü einblenden, in dem Sie die Optionen *Tabellen*, *alle_Spalten* und *Indexspalten* wählen können. Dadurch können Sie verfügbare Tabellen, Spalten und Indexspalten aus einer - der Dateiliste ähnlichen - Liste wählen und mit <do:F10> ins Abfragefenster übernehmen. Bei den Spalten werden immer nur die Spalten der angegebenen Tabelle angeboten. Durch <menü:F2> können Sie ein Menü einblenden, über das Sie die aktuelle Abfrage *sichern*, eine neue Abfrage *laden* oder das Fenster der Abfrage leeren (*Neue_Abfrage*) können. Dabei kann die Dateiliste über <suchen:F4> aufgerufen werden.

Tabellenverknüpfung

Nicht nur über Schirmmasken, sondern auch durch eine Abfrage lassen sich Tabellen miteinander verknüpfen. Dazu müssen Sie der Datenbank zuerst mitteilen, welche Tabellen verknüpft werden sollen.

FROM - Angabe der zu verknüpfenden Tabellen

Hinter FROM geben Sie nicht nur den Dateinamen einer Tabelle, sondern aller verknüpfenden Tabellen an. Die Namen sind dabei durch ein Komma zu trennen.

ALLOW - verschiedene Zugriffsrechte für die Tabellen

Verwenden Sie das Befehlswort *ALLOW*, so kann das Zugriffsrecht für jede der hinter *FROM* angegebenen Tabellen gesondert festgelegt werden. Die einzelnen Zugriffsrechte sind durch ein Komma zu trennen. Die Spalten der Ergebnisliste können daher unterschiedliche Zugriffsrechte haben. Abhängig ist dies von der Tabelle, aus der die Spalte stammt.

WHERE - Definition der Beziehung

Neben den Kriterien zur Zeilenselektion muß hinter *WHERE* auch die Beziehung für die Tabellenverknüpfung angegeben werden. Dabei ist das Format

    ... WHERE [Übereinstimmungsfeld] = [Bezugsfeld]

einzuhalten.

Spalten - Probleme bei doppelten Namen

Wird kein *SELECT* verwendet, so werden in die Ergebnisliste alle Spalten der hinter *FROM* angegebenen Tabellen aufgenommen. Zwei Spalten unterschiedlicher Tabellen können ohne weiteres den gleichen Namen tragen. Zu Problemen kommt es erst bei der Verknüpfung in einer Abfrage. Um die Spalten verschiedener Tabellen eindeutig zu kennzeichnen, müssen Sie diesen den Namen der Tabelle voranstellen. Die Angabe

    [Tabelle].[Spalte]

besagt also, daß die *[Spalte]* der angegebenen *[Tabelle]* gemeint ist.

Ein Beispiel

Abschließend wollen wir die Verknüpfung über eine Abfrage durch ein Beispiel veranschaulichen. Wir wählen dazu die Lager- und Lieferantentabelle der *Maier-GmbH*. Es sollen alle Spalten beider Tabellen in die Ergebnisliste aufgenommen werden. Die Spalten der Lieferantentabelle dürfen nur betrachtet, die der Lagertabelle zusätzlich auch eingegeben und geändert werden. Es sollen nur Zeilen in die Ergebnisliste aufgenommen werden, deren Artikel einen Einkaufspreis von über 20 DM haben. Die Abfrage

```
FROM LAGER,LIEFER
ALLOW GCI,G
WHERE LAGER.LIEFERANT=LIEFER.NAME
AND LAGER.EK_PREIS>20
```

erfüllt all diese Forderungen. Da die Verknüpfungsspalten beider Tabellen unterschiedliche Namen haben, hat die Abfrage

```
FROM LAGER,LIEFER
ALLOW GCI,G
WHERE LIEFERANT=NAME
AND EK_PREIS>20
```

die gleiche Wirkung. Gibt man aber neben dem Spaltennamen immer den Tabellennamen an, so müssen Sie nicht bei jedem Spaltennamen prüfen, ob er wirklich nur einmal existiert.

KAPITEL 12 - ANALYSE UND BEARBEITUNG DER ERGEBNISLISTE

Die Datenbank bietet zahlreiche Funktionen und Operationen für die durch *Formabfrage* oder *SQL-Abfrage* selektierten Zeilen der Ergebnisliste. Sollen diese für eine Tabelle genutzt werden, so verwenden Sie die Formabfrage für diese Tabelle, ohne Kriterien anzugeben.

In der Ergebnisliste bewegen Sie den Cursor mit <ab> bzw. <auf> schrittweise und mit <s.auf> bzw. <s.ab> seitenweise durch die selektierten Zeilen.

! Im Fenster der Ergebnisliste können meist nicht alle Spalten gleichzeitig dargestellt werden. Durch <links> und <rechts> verschieben Sie die Anzeige um eine Spalte in die jeweilige Richtung.

Alle Funktionen und Operationen, die auf die Ergebnisliste angewendet werden können, rufen Sie über das durch <menü:F2> aufrufbare *Datenbank-Menü II* (siehe Abbildung 12-1) auf. Dies ist aber nur möglich, wenn die Ergebnisliste bereits angezeigt wird.

```
 ARTIKEL                  NUMMER        HERSTELLER        LIEFERANT
>Gano-Maus                HPZ01-0001    Gano AG           Hans Mueller
>Gano-Optikmaus           HPZ01-0004    Gano AG           Hans Mueller
>Hummer Megastar          HPC02-0003    Hummer AG         Willi Manger
>Look-Good-V4             HPM02-0001    Queens Inc.       Lang GmbH
>Look-Good-V5             HPM02-0002    Queens Inc.       Lang GmbH
>Master-Key               HPT01-0002    Keymaker Corp.    Lang GmbH
>MasterScan Monitor       HPM01-0001    Eyetool Inc.      Lang GmbH
>Mega-Maus                HPZ01-0002    Katz GmbH         Hans Mueller
>NewComp 386              HPC02-0005    NewComp AG        Hans Mueller
>NewComp 486              HPC02-0006    NewComp AG        Hans Mueller
>NewComp Super-AT         HPC02-0001    NewComp AG        Hans Mueller
>NewComp XT-PC            HPC01-0001    NewComp AG        Hans Mueller
>PC-ExtraKey              HPT02-0002    Keymaker Corp.    Lang GmbH
>PC-Key                   HPT02-0001    Keymaker Corp.    Lang GmbH
>Pyra-Maus                HPZ01-0003    Katz GmbH         Hans Mueller
>Queck ┌─────────────────────────────────────────────────────────┐
>Queck │               Datenbank - Menü II                        │
>Seeks │  Sortieren     Aktualisieren   Pflege          Drucken   │
>Seeks │  Anfügen       Übertragen      Spaltenanalyse  Tabellenanalyse
>Seeks │  Abfrage       Export          Tabelle_anlegen Löschen   │
       │  Maskenaufbau  Grafik          Menü_I                    │
       └─────────────────────────────────────────────────────────┘
                    <hilfe:F1> <do:F10> <undo:Esc>
```

Abbildung 12-1 : Das Datenbank-Menü II

Im folgenden beschreiben wir nun die einzelnen Möglichkeiten zur Bearbeitung der Ergebnisliste

Auswerten der Daten

Erzeugen einer Grafik

MP: ... - <menü:F2> - Grafik

Im Gegensatz zu den vorangegangenen Programmversionen bietet Open Access III nun auch die Möglichkeit, die Daten einer Tabelle grafisch darzustellen.

Nach Aufruf der Option *Grafik* erscheint das in Abbildung 12-2 zu sehende Fenster.

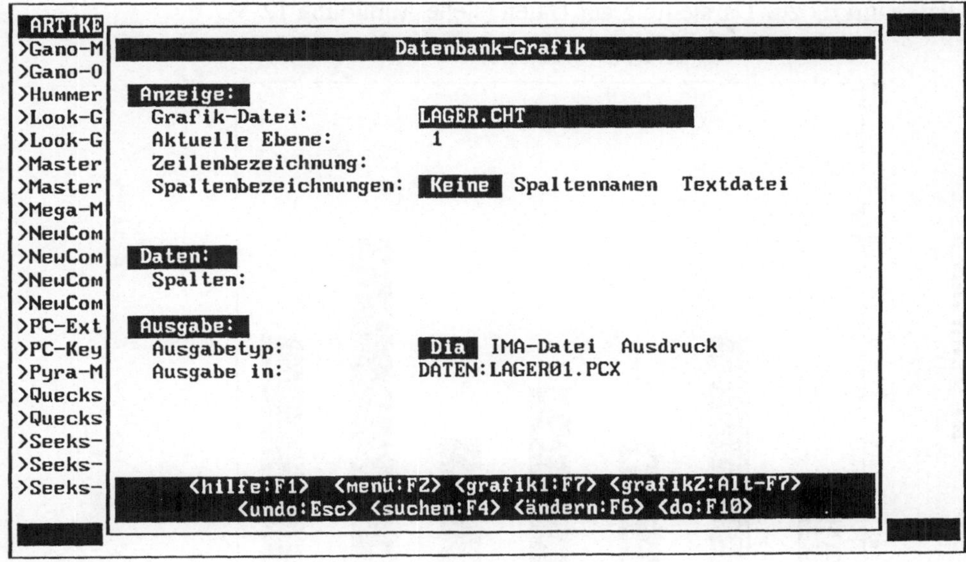

Abbildung 12-2 : Das Fenster zur Parametrierung einer Grafik

Durch <grafik1:F7> und <do:F10> kann eine hochauflösende Grafik erzeugt werden. Soll die Grafik in Textform ausgegeben werden, was bei nicht grafikfähigen Monitoren und Druckern nötig ist, verwenden Sie <grafik2:Alt-F7>.

Des weiteren können alle Parameter zur Konfiguration der Grafik eingestellt werden. Die Bedeutung der einzelnen Parameter wollen wir nun erläutern.

Grafik-Datei - Gestaltung der Grafik

Ob die Daten der Ergebnisliste als Balkengrafik, Kreisdiagramm oder in einer anderen Form ausgegeben werden und welche Farben und Muster verwendet werden, entscheidet der Inhalt der *Grafik-Datei*. Die Grafik-Dateien mit dem Suffix *CHT* sind nicht mit den Daten verbunden, so daß Sie diese für beliebige Daten verwenden können.

! Da auch die Module Kalkulation und Programmierung, sowie der Desk-Manager diese Grafik-Dateien verwenden und die Möglichkeiten zur Parametrierung sehr komplex sind, haben wir den Grafik-Dateien ein eigenes Kapitel im Teil *Allgemeine Funktionen* gewidmet. Wenn Sie die Einstellungen der Grafik-Datei ändern möchten, finden Sie dort die nötigen Informationen.

Wenn die Grafik-Datei nicht geändert wird, erstellt Open Access eine Balkengrafik zur Darstellung der Daten (siehe Abbildung 12-3).

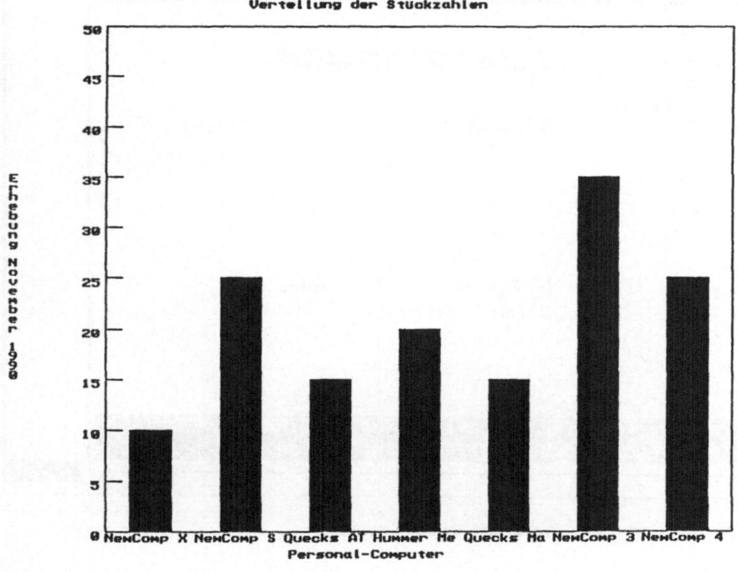

Abbildung 12-3 : Die einfache Balkengrafik

Um Ihnen zu zeigen, daß sich eine Auseinandersetzung mit der Konfiguration lohnt, hier zwei Beispiele für die Gestaltung einer Grafik.

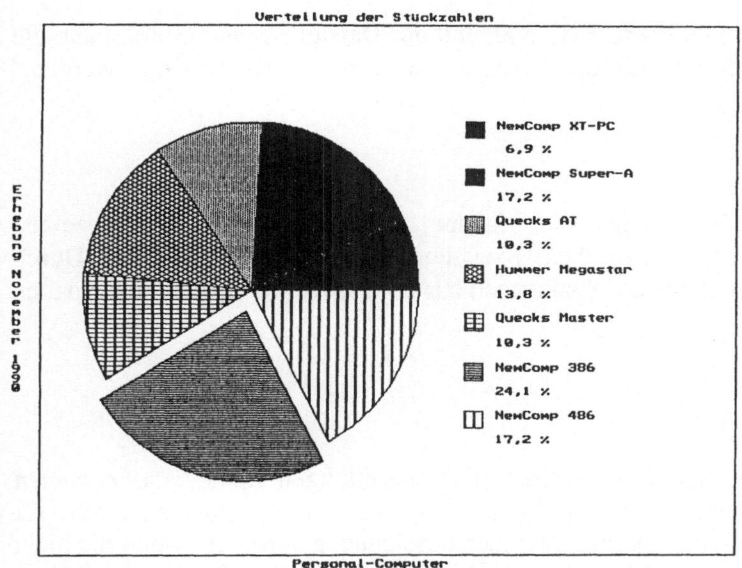

Abbildung 12-4 : Ein Kreisdiagramm

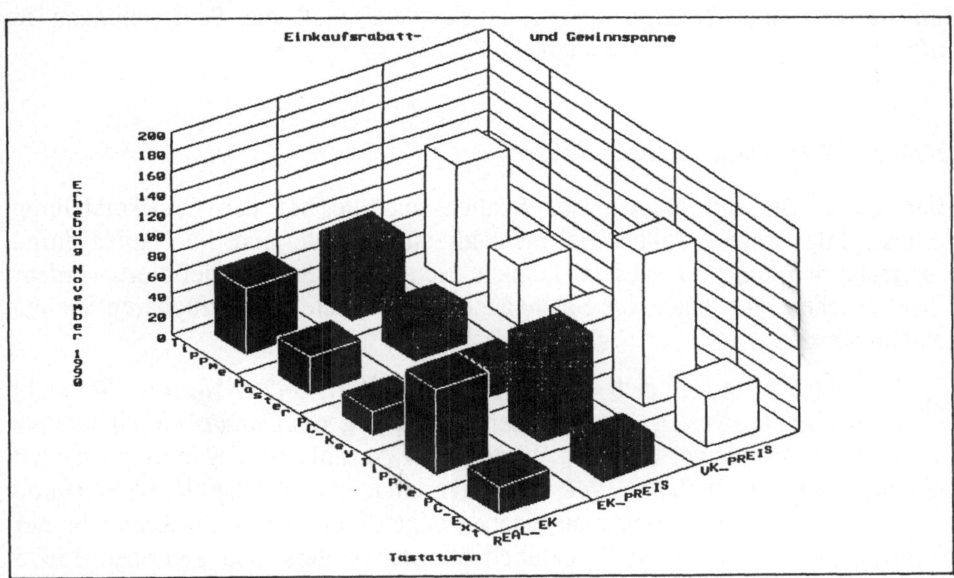

Abbildung 12-5 : Eine dreidimensionale Balkengrafik

Aktuelle Ebene - Darzustellende Spalte

Von der Gestaltung einer Grafik hängt es ab, ob die Daten aller Zeilen gleichzeitig in einer Grafik dargestellt werden können. Ist dies nicht der Fall, so wird für jede Spalte eine Grafik erstellt. Durch die *aktuelle Ebene* wählen Sie

dann die darzustellende Ebene aus. Während der Darstellung der Grafik kann die
aktuelle Ebene durch <zeile_vor:F7> und <zeile_rück:F5> verändert werden.

Zeilenbezeichnung

Geben Sie hier den Namen der Spalte an, deren Inhalt die einzelnen
Komponenten einer Grafik (Balken, Kreissegmente, ...) bezeichnen soll. Durch
<suchen:F4> können Sie die Spalte auch aus der Liste aller verfügbaren Spalten
auswählen.

Spaltenbezeichnungen

Hier haben Sie die Auswahl zwischen den Einstellungen *Keine*, *Spaltennamen*
und *Textdatei*. Die den Daten einer Spalte entsprechende Komponente der Grafik
(Linie, Kreisdiagramm, ...) wird mit einer Bezeichnung versehen, wenn Sie nicht
die Einstellung *Keine* wählen. Ob die Spaltennamen oder die Einträge einer
Textdatei zur Bezeichnung verwendet werden, hängt von der Wahl zwischen
Spaltennamen und *Textdatei* ab. Eine Textdatei muß die Bezeichnungen in
aufeinanderfolgenden Zeilen enthalten.

Spalten - Zu berücksichtigende Spalten

Hier geben Sie die Namen der Spalten an, die bei der Grafikerstellung
berücksichtigt werden sollen. Bei mehr als einer Spalte sind die Namen durch
Kommata zu trennen. Insgesamt können maximal 64 Spalten definiert werden.
Über <suchen:F4> kann eine Spalte auch aus der Liste der verfügbaren Spalten
gewählt werden.

Natürlich lassen sich die Daten einer *Text-* oder *Memospalte* nicht
grafisch auswerten. Auch bei der Auswertung von *Datumsspalten* hat man
einige Probleme, da deren Werte in die Anzahl von Tagen umgewandelt
werden, die seit dem *01.01.1948* vergangen sind. Obwohl der *01.12.1990* und
der *01.10.1990* zwei Monate auseinanderliegen, fällt diese Differenz in der
Grafik kaum auf. Diese stellt nämlich nur den Unterschied zwischen 15675
Tagen (01.12.1990) und 15614 Tagen (01.10.1990) dar. Bei so großen Werten
sind 61 Tage Differenz in der Grafik kaum zu sehen. Um dieses Problem zu
lösen, legen Sie zuerst über *Tabelle_anlegen* eine Tabelle mit den Daten der
Ergebnisliste an, um die Originaldaten nicht zu gefährden. Dann laden Sie diese
neue Tabelle über eine leere Formabfrage in die Ergebnisliste. Erniedrigen Sie
die Werte der darzustellenden Datumsspalte durch *Aktualisieren* mit der Formel
SPALTE-[Wert]. Welchen Wert Sie für den Platzhalter *[Wert]* einsetzen, hängt
vom "kleinsten" Datum der Spalte ab.

<table>
<tr><td colspan="2" align="center">"Kleinstes" Datum ...</td></tr>
<tr><td>nach dem 01.01.1988.</td><td>14610</td></tr>
<tr><td>nach dem 01.01.1989.</td><td>14976</td></tr>
<tr><td>nach dem 01.01.1990.</td><td>15341</td></tr>
<tr><td>nach dem 01.01.1991.</td><td>15706</td></tr>
<tr><td>nach dem 01.01.1992.</td><td>16071</td></tr>
</table>

Der Inhalt von Zeitspalten wird für die Darstellung in einer Grafik in die Anzahl der Sekunden umgewandelt.

Ausgabetyp

Der *Ausgabetyp* spielt nur dann eine Rolle, wenn die Grafik nicht nur betrachtet, sondern auch gespeichert oder ausgedruckt werden soll. Es stehen drei Alternativen zur Verfügung, welche die Ausgabe der Grafik auf das gewählte Ausgabegerät (*Ausdruck*) oder in eine Datei (*Dia,IMA-Datei*) lenken.

Wählen Sie die Einstellung *Dia*, so wird die Grafik in einer Datei mit dem Suffix *PCX* (bei hochauflösender Grafik) oder *PHO* (Textgrafik) gespeichert. Das PCX-Dateiformat wird von vielen DTP-Programmen (Desktop-Puplishing) unterstützt. Daher können *PCX*-Dateien mit diesen Programmen weiterverarbeitet werden. Außerdem lassen sich die *Dias* über die Option *Grafik-Dias* des *Desk-Managers* auf dem Bildschirm präsentieren.

Die Einstellung *IMA-Datei* legt die Grafik in einer Datei ab, die von den Open-Access-Modulen Textverarbeitung und Kalkulation für einen Ausdruck verarbeitet werden kann. Für IMA-Dateien ist daher noch festzulegen, mit welchem Drucker sie beim Aufruf ausgedruckt werden sollen. Weiterhin ist zu definieren, ob der Ausdruck in normaler oder doppelter Größe erfolgen soll und ob nach dem Ausdruck der Grafik eine neue Seite begonnen werden soll.

Die Einstellung *Ausdruck* führt zum sofortigen Ausdruck. Zuvor sind noch die zusätzlichen Parameter *Ausgabegerät*, *Ausdruckgröße* und *Seitenvorschub* wie beim Anlegen einer *IMA-Datei* einzustellen.

Ausgabe in - Definition des Ausgabegerätes

Haben Sie als *Ausgabetyp* die Einstellung *Dia* oder *IMA-Datei* gewählt, so wird hier bereits ein Name für die Datei, in der die Grafik abgelegt werden soll, vorgegeben. Dieser Name besitzt das Format DUMMY[###] und kann bei Bedarf geändert werden.

Die Ausgabe selbst wird mit <drucken:F3> aktiviert, wenn die Grafik mittels
<grafik:F7> (bzw. <grafik2:Alt-F7>) auf den Bildschirm gebracht wurde. Bei
der Erstellung von *Dias* oder *IMA-Dateien* wird das erfolgreiche Anlegen der
Datei durch ein akustisches Signal angezeigt.

Ausgabe auf einen Drucker

MP: ... - <menü:F2> - Drucken

Die Funktion *Drucken* bietet die Möglichkeit, die Daten der Ergebnisliste über
eine *Druckmaske* auszudrucken. Nach dem Aufruf, der sich auch durch
<drucken:F3> durchführen läßt, muß die zu verwendende Druckmaske
angegeben werden. Dazu steht wieder die über <suchen:F4> aufzurufende
Dateiliste zur Verfügung. Haben Sie Ihre Angabe bestätigt, muß noch das zu
verwendende Ausgabegerät bestimmt werden.

| ! | Verwendet die Druckmaske die Funktion zur Gruppierung der Tabellen-zeilen, so müssen die Zeilen der Ergebnisliste vor dem Ausdruck entsprechend sortiert werden. |

Druckmasken für verknüpfte Tabellen

MP: ... - <menü:F2> - MAskenaufbau - Druckmaske

Setzt sich eine Ergebnisliste aus den Spalten mehrerer Tabellen zusammen, die
durch die SQL-Abfrage verknüpft wurden, muß eine spezielle Druckmaske für
die Ergebnisliste angelegt werden. Wählen Sie die Option *Maskenaufbau* und
geben Sie den gewünschten Dateinamen für die anzulegende Druckmaske an.
Danach gestaltet sich der Aufbau wie bei einer normalen Druckmaske.

Die Spaltenanalyse

MP: ... - <menü:F2> - SPaltenanalyse

Verschiedene Funktionen, die auf beliebige Spalten der Ergebnisliste angewendet
werden können, bietet die *Spaltenanalyse*. Nach dem Aufruf der gleichnamigen
Option werden Sie nach dem Namen der neuen *Analysemaske* gefragt. In
Analysemasken können Sie festlegen, welche Spalten durch welche Funktionen
behandelt werden sollen. Tragen Sie den gewünschten Dateinamen der anzulegenden Analysemaske ein und quittieren Sie dies mit <do:F10>.

Existiert bereits eine Analysemaske, die verwendet oder geändert werden soll, so
geben Sie deren Dateinamen hinter *Kopieren von* an, lassen die Zeile *Neue*

Analysemaske leer und bestätigen dies durch <do:F10>. In Abbildung 12-6 sehen Sie ein Beispiel für eine Analysemaske.

```
┌──────────────────────────────────────────────────────────────────┐
│                    Ergebnis der Spaltenanalyse                     │
│ STÜCKZAHL           MIN                        10,00      aktuell   │
│ EK_PREIS            SUM                     19977,22      aktuell   │
│ REAL_EK             SUM                     19311,82      aktuell   │
│ UK_PREIS            SUM                     28164,38      aktuell   │
│ EK_PREIS            MEAN                      799,09      aktuell   │
│ UK_PREIS            MEAN                     1126,58      aktuell   │
│ STÜCKZAHL           MAX                               nicht aktuell │
│                                                                    │
│                                                                    │
│                                                                    │
│ <hilfe:F1><undo:Esc><menu:F2><suchen:F4><ändern:F6><do:F10><berechnen:Alt-F10> │
└──────────────────────────────────────────────────────────────────┘
```

Abbildung 12-6 : Eine Analysemaske

Während der Arbeit mit Analysemasken kann der Cursor durch <ab> und <auf> nach unten bzw. oben bewegt werden. Mit <zeil_einf:Strg-Ret> fügen Sie eine neue Zeile ein, mit <zeil_lö:Strg-Rück> löschen Sie eine bestehende. Steht der Cursor auf einer Zeile, so kann der gewünschte Spaltenname eingegeben oder durch <suchen:F4> aus der Liste der verfügbaren Spalten gewählt werden.

Verfügbare Funktionen

Mit <ändern:F6> wählen Sie die gewünschte Funktion für die durch den Cursor selektierte Spalte. Es stehen folgende Funktionen zur Verfügung :

```
┌─────────────────────────────────────────────────────────────┐
│                 Funktionen der Analysemaske                   │
│                                                               │
│   COUNT.................. ............. Anzahl der Einträge einer Spalte  │
│   SUM..................... ............ Summe der Werte einer Spalte      │
│   MEAN ................... ........... Durchschnitt der Werte einer Spalte │
│   MAX ...................... ................ Größter Wert einer Spalte    │
│   MIN ....................... ............Kleinster Wert einer Spalte      │
│   VAR...................... .............Varianz der Werte einer Spalte    │
│   STDV ................... .. Standardabweichung der Werte einer Spalte    │
│                                                               │
└─────────────────────────────────────────────────────────────┘
```

Berechnen der Funktionswerte

Um die Funktionswerte neuangelegter Zeilen oder einer gerade geladenen Analysemaske zu berechnen, betätigen Sie <berechnen:Alt-F10>.

Speichern der Analysemaske

Zum Speichern der Analysemaske betätigen Sie zweimal <do:F10> oder rufen mit <menü:F2> das Analysemenü auf und wählen die Option *Speichern*.

Verlassen der Analysemaske

Durch zweimaliges Betätigen von <undo:Esc> oder die Option *Abbrechen* des durch <menü:F2> aufzurufenden Analysemenüs verlassen Sie die Analysemaske, ohne Einträge oder Änderungen zu speichern.

Zugriffsschutz

Wählen Sie die Option *Paßwörter* des durch <menü:F2> aufzurufenden Analysemenüs, so können zwei verschiedene Paßworte vergeben werden. Das Paßwort *Verwenden_STF* muß jedem bekannt sein, der die Analysemaske verwenden möchte. Nur wer das *Ändern_STF*-Paßwort kennt, kann die Analysemaske auch ändern.

Sowohl bei der Vergabe, als auch bei der Eingabe der Paßworte werden die eingegebenen Zeichen durch Bindestriche (-) ersetzt, um sie vor Unbefugten zu verbergen. Bei der Vergabe muß das Paßwort zweimal angegeben werden, um Tippfehler auszuschließen. Es ist zu beachten, daß bei Paßworten Groß- und Kleinschreibung berücksichtigt wird. Sollten Sie ein Paßwort vergessen, so gibt es keine Möglichkeit, an die Analysemasken heranzukommen.

Das Ändern von Paßworten gestaltet sich wie bei der Neuvergabe. Soll ein Paßwort gelöscht werden, so verfahren Sie wie beim Ändern, geben jedoch kein neues Paßwort ein, sondern betätigen beidemale nur <do:F10>.

Export - Anlegen einer DIF-Datei

Über die Option *Export* des - durch <menü:F2> aufzurufenden - Analysemenüs kann eine DIF-Datei mit den Daten der Analysemaske angelegt werden.

Die Tabellenanalyse

Wie die Spaltenanalyse bietet auch die *Tabellenanalyse* Funktionen zur Auswertung der Einträge einer Tabellenspalte an. Bei der Tabellenanalyse erfolgt die Auswertung der Tabellenspalte aber in Bezug auf zwei weitere Spalten. Die Konfiguration einer Tabellenanalyse wird in einer Analysemaske mit dem Suffix *TBF* abgelegt.

Anlegen einer Analysemaske

MP: ... - <menü:F2> - MAskenaufbau - Analysemaske

MP: Datenbank - AUfbau - ANAlysemaske

Eine Analysemaske kann über zwei Wege angelegt werden. Nach dem Aufruf muß zuerst der Name der anzulegenden Analysemaske angegeben werden. Soll eine bestehende Analysemaske geändert werden, so tragen Sie deren Dateinamen hinter *Kopieren von* ein. Bestätigen Sie Ihre Angabe durch <do:F10>, so erscheint das *Abfragefenster*. Beim Aufruf über *Aufbau* geben Sie hier hinter *FROM* den Namen der zu analysierenden Tabelle an. Beim Aufruf aus der Ergebnisliste geben Sie die zugehörige *Abfrage* ein, wenn die Zeilen durch eine SQL-Abfrage selektiert wurden. Bei Selektion über die *Formabfrage* reicht der Name der zu analysierenden Tabelle aus. Nach Bestätigung der Abfrage durch <do:F10> erscheint das in Abbildung 12-7 zu sehende Fenster der Analysemaske.

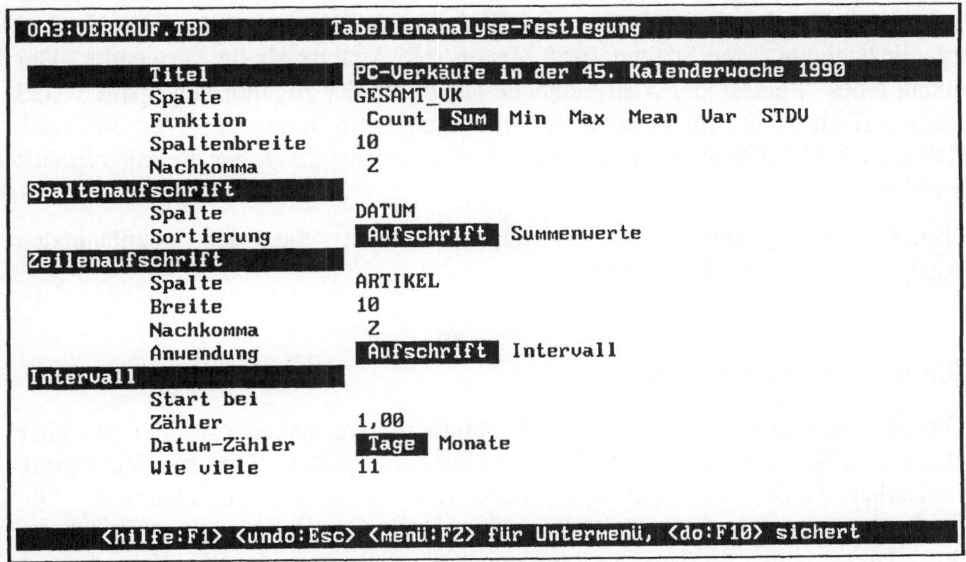

Abbildung 12-7 : Eine Analysemaske zur Tabellenanalyse

In der abgebildeten Analysemaske wurden bereits einige Eingaben gemacht.
Diese führen - mit den Daten der Ergebnisliste für Verkäufe der *Maier-GmbH* -
zu der in Abbildung 12-8 zu sehenden *Tabellenanalyse*.

```
             PC-Verkäufe in der 45. Kalenderwoche 1990
 SUM von    DATUM
 GESAMT_VK  05.11.1990 06.11.1990 07.11.1990 08.11.1990 09.11.1990 Alles

A Hummer Meg    -----      -----      -----      -----    5198,00     5198,00
R Look-Good-    -----      -----      -----      -----     899,00      899,00
T MasterScan    -----    9793,00    1399,00      -----      -----    11192,00
I NewComp 38    -----      -----      -----    3299,00      -----     3299,00
K NewComp 48    -----      -----      -----   20997,00      -----    20997,00
E NewComp Su    -----    4998,00      -----      -----      -----     4998,00
L PC-ExtraKe    -----      -----      -----      -----     149,97      149,97
  PC-Key      159,96       -----      -----      -----      -----      159,96
  Quecks AT     -----    3698,00      -----    1899,00      -----     5597,00
  Quecks Mas    -----    7998,00      -----      -----      -----     7998,00
  Tippmeiste  1043,00      -----      -----      -----      -----     1043,00

 Alles       1202,96   26487,00    1399,00   26195,00    6246,97    61530,93




    <hilfe:F1>  <undo:Esc>  <drucken:F3>  <ändern:F6>  <berechnen:Alt-F10>
```

Abbildung 12-8 : Eine Tabellenanalyse

Aufgrund der Abbildung wird auch die Bezeichnung *Tabellenanalyse* ver-
ständlich. Die Daten einer Spalte (GESAMT_VK) werden in Tabellenform
analysiert. Der Inhalt der Spalten *DATUM* (Verkaufsdatum) und *ARTIKEL* wird
zur Bezeichnung der Spalten bzw. Zeilen der Analysetabelle verwendet. Der
Inhalt eines "Feldes" der Analysetabelle hängt von der zugehörigen Spalten- und
Zeilenaufschrift ab. Im Beispiel der Abbildung 12-8 besagt der Wert *9793,00*,
daß am *06.11.1990* Monitore der Marke *Master-Scan* für diesen Betrag verkauft
wurden.

Hinter dem gleichnamigen Parameter können Sie der anzulegenden
Analysetabelle einen *Titel* geben.

Die zu analysierende Spalte

Die zu analysierende Spalte tragen Sie hinter *Spalte* ein oder wählen sie über
<suchen:F4> aus der Liste aller verfügbaren Spalten. Die zur Verfügung
stehenden *Funktionen* sind mit denen der Spaltenanalyse identisch. Die
Spaltenbreite der Analysetabelle legen Sie durch den gleichnamigen Parameter
fest. Diese sollte so gewählt werden, daß auch der längste Wert der zu
analysierenden Spalte dargestellt werden kann. Bei einer zu analysierenden Spalte

vom Typ *Dezimal* oder *Exponent* kann die Anzahl der darzustellenden *Nachkommastellen* festgelegt werden.

Spaltenaufschrift

Welche Tabellenspalte zur Beschriftung der Spalten der Analysetabelle verwendet werden soll, definieren Sie unter dem Parameter *Spalte* der *Spaltenaufschrift*. Ob die Reihenfolge der Spalten durch Sortierung der Aufschrift oder der Spaltensumme ermittelt wird, hängt vom Parameter *Sortierung* ab.

Zeilenaufschrift

Welche Tabellenspalte zur Beschriftung der Zeilen der Analysetabelle verwendet werden soll, definieren Sie unter dem Parameter *Spalte* der *Zeilenaufschrift*. Die Breite der am linken Rand der Analysetabelle zu findenden Spalte zur Zeilenbeschriftung wird hinter *Breite* angegeben. Wird zur Zeilenaufschrift eine Dezimal- oder Exponentspalte verwendet, kann für deren Werte die Anzahl der Nachkommastellen definiert werden.

Wird für die Zeilenaufschrift keine *Text-* oder *Ja/Nein*-Spalte verwendet, kann der Parameter *Anwendung* auf *Intervall* gesetzt werden. Nur dann können auch die letzten vier Parameter der Analysemaske geändert werden. Zur Beschriftung der Zeilen werden dann nicht die Inhalte der angegebenen Spalte verwendet.

Die erste Zeile wird mit dem hinter *Start* angegebenen Wert bezeichnet. Die Bezeichnungen aller weiteren Zeilen errechnen sich durch Addition des *Zählers* zum Wert der vorangehenden Zeile. Besitzt die angegebene Spalte den Typ *Datum*, kann durch den *Datum-Zähler* festgelegt werden, ob die Beschriftung in Tagen oder Monaten erfolgen soll. *Wie viele* Zeilen die Analysetabelle besitzen soll, legt der letzte Parameter fest.

Zugriffsschutz

Wählen Sie die Option *Paßwörter* des - durch <menü:F2> aufzurufenden - Analysemenüs, so können zwei verschiedene Paßworte vergeben werden. Das Paßwort *Verwenden_TBF* muß jedem bekannt sein, der die Analysemaske verwenden möchte. Nur wer das *Ändern_TBF*-Paßwort kennt, kann die Analysemaske auch ändern.

Sowohl bei der Vergabe, als auch bei der Eingabe der Paßworte werden die eingegebenen Zeichen durch Bindestriche (-) ersetzt, um sie vor Unbefugten zu schützen. Bei der Vergabe muß das Paßwort zweimal angegeben werden, um Tippfehler auszuschließen. Es ist zu beachten, daß bei Paßworten Groß- und

Kleinschreibung berücksichtigt wird. Sollten Sie ein Paßwort vergessen, so gibt es keine Möglichkeit, an die Analysemasken heranzukommen.

Das Ändern von Paßworten gestaltet sich wie die Neuvergabe. Soll ein Paßwort gelöscht werden, verfahren Sie wie beim Ändern, geben jedoch kein neues Paßwort ein, sondern betätigen beidemale mit <do:F10>.

Speichern der Analysemaske

Zum Speichern der Analysemaske betätigen Sie zweimal <do:F10> oder rufen mit <menü:F2> das Analysemenü auf und wählen die Option *Speichern*.

Verlassen der Analysemaske

Durch zweimaliges Betätigen von <undo:Esc> oder die Option *Abbrechen* des - durch <menü:F2> aufzurufenden - Analysemenüs verlassen Sie die Analysemaske, ohne Einträge oder Änderungen zu speichern.

Verwenden einer Analysemaske

MP: ... - <menü:F2> - <u>TABELLEN</u>analyse

Nachdem eine Analysetabelle angelegt wurde, kann die *Tabellenanalyse* über die gleichnamige Option und Angabe des Dateinamens zur Datenauswertung gestartet werden. Wurden Änderungen an den Daten oder der Analysemaske vorgenommen, so kann die Tabellenanalyse durch <berechnen:Alt-F10> aktualisiert werden.

Große Analysetabellen können nicht auf einmal auf dem Bildschirm dargestellt werden. In diesem Fall können Sie den dargestellten Ausschnitt mit den Tasten zur Cursorsteuerung verändern. Die Summen der Spalten und Zeilen der Analysetabelle werden am unteren bzw. rechten Bildschirmrand dargestellt. In der rechten unteren Ecke finden Sie die Summe aller Werte der Anlysetabelle. Durch <drucken:F3> kann die Analysetabelle auf ein beliebiges Ausgabegerät ausgegeben werden.

Soll die Analysemaske geändert werden, so betätigen Sie <ändern:F6>. Es stehen die vom Anlegen der Analysemaske bekannten Möglichkeiten zur Verfügung. Nach dem Ändern der Analysemaske kann die Analysetabelle durch <do:F10> aufgerufen werden. Diese muß durch <berechnen:Alt-F10> an die neue Analysemaske angepaßt werden.

Speichern der Daten

Die Daten der Ergebnisliste können an eine bestehende Tabelle angefügt oder in eine DIF-Datei exportiert werden. Auch das Anlegen einer Tabelle mit den Zeilen der Ergebnisliste ist möglich.

Anfügen an eine bestehende Tabelle

MP: ... - <menü:F2> - ANfügen

Um die Zeilen der Ergebnisliste an eine bestehende Tabelle (*Zieltabelle*) anzufügen, wählen Sie die Option *Anfügen*. Geben Sie den Dateinamen der Zieltabelle an oder wählen Sie diesen nach Aufruf durch <suchen:F4> aus der Dateiliste.

Ergebnisliste und Zieltabelle müssen nicht gleich aufgebaut sein. Die angefügten Zeilen enthalten aber nur die Daten jener Spalten der Ergebnisliste, deren Name und Typ in Ergebnisliste und Tabelle übereinstimmt. 

Wenn eine Spalte der Ergebnisliste einen Wert mehr als einmal enthält, die entsprechende Spalte der Zieltabelle aber die Indexart *Unique_Index* trägt, wird eine Fehlermeldung ausgegeben und der Vorgang abgebrochen.

Anlegen einer Tabelle

MP: ... <menü:F2> - TABELLE_anlegen

Über die Option *Tabelle_anlegen* kann eine neue Tabelle mit den Zeilen der Ergebnisliste angelegt werden. Geben Sie den gewünschten Dateinamen an und bestätigen Sie diesen durch <do:F10>.

Für diese neu angelegte Tabelle existiert keine Schirmmaske zur Dateneingabe und -pflege. Nutzen Sie daher die Option *Maskenaufbau* des Menüs der Ergebnisliste, um eine *Schirmmaske* für die Tabelle anzulegen. Geben Sie dieser Schirmmaske den gleichen Dateinamen wie der neuangelegten Tabelle. Für die Schirmmaske muß eine *Abfrage* definiert werden. Tragen Sie *FROM*, gefolgt vom Dateinamen der neuangelegten Tabelle ein und bestätigen Sie dies durch <do:F10>. Werden dann noch alle Spalten der Abfrage durch <do:F10> übernommen, so gestaltet sich das Anlegen der Schirmmaske wie das Ändern einer bestehenden.

Bearbeiten der Daten

Zur Bearbeitung der Zeilen einer Ergebnisliste stehen neben der bekannten *Pflege* noch weitere Funktionen zur Verfügung.

Die Pflegefunktion

MP: ... - <menü:F2> - Pflege

Nach dem Aufruf der Option *Pflege* muß der Name der zu pflegenden Tabelle angegeben werden. Für die Zeilen dieser Tabelle steht dann die bekannte *Pflege* zur Verfügung.

| ! | Durch <ändern:F6> kann eine Zeile der Ergebnisliste direkt geändert werden. Voraussetzung ist lediglich die Angabe einer passenden Schirmmaske. Für Ergebnislisten, die mit einer SQL-Abfrage erstellt |

wurden, existiert nicht unbedingt eine Schirmmaske zur Dateneingabe und -pflege. Nutzen Sie daher die Option *Maskenaufbau* des Menüs der Ergebnisliste, um eine passende *Schirmmaske* anzulegen. Geben Sie dieser Schirmmaske einen beliebigen Dateinamen und bestätigen Sie diesen mit <do:F10>. Die Schirmmaske erhält automatisch die Abfrage, durch die Ergebnisliste erstellt wurde. Nachdem die Abfrage durch <do:F10> bestätigt wurde, gestaltet sich das Anlegen der Schirmmaske wie das Ändern einer bestehenden.

Ändern aller Werte einer Spalte

MP: ... - <menü:F2> - AKtualisieren

Um alle Werte einer Spalte zu verändern, wählen Sie die Option *Aktualisieren*. Daraufhin wird am unteren Bildschirmrand ein Fenster geöffnet, in das der Name der zu aktualisierenden Spalte und eine bis zu 255 Zeichen lange Formel eingetragen werden kann. Die Werte der Spalte werden anhand der angegebenen Formel neu berechnet.

Aufbau einer Formel

Zum Aufbau der Formel stehen die folgenden mathematischen Operatoren zur Verfügung :

```
┌─────────────────────────────────────────────────────────┐
│            Mathematische Operatoren für Formeln           │
├─────────────────────────────────────────────────────────┤
│   + ............................................ Addition │
│   - ......................................... Subtraktion │
│   * ....................................... Multiplikation │
│   / ........................................... Division  │
│   % ............................................ Prozent  │
│   \ ............................................. Modulo  │
└─────────────────────────────────────────────────────────┘
```

Es kann aber nicht nur mit ganzen und reellen Zahlen, sondern auch mit Uhrzeiten und Daten gerechnet werden. Die Formel *"20.11.90"-10* sorgt für den Eintrag *10.11.90* in der betreffenden Spalte. Eine solche Formel ist natürlich sinnlos, da man den *10.11.90* auch gleich eintragen könnte. Sinnvoll wird eine Formel erst durch die Möglichkeit, die übrigen Werte der Tabellenzeile als Variablen zu verwenden. Durch die Formel *ZEIT+10* können die Datumswerte der Spalte *ZEIT* um zehn Tage erhöht werden.

Durch den mathematischen Operator + können auch die Werte mehrerer Textspalten verknüpft werden. Durch die Formel

```
NAME+",  "+VORNAME
```

können zum Beispiel Vor- und Nachname einer Person verknüpft werden. Dabei kann auch beliebiger Text - in diesem Fall ein Komma mit Leerzeichen zur Trennung - eingebunden werden.

Durch den Operator *Minus* (-) können die Inhalte von Textspalten gespiegelt werden. Durch *-NAME* wird aus dem Eintrag *Textprobe* der Spalte Name die Zeichenfolge *eborptxeT*.

Mit den beiden Systemwerten *SYSDATUM* und *SYSZEIT* kann das aktuelle Datum bzw. die momentane Uhrzeit in die Formel integriert werden. Trägt man nur einen dieser Platzhalter in die Formel ein, werden alle Einträge der betreffenden Spalte mit dem aktuellen chronologischen Wert versehen.

Aktualisieren einer Spalte

MP: ... - <menü:F2> - <u>A</u>ktualisieren

Nachdem Sie den Spaltennamen und die gewünschte Formel eingegeben haben, können die Werte der Spalte durch <do:F10> berechnet werden. Sollen mehrere Spalten gleichzeitig aktualisiert werden, verwenden Sie <zeile_einf:Strg-Ret> um einen weiteren Spaltennamen mit zugehöriger Formel festzulegen. Ein auf diese Weise eingefügter Eintrag kann durch <zeile_lö:Strg-

Rück> wieder gelöscht werden. Insgesamt können maximal vier Spalten auf einmal aktualisiert werden.

| ! | Da durch das Aktualisieren einer Spalte der Ergebnisliste auch die Werte der zugegehörigen Tabellenspalte verändert werden, können wichtige Daten verloren gehen. |

Löschen aller Zeilen

MP: ... - <menü:F2> - Löschen

Durch die Option *Löschen* können alle Zeilen der Ergebnisliste gelöscht werden. Wurde die Ergebnisliste über eine Formabfrage erstellt, so werden die Zeilen auch aus der zur Schirmmaske gehörigen Tabelle entfernt. Bei Selektion über eine SQL-Abfrage werden auch dann die ganzen Zeilen der Tabelle gelöscht, wenn in der Ergebnisliste nur eine oder mehrere Spalten dieser Tabelle vorhanden sind. Bei einer Verknüpfung werden die Zeilen in allen beteiligten Tabellen gelöscht.

| ! | Die Option *Löschen* sollte sehr vorsichtig verwendet werden, da einmal gelöschte Tabellenzeilen unwiederbringlich verloren sind. |

Aus diesem Grunde muß das Löschen nach dem Aufruf nochmals durch <do:F10> bestätigt werden.

Sperren der Zeilen im lokalen Netzwerk

| N | Wird Open Access III im Netzwerk eingesetzt, so stehen drei Einstellungen zur Regelung des Zugriffs auf die Zeilen der Ergebnisliste zur Verfügung. |

Bei Wahl der Einstellung *Keine* können die Daten von allen Benutzern bearbeitet werden. Werden die Daten von einem anderen Benutzer geändert während die Ergebnisliste angezeigt wird, so werden die neuen Werte nicht automatisch angezeigt. Die Einstellung *Exklusiv* macht es anderen Anwendern unmöglich, die in der Ergebnisliste dargestellten Daten zu ändern. Die gleiche Bedeutung wie die Einstellung *Keine* hat die Einstellung *Teilen*. Sie verhindert aber, daß ein anderer Anwender das Ändern der Daten der Ergebnisliste durch *Exklusiv* sperrt.

Ändern der Ergebnisliste

Sortieren der Zeilen

MP: ... - <menü:F2> - SOrtieren

Um die Zeilen der Ergebnisliste neu zu sortieren, wählen Sie die Option *Sortieren*. Es wird ein Fenster geöffnet, in dem Sie den Namen der Spalte angeben, nach deren Inhalt die Ergebnisliste sortiert werden soll. Normalerweise werden die Zeilen so sortiert, daß der kleinste Wert am Kopf der Liste steht. Soll die Sortierung in umgekehrter Reihenfolge erfolgen, stellen Sie dem Spaltennamen ein Minus (-) voran.

Soll eine Ergebnisliste nach dem Inhalt mehrerer Spalten sortiert werden, geben Sie deren Namen - durch Kommata getrennt - in der gewünschten Reihenfolge an. Zuerst werden die Zeilen nach dem Inhalt der erstgenannten Spalte geordnet. Nur wenn deren Inhalt für zwei oder mehrere Zeilen identisch ist, werden diese Zeilen nach dem Inhalt der nächstgenannten Spalte sortiert.

Erstellen einer neuen Abfrage

MP: ... - <menü:F2> - ABfrage

Abhängig von der Selektionsart für die Zeilen der Ergebnisliste kann über die Option *Abfrage* die Formabfrage oder die SQL-Abfrage geändert werden.

KAPITEL 13 - TABELLEN REPARIEREN UND VERKLEINERN

MP: Hilfsprogramme - Repariere_Tabelle ...

Defekte Tabellen

Sollte es bei der Arbeit mit der Datenbank zu Fehlermeldungen wie "Datei beschädigt" oder "Index beschädigt" kommen, so wurde versucht, mit einer defekten Tabelle zu arbeiten. Auch unerklärlichen Funktionsstörungen können ein Hinweis auf eine Tabellenbeschädigung sein. Tabellen können immer dann beschädigt werden, wenn Open Access nicht korrekt verlassen wurde. Dies ist zum Beispiel der Fall, wenn der Rechner "abstürzt" (es ist keine Eingabe mehr möglich und der Computer kann nur noch abgeschaltet werden) oder der Strom ausfällt.

Prüfen

MP: ... - Prüfen

Auch wenn das Reparieren einer defekten Tabelle scheinbar erfolgreich ist, kann es zu Datenverlusten gekommen sein. Es werden nämlich nur die Tabellenzeilen wiederhergestellt, deren Reparatur möglich ist. Man sollte reparierte Tabellen daher auf Vollständigkeit überprüfen. Weil diese Überprüfung und auch die Reparatur selbst recht zeitaufwendig ist, kann eine für defekt befundene Tabelle zuvor geprüft werden. Wird kein Defekt gefunden, kann man davon ausgehen, daß die geprüfte Tabelle in Ordnung ist. Nach dem Aufruf der Option *Prüfen* müssen Sie den Dateinamen der zu prüfenden Tabelle angeben oder über <suchen:F4> aus der Dateiliste wählen.

Reparieren

MP: ... - Reparieren

Nur, wenn beim Prüfen einer Tabelle Defekte gemeldet wurden, sollte diese repariert werden. Nach der Reparatur muß die Tabelle auf Vollständigkeit geprüft werden, da nicht immer alle Zeilen wiederhergestellt werden können. Nach dem Aufruf der Option *Reparieren* müssen Sie den Dateinamen der zu reparierenden Tabelle angeben oder über <suchen:F4> aus der Dateiliste wählen.

Zu große Tabellen

Sollten Sie die nicht mehr benötigten Zeilen einer Tabelle gelöscht haben, um mehr Speicherplatz zur Verfügung zu haben, so werden Sie feststellen, daß die Aktion nicht die gewünschte Wirkung hatte. Der Speicherplatz gelöschter Zeilen muß extra durch die Option *Verkleinern* freigegeben werden.

Verkleinern

MP: ... - Verkleinern

Nach dem Aufruf müssen Sie den Dateinamen der zu verkleinernden Tabelle angeben oder über <suchen:F4> aus der Dateiliste wählen.

KAPITEL 14 - DATENAUSTAUSCH

Ein besonderer Vorteil eines Integrierten Paketes wie Open Access besteht in der Möglichkeit, Daten zwischen den einzelnen Modulen austauschen zu können. Es wird aber auch der Datentransfer von und zu Fremdprogrammen unterstützt.

Datenexport

In die Kalkulation

MP: <u>D</u>atenbank - <u>AB</u>frage ...

Von der Datenbank können Daten nur über die Ergebnisliste in die Kalkulation übertragen werden. Ob die Zeilen der Ergebnisliste über die Formabfrage oder die SQL-Abfrage selektiert werden, spielt dabei keine Rolle.

| ! | Sollen die Daten einer Tabelle in die Kalkulation übertragen werden, verwenden Sie die Formabfrage, ohne Kriterien anzugeben. Durch <do:F10> werden alle Zeilen der Tabelle in die Ergebnisliste |

übernommen.

Übertragen der Daten

MP: ... - <menü:F2> - <u>Ü</u>bertragen - <u>K</u>alkulation

Nach dem Aufruf der Option *Kalkulation* muß noch der Dateiname für das anzulegende Modell angegeben werden. Danach wechselt Open Access automatisch ins Modul *Kalkulation*, in dem die übertragenen Daten bereits angezeigt werden. Da die Spaltenbreite im Modell normalerweise 12 Zeichen beträgt, werden breitere Werte nicht angezeigt. Diese Daten sind aber vorhanden und können durch Verbreitern der entsprechenden Spalte des Modells sichtbar gemacht werden.

In die Textverarbeitung

MP: <u>D</u>atenbank - <u>AB</u>frage ...

Von der Datenbank können Daten nur über die Ergebnisliste in die Textverarbeitung übertragen werden. Ob die Zeilen der Ergebnisliste über die Formabfrage oder die SQL-Abfrage selektiert werden, spielt dabei keine Rolle.

Sollen die Daten einer Tabelle in die Textverarbeitung übertragen werden, verwenden Sie die Formabfrage, ohne Kriterien anzugeben. Durch <do:F10> werden alle Zeilen der Tabelle in die Ergebnisliste übernommen. 

Übertragen der Daten

MP: ... - <menü:F2> - <u>Ü</u>bertragen - <u>T</u>extverarbeitung

Nach dem Aufruf der Option *Textverarbeitung* muß noch der Dateiname für den anzulegenden Text angegeben werden. Danach wechselt Open Access automatisch ins Modul *Textverarbeitung*, in dem die übertragenen Daten bereits angezeigt werden. Normalerweise wird beim Übertragen der Daten ein Text mit Formatierungsmöglichkeit (Typ *Dokument*) erstellt. Soll abweichend davon ein ASCII-Text (Typ *Text*) angelegt werden, so muß dem Dateinamen - durch einen Punkt (.) getrennt - das Suffix *TXT* angefügt werden.

In Dbase und dazu kompatible Fremdprogramme

Der Datenaustausch mit Dbase und dazu kompatiblen Fremdprogrammen wird im Teil *Allgemeine Funktionen* (Kapitel *Desk-Manager*) ausführlich beschrieben.

In andere Fremdprogramme

MP: <u>D</u>atenbank - <u>AB</u>frage ...

Der Datenaustausch mit den übrigen Fremdprogrammen erfolgt über die sogenannten *DIF-Dateien*. Das Kürzel *DIF* steht für *Data-Interchange-Format*, ein standardisiertes Datenprotokoll, das von vielen Programmen unterstützt wird. Ob der Datenaustausch über eine DIF-Datei möglich ist, hängt davon ab, ob das Fremdprogramm dieses Format unterstützt. In der Datenbank kann eine DIF-Datei nur über die Ergebnisliste angelegt werden. Ob die Zeilen der Ergebnisliste über die Formabfrage oder die SQL-Abfrage selektiert werden, spielt dabei keine Rolle.

| ! | Soll eine DIF-Datei mit den Daten einer Tabelle angelegt werden, verwenden Sie die Formabfrage, ohne Kriterien anzugeben. Durch <do:F10> werden alle Zeilen der Tabelle in die Ergebnisliste |

übernommen.

Anlegen der DIF-Datei

MP: ... - <menü:F2> - <u>E</u>xport

Eine DIF-Datei mit den Daten der Ergebnisliste erstellen Sie über die Option *Export*. Geben Sie den Namen für die anzulegende DIF-Datei an und wählen Sie, ob ein *Dateikopf* angelegt werden soll. Für die Verwendung der DIF-Datei mit anderen Open-Access-Modulen wird der Dateikopf benötigt.

Datenimport

Werden Daten von anderen Open-Access-Modulen oder Fremdprogrammen importiert, so muß für die dadurch angelegte Tabelle noch eine Schirmmaske angelegt werden. In Kapitel 7 finden Sie eine Beschreibung dieses Vorgangs.

Von anderen Open-Access-Modulen

Der Import von Daten anderer Open-Access-Module in die Datenbank muß über die Export-Funktion des jeweiligen Moduls realisiert werden.

Von Dbase und dazu kompatiblen Fremdprogrammen

Der Datenaustausch mit Dbase und dazu kompatiblen Fremdprogrammen wird im Teil *Allgemeine Funktionen* im Kapitel *Desk-Manager* ausführlich beschrieben.

Von anderen Fremdprogrammen

MP: <u>D</u>atenbank - <u>AU</u>fbau - <u>I</u>mport

Der Datenaustausch mit den übrigen Fremdprogrammen erfolgt über die sogenannten *DIF-Dateien*. Das Kürzel *DIF* steht für *Data-Interchange-Format*, ein standardisiertes Datenprotokoll, das von vielen Programmen unterstützt wird. Ob der Datenaustausch über eine DIF-Datei möglich ist, hängt davon ab, ob das

Fremdprogramm DIF-Dateien erzeugen kann. Wenn das Fremdprogramm das Anlegen eines "Kopfes" für die DIF-Datei bietet, sollte diese Möglichkeit genutzt werden.

Einlesen einer DIF-Datei

In die Datenbank kann eine DIF-Datei über die Option *Import* eingelesen werden. Geben Sie den Dateinamen der DIF-Datei und der anzulegenden Tabelle an und bestätigen Sie die Angaben durch <do:F10>.

TEIL III - DIE TEXTVERARBEITUNG

Dieser Teil des Buches ist der Textverarbeitung gewidmet. Nach dem Durcharbeiten sollten Sie in der Lage sein, ohne Probleme einfache Briefe, umfangreiche Texte und ausgefeilte Serienbriefe zu erstellen.

KAPITEL 15 - GRUNDLAGEN

Die Textverarbeitung findet ihren Einsatz immer dann, wenn man üblicherweise zur Schreibmaschine greifen würde. Durch den Einsatz des Computers wird das Korrekturband überflüssig. Sie entwerfen einen Text vollständig am Bildschirm und drucken diesen erst aus, wenn er in der gewünschten Form vorliegt. Auf dem Bildschirm wird immer ein 80 mal 20 Zeichen großer Ausschnitt des Textes angezeigt.

Die Open-Access-Textverarbeitung ist einfach zu bedienen und bietet alle Funktionen für die Verarbeitung und Gestaltung normaler Texte.

Zwei Texttypen

Die Textverarbeitung bietet zwei verschiedene Texttypen an. Ob ein Text mit dem Typ *Dokument* oder dem Typ *Text* anzulegen ist, muß im Einzelfall entschieden werden. Es besteht jederzeit die Möglichkeit, den Typ eines Textes zu ändern.

Text

Die Gestaltung eines Textes vom Typ *Text* bietet in etwa die Mittel, die beim Arbeiten mit einer Schreibmaschine zur Verfügung stehen. Man hat allerdings auch hier die Möglichkeit, auf einfache Weise Korrekturen vorzunehmen und den Text erst nach Fertigstellung auszudrucken.

Auf einige Vorteile, die die Verwendung des Typs *Dokument* bietet, muß allerdings verzichtet werden. So ist es zum Beispiel nicht möglich, verschiedene Schriftarten zu verwenden. Da Texte vom Typ *Text* nur den normalen ASCII-Code verwenden, können diese ohne Umwandlung im *Notizblock* des *Desk-Managers* bearbeitet werden, was sicherlich einen Vorteil darstellt.

Dokument

Wesentlich mehr Gestaltungsmittel als der Typ *Text* bietet der Typ *Dokument*. Es stehen verschiedene Schriftarten und Formatierungsfunktionen zur Verfügung. Um diese Möglichkeiten zu realisieren, enthalten Texte vom Typ *Dokument* spezielle Steuerzeichen. Aufgrund dieser Steuerzeichen können die Texte nicht ohne Umwandlung mit dem *Notizblock* des *Desk-Managers* verarbeitet werden.

Wir empfehlen Ihnen, Texte grundsätzlich mit dem Typ *Dokument* anzulegen. Diese können dann bei Bedarf in den Typ *Text* übertragen werden. Die umgekehrte Umwandlung ist aufwendiger und außerdem stehen Ihnen nur so alle Vorteile der Textverarbeitung zur Verfügung. 

Wenn Sie keine Parameter verändern, wird ein neuer Text automatisch mit dem Typ *Dokument* angelegt. Wir gehen im folgenden immer davon aus, daß Sie mit diesem Texttyp arbeiten, beschreiben aber auch die Besonderheiten des Typs *Text*.

Speicherplatz

Die Textverarbeitung bietet Ihnen die Möglichkeit der automatischen Überprüfung eines Textes auf Rechtschreibfehler. Wird diese Funktion genutzt, so müssen mindestens 520 Kilobyte Hauptspeicher zur Verfügung stehen. Sollte sich die Rechtschreibhilfe nicht aktivieren lassen, so müssen Sie residente (*TSR*) Programme vor dem Open-Access-Aufruf entfernen.

Im Gegensatz zu früheren Versionen ist die Größe eines Textes in der Version 3.0 unbegrenzt. Es können bis zu 15 Texte gleichzeitig geöffnet werden. Wieviele sich tatsächlich öffnen lassen, hängt vom verfügbaren Speicherplatz ab. 

KAPITEL 16 - ANLEGEN EINES TEXTES

In diesem Kapitel werden die grundlegenden Funktionen der Textverarbeitung vorgestellt. Mit deren Kenntnis kann bereits ein einfacher Text angelegt werden.

Aufruf und Texteingabe

MP: Textverarbeitung - Neu

Nach dem Aufruf der Textverarbeitung erscheint das in Abbildung 16-1 zu sehende Textverarbeitungsmenü.

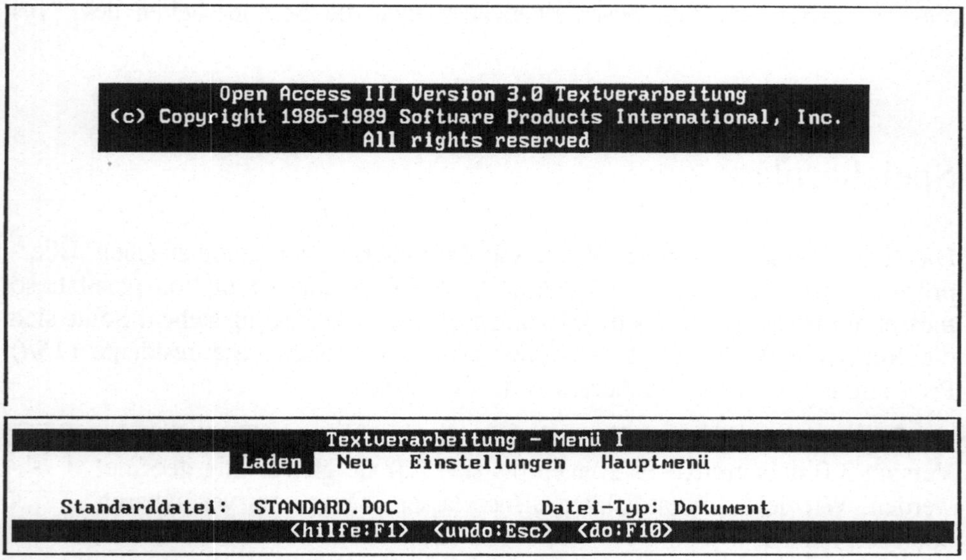

```
        Open Access III Version 3.0 Textverarbeitung
(c) Copyright 1986-1989 Software Products International, Inc.
                    All rights reserved




                 Textverarbeitung - Menü I
        Laden   Neu   Einstellungen   Hauptmenü

 Standarddatei:   STANDARD.DOC          Datei-Typ: Dokument
              <hilfe:F1>  <undo:Esc>  <do:F10>
```

Abbildung 16-1 : Die Textverarbeitung nach dem Aufruf

Anlegen eines neuen Textes

Nach Wahl der Option *Neu* geben Sie den gewünschten Dateinamen für den anzulegenden Text an und bestätigen diesen durch <do:F10>. Daraufhin wird das in Abbildung 16-2 zu sehende Eingabefenster geöffnet.

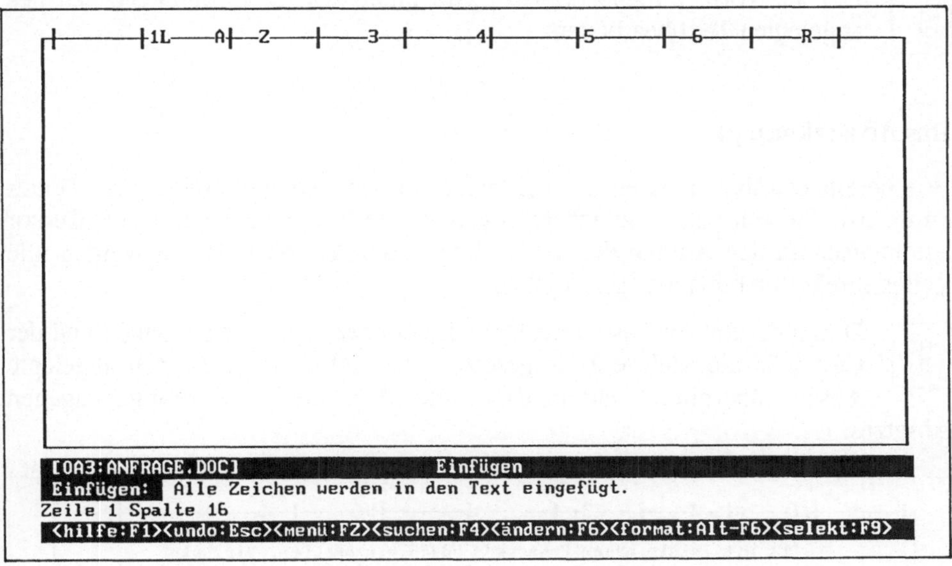

Abbildung 16-2 : Das Eingabefenster

Hier kann nun bereits der gewünschte Text eingegeben werden. Alle Sonderzeichen, die nicht über die Tastatur zu erreichen sind, können durch Aufruf der *ASCII-Liste* mittels <ascii:Alt-F4> ausgewählt werden.

Laden eines bestehenden Textes

Soll ein bereits bestehender Text bearbeitet werden, so wählen Sie nach dem Aufruf der Textverarbeitung die Option *Laden*. Nach Angabe des Namens der Datei, in welcher der Text abgelegt wurde, steht dieser zur Bearbeitung bereit.

Verwenden eines bestehenden Textes als Vorlage

Ein bestehender Text kann als Vorlage für einen neu anzulegenden Text verwendet werden. Wählen Sie nach dem Aufruf der Textverabeitung die Option *Einstellungen* und setzen Sie den Cursor dann auf den Parameter *Standarddatei*. Durch <ändern:F6> können Sie den Dateinamen des Textes festlegen, der als Vorlage dienen soll. Über <suchen:F4> kann der Dateiname auch aus der

Dateiliste gewählt werden. Schließen Sie Ihre Eingabe mit <do:F10> ab und verlassen Sie die *Einstellungen* mit <menü:F2>. Wird nun ein neuer Text angelegt, so enthält er beim Aufruf den Text und die Parametereinstellungen der Vorlage. Auf diese Weise lassen sich Vorlagen für Briefe, Rundschreiben, etc. anlegen.

> **!** Der als Vorlage dienende Text wird nicht verändert, wenn Sie den neu angelegten Text bearbeiten.

Das Absatzkonzept

Wie bereits erwähnt, müssen Sie sich nicht um den Zeilenumbruch eines Textes kümmern. Sie schreiben einfach solange, bis die Textverarbeitung den Cursor automatisch an den Anfang der neuen Zeile setzt. Auf diese Weise werden alle Zeilen direkt untereinander geschrieben.

> **!** Durch die Return-Taste (<ret>) wird ein neuer Absatz begonnen und der Cursor in die nächste Zeile gesetzt. Jeder auf diese Weise neu angelegte Absatz übernimmt automatisch alle Attribute des vorangegangenen Absatzes.

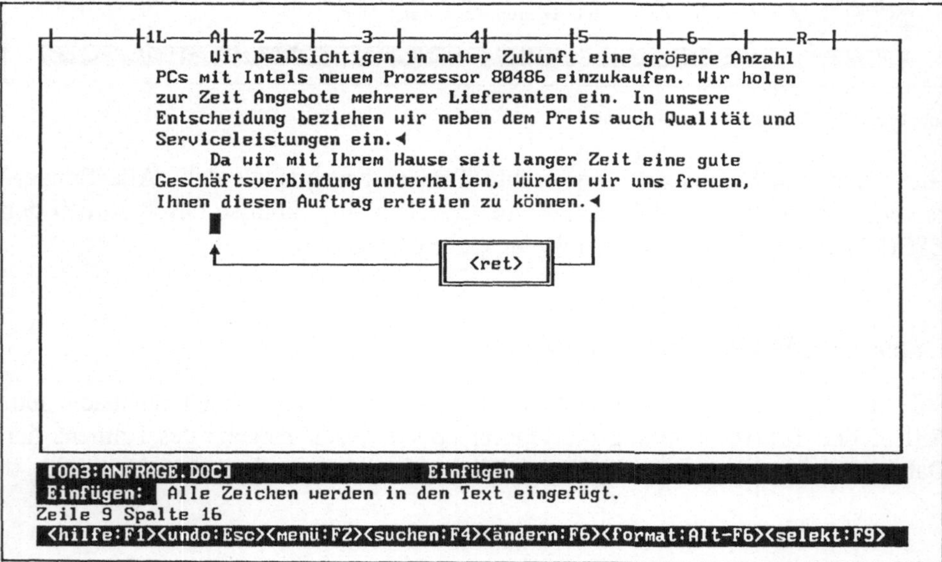

Abbildung 16-3 : Beenden eines Absatzes

Das Ende eines Absatzes wird auf dem Bildschirm durch ein kleines Dreieck angezeigt. Bei Texten vom Typ *Text* erscheint dieses Dreieck jedoch nicht.

Cursorsteuerung

Das kleine blinkende Rechteck im Eingabefenster bezeichnet man als Cursor. Es markiert die Stelle, an der das nächste Zeichen bei einer Eingabe erscheinen wird. Während der Arbeit an einem Text können Sie die Position des Cursors mit folgenden Tasten verändern:

Tasten zur Cursorsteuerung

<links> ....Ein Zeichen nach links <rechts> ....Ein Zeichen nach rechts	Zeichenorientiertes Positionieren
<ab> ....Eine Zeile nach unten <auf> ....Eine Zeile nach oben <spr_links:Strg-Pos1> ....An den Zeilenanfang <spr_links:Strg-Ende>...............Ans Zeilenende	Zeilenorientiertes Positionieren
<wort_vor:Strg-rechts> ......Ein Wort nach rechts <wort_rück:Strg-links>........ Ein Wort nach links	Wortorientiertes Positionieren
<anfang:Pos1> ....Erste Zeile des Eingabefensters <ende:Ende>..... Letzte Zeile des Eingabefensters	Eingabefensterorientiertes Positionieren
2 x <anfang:Pos1>........... Erste Zeile des Textes 2 x <ende:Ende>............ Letzte Zeile des Textes	Textorientiertes Positionieren

Einfache Editierfunktionen

Beim Entwerfen eines Textes mit der Textverarbeitung stehen Ihnen wesentlich mehr Möglichkeiten, als beim Arbeiten mit einer Schreibmaschine, zur Verfügung. Einige dieser Funktionen stellen wir nun vor.

Löschen eines Zeichens

Um das Zeichen zu löschen, auf dem der Cursor gerade steht, betätigen Sie <löschen:Entf>. Alle übrigen Zeichen der Zeile werden daraufhin um ein Zeichen nach links verschoben. Eventuell wird dadurch auch der Zeilenumbruch des betreffenden Absatzes verändert.

Das links vom Cursor stehende Zeichen kann durch <Rück> (auf der Tastatur rechts oben neben dem #) gelöscht werden. Ansonsten gleicht dieser Vorgang dem Löschen durch <löschen:Entf>.

Einfügen mehrerer Leerzeichen

Zum Einfügen von Leerzeichen betätigen Sie die Leertaste (<leer>). Befinden sich zwischen zwei Zeichen mehrere Leerzeichen, so werden diese durch die in Abbildung 16-4 zu sehenden Zeichen (■) dargestellt.

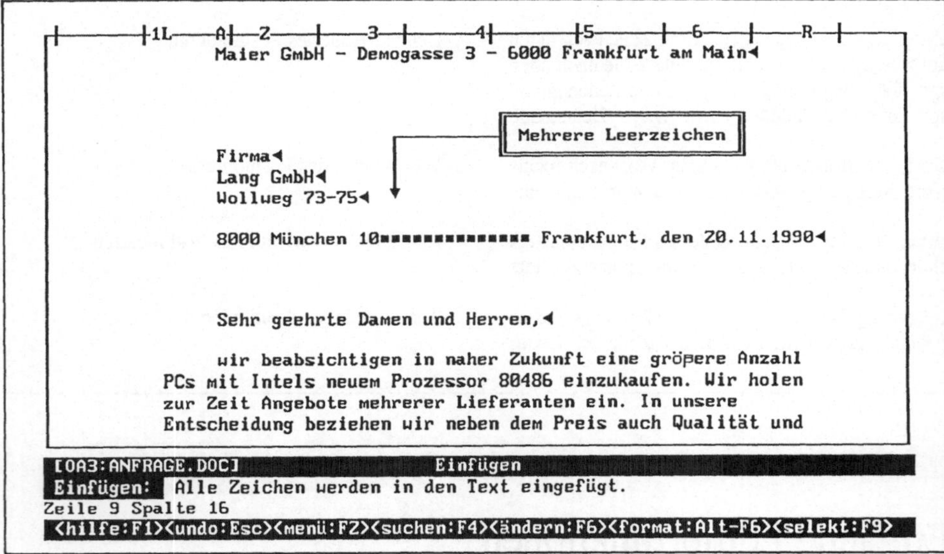

Abbildung 16-4 : Darstellung wiederholter Leerzeichen

Durch <tab> können mehrere Leerzeichen auf einmal gesetzt werden. Der Cursor wird bis zum nächsten *Tabulatorstop* bewegt. Ein Tabulatorstop wird am oberen Rand des Eingabefensters durch einen vertikalen Strich markiert.

Einfügen einer Leerzeile

Um eine oder mehrere Trennzeilen zwischen zwei Absätzen anzulegen, setzen Sie den Cursor ans Ende des ersten Absatzes und betätigen für jede Leerzeile einmal die Return-Taste (<ret>). In Abbildung 16-5 wurden Leerzeilen verwendet, um den Aufbau des Briefkopfes zu gestalten.

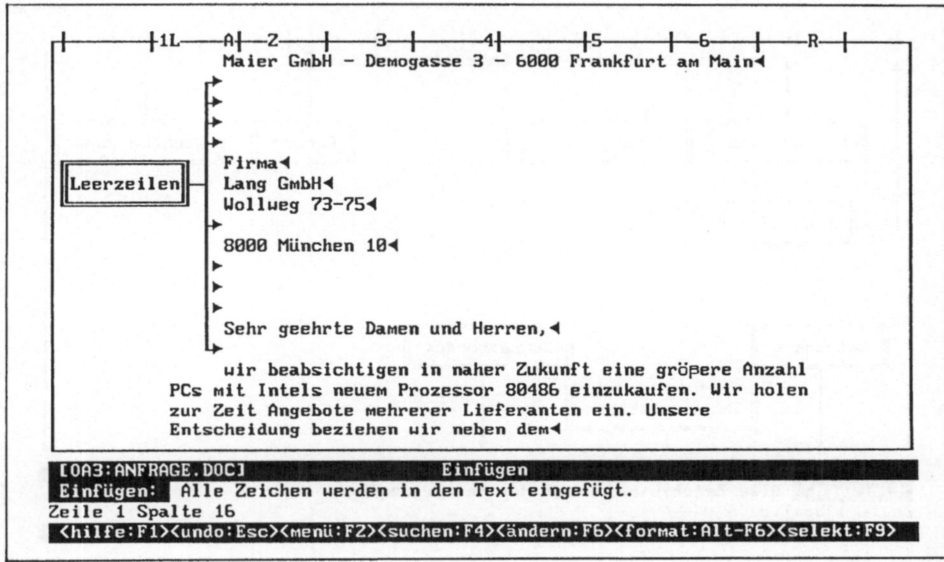

Abbildung 16-5 : Einfügen von Leerzeilen

Löschen einer Zeile

Die Zeile, in der sich der Cursor befindet, kann durch <zeil_lö:Strg-Rück> gelöscht werden.

Annullieren einer Eingabe

Durch <undo:Esc> kann die zuletzt getätigte Eingabe rückgängig gemacht werden. Es erscheint eine Fragemeldung, die mit <do:F10> bestätigt werden muß, um die Eingabe(n) aus dem Text zu entfernen.

Gelöschte Teile des Textes können durch <undo:Esc> nicht wieder hergestellt werden. 

Komponenten des Eingabefensters

In dem in Abbildung 16-6 zu sehenden Eingabefenster wurden die einzelnen Komponenten, die im folgenden beschrieben werden sollen, durch Pfeile und Beschriftung gekennzeichnet.

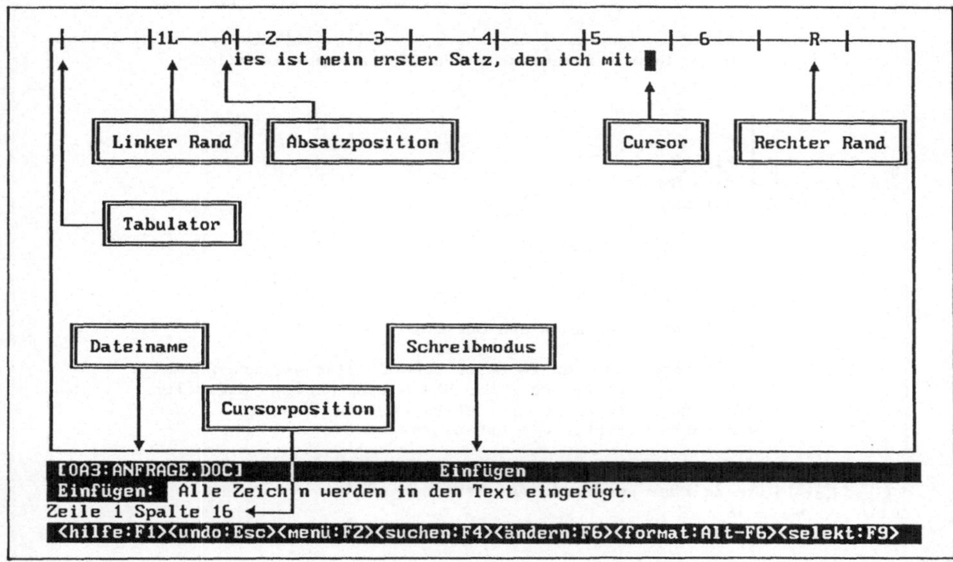

Abbildung 16-6 : Komponenten des Eingabefensters

Das Zeilenlineal - Einfaches Formatieren

Das am oberen Rand des Bildschirms zu sehende Zeilenlineal hat mehrere
Funktionen. Zum einen kann man mit dessen Hilfe die horizontale Position eines
beliebigen Zeichens bestimmen, zum anderen zeigt es die Tabulatorstops an und
gibt Informationen zum *Absatzformat*.

Absatzposition

Das *A* markiert die horizontale Position des ersten Zeichens der ersten Zeile eines
Absatzes. Alle weiteren Zeilen des Absatzes, sowie der linke Rand werden relativ
zu diesem Zeichen positioniert. Es bestehen zwei Möglichkeiten, einen ganzen
Absatz nach links oder rechts zu verschieben.

Um den Absatz direkt zu verschieben, setzen Sie den Cursor auf das erste
Zeichen des Absatzes. Mit <Rück> (auf der Tastatur rechts neben #) kann das *A*
und somit der Absatz nach links, mit der Leertaste (<leer>) nach rechts
verschoben werden.

Durch <format:Alt-F6> kann das Menü der *Format*-Parameter aufgerufen werden. Setzen Sie hier den Parameter *Autoeinrück* auf *Aus*, so
ist das direkte Verschieben für den Absatz, auf dem der Cursor steht,
nicht mehr möglich. Anstelle des Verschiebens werden Leerzeichen eingefügt.

Für das indirekte Verschieben eines Absatzes betätigen Sie <format:Alt-F6> und wählen die Option *Zeilenlineal* des *Format*-Menüs, während sich der Cursor im betreffenden Absatz befindet. Setzen Sie den Cursor, der nun im Zeilenlineal steht, auf die gewünschte Position und geben Sie dann ein *A* ein. Mit <do:F10> verlassen Sie das Zeilenlineal und springen wieder in den Text.

Linker Rand

Das *L* markiert die horizontale Position des ersten Zeichens aller weiteren Zeilen eines Absatzes. *Absatz* und *Linker Rand* können auch gleich eingestellt werden, wenn die erste Zeile eines Absatzes nicht eingerückt werden soll. Briefe werden zum Beispiel meist ohne Absatzeinrückung erstellt. Es bestehen zwei Möglichkeiten, daß *L* und somit den linken Rand eines Absatzes nach links oder rechts zu verschieben.

Zum direkten Verschieben setzen Sie den Cursor auf das erste Zeichen der zweiten Zeile des Absatzes. Mit <Rück> (auf der Tastatur rechts neben #) kann das *L* nach links, mit der Leertaste (<leer>) nach rechts verschoben werden.

Um den linken Rand indirekt zu verschieben, betätigen Sie <format:Alt-F6> und wählen die Option *Zeilenlineal* des *Format*-Menüs, während sich der Cursor im betreffenden Absatz befindet. Setzen Sie den Cursor, der nun im Zeilenlineal steht, auf die gewünschte Position und geben Sie dann ein *L* ein. Mit <do:F10> verlassen Sie das Zeilenlineal und kehren wieder in den Text zurück.

Rechter Rand

Der rechte Rand wird im Zeilenlineal durch ein *R* markiert. Er sorgt für den automatischen Zeilenumbruch und legt dadurch die Breite eines Absatzes fest.

Soll der automatische Zeilenumbruch für den Absatz, in dem der Cursor steht, ausgeschaltet werden, so muß durch <format:Alt-F6> das *Format*-Menü aufgerufen werden. Setzen Sie hier den Parameter *Zeilenumbruch* auf *Aus* und kehren Sie mit <format:Alt-F6> in den Text zurück. 

Der rechte Rand kann nur indirekt verschoben werden. Betätigen Sie <format:Alt-F6>, während sich der Cursor im betreffenden Absatz befindet. Setzen Sie den Cursor, der nun im Zeilenlineal steht, auf die gewünschte Position. Durch Eingabe eines *R* legen Sie den rechten Rand fest. Mit <do:F10> verlassen Sie das Zeilenlineal und springen wieder in den Text.

Das Fußfenster

Im Fenster am unteren Bildschirmrand wird der Dateiname des aktuellen Textes, die Position des Cursors im Text und der aktuelle Schreibmodus angezeigt.

Zwei Schreibmodi

Die Textverarbeitung bietet zwei verschiedene Schreibmodi zur Bearbeitung eines Textes an. Es gibt zwei Möglichkeiten, den gewünschten Schreibmodus zu wählen. Zum einen können Sie mit <zeil_einf:Strg-Ret> jederzeit während der Arbeit im Text von einem in den anderen Modus umschalten. Zum anderen läßt sich der Modus über die Optionen *Einfügen* und *Ersetzen*, des durch <menü:F2> aufzurufenden Menüs der Textverarbeitung verändern.

Einfügen

Dieser Modus ist nach dem Aufruf der Textverarbeitung aktiv. Alle eingegebenen Zeichen werden an der Cursorposition in den Text *eingefügt*.

Ersetzen

Im *Ersetzen*-Modus ersetzt jedes eingegebene Zeichen das durch den Cursor markierte Zeichen. Dieser Modus sollte nur bei Bedarf eingeschaltet werden, da er nicht alle Funktionen zur Texteingabe und -pflege bietet. Die Editierfunktionen weichen teilweise von denen im *Einfügen*-Modus ab.

> **!** Es kann kein neuer Absatz durch <ret> begonnen werden. Ein Leerzeichen wird nicht durch die Leertaste (<leer>) oder den Tabulator (<tab>), sondern durch <einfügen:Einfg> erzeugt. Mit Leertaste und Tabulator kann lediglich die Position des Cursors verändert werden. Auch das Löschen des links vom Cursor stehenden Zeichens durch <Rück> ist nicht möglich.

Im Ersetzen-Modus wird auch das Ende einer Leerzeile, die eigentlich ein leerer Absatz ist, durch ein kleines Dreieck gekennzeichnet.

Speichern eines Textes

Das Speichern eines Textes ist aus zwei Gründen sinnvoll. Zum einen können Sie den Text jederzeit wieder verwenden und ausdrucken, zum anderen ist Ihre Arbeit nicht verloren, wenn der Strom ausfällt oder der Rechner "abstürzt".

Manuell

MP: <menü:F2> - SIchern

Nach Aufruf der Option *Sichern* werden Sie nach dem Dateinamen gefragt, unter dem der Text abgespeichert werden soll. Vorgegeben wird hier der Name, den Sie beim Anlegen des Textes gewählt haben. Durch Überschreiben dieses Namens kann ein beliebiger anderer Name vergeben werden.

Automatisch

MP: <menü:F2> - EINStellungen

Um sich vor Datenverlusten bei Stromausfall oder "Absturz" des Rechners zu schützen, sollte der Text in bestimmten Zeitabständen gespeichert werden. Da dieser Vorgang den Arbeitsablauf stört und auch leicht vergessen werden kann, bietet die Textverarbeitung eine Möglichkeit zur Automatisierung. Nach Aufruf der Option *Einstellungen* wird ein kleines Fenster am unteren Bildschirmrand eingeblendet (s. Abbildung 16-7).

Der Cursor steht bereits auf dem Parameter *Sicherung-Int*, dessen Wert durch <ändern:F6> geändert werden kann. Tragen Sie die Anzahl der Sekunden ein, die ohne Änderungen am Text vergehen müssen, bis eine automatische Sicherung erfolgt. Mit <do:F10> schließen Sie die Eingabe ab und durch <menü:F2> verlassen Sie das Einstellungsmenü. Um die Änderung zu bestätigen, müssen Sie noch die Datei *CONFIG.OA3*, in der die Parameter abgelegt werden, speichern.

Durch Vergabe des Wertes 0 für den Parameter *Sicherung-Int* kann die automatische Sicherung wieder deaktiviert werden.

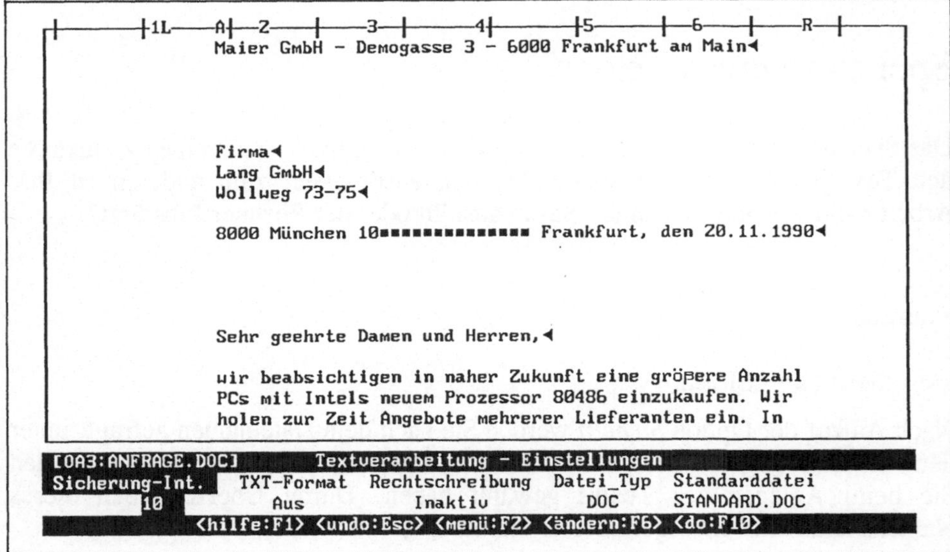

Abbildung 16-7 : Aktivieren der automatischen Sicherung

Verwendung eines automatisch gesicherten Textes

Die automatisch gespeicherten Texte werden in Dateien mit dem Suffix *ASD* (Automatische-Sicherung-Dokument) abgelegt, wenn es sich um einen Text vom Typ *Dokument* handelt. Beim Typ *Text* wird das Suffix AST (Automatische-Sicherung-Text) vergeben.

Ein automatisch gesicherter Text wird nur dann benötigt, wenn der Originaltext (Suffix *DOC* bzw. *TXT*) aus irgendwelchen Gründen (Stromausfall, etc.) beschädigt wurde. In diesem Fall muß das Suffix der Datei des automatisch gespeicherten Textes von *ASD* bzw. *AST* in *DOC* bzw. *TXT* umbenannt werden, da die Textverarbeitung nur Dateien mit diesem Suffix lesen kann.

Verlassen der Textverarbeitung

MP: <menü:F2> - MEnü I

Um die Arbeit mit der Textverarbeitung zu beenden, wählen Sie die Option *Menü I* des Menüs der Textverarbeitung. Wurden Textänderungen vorgenommen, aber noch nicht gespeichert, so wird das in Abbildung 16-8 zu sehende Fenster eingeblendet.

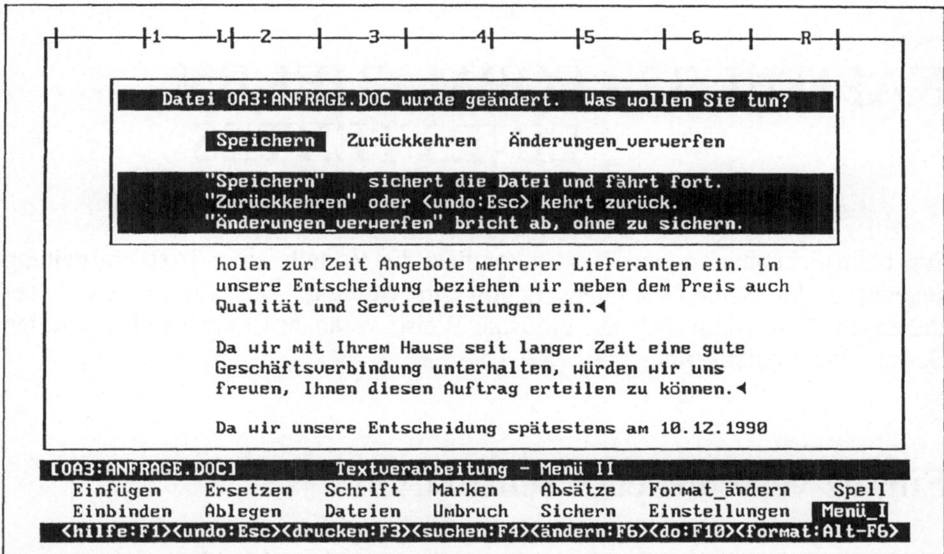

Abbildung 16-8 : Speichern eines geänderten Textes

Durch Wahl des Punktes *Speichern* können die Änderungen gespeichert werden. Wählen Sie *Änderungen_verwerfen*, um die Textverarbeitung zu verlassen, ohne die Änderungen zu speichern. Durch *Zurückkehren* kehren Sie in den Text zurück.

KAPITEL 17 - FORMATIEREN EINES TEXTES

Erst beim Formatieren eines Textes kommen die Vorteile einer Textverarbeitung gegenüber der Schreibmaschine richtig zur Geltung. Das Format eines bestehenden Textes läßt sich auf einfache Weise verändern und bietet vielfältige Gestaltungsmöglichkeiten.

Einsatz verschiedener Schriftarten

Die Open-Access-Textverarbeitung bietet Ihnen drei verschiedene Schriftarten, die beliebig miteinander kombiniert werden können. Insgesamt stehen damit also 8 Schriftarten zur Verfügung :

F .... **Fett**

U .... <u>Unterstrichen</u>

K .... *Kursiv*

FU .... **<u>Fett-Unterstrichen</u>**

FK .... ***Fett-Kursiv***

UK .... <u>*Unterstrichen-Kursiv*</u>

FUK .... **<u>*Fett-Unterstrichen-Kursiv*</u>**

.... Normal

Die angeführten Buchstaben vor den einzelnen Schriftarten werden am unteren Bildschirmrand hinter der *Spaltennummer* als *Modus* angezeigt, wenn der Cursor auf einem Zeichen mit besonderer Schriftart steht.

Direkte Vergabe

Sollen die eingegebenen Zeichen direkt mit einer anderen Schriftart versehen werden, so kann über <ändern:F6> das in Abbildung 17-1 zu sehende Fenster geöffnet werden.

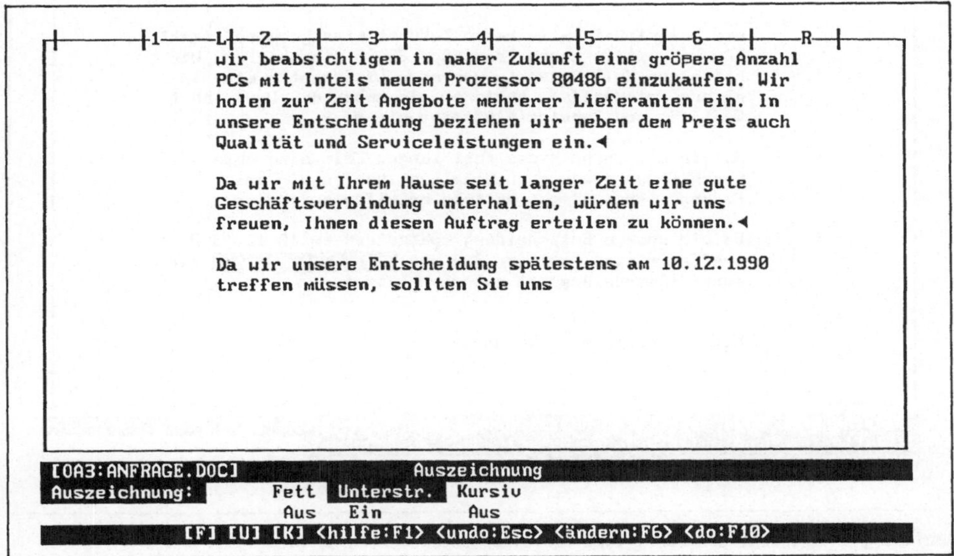

Abbildung 17-1 : Definition der Schriftart für die Texteingabe

Hier stehen die drei beliebig kombinierbaren Schriftarten als Parameter zur Verfügung. Normalerweise besitzen alle Parameter die Einstellung *Aus*. Mit <do:F10> oder Eingabe des Anfangsbuchstabens (*F*, *U* oder *K*) schalten Sie zwischen den Einstellungen *Aus* und *Ein* um. Die einzelnen Parameter wählen Sie mit <rechts> und <links> an. Nach Abschluß der Parametrierung kehren Sie durch <ändern:F6> in den Text zurück.

Alle nun eingegebenen Zeichen werden beim Ausdruck in der neu eingestellten Schriftart ausgegeben. Ob und wie die Schriftarten auf dem Bildschirm dargestellt werden, hängt vom verwendeten Bildschirmtreiber und Monitor ab.

Indirekte Vergabe

Soll ein bereits verfaßter Teil des Textes nachträglich mit einer anderen Schriftart versehen werden, so muß dieser Teil zunächst markiert werden. Um einen Textteil zu markieren, setzen Sie den Cursor an den Anfang des Abschnitts und betätigen <selekt:F9>. Bewegen Sie den Cursor nun ans Ende des Abschnitts, so wird der Text zwischen Cursor und Abschnittsbeginn invertiert dargestellt. Durch nochmaliges <selekt:F9> wird das Bereichsende markiert. Wird kein

Bereich festgelegt, kann die Funktion auf den gesamten Text angewendet werden. Rufen Sie nun durch <menü:F2> das Menü der Textverarbeitung auf. Durch die Option *Schrift* wird das in Abbildung 17-2 zu sehende Fenster eingeblendet.

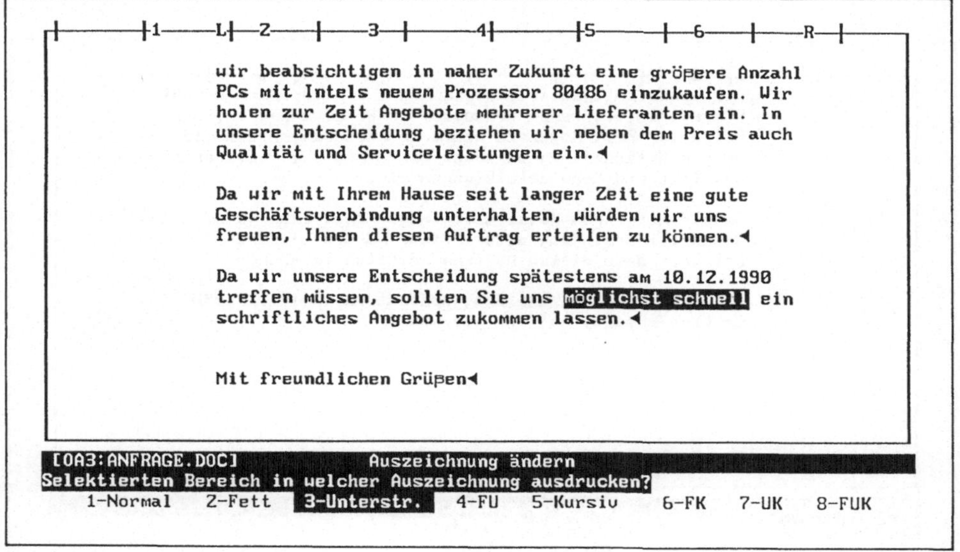

Abbildung 17-2 : Wahl der Schriftart für einen selektierten Bereich

Setzen Sie den Cursor auf die gewünschte Schriftart und bestätigen Sie Ihre Wahl mit <do:F10>. Alle Zeichen des selektierten Bereichs werden beim Ausdruck in dieser Schriftart ausgegeben. Ob und wie die Schriftarten auf dem Bildschirm dargestellt werden, hängt vom verwendeten Bildschirmtreiber und Monitor ab.

Absatzausrichtungen

Die Textverarbeitung bietet Ihnen nicht nur verschiedene Schriftarten, sondern auch vier verschiedene Absatzausrichtungen. Diese stehen bei der Arbeit mit Texten vom Typ *Text* allerdings nicht zur Verfügung.

Beispiele für die verfügbaren Ausrichtungstypen

Links

Dieser Absatz ist linksbündig ausgerichtet. Dieser Absatz ist linksbündig ausgerichtet. Dieser Absatz ist linksbündig ausgerichtet. Dieser Absatz ist linksbündig ausgerichtet. Dieser Absatz ist linksbündig ausgerichtet.

Rechts

Dieser Absatz ist rechtsbündig ausgerichtet. Dieser Absatz ist rechtsbündig ausgerichtet. Dieser Absatz ist rechtsbündig ausgerichtet. Dieser Absatz ist rechtsbündig ausgerichtet. Dieser Absatz ist rechtsbündig ausgerichtet.

Zentriert

Dieser Absatz ist zentriert ausgerichtet. Dieser Absatz ist zentriert ausgerichtet. Dieser Absatz ist zentriert ausgerichtet. Dieser Absatz ist zentriert ausgerichtet. Dieser Absatz ist zentriert ausgerichtet.

Beide

Dieser Absatz ist im Blocksatz ausgerichtet. Dieser Absatz ist im Blocksatz ausgerichtet. Dieser Absatz ist im Blocksatz ausgerichtet. Dieser Absatz ist im Blocksatz ausgerichtet. Dieser Absatz ist im Blocksatz ausgerichtet.

Vergabe eines Ausrichtungstyps

Um einen Ausrichtungstyp zu vergeben, betätigen Sie <format:Alt-F6> während sich der Cursor im gewünschten Absatz befindet. Im dann erscheinenden *Format*-Menü kann der Ausrichtungstyp über den Parameter *Ausr* festgelegt werden. Dessen Einstellung kann mit <do:F10> geändert werden. Durch <format:Alt-F6> kehren Sie wieder zurück in den Text.

Die Silbentrennung

Um das teilweise unschöne Erscheinungsbild eines Absatzes im Blocksatz zu verändern, ist es nötig, lange Worte zu trennen (s. Abbildung 17-3).

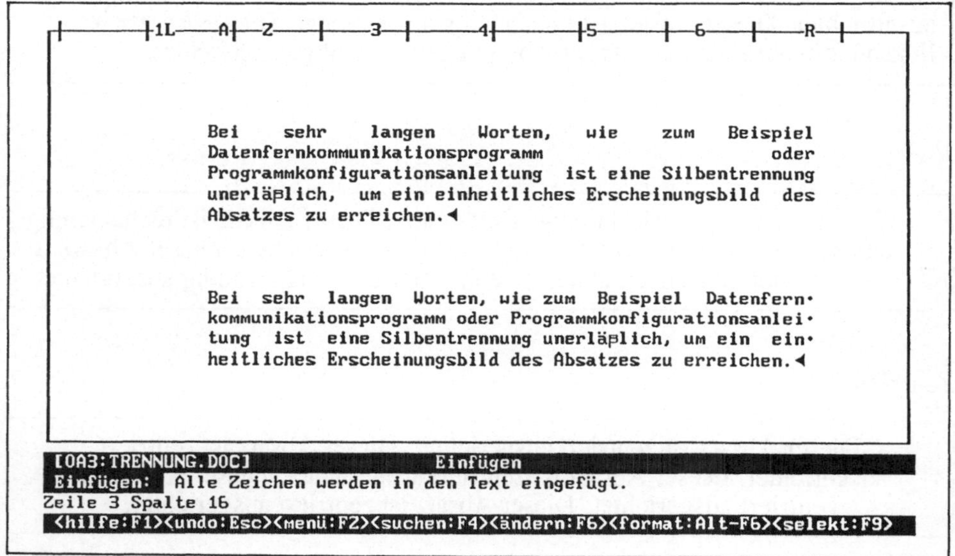

Abbildung 17-3 : Trennen langer Worte

Manuell

Verwenden Sie zur Trennung langer Worte nicht den Bindestrich, sondern den Trennungsstrich. Diesen erreichen Sie, indem Sie den Bindestrich (-) betätigen, während Sie <shift> gedrückt halten. Der Trennstrich wird auf dem Bildschirm auch dann dargestellt, wenn er nicht am Zeilenende steht. Beim Ausdruck werden allerdings - im Gegensatz zum Bindestrich - nur die Trennstriche am Zeilenende berücksichtigt.

Aus dem Satz

Dies ist ein sehr kleines Bei•spiel für den Einsatz der oben be•schriebenen Trenn•striche zur Trennung langer Worte.

wird beim Ausdruck

Dies ist ein sehr kleines Beispiel für den Einsatz der oben be-schriebenen Trennstriche zur Trennung langer Worte.

Texte vom Typ Text

Bei Texten vom Typ *Text* stehen die Trennstriche nicht zur Verfügung. Es muß daher der Bindestrich als Ersatz verwendet werden. Ein Bindestrich wird allerdings auch dann gedruckt, wenn er nicht am Zeilenende steht.

Automatisch

Da es sehr aufwendig ist, in einem großen Text alle Trennstriche per Hand einzufügen, bietet die Open-Access-Textverarbeitung eine automatische Silbentrennung.

Zuerst muß der Bereich des Textes markiert werden, in dem die Textverarbeitung die automatische Trennung durchführen soll. Um einen Textteil zu markieren, setzen Sie den Cursor an den Anfang des Abschnitts und betätigen <selekt:F9>. Bewegen Sie den Cursor nun ans Ende des Abschnitts, so wird der Text zwischen Cursor und Abschnittsbeginn invertiert dargestellt. Durch nochmaliges Betätigen von <selekt:F9> wird das Bereichsende markiert. Wird kein Bereich festgelegt, kann die Funktion auf den gesamten Text angewendet werden. Selektieren Sie nun bitte die Option *Spell* des durch <menü:F2> aufzurufenden Menüs der Textverarbeitung. Daraufhin erscheint das in Abbildung 17-4 zu sehende Fenster.

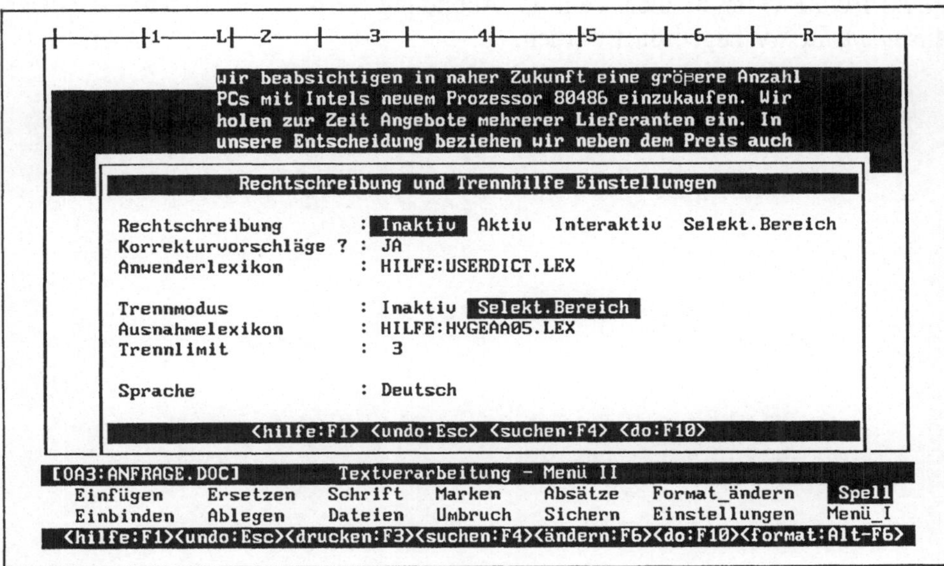

Abbildung 17-4 : Verwendung der automatischen Trennhilfe

Setzen Sie den Cursor durch <ab> auf den Parameter *Trennmodus* und wählen Sie durch <ändern:F6> die Einstellung *Selekt.Bereich*. Der Parameter *Trennlimit* legt fest, wieviele Zeichen links und rechts des Trennstrichs mindestens

mindestens stehen müssen, damit ein Wort getrennt werden kann. Durch
<do:F10> wird der Vorgang gestartet.

Das Ausnahmelexikon

Die beim automatischen Trennen anzuwendenden Regeln können für bis zu 2000
Worte vom Anwender definiert werden. Starten Sie dazu das Programm
EXCEP.EXE über die *DOS*-Option des Desk-Managers :

        CD \oa3\hilfe

Schließen Sie diese Angabe mit Return (<ret>) ab und rufen Sie erneut die
DOS-Option auf. Nun geben Sie

        excep

ein und bestätigen dies ebenfalls durch <ret>. Nach dem Aufruf des Programms
bringt ein weiteres <ret> das Titelbild des Programms. Hier finden Sie auch die
nötigen Hinweise zur Anwendung. Das Ausnahmelexikon (Standarddateiname
VDEAA05.LEX) muß noch dem in Abbildung 17-4 zu sehenden Parameter
Ausnahmelexikon zugeordnet werden.

KAPITEL 18 - FUNKTIONEN FÜR TEXTBEREICHE

Ein Textbereich, der kopiert, verschoben oder gelöscht werden soll, muß zuvor markiert werden. Dazu setzen Sie den Cursor an den Anfang des Abschnitts und betätigen <selekt:F9>. Bewegen Sie den Cursor nun ans Ende des Abschnitts, so wird der Text zwischen Cursor und Abschnittsbeginn invertiert dargestellt. Durch nochmaliges Betätigen von <selekt:F9> wird das Bereichsende markiert.

Bedeutung der Zwischenablage

Realisiert wird das Verschieben und Kopieren eines Textes über die sogenannte Zwischenablage. Deren Funktion ist in Abbildung 18-1 skizziert.

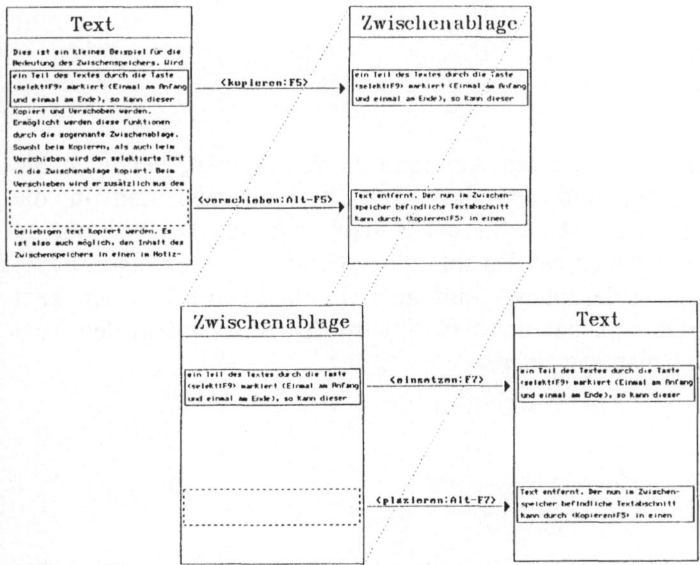

Abbildung 18-1 : Bedeutung der Zwischenablage

Der selektierte Text wird sowohl beim Kopieren, als auch beim Verschieben in die Zwischenablage kopiert. Beim Verschieben wird er zusätzlich aus dem Text entfernt.

> **!** Der Inhalt der Zwischenablage bleibt erhalten, bis wieder ein Textbereich
> kopiert oder verschoben wird. Dadurch kann auch ein Teil eines Textes in
> einen anderen Text kopiert oder verschoben werden. Auch im *Notizblock*

des *Desk-Managers* stehen die Kopier- und Verschiebefunktionen zur Verfügung.
Es bereitet auch keine Probleme, einen Teil eines Textes vom Typ *Dokument* in
einen Text vom Typ *Text* zu integrieren. Auch der umgekehrte Vorgang (von
Text in *Dokument*) ist möglich.

Kopieren

Um den mit <selekt:F9> markierten Bereich des Textes zu kopieren, betätigen
Sie <kopieren:F5>, um ihn in die Zwischenablage zu kopieren. Setzen Sie den
Cursor dann an die Position, an welche der markierte Bereich kopiert werden soll
und betätigen Sie <einfügen:F7>. Der Bereich kann durch wiederholtes
<einfügen:F7> beliebig oft in den Text eingefügt werden. Durch
<plazieren:Alt-F7> wird der Bereich ebenfalls eingefügt. Zusätzlich wird aber
die Zwischenablage geleert.

Verschieben

Um den mit <selekt:F9> markierten Abschnitt zu verschieben, betätigen Sie
<verschieben:Alt-F5>, um ihn aus dem Text zu entfernen und in die
Zwischenablage zu kopieren. Setzen Sie den Cursor dann an die Position, an
welche der Abschnitt verschoben werden soll und betätigen Sie <einfügen:F7>.
Der Bereich kann durch wiederholtes <einfügen:F7> beliebig oft in den Text
eingefügt werden. Durch <plazieren:Alt-F7> wird der Abschnitt in den Text
eingefügt und die Zwischenablage geleert.

Löschen

Soll der durch <selekt:F9> markierte Bereich gelöscht werden, so verfahren Sie
wie beim *Verschieben*, setzen den Inhalt der Zwischenablage aber nicht wieder in
den Text ein. Betätigen Sie <verschieben:Alt-F5>, um den markierten Bereich
aus dem Text zu entfernen und in die Zwischenablage zu kopieren.

KAPITEL 19 - DIE RECHTSCHREIB-HILFE

Die Open-Access-Textverarbeitung enthält eine sehr leistungsfähige Rechtschreibhilfe, die Ihre Texte auf Rechtschreibfehler untersucht.

Das Prinzip

Die Überprüfung eines Textes auf Rechtschreibfehler erfolgt durch einen Vergleich der Worte mit denen eines Lexikons. Wenn ein Wort nicht in diesem Lexikon vertreten ist, nimmt die Rechtschreibhilfe an, daß ein Rechtschreibfehler vorliegt. Aus diesem Grunde werden ausgefallene und anwenderbezogene Worte wie *Umsatzsteuergesetz* oder *Heinchenweg* zu einer Fehlermeldung führen, auch wenn diese korrekt geschrieben wurden. Um die Anzahl solcher Fehlermeldungen, denen kein Rechtschreibfehler zugrunde liegt, zu begrenzen, kann das Lexikon vom Anwender ergänzt werden.

Andererseits erkennt die Rechtschreibhilfe offensichtlich falsch geschriebene Worte nicht, wenn diese in einem anderen Kontext sinnvoll sind. So wird im Satz

> Er lehnte sich an einen Baumes.

das Wort *Baumes* nicht als falsch erkannt, weil es in dem Satz

> Sie sah die Krone des Baumes.

korrekt ist.

Die Modi der Rechtschreibhilfe

Die Rechtschreibhilfe kennt drei verschiedene Modi, die wir nun kurz vorstellen wollen.

Inaktiv

In diesem Modus wird keine Überprüfung auf Rechtschreibfehler durchgeführt. Er ist beim ersten Aufruf der Textverarbeitung eingestellt.

Aktiv

Im *Aktiv*-Modus gibt die Rechtschreibhilfe ein akustisches Signal ("Piepton") aus, wenn das gerade eingegebene Wort aufgrund des Vergleichs mit dem Lexikon anscheinend einen Rechtschreibfehler enthält.

Interaktiv

Dieser Modus sorgt dafür, daß beim Auftreten eines Fehlers, neben einem akustischen Signal ("Piepton") auch eine Liste mit Korrekturvorschlägen eingeblendet wird.

Aktivieren

Es gibt zwei Wege, die Rechtschreibhilfe zu aktivieren. Da das Einlesen des Lexikons einige Zeit in Anspruch nimmt, sollte die Aktivierung auf Rechnern mit einer langsamen Festplatte nur bei Bedarf und nicht beim Aufruf der Textverarbeitung durchgeführt werden.

Beim Aufruf der Textverarbeitung

Wählen Sie in dem nach dem Aufruf der Textverarbeitung zu sehenden Menü die Option *Einstellungen*. Es wird ein Fenster mit den *Textverarbeitung-Einstellungen* geöffnet. Setzen Sie den Cursor auf die Option *Rechtschreibung* und wählen Sie durch <ändern:F6> den gewünschten Modus. Bestätigen Sie Ihre Wahl mit <menü:F2> und speichern Sie die Datei *CONFIG.OA3*, in der die *Einstellungen* abgelegt werden, mit <do:F10> ab.

> Die automatische Aktivierung der Rechtschreibhilfe wird erst beim nächsten Aufruf der Textverarbeitung aus dem Open-Access-Hauptmenü aktiv. Sie müssen die Textverarbeitung also erst verlassen, nachdem Sie die *Einstellungen* geändert haben. Natürlich können Sie auch die unten beschriebene Methode zur Aktivierung verwenden.

Während der Bearbeitung eines Textes

Durch Wahl der Option *Spell*, des durch <menü:F2> aufzurufenden Menüs der Textverarbeitung, kann die Rechtschreibhilfe während der Bearbeitung eines Textes aktiviert werden.

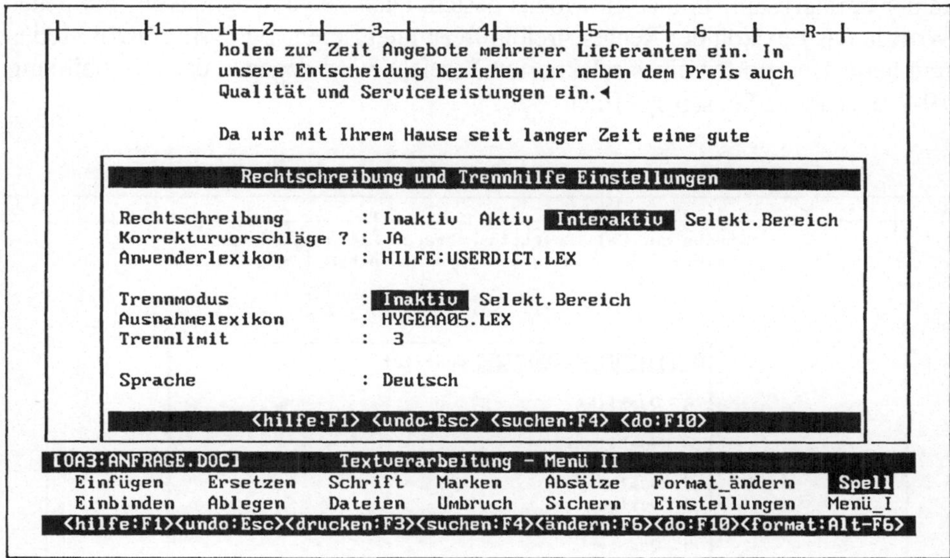

Abbildung 19-1 : Aktivieren der Rechtschreibhilfe

Es wird ein Fenster eingeblendet, in dem Sie den Parameter *Rechtschreibung* durch <ändern:F6> mit dem gewünschten Modus belegen können.

Nachträgliches Prüfen auf Rechtschreibfehler

Die Einstellung *Selekt.Bereich* ermöglicht es, einen markierten Abschnitt des Textes auf Rechtschreibfehler zu untersuchen. Sie markieren einen Textbereich, indem Sie den Cursor an den Anfang des Bereichs setzen und <selekt:F9> betätigen. Bewegen Sie den Cursor nun ans Ende des Bereichs, so wird der Text zwischen Cursor und Bereichsbeginn invertiert dargestellt. Durch nochmaliges <selekt:F9> wird das Bereichsende markiert.

Unterdrücken von Korrekturvorschlägen

Sollen beim Prüfen eines markierten Bereichs keine Korrekturvorschläge gegeben werden, setzen Sie den Parameter *Korrekturvorschläge* durch <ändern:F6> auf *NEIN*. Die Einstellung *NEIN* unterdrückt auch die Korrekturvorschläge beim Interaktiv-Modus.

Anwendung

Im *Aktiv*-Modus macht lediglich ein akustisches Signal auf einen Rechtschreibfehler aufmerksam. In diesem Modus besteht auch keine Möglichkeit, ein neues
Wort in das Lexikon der Rechtschreibhilfe zu integrieren. Beim *Interaktiv*-Modus
und beim Überprüfen eines selektierten Bereichs wird dagegen das in Abbildung
19-2 zu sehende Fenster geöffnet.

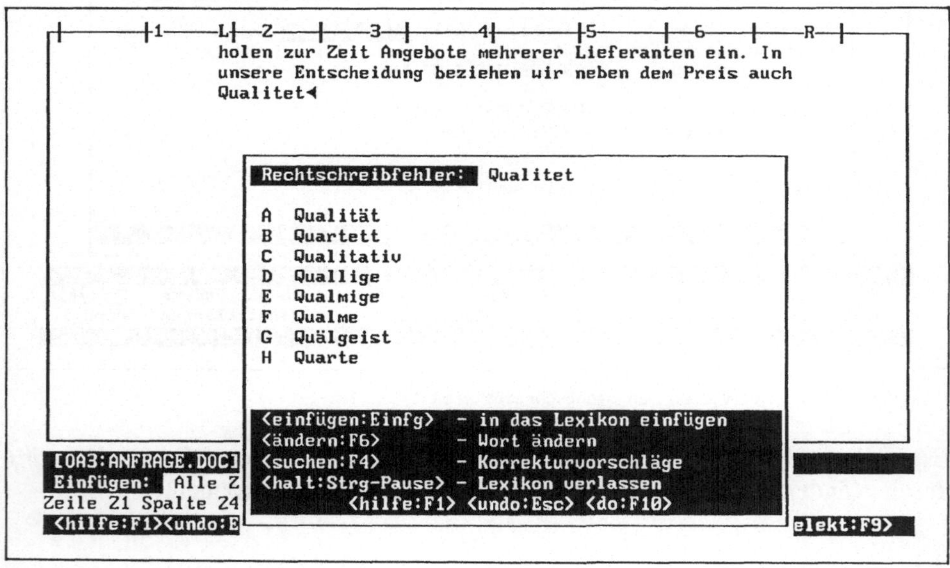

Abbildung 19-2 : Anzeige eines Rechtschreibfehlers

Im Kopf des Fensters wird das Wort angezeigt, das nach Aussage des Lexikons
der Rechtschreibhilfe einen Fehler enthält. Die Liste der Korrekturvorschläge
(mit den Buchstaben des Alphabets gekennzeichnet) wird nur eingeblendet,
wenn der Parameter *Korrekturvorschläge* die Einstellung *JA* besitzt.

Verwenden eines Korrekturvorschlags

Betätigen Sie den Buchstaben, der dem zutreffenden Korrekturvorschlag zugeordnet ist, so wird der Rechtschreibfehler automatisch behoben.

Korrigieren eines fehlerhaften Wortes

Durch <ändern:F6> springt der Cursor an den Anfang des fehlerhaften Wortes im Kopf des Fensters. Sie können dieses berichtigen und die Korrektur mit <do:F10> abschließen. Enthält das so korrigierte Wort keinen Rechtschreibfehler mehr, wird der Fehler auch im Text behoben.

Einfügen eines neuen Wortes ins Rechtschreiblexikon

Mit <einfügen:Einfg> können Sie das im Kopf des Fensters dargestellte Wort in das Lexikon der Rechtschreibhilfe aufnehmen.

Das Anwenderlexikon

Ein neues Wort wird nicht in das eigentliche Lexikon, sondern in das sogenannte *Anwenderlexikon* eingetragen. Dadurch, daß der Dateiname des Anwenderlexikons über die Option *Spell* des Textverarbeitungsmenüs geändert werden kann, ist es möglich, mehrere Anwenderlexika anzulegen.

Ein Anwenderlexikon enthält die eingefügten Worte in alphabetischer Reihenfolge. Es ist im Format eines Textes angelegt, so daß Sie die Möglichkeit haben, es über den *Notizblock* des *Desk-Managers* oder die Textverarbeitung zu ändern. Sie können neue Begriffe in die Liste einfügen und bestehende ändern oder löschen. Beim Einfügen und Ändern muß allerdings auf die korrekte alphabetische Reihenfolge in der Liste geachtet werden.

Verschiedene Sprachen

Mit dem deutschen Open Access III werden die Sprachen *Deutsch* und *Britisches_Englisch* geliefert. Um die Sprache zu wählen, rufen Sie die Option *Spell* des Textverarbeitungsmenüs auf. Teilen Sie dem Parameter *Sprache* mittels <suchen:F4> und Auswahl der gewünschten Sprache die gewünschte Einstellung zu. Die übrigen Sprachen der über <suchen:F4> aufzurufenden Liste müssen zusätzlich erworben werden.

KAPITEL 20 - VERSCHIEDENE SUCHFUNKTIONEN

Während der Arbeit mit großen Texten ist es teilweise sehr schwierig, ein bestimmtes Wort oder eine bestimmte Textstelle zu finden. Dabei erweisen sich die Suchfunktionen der Textverarbeitung als sehr nützlich. Auch wenn ein bestimmtes Wort durch ein anderes ersetzt werden soll, stellt Ihnen die Textverarbeitung ein Hilfsmittel zur Verfügung.

Suchen eines Wortes

MP: <suchen:F4> - Text

Nach dem Aufruf müssen Sie angeben, welches *Vorkommen* des gesuchten Wortes Sie interessiert. Geben Sie zum Beispiel eine *3* an, wird das gesuchte Wort zweimal übersprungen und erst beim drittenmal angezeigt. Betätigen Sie <suchen:F4>, so wird nach dem letzten Vorkommen des Wortes im Text gesucht. Danach muß das gesuchte Wort angegeben werden. Groß-/Kleinschreibung wird bei der Suche nicht berücksichtigt.

Die Suche beginnt grundsätzlich an der Cursorposition. Wurde das gesuchte Wort gefunden, so kann das nächste Vorkommen des Wortes durch zweimaliges Betätigen von <suchen:F4> gesucht werden. Wurde die Zeichenfolge nicht gefunden, so wird eine Fehlermeldung ausgegeben.

Ersetzen eines Wortes

MP: <suchen:F4> - Ersetzen

Nach dem Aufruf müssen Sie angeben, wie oft das Wort durch ein anderes ersetzt werden soll. Betätigen Sie <suchen:F4>, wenn das Wort im ganzen Text ersetzt werden soll. Daraufhin muß das zu ersetzende Wort und das Wort, welches dieses ersetzen soll, angegeben werden. Die Suche nach dem zu ersetzenden Wort beginnt grundsätzlich an der Cursorposition. Wurde das Wort gefunden, kann es durch <do:F10> ersetzt werden. Mit <undo:Esc> brechen Sie den Vorgang ab und mit <suchen:F4> wird das nächste Vorkommen des Wortes gesucht.

Suchen oder Ersetzen eines Wortteiles

Soll ein Wortteil - also eine Zeichenfolge, die nicht zwingend beidseitig durch Leerzeichen abgeschlossen wird - gesucht oder ersetzt werden, verfahren Sie wie beim Suchen oder Ersetzen eines Wortes. Bei der Angabe des gesuchten bzw. zu ersetzenden Wortes betätigen Sie einmal <ändern:F6>, um auf *Wortteil* umzuschalten. Diese Einstellung kann auf die gleiche Weise wieder rückgängig gemacht werden.

Marken

Durch *Marken* können pro Text bis zu acht wichtige Abschnitte gekennzeichnet werden. Jeder Marke kann ein Buchstabe von *A* bis *Z* zugeordnet werden.

Setzen

MP: <menü:F2> - MArken

Setzen Sie den Cursor auf die Textstelle, die mit einer Marke versehen werden soll. Rufen Sie dann die Option *Marken* des Menüs der Textverarbeitung auf und geben Sie den der Marke zuzuordnenden Buchstaben ein.

Suchen

MP: <suchen:F4> - MArken

Der Cursor wird durch Angabe des Buchstabens einer gesetzten Marke auf die zugehörige Textstelle gesetzt.

Zeilennummern

<suchen:F4> - Zeilennummern

Nach dem Aufruf geben Sie die Nummer der Zeile an, in die der Cursor gesetzt werden soll. Es spielt keine Rolle, an welcher Stelle der Cursor vor dem Aufruf steht. Ist die eingegebene Nummer größer als die der letzten Zeile des Textes, so wird der Cursor an das Ende des Textes gesetzt.

KAPITEL 21 - STANDARD-ABSATZFORMATE UND ABKÜRZUNGEN

Sowohl die *Standard-Absatzformate*, als auch die *Abkürzungen* erleichtern und beschleunigen die Erstellung eines Textes.

Standard-Absatzformate

Bedeutung

Für jedes Standard-Absatzformat können die in den Kapiteln 16 und 17 beschriebenen Parameter

> Linker Rand
> Absatzposition
> Rechter Rand
> Zeilenumbruch
> Automatisches Einrücken
> Absatzausrichtung

definiert werden. Auf einfache Weise lassen sich die Einstellungen eines Standard-Absatzformates beliebig vielen Absätzen des Textes zuordnen.

Definition

MP: <menü:F2> - <u>ABS</u>ätze

Nach dem Aufruf wird das in Abbildung 21-1 zu sehende Fenster geöffnet. Es können die Parameter für die mit den Buchstaben *A* bis *H* versehenen Standard-Absatzformate eingestellt werden. Durch Angabe des zugehörigen Buchstabens wird ein Standard-Absatzformat später einem Absatz des Textes zugeordnet.

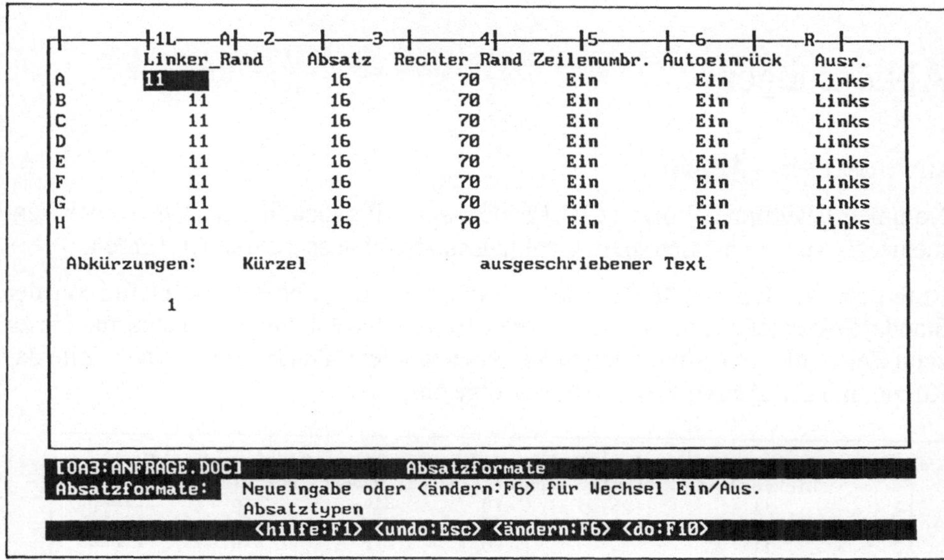

Abbildung 21-1 : Parametrieren der Standard-Absatzformate

Einsatz

MP: <menü:F2> - *F*ormat_ändern

Um einem oder mehreren Absätzen des Textes ein Standard-Absatzformat zuzuordnen, muß der betreffende Textbereich markiert werden.

Um einen Textbereich zu markieren, setzen Sie den Cursor an den Anfang des Bereichs und betätigen <selekt:F9>. Bewegen Sie den Cursor nun ans Ende des Bereichs, so wird der Text zwischen Cursor und Bereichsbeginn invertiert dargestellt. Durch nochmaliges <selekt:F9> wird das Bereichsende markiert. Wird kein Bereich festgelegt, kann die Funktion auf den gesamten Text angewendet werden.

Wählen Sie nun die Option *Format_ändern* und geben Sie den Buchstaben des gewünschten Standard-Absatzformates ein. Über <suchen:F4> kann auch das in Abbildung 21-1 zu sehende Fenster geöffnet werden.

Die Zuordnung eines Standard-Absatzformates kann auch über die Option *Format_laden* der über <ändern:F6> vorzunehmenden direkten Absatzformatierung vollzogen werden.

Abkürzungen

MP: <menü:F2> - ABSätze

Kommen bestimmte Worte (z.B. Firmenname, Eigenname, etc.) in einem Text mehrmals vor, so müssen diese nicht jedesmal voll ausgeschrieben werden.

Rufen Sie die Option *Absätze* auf, so erscheint das Fenster zur Definition der Standard-Absatzformate. In der unteren Hälfte dieses Fensters können für bis zu zehn Zeichenfolgen Abkürzungen vergeben werden. Tragen Sie in einer Zeile das Kürzel und die abzukürzende Zeichenfolge ein.

```
|    |1L    A| 2    |    3    |    4|       |5       |  6      |    R  |
         Linker_Rand    Absatz  Rechter_Rand Zeilenumbr. Autoeinrück   Ausr.
A          11            16         70         Ein        Ein         Links
B          11            16         70         Ein        Ein         Links
C          11            16         70         Ein        Ein         Links
D          11            16         70         Ein        Ein         Links
E          11            16         70         Ein        Ein         Links
F          11            16         70         Ein        Ein         Links
G          11            16         70         Ein        Ein         Links
H          11            16         70         Ein        Ein         Links

   Abkürzungen:      Kürzel                   ausgeschriebener Text

              1       m                        Maier GmbH
              2       f                        Frankfurt
              3


[OA3:ANFRAGE.DOC]                 Absatzformate
Absatzformate:    Neueingabe oder <ändern:F6> für Wechsel Ein/Aus.
                  Abkürzungen
                  <hilfe:F1> <undo:Esc> <ändern:F6> <do:F10>
```

Abbildung 21-2 : Definition einer Abkürzung

Wann immer Sie im Text nun das gewählte Kürzel verwenden, wird dieses automatisch durch die zugehörige Zeichenfolge ersetzt.

> ⚠ Das Kürzel wird nur dann durch die zugehörige Zeichenfolge ersetzt, wenn der Schreibmodus *Einfügen* eingestellt ist und die Eingabe des Kürzels durch die *Leertaste* (<leer>) oder die *Return*-Taste (<ret>) abgeschlossen wurde.

KAPITEL 22 - DATEIFUNKTIONEN

Die Textverarbeitung bietet Ihnen die Möglichkeit, mehrere Texte auf einfache Weise nebeneinander zu bearbeiten. Auch das Ablegen eines bestimmten Textbereichs und das Einfügen eines Textes in einen anderen werden unterstützt.

Einbinden eines Textes

MP: <menü:F2> - EINBinden

Um einen bereits angelegten Text in den gerade bearbeiteten Text einzufügen, wählen Sie die Option *Einbinden*. Geben Sie dann den Dateinamen des einzubindenden Textes an oder wählen Sie diesen über <suchen:F4> aus der Dateiliste. Nachdem Sie den Dateinamen mit <do:F10> bestätigt haben, wird der Text an der Cursorposition eingefügt.

Ablegen eines Textbereichs

MP: <menü:F2> - ABLegen

Durch diese Funktion kann ein Bereich des gerade bearbeiteten Textes in einer eigenen Datei abgelegt werden. Der Text wird dabei nicht verändert. Bevor ein Textbereich abgelegt werden kann, muß er markiert werden. Um einen Textbereich zu markieren, setzen Sie den Cursor an den Anfang des Bereichs und betätigen <selekt:F9>. Bewegen Sie den Cursor nun ans Ende des Bereichs, so wird der Text zwischen Cursor und Bereichsbeginn invertiert dargestellt. Durch nochmaliges <selekt:F9> wird das Bereichsende markiert. Wählen Sie nun die Option *Ablegen* und geben Sie den gewünschten Namen für die Datei an, in welcher der markierte Bereich abgelegt werden soll. Der so gespeicherte Bereich kann nun wie ein normaler Text verwendet werden.

Arbeiten mit mehreren Texten

Die Open-Access-Textverarbeitung kann ab Version 3.0 bis zu 15 beliebig lange Texte gleichzeitig verwalten. Wieviel Texte Ihr Computer auf einmal laden kann, hängt vom verfügbaren Speicherplatz ab.

Von allen gleichzeitig geladenen Texten kann immer nur einer aktiv sein. Nur der aktive Text wird im Eingabefenster angezeigt.

Die Liste der geöffneten Dateien

MP: <menü:F2> - Dateien

Nach dem Aufruf der Option erscheint die in Abbildung 22-1 zu sehende Liste der offenen Dateien. Beim ersten Aufruf enthält die Liste nur die Datei des gerade bearbeiteten Textes. In der Spalte *Status* wird angezeigt, ob der zur Datei gehörige Text geändert wurde. Beim Verlassen der Textverarbeitung ist das Speichern aller geänderten Texte möglich.

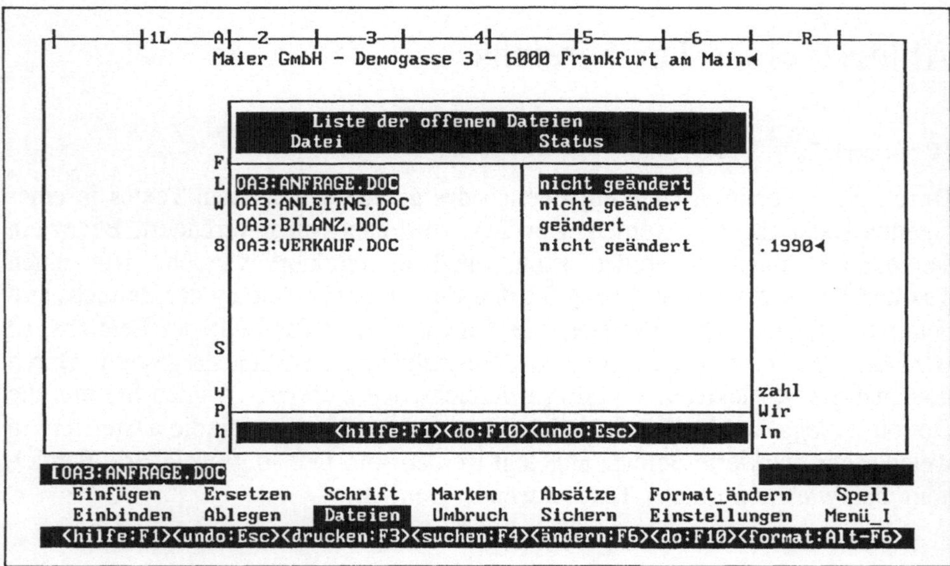

Abbildung 22-1 : Die Liste der offenen Dateien

Öffnen einer weiteren Datei

Über <einfügen:Einfg> kann ein weiterer Text geöffnet werden. Der Name der Datei, in welcher der Text abgelegt wurde, muß angegeben oder über <suchen:F4> aus der Dateiliste gewählt werden. Danach wird die Liste der geöffneten Dateien verlassen und der neu geöffnete Text steht zur Bearbeitung bereit. Das Kopieren und Verschieben eines Textbereiches von einem Text in den anderen, gestaltet sich durch das gleichzeitige Laden dieser beiden Texte besonders einfach.

Schließen einer Datei

Über <löschen:Entf> kann ein Text aus der Liste der geöffneten Dateien entfernt werden. Wurden an diesem Text Änderungen vorgenommen, so bietet Ihnen die Textverarbeitung an, die Änderungen zu speichern. Wird die Datei des gerade aktiven Textes geschlossen, so wird der nächste Text geöffnet.

Selektieren eines anderen Textes

Es bestehen zwei Möglichkeiten, die Arbeit mit dem aktuellen Text zu beenden und einen anderen Text zu aktivieren. Im Gegensatz zum Verlassen des Textes über die Option *Menü 1* werden vorgenommene Änderungen nicht automatisch gespeichert. Speichern Sie geänderte Texte bei der Arbeit mit mehreren Texten daher des öfteren manuell oder über die automatische Sicherung, um Datenverluste zu vermeiden.

Der Cursor steht beim Aktivieren eines Textes grundsätzlich am Textanfang. Wenn Sie nach der Arbeit mit einem anderen Text wieder in den zuvor aktiven Text zurückkehren, steht der Cursor also nicht mehr an der Stelle, an der er stand, als der Text verlassen wurde. Machen Sie sich die Suchfunktionen oder *Marken* zunutze, um dieses Manko abzuschwächen.

Aus der Liste

MP: <menü:F2> - <u>D</u>ateien

In der Liste der geöffneten Dateien setzen Sie den Cursor mit <ab> auf die gewünschte Datei und quittieren dies mit <do:F10>. Der zur Datei gehörige Text steht daraufhin zur Bearbeitung bereit.

Im Eingabefenster

Betätigen Sie <nächste_Datei:Alt-F10> während der Arbeit an einem Text. Es wird der Text zur Bearbeitung bereitgestellt, der in der Liste auf den gerade aktiven folgt.

KAPITEL 23 - DRUCKEN EINES TEXTES

Betätigen Sie <drucken:F3>, um den gerade bearbeiteten Text zu drucken. Wurden die Druckparameter dieses Textes noch nicht eingestellt, so erscheint die Liste der verfügbaren Ausgabegeräte. Nachdem Sie Ihre Wahl getroffen haben, bestätigen Sie diese durch <do:F10>. Es erscheint das in Abbildung 23-1 zu sehende Fenster zur Definition der Druckparameter.

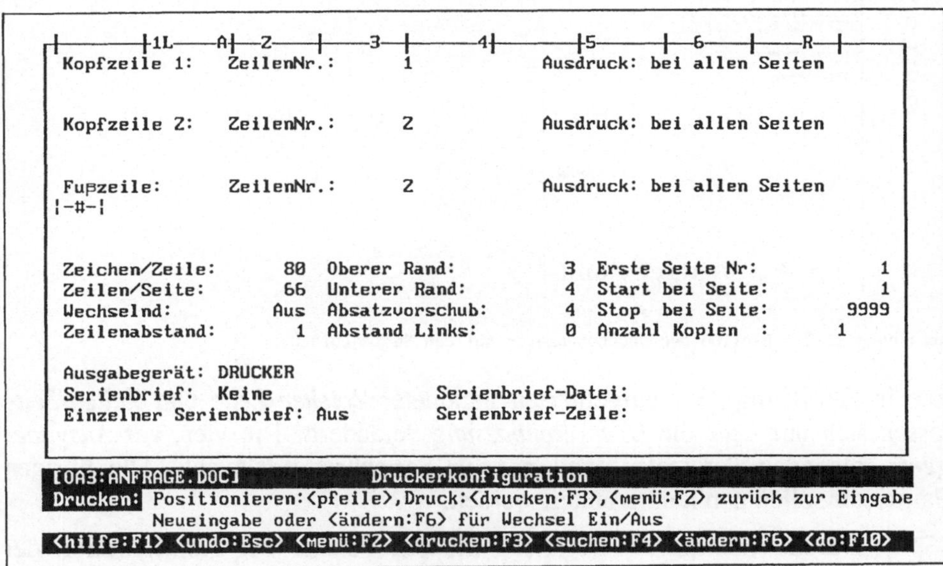

Abbildung 23-1 : Das Fenster der Druckparameter

Durch <do:F10> oder <drucken:F3> kann der Text nun direkt ausgedruckt werden. Das Erscheinungsbild des Ausdrucks kann zuvor noch durch mehrere Parameter verändert werden.

Die Druckparameter

Die einzelnen Druckparameter erreichen Sie besonders einfach, indem Sie den Cursor durch Return (<ret>) von einem zum nächsten Parameter bewegen.

Um die Bedeutung der für die Aufteilung einer Druckseite verantwortlichen Druckparameter zu illustrieren, wurde die in Abbildung 23-2 zu sehende Skizze angefertigt.

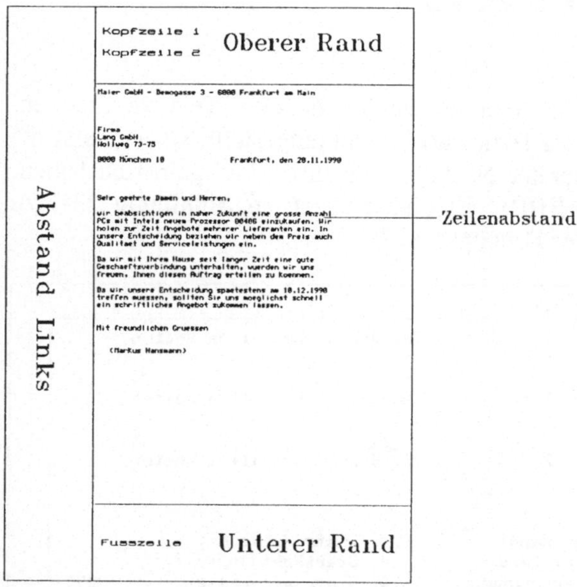

Abbildung 23-2 : Einfluß der Druckparameter auf den Seitenaufbau

Die in Abbildung 23-1 aufgeführten Parameter *Zeichen/Zeile* und *Zeilen/Seite* lassen sich nur über die *Druckeranpassung* verändern. Die vier, auf *Ausgabegerät* folgenden Parameter, sind nur für Serienbriefe relevant. Alle übrigen Parameter sollen nun kurz erläutert werden.

Durch <menü:F2> verlassen Sie das Fenster zur Konfiguration der Druckparameter und kehren wieder in den Text zurück. Änderungen der Parameter werden mit dem Text gespeichert, stehen also beim nächsten Laden des Textes immer noch zur Verfügung.

Kopfzeilen

Die *Kopfzeilen* werden zu Beginn einer Druckseite in der, durch den Parameter *ZeilenNr* festgelegten Zeile des *oberen Randes* ausgegeben. Ob eine Kopfzeile *bei allen Seiten*, erst *ab der zweiten Seite*, nur *bei allen geraden Seiten* oder nur *bei allen ungeraden Seiten* ausgegeben wird, entscheidet der Parameter *Ausdruck*.

Fußzeile

Die *Fußzeile* wird am Ende einer Druckseite, in der durch den Parameter *ZeilenNr* festgelegten Zeile des *unteren Randes* ausgegeben. Ob die Fußzeile *bei allen Seiten*, erst *ab der zweiten Seite*, nur *bei allen geraden Seiten* oder nur *bei allen ungeraden Seiten* ausgegeben wird, entscheidet der Parameter *Ausdruck*.

Aufbau von Kopfzeilen und Fußzeile

Der in einer Kopf- oder Fußzeile auszugebende Text kann durch Verwendung des Zeichens *&* folgendermaßen formatiert werden :

```
A........................A zentriert
A& ......................A linksbündig
&A ......................A rechtsbündig
A&B.....................A links- und B rechtsbündig
A&B&C ................A linksbündig, B zentriert und C rechtsbündig
```

Verwenden Sie das Zeichen *#* in einer Kopf- oder Fußzeile, so wird beim Ausdruck an dieser Stelle die aktuelle Seitennummer ausgegeben.

Wechselnd

Die Einstellung dieses Parameters kann durch <ändern:F6> geändert werden. Wird die Einstellung *Ein* gewählt, so werden die Formatierungen der Kopf- und Fußzeilen auf Seiten mit gerader Nummer "gespiegelt". Das heißt, ein linksbündig formatierter Text wird auf Seite 1 linksbündig, auf Seite 2 dagegen rechtsbündig ausgegeben. Auf diese Weise lassen sich die Kopfzeilen für beidseitig gedruckte Dokumentationen einfach erstellen.

Zeilenabstand

Teilen Sie diesem Parameter einen anderen Wert als *1* zu, so vergrößert sich der Abstand zwischen den Zeilen beim Ausdruck entsprechend. Der Wert *2* führt also zu einer Verdoppelung des Abstandes.

Oberer und Unterer Rand

Die Werte dieser Parameter legen fest, wieviele Zeilen zu Beginn und am Ende einer Druckseite unbedruckt bleiben. In diesen Bereichen kann durch Kopfzeilen und Fußzeile aber dennoch Text ausgegeben werden.

Absatzvorschub

Wieviele Zeilen eines Absatzes auf einer Seite gedruckt werden müssen, um den Rest des Absatzes auf der folgenden Seite auszugeben, legt dieser Parameter fest. Sie können dadurch verhindern, daß nur noch die erste Zeile eines Absatzes auf der einen Seite, der Rest aber erst auf der folgenden Seite ausgegeben wird.

Abstand Links

Durch diesen Parameter legen Sie fest, wieviele Zeichen am linken Rand des Blattes beim Ausdruck unbedruckt bleiben sollen.

Erste Seite

Der Wert dieses Parameters bestimmt die Nummer der ersten ausgedruckten Seite. Alle folgenden Seiten werden fortlaufend ab diesem Wert numeriert. Auf diese Weise kann eine fortlaufende Seitennumerierung für Texte, die in mehreren Teilen angelegt wurden, realisiert werden.

Start bei Seite

Durch diesen Parameter können Sie festlegen, bei welcher Seite der Ausdruck beginnen soll. Dieser Wert ist in Abhängigkeit zum Wert des Parameters *Erste Seite* zu vergeben. Wurde der ersten Seite die Nummer 100 zugeteilt, so muß der Ausdruck bei Seite 103 gestartet werden, um die dritte Seite des Textes zu drucken.

Stop bei Seite

Durch diesen Parameter können Sie festlegen, bei welcher Seite der Ausdruck enden soll. Dieser Wert ist, wie der des zuvor beschriebenen Parameters, ebenfalls in Abhängigkeit zum Wert des Parameters *Erste Seite* zu vergeben.

Anzahl Kopien

Wie oft der Text ausgedruckt werden soll, legen Sie mit dem Wert dieses Parameters fest.

Ausgabegerät

Hier kann das bereits gewählte Ausgabegerät definiert werden. Durch <suchen:F4> rufen Sie die Liste aller verfügbaren Ausgabegeräte auf. Bestätigen Sie Ihre Wahl mit <do:F10>, so werden neben dem Parameter Ausgabegerät auch die Parameter *Zeichen/Zeile* und *Zeilen/Seite* angepaßt.

Seitenumbruch - Beginn einer neuen Seite

Normalerweise legt die Textverarbeitung automatisch fest, wann beim Ausdruck eine neue Seite begonnen wird. Es besteht aber auch die Möglichkeit, diesen Seitenumbruch manuell festzulegen. Dadurch kann man einen unschönen Seitenaufbau vermeiden. Um aber nicht erst einen Ausdruck machen zu müssen, um dann festzustellen, daß der Seitenumbruch geändert werden muß, kann man sich diesen auch auf dem Bildschirm anzeigen lassen.

Betrachten

MP: <menü:F2> - Umbruch

Nach dem Aufruf wird der Seitenumbruch des Textes, der vom Parameter *Zeilen/Seite* und somit vom verwendeten Ausgabegerät abhängig ist, auf dem Bildschirm durch einen horizontalen Trennstrich markiert. Der auf dem Bildschirm zu sehende Ausschnitt des Textes kann während der Anzeige des Seitenumbruchs mit den Cursortasten verschoben werden. Mit <undo:Esc> kehren Sie wieder zur Bearbeitung des Textes zurück.

Ändern

Es ist möglich, den Seitenumbruch manuell festzulegen. Dazu fügen Sie in den Text eine Zeile mit dem Eintrag ^SEITE (Das ^ finden Sie auf der Tastatur unter *Esc*) ein. Beim Ausdruck wird nach einer solchen Zeile eine neue Seite begonnen. Der automatische Seitenumbruch paßt sich dabei dem manuellen Umbruch an.

Eingebettete Befehle

Die Textverarbeitung bietet noch weitere Befehle, wie ^SEITE, die in den Text integriert werden können. Da deren Einsatz aber nur in seltenen Fällen nötig ist, verzichten wir hier auf eine Erläuterung und verweisen auf die Seiten 154 und folgende des Handbuchs der Textverarbeitung.

Datum und Uhrzeit

Lediglich die Befehle ^SYSDATUM und ^SYSZEIT seien noch erwähnt. An deren Stelle wird beim Ausdruck das aktuelle Datum bzw. die aktuelle Uhrzeit ausgegeben.

Einbinden einer Grafik

Um eine Grafik in den zu druckenden Text einzubinden, fügen Sie an der gewünschten Position eine Zeile mit dem Befehl

```
^TEXT([Name].IMA)
```

ein. Der Platzhalter *[Name]* ist durch den Dateinamen der Grafik zu ersetzen. Eine *IMA*-Grafik kann über die Datenbank, die Tabellenkalkulation oder den Desk-Manager angelegt werden. Das beim Speichern der Grafik als IMA-Datei verwendete Ausgabegerät muß mit dem für den Textausdruck gewählten Ausgabegerät übereinstimmen.

> Es besteht leider keine Möglichkeit, die Grafik horizontal auszurichten. Sie wird grundsätzlich am linken Blattrand gedruckt. Sollen Text und Grafik linksbündig ausgedruckt werden, so darf für den Text kein linker Rand vergeben werden.

Starten des Ausdrucks

Gestartet werden kann der Ausdruck über <drucken:F3> oder <do:F10>. Die letzte Alternative besteht allerdings nur dann, wenn der Cursor auf dem Parameter *Ausgabegerät* steht. Ein Ausdruck kann jederzeit durch <halt:Strg-Pause> unterbrochen werden.

KAPITEL 24 - DAS ANLEGEN VON SERIENBRIEFEN

Die Open-Access-Textverarbeitung macht es Ihnen sehr einfach, ein Rundschreiben an beliebig viele Adressaten zu versenden. Voraussetzung dafür ist allerdings, daß Sie die Anschrift der Adressaten mit der Datenbank erfaßt haben. Für jede Zeile einer Tabelle wird ein separater Brief ausgedruckt.

Wir wollen das Anlegen eines Serienbriefes an einem Beispiel illustrieren. Die aus dem zweiten Teil des Buches bekannte *Maier-GmbH* beabsichtigt, eine größere Stückzahl eines Computertyps einzukaufen. Aus diesem Grunde sollen Angebote bei allen Lieferanten eingeholt werden.

Hier der Aufbau der Tabelle zur Erfassung der Lieferantendaten in Listenform :

```
NAME .................. Firmenname des Lieferanten
STRASSE .............. Straße
PLZ ................... Postleitzahl
ORTSSITZ ............. Ortssitz
TELEFON ............. Telefon
TELEFAX.............. Telefax
RABATT ............... Rabatt, den der Lieferant gewährt
KONTAKT............. Ansprechpartner beim Lieferanten
```

Verwendung von Platzhaltern

Ein Serienbrief wird wie ein normaler Text angelegt. Lediglich an den Stellen, an denen die Daten aus einer Tabelle der Datenbank in den Text integriert werden sollen, unterscheidet er sich vom normalen Text.

An allen Stellen, an denen beim Ausdruck des Textes die Daten der Tabelle ausgegeben werden sollen, müssen Platzhalter positioniert werden. Ein Platzhalter hat grundsätzlich das Format

```
^@[Spaltenname]^
```

Anstelle von *[Spaltenname]* geben Sie den Namen der Spalte an, deren Inhalt beim Ausdruck an dieser Stelle ausgegeben werden soll. In Abbildung 24-1 sehen Sie den Aufbau des Serienbriefes für die *Maier-GmbH.*

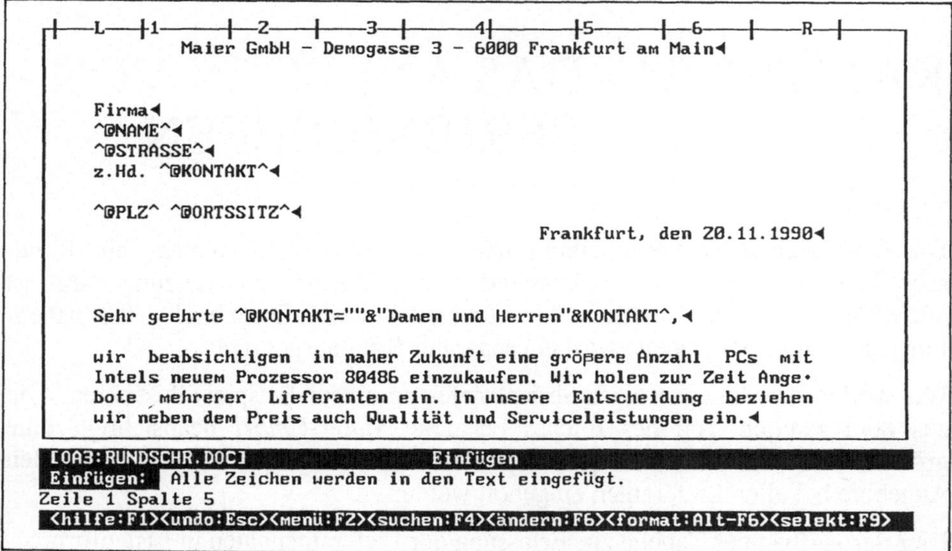

Abbildung 24-1 : Verwendung von Platzhaltern

Bedingte Platzhalter

Die Zeile

Sehr geehrte ^@KONTAKT=""&"Damen und Herren"&KONTAKT^

enthält einen *bedingten* Platzhalter. Umgangssprachlich würde man den Ausdruck *^@KONTAKT=""&"Damen und Herren"&KONTAKT^* folgender-maßen formulieren :

"Wenn die Spalte *KONTAKT* keinen Eintrag ("") enthält, soll (&) *Sehr geehrte Damen und Herren* ausgegeben werden, anderenfalls (&) ist der Inhalt der Spalte *KONTAKT* zu drucken."

Das Format bedingter Ausdrücke gestaltet sich wie folgt :

^@[Spaltenname]=[Wert]&[Alternative1]&[Alternative2]^

Wenn die, durch *[Spaltenname]* definierte Tabellenspalte, den anstelle des Platzhalters *[Wert]* angegebenen Wert enthält, wird *[Alternative1]* ausgegeben, sonst *[Alternative2]*. Anstelle der *Alternativen* kann ein in Anführungszeichen gefaßter Text oder der Name einer Spalte eingesetzt werden.

Ausdrucken eines Serienbriefes

Ein Serienbrief wird wie ein normaler Brief ausgedruckt. Es sind lediglich einige zusätzliche Angaben zu machen. Es gibt zwei Wege, die Daten für einen Serienbrief bereitzustellen. In Abbildung 24-2 sehen Sie einen Ausdruck des Serienbriefes aus Abbildung 24-1.

```
            Maier GmbH - Demogasse 3 - 6000 Frankfurt am Main


Firma
Lang GmbH
Sierichstraße 12
z.Hd. Frau Engel

2000 Hamburg 40
                                    Frankfurt, den 20.11.1990


Sehr geehrte Frau Engel,

wir  beabsichtigen  in naher Zukunft eine größere Anzahl  PCs  mit
Intels neuem Prozessor 80486 einzukaufen. Wir holen zur Zeit Ange-
bote  mehrerer  Lieferanten ein. In unsere  Entscheidung  beziehen
wir neben dem Preis auch Qualität und Serviceleistungen ein.


Da  wir  mit  Ihrem Hause seit langer Zeit  eine  gute  Geschäfts-
```

Abbildung 24-2 : Ausdruck eines Serienbriefes

Verwendung einer Tabelle

Um die Daten einer Tabelle zur Erstellung eines Serienbriefes zu verwenden, setzen Sie den Druckparameter *Serienbrief* durch <ändern:F6> auf *DF/IF-Datei*. Starten Sie den Ausdruck nun wie gewohnt durch <drucken:F3>, so wird das aus der Datenbank bekannte Abfragefenster geöffnet. Hier können Sie die Daten für den Serienbrief, wie in Kapitel 11 beschrieben, selektieren. Sollen alle Zeilen einer Tabelle gedruckt werden, so geben Sie nur den Dateinamen der Tabelle an und starten den Ausdruck mit <do:F10>.

Verwendung einer DIF-Datei

Bei Verwendung einer DIF-Datei gestaltet sich die Selektion der zu druckenden Tabellenzeilen etwas einfacher. Wer die *Abfrage* der Datenbank nicht beherrscht, sollte auf jeden Fall diesen Weg zum Ausdrucken eines Serienbriefes wählen.

Zuerst muß eine DIF-Datei angelegt werden. Verwenden Sie die *Formabfrage* der Datenbank, um mit den gewünschten Zeilen der Tabelle die *Ergebnisliste* aufzubauen. Eine DIF-Datei mit den Daten der Ergebnisliste erstellen Sie über die Option *Export*. Geben Sie den Namen für die mit *Dateikopf* anzulegende DIF-Datei an.

In der Textverarbeitung setzen Sie den Druckparameter *Serienbrief* mittels <ändern:F6> auf *DIF-Datei*. Den Parameter *Serienbrief-Datei* versehen Sie mit dem Namen der DIF-Datei. Dieser kann auch über <suchen:F4> aus der Dateiliste gewählt werden. Nun kann der Ausdruck über <drucken:F3> gestartet werden. Es kann aber auch nur eine Zeile der DIF-Datei (und somit der Ergebnisliste) gedruckt werden.

Drucken einer Zeile der DIF-Datei

Soll nur eine Zeile der DIF-Datei gedruckt werden, so sind zwei weitere Angaben zu machen. Dem Parameter *Einzelner Serienbrief* muß durch <ändern:F6> die Einstellung *Ein* zugeteilt werden. Erst dann kann der Cursor auf den Parameter *Serienbrief-Zeile* positioniert werden.

Über <suchen:F4> läßt sich die Liste aller verfügbaren Spalten der DIF-Datei einblenden. Setzen Sie den Cursor auf den Namen der Spalte, nach deren Inhalt Sie die zu druckende Zeile bestimmen wollen. Wurde die Wahl mit <do:F10> quittiert, so wird ein weiteres Fenster geöffnet. Hier finden Sie nun die Einträge der gewählten Spalte. Durch Selektion eines Wertes und Bestätigung durch <do:F10> wird die zu druckende Zeile bestimmt. Diese kann nun mit <drucken:F3> ausgedruckt werden.

TEIL IV - DIE KALKULATION

In diesem Teil des Buches werden Sie in die Handhabung der Kalkulation eingeführt. Nach der Lektüre sollten Sie in der Lage sein, auch umfangreiche Berechnungen mit Hilfe eines Kalkulationsmodells durchzuführen.

KAPITEL 25 - GRUNDLAGEN

Die Kalkulation unterstützt Sie bei allen Aufgaben, die normalerweise unter Verwendung von Papier, Bleistift und Taschenrechner gelöst werden. Das Einsatzgebiet der Kalkulation kann daher kaum umrissen werden. Die Erstellung eines Finanzierungsplans, die Durchführung einer Investitionsrechnung und die Ermittlung des Jahresgewinns sind nur einige Beispiele. Auch die statistische Auswertung beliebigen Zahlenmaterials gestaltet sich bei Einsatz der Kalkulation sehr einfach.

Einsatz von Kalkulation oder Datenbank ?

Bevor man sich entschließt, ein Problem mit der Kalkulation zu bewältigen, sollte man prüfen, ob dieses Problem immer wieder anfallen wird. Sollte dies der Fall sein, so ist der Einsatz der Datenbank zu erwägen. Die Verwendung der Datenbank erfordert zwar mehr Vorarbeit, ermöglicht aber einen wesentlich besseren Vergleich der einzelnen Berechnungen.

Wenn zum Beispiel die Fahrtkosten eines Vertreters ermittelt werden sollen, wäre der Einsatz der Kalkulation verfehlt. Diese Aufgabe fällt sehr häufig an und ist daher für die Lösung mittels Datenbank prädestiniert. Nur in der Datenbank können neben den täglichen Fahrtkosten auch die wöchentlichen, monatlichen und jährlichen Fahrtkosten auf einfachste Weise ermittelt werden. Die Kalkulation ist immer dann einzusetzen, wenn es um die möglichst schnelle Lösung eines nur sporadisch anfallenden Rechenproblems geht. Ist die Aufgabe dagegen immer wieder zu lösen und ist man auch am Verhältnis der einzelnen Berechnungen zueinander interessiert, so bietet sich der Einsatz der Datenbank an.

Das Prinzip der Kalkulation

Die Kalkulation beruht auf einem sehr einfachen Prinzip, das ihren Einsatz besonders für den Anfänger attraktiver als den der Datenbank macht. Wir wollen nun die wichtigsten Komponenten der Kalkulation vorstellen.

Das Modell

Das Modell entspricht dem Papier, auf dem man normalerweise die Berechnungen durchführt. Die Anordnung der Zahlen im Modell ist maßgebend für die Auswertung. Damit die einzelnen Zahlen leicht adressiert werden können, ist ein Modell wie ein Schachbrett aufgebaut. Die Spalten des 270 mal 9960 Felder großen Modells werden durch Buchstaben, die Zeilen durch Zahlen, gekennzeichnet.

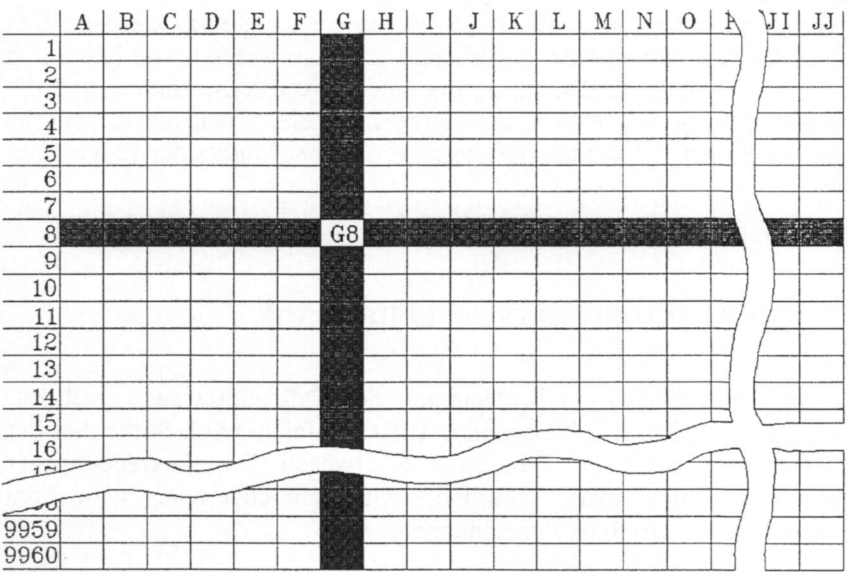

Abbildung 25-1 : Aufbau eines Modells

Jedes Feld kann durch Angabe von Spalte und Zeile eindeutig identifiziert werden. Da das Alphabet nur 26 Buchstaben, ein Modell aber bis zu 270 Spalten enthält, werden ab der 27ten Spalte Buchstabenkombinationen vergeben. So trägt die 27te Spalte die Kennzeichnung *AA*, die 29te *AC* und die 53te *BA*.

Die Zelle

Die Felder eines Modells werden als *Zellen* bezeichnet. Jede Zelle kann genau einen Eintrag enthalten. Ob es sich bei diesem Eintrag um einen numerischen Wert, einen Text oder eine Formel handelt, bleibt Ihnen überlassen. Durch die Verwendung von Texteinträgen lassen sich die Zahlen eines Modells auf einfache Weise erläutern.

Definition eines Bereichs

Die Kalkulation stellt Funktionen zur Verfügung, die nur bei Anwendung auf mehrere Zellen sinnvoll sind. Zum Beispiel kann die Summe der Werte bestimmter Zellen gebildet werden. Um für eine solche Funktion nicht alle Zellen explizit angeben zu müssen, können auf einfache Weise Bereiche gebildet werden.

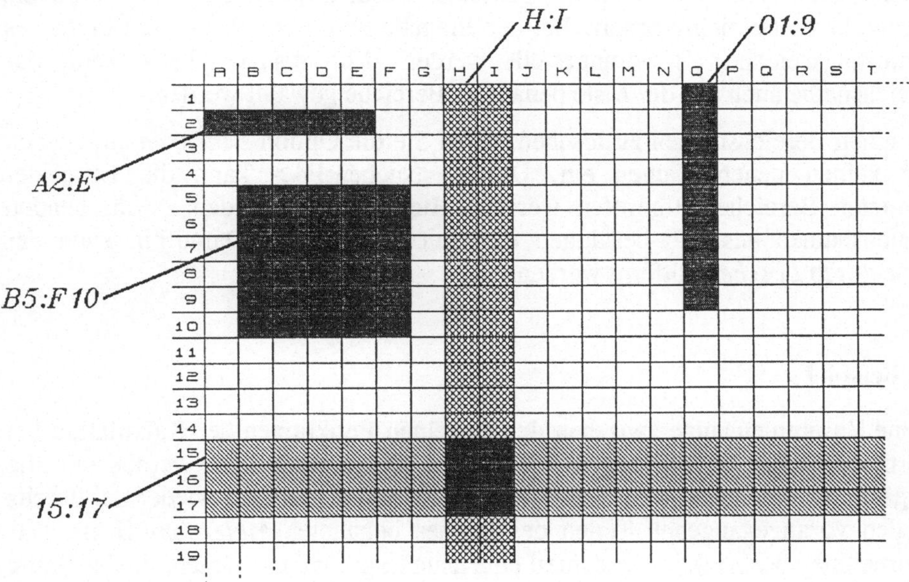

Abbildung 25-2 : Möglichkeiten der Bereichsbildung

Es sind folgende Arten der Bereichsbildung zu unterscheiden :

Rechteck	Zelle:Zelle
Spalte(n)	Spalte:Spalte
Zeile(n)	Zeile:Zeile
Spaltenteil	Zelle:Zeile
Zeilenteil	Zelle:Spalte

Ein Bereich wird also grundsätzlich durch die Angabe zweier Komponenten definiert. Die einen rechteckigen Bereich begrenzenden Zellen können eingegeben oder mit dem Cursor ausgewählt werden. Soll sich der Bereich über alle genutzten Zellen eines Modells erstrecken, so betätigen Sie <alles:F8>. Ein nur eine Zelle umfassender Bereich wird durch Angabe der Koordinaten der Zelle festgelegt.

Namen für Bereiche

Wird ein Bereich eines Modells immer wieder verwendet, so kann die umständliche Angabe der Koordinaten umgangen werden. Wählen Sie dazu die Option *Benennen* des durch <menü:F2> aufzurufenden Kalkulationsmenüs. Nach dem Aufruf ist ein bis zu 9 Zeichen langer, nur aus Buchstaben und Ziffern bestehender Name für den Bereich anzugeben und mit <do:F10> zu quittieren. Dieser Name kann nun jederzeit verwendet werden, wenn die Kalkulation die Angabe eines Bereichs fordert. Bei der Eingabe muß dem Namen ein einfaches Anführungszeichen (') vorangestellt werden. Mit <suchen:F4> kann der Bereichsname auch aus der Liste benannter Bereiche gewählt werden.

Um einen Bereichsnamen zu löschen, rufen Sie die Option *Benennen* auf, geben aber keinen neuen Namen ein. Durch <suchen:F4> kann die Liste der benannten Bereiche aufgerufen werden. Hier wählen Sie den zu löschenden Bereichsnamen aus und bestätigen dies mit <do:F10>. Daraufhin kann der Name durch *Löschen* entfernt werden.

Ein Beispiel

Da die Zusammenhänge zwischen den einzelnen Funktionen der Kalkulation bei rein theoretischer Behandlung nur schwer zu überschauen sind, werden wir alle Vorgänge an einem Beispiel illustrieren. Wir wenden uns dazu wieder der bereits aus den vorangegangenen Teilen des Buches bekannten *Maier-GmbH* zu. Das Unternehmen beabsichtigt, eventuell eine neue Lagerhalle zu bauen, da der Raum in der alten Halle nicht mehr ausreicht. Es soll nun mit Hilfe der Kalkulation festgestellt werden, ob der Bau einer Lagerhalle oder das Anmieten einer größeren Halle kostengünstiger ist.

Der *Maier-GmbH* liegen bereits alle benötigten Informationen vor. Wir führen diese nun an, um Ihnen den nötigen Hintergrund beim Aufbau unseres Beispielmodells zu geben.

<table>
<tr><td colspan="2" align="center">Kostenaufstellung der Maier-GmbH</td></tr>
<tr><td>Baugelände</td><td>70 DM pro m^2 - 1.000 m^2 werden benötigt</td></tr>
<tr><td>Fundament</td><td>ca. 10.000 DM</td></tr>
<tr><td>Hallenaufbau</td><td>ca. 180.000 DM</td></tr>
<tr><td>Dach</td><td>ca. 25.000 DM</td></tr>
<tr><td>Architekt</td><td>ca. 5.000 DM</td></tr>
<tr><td>Baufirma</td><td>ca. 20.000 DM</td></tr>
<tr><td>Installationen</td><td>ca. 10.000 DM</td></tr>
</table>

Die Miete für eine größere Halle müßte mit etwa 30 DM pro m^2 jährlich veranschlagt werden. Die zur Verfügung stehende Nutzfläche ist mit 900 m^2 bei Bau und Miete identsich. Die Lösung dieses Problems soll nun mit Hilfe der Kalkulation erarbeitet werden. Bevor wir uns jedoch daranbegeben, müssen noch einige Grundlagen geschaffen werden.

KAPITEL 26 - ERSTELLEN EINES MODELLS

Nach dem Durcharbeiten dieses Kapitels sollten Sie bereits in der Lage sein, ein einfaches Modell anzulegen und Berechnungen durchzuführen.

Aufruf und Öffnen eines Modells

Nach dem Aufruf der Kalkulation erscheint das in Abbildung 26-1 zu sehende Kalkulationsmenü.

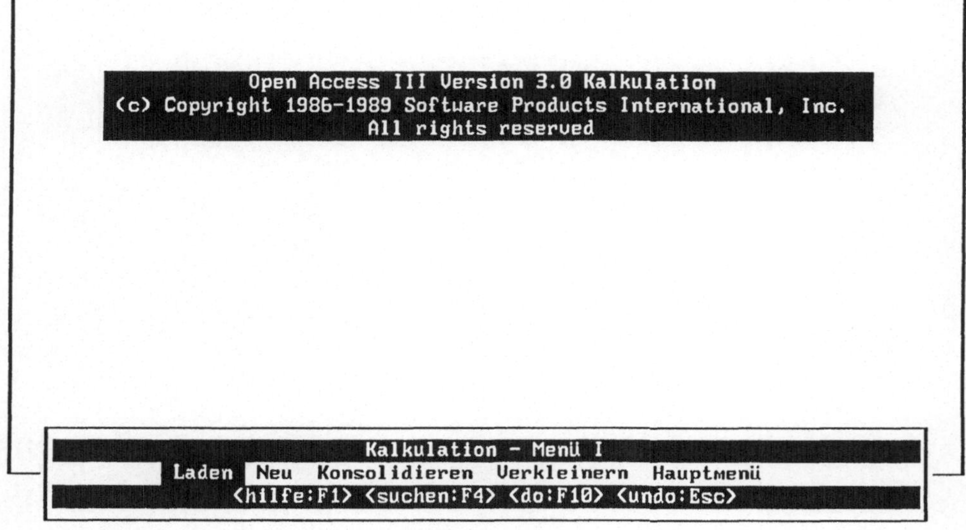

Abbildung 26-1 : Die Kalkulation nach dem Aufruf

Anlegen eines neuen Modells

Nach Wahl der Option *Neu* geben Sie den gewünschten Dateinamen für das anzulegende Modell an. Soll dieses Modell vor unberechtigtem Zugriff geschützt werden, so geben Sie ein *Paßwort* ein und bestätigen dieses mit <do:F10>.

Nur, wer das Paßwort eines gesicherten Modells kennt, kann auf dieses 
zugreifen. Sollten Sie Ihr Paßwort einmal vergessen, besteht keine
Möglichkeit mehr, auf die Daten des Modells zuzugreifen.

Wollen Sie das Modell nicht durch ein Paßwort sichern, so fahren Sie mit
<do:F10> fort. Daraufhin wird das in Abbildung 26-2 zu sehende
Eingabefenster geöffnet. Der Cursor steht in der Zelle *A1* des Modells. Hier kann
nun bereits ein Eintrag getätigt werden.

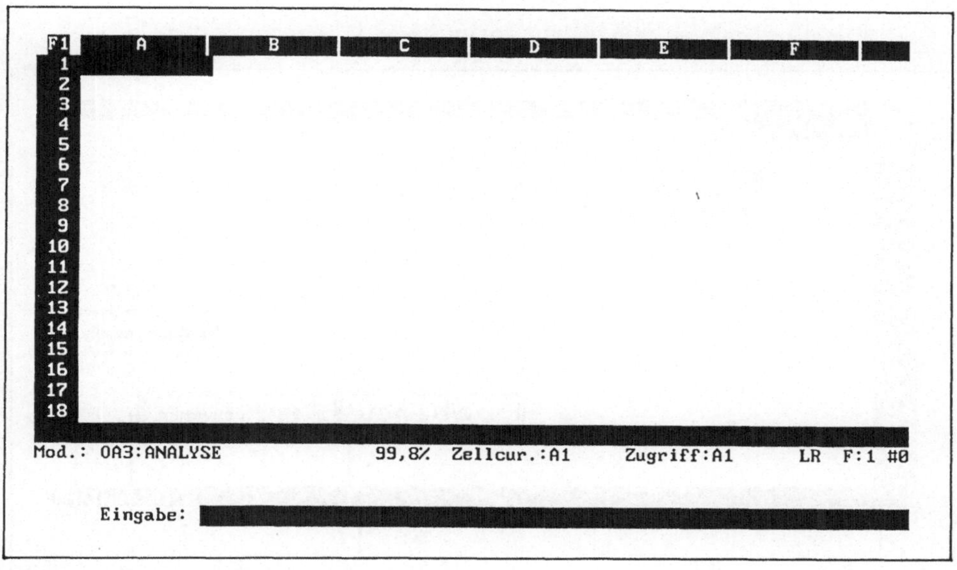

Abbildung 26-2 : Das Eingabefenster

Laden eines bestehenden Modells

Soll ein bereits bestehendes Modell bearbeitet werden, wählen Sie nach dem
Aufruf der Kalkulation die Option *Laden*. Den Namen der Datei, in welcher das
Modell abgelegt wurde, können Sie direkt eingeben oder über <suchen:F4> aus
der Dateiliste wählen. Wurde das Modell durch ein Paßwort gesichert, muß
dieses angegeben werden. Ist Ihnen das Paßwort unbekannt, kann das Modell
nicht geladen werden.

Beantworten Sie die Frage *"Modell Sichern ?"* durch <do:F10>, so wird
eine Kopie des Modells in einer Datei mit dem Suffix BCK (BaCKup)
abgelegt. Sollte der Rechner während der Arbeit am Modell aufgrund
eines Stromausfalls, eines Absturzes (keine Tastatureingabe mehr möglich) oder
ähnlichem seinen Dienst versagen, kann das Modell beschädigt werden. In
diesem Fall verwendet die Kalkulation die Kopie, um den zuletzt gespeicherten

Zustand wiederherzustellen. Soll keine Sicherheitskopie angelegt werden, müssen Sie die Frage mit <undo:Esc> quittieren.

Die Komponenten des Eingabefensters

Wir wollen nun noch kurz auf die Bedeutung der einzelnen Komponenten des Eingabefensters (s. Abbildung 26-3) eingehen.

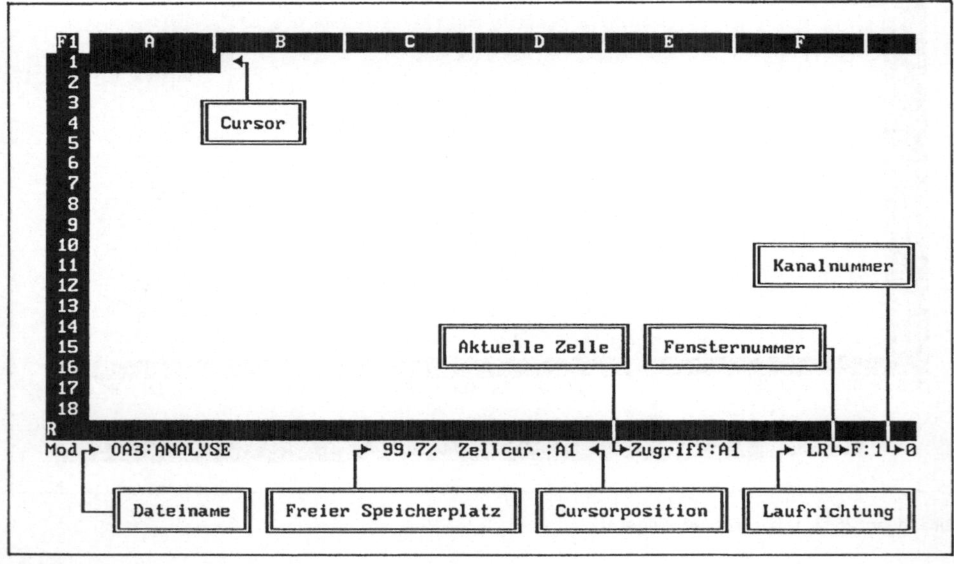

Abbildung 26-3 : Die Komponenten des Eingabefensters

Cursor

Der Cursor wird als ausgefülltes Rechteck (███████████████) von der Größe einer Zelle dargestellt. Mit ihm bewegen Sie sich durch das Modell, von dem auf dem Bildschirm ein maximal 6 mal 18 Zellen großer Ausschnitt zu sehen ist.

Dateiname

Hier finden Sie den Namen der Datei, in der das gerade bearbeitete Modell gespeichert wird.

Freier Speicherplatz

Der noch zur Verfügung stehende Speicherplatz auf dem Hintergrundspeicher (Festplatte oder Diskette) wird in Prozent relativ zum Speicherplatzbedarf des aktuellen Modells angegeben. Stehen auf dem Hintergrundspeicher zum Beispiel noch 2.000.000 Byte Speicherplatz zur Verfügung und benötigt das Modell zur Zeit 500.000 Byte Speicherplatz, so wird der freie Speicherplatz mit 80% angegeben. Die Kalkulation bildet also die Summe aus freiem Speicherplatz und dem durch das Modell belegten Speicherplatz, um zu ermitteln, welchen Anteil der freie Speicherplatz an dieser Summe hat.

Der Speicherplatzbedarf eines Modells hängt nicht von seiner Größe, sondern von der Anzahl der belegten Zellen ab. Wenn noch 50% des Speicherplatzes frei ist, kann das Modell also ungefähr nocheinmal soviele Zellen aufnehmen. Stoßen Sie an die Grenze des Speicherplatzes, so sollten nicht unbedingt benötigte Dateien vom Hintergrundspeicher entfernt werden.

Cursorposition

Die Cursorposition wird durch die Koordinaten der Zelle angegeben, auf welcher der Cursor gerade steht.

Aktuelle Zelle

Die *aktuelle Zelle* stimmt normalerweise mit der Cursorposition überein. Sie zeigt die Zelle an, in der momentan eine Eingabe gemacht werden kann. Nur bei der Festlegung eines Zellbereichs für eine Funktion unterscheiden sich Cursorposition und aktuelle Zelle. Die begrenzenden Zellen eines Bereichs können nicht nur durch Eingabe, sondern auch durch den Cursor festgelegt werden. In diesem Fall zeigt die aktuelle Zelle die Koordinaten der Zelle, für welche die Funktion definiert wird.

Laufrichtung

Ob der Cursor bei Betätigung der Return-Taste (<ret>) von links nach rechts (LR) oder von oben nach unten (OU) bewegt wird, zeigt die *Laufrichtung* an.

Fensternummer

Die Kalkulation ermöglicht es, das Eingabefenster in bis zu sechs kleinere Fenster aufzuteilen. In jedem dieser Unterfenster kann ein anderes Modell bearbeitet werden. Welches der Unterfenster gerade aktiv ist, zeigt die *Fensternummer* an.

Kanalnummer

Es ist nicht nur möglich, mehrere Modelle nebeneinander auf dem Bildschirm zu bearbeiten, die Werte der Modelle können auch verknüpft werden.

Der Zugriff auf die Daten eines anderen Modells wird über einen *Kanal* realisiert. Die Kanalnummer zeigt an, welcher Kanal zur Zeit aktiv ist. Eine *0* symbolisiert, daß zur Zeit keine Verbindung zu einem anderen Modell besteht.

Cursorsteuerung

Während der Arbeit an einem Modell können Sie die Position des Cursors mit folgenden Tasten verändern :

Tasten zur Cursorsteuerung	
<links> .... Eine Zelle nach links	Zellenorientiertes Positionieren
<rechts> .... Eine Zelle nach rechts	
<ab> .... Eine Zelle nach unten	
<auf> .... Eine Zelle nach oben	
<tab> .... Auf die anzugebende Zelle	
<s.ab> .... Fensterseite nach unten	Eingabefensterorientiertes Positionieren
<s.auf> .... Fensterseite nach oben	
<spr_rechts:Strg-Ende> .. Fensterseite nach rechts	
<spr_links:Strg-Pos1> ...... Fensterseite nach links	
<anfang:Pos1> .... An den oberen Fensterrand	
<ende:Ende> .... An den unteren Fensterrand	
2 x <anfang:Pos1> .... An den oberen Modellrand	Modellorientiertes Positionieren
2 x <ende:Ende> .... An den unteren Modellrand	
<rücktab:Shift-Tab> ... An den linken Modellrand	

Eingabe der zu analysierenden Werte

Bevor man die Möglichkeiten der Kalkulation zur Auswertung nutzen kann, müssen zuerst die zu analysierenden Werte erfaßt werden. In der Kalkulation können sowohl ganze als auch rationale Zahlen verarbeitet werden.

Beispiele für zulässige Werte

    78
    -107
    10,76878
    -2,78

Zur Eingabe eines Wertes setzen Sie den Cursor auf eine Zelle und geben den gewünschten Wert ein.

Beschränkungen

Die Anzahl der Ziffern eines Wertes ist auf 45 begrenzt. Bei Verwendung eines Dezimalkommas können noch 44 Ziffern erfaßt werden. Dadurch können für einen Wert maximal 43 Nachkommastellen angegeben werden.

Darstellung - Anzahl der Nachkommastellen

Eingegebene Werte werden normalerweise mit zwei Nachkommastellen angezeigt. Besitzt ein Wert mehr Nachkommastellen, so rundet die Kalkulation den Wert automatisch auf oder ab. Auch wenn weniger Nachkommastellen angezeigt werden als eingegeben wurden, wird der ursprüngliche Wert dennoch gespeichert und bei Berechnungen verwendet. Es sind daher keine Datenverluste oder Fehlberechnungen aufgrund wiederholter Rundung der Werte zu befürchten.

Wenn Sie den Cursor auf eine Zelle setzen, wird der Eintrag am unteren Bildschirmrand in voller Länge angezeigt. Durch Ändern der *Attribute* einer Zelle kann die Darstellung des Wertes nach Belieben geändert werden. 

Abschluß der Eingabe

Durch Return (<ret>) wird die Eingabe beendet und der Wert in die Zelle übernommen, die am unteren Bildschirmrand hinter *Zugriff* angegeben wird.

Die *Maier-GmbH* trägt auf diese Weise die vorliegenden Werte zur Analyse der Kosten bei Bau bzw. Miete einer größeren Lagerhalle ein.

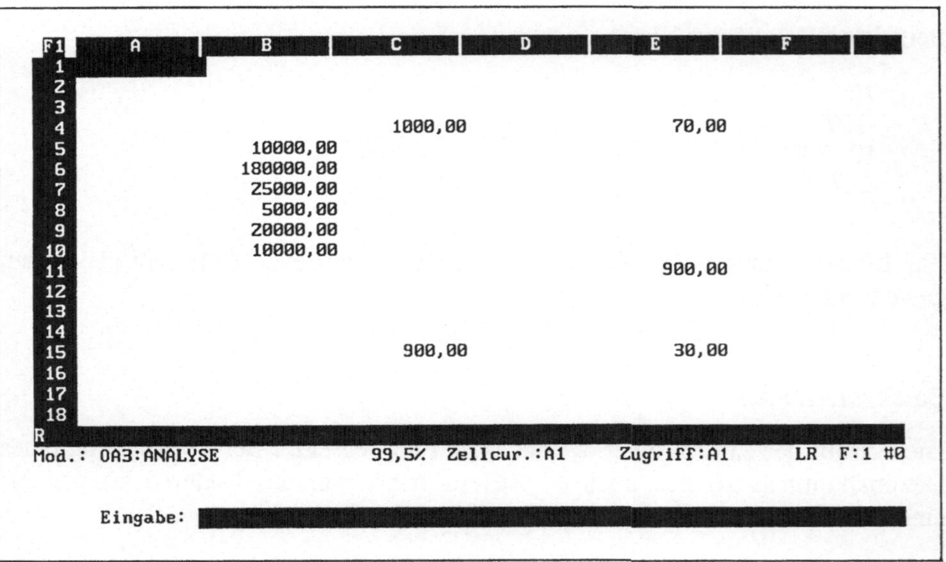

Abbildung 26-4 : Werteerfassung im Modell

Das Modell enthält nun bereits die zu analysierenden Werte. Einem nicht eingeweihten Benutzer sagen die nackten Zahlen jedoch wenig. Um dies zu ändern und zu vermeiden, daß man selbst nach einigen Tagen nicht mehr weiß, welche Bedeutung die einzelnen Zahlen haben, muß das Modell beschriftet werden.

Beschriften eines Modells

Um ein Modell zu beschriften, versehen Sie einige Zellen mit Texteinträgen. Zur Eingabe setzen Sie den Cursor auf eine Zelle und geben den gewünschten Text ein. Durch Return (<ret>) wird dieser in die Zelle übernommen.

> **!** Beginnt ein Text mit einem für Werte typischen Zeichen (+, -, *Ziffer*), so muß der Kalkulation durch <ändern:F6> mitgeteilt werden, daß es sich um einen Text handelt. Erst dann kann der Text frei eingegeben werden.

Die uns als Beispiel dienende *Maier-GmbH* beschriftet ihr Modell wie in Abbildung 26-5 zu sehen.

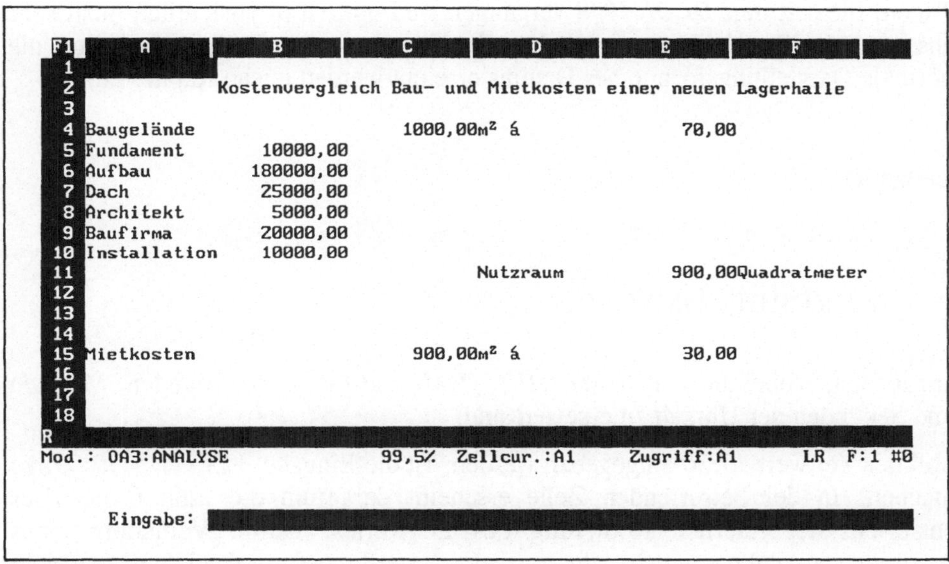

Abbildung 26-5 : Ein beschriftetes Modell

Wie Sie der Abbildung entnehmen können, werden Texte, die über den Rand einer Zelle ragen, dennoch dargestellt. Dies ist aber nur dann der Fall, wenn keine der von diesem Text überdeckten Zellen einen Eintrag besitzt.

Erfassung besonderer Werte

In einem Modell können auch Datums- und Zeitwerte verarbeitet werden. Diese werden von der Kalkulation intern als Zahlen verwaltet und normalerweise auch in dieser Form dargestellt. Die korrekte Darstellungsart muß über die *Zellattribute* eingestellt werden.

Datumszellen

Ein Datumswert ist in der Form

    +DATUM([TT];[MM];[JJJJ])

anzugeben, wobei die Platzhalter *[TT]*, *[MM]* und *[JJJJ]* durch den Tag, den Monat und das Jahr des Datums zu ersetzen sind. Um den *20.11.1990* als Datum einzugeben, machen Sie die Eingabe *+DATUM(20;11;1990)*. In der betreffenden Zelle erscheint daraufhin die Zahl *15665,00*. Sie entspricht der Anzahl von Tagen, die seit dem *01.01.1948* vergangen sind und ist offensichtlich nicht sehr anschaulich. Durch Verändern eines Attributes dieser Zelle kann aber die normale Darstellungsform eines Datums erreicht werden (siehe Kapitel 28).

Zeitzellen

Eine Uhrzeit ist in der Form

    + ZEIT([HH];[MM];[SS])

anzugeben, wobei die Platzhalter *[HH]*, *[MM]* und *[SS]* durch Stunden, Minuten und Sekunden der Uhrzeit zu ersetzen sind.

Soll der Zeitwert *15:30* eingegeben werden, ist die Eingabe *+ZEIT(15;30;00)* zu machen. In der betreffenden Zelle erscheint daraufhin die Zahl *0,65*. Dies entspricht der internen Kodierung des Zeitwertes. Durch Verändern eines Attributes der Zelle kann aber die normale Darstellungsform der Uhrzeit erreicht werden (siehe Kapitel 28).

Verlassen der Kalkulation

MP: < menü:F2 > - Menü_I - Hauptmenü

Nach dem Aufruf der Option *Menü I* können eventuell vorgenommene Änderungen des aktuellen Modells gespeichert werden.

Speichern des Modells

MP: < menü:F2 > - SIchern

Um Datenverlusten durch einen Stromausfall oder einen "Absturz" des Rechners (keine Tastatureingabe mehr möglich) vorzubeugen, sollte ein Modell in regelmäßigen Zeitabständen gespeichert werden.

Nach dem Aufruf können Sie das Modell durch Wahl von *Modell_aktualisieren* speichern. Durch *Modell_ablegen* kann eine Kopie des Modells angelegt werden. Dazu muß noch der Name der Datei angegeben werden, in der die Kopie abgelegt werden soll.

KAPITEL 27 - AUSWERTEN EINES MODELLS

Die durchzuführenden Berechnungen eines Modells werden mittels *Formeln* definiert. Sie teilen der Kalkulation durch eine Formel mit, wie die Zahlen der einzelnen Zellen auszuwerten sind. Der Wert einer Zelle mit einem Formeleintrag ist im Gegensatz zu Zellen mit Zahlen variabel, da er von den Werten anderer Zellen abhängt.

Die Eingabe jeder Formel sollte mit einem Plus (+) beginnen. Dadurch teilen Sie der Kalkulation mit, daß es sich bei der folgenden Eingabe um eine Formel und nicht um einen Text handelt.

Eine Formel kann mathematische Operatoren und verschiedene Arten von Funktionen enthalten. Eine Funktion wertet eine Wertemenge (Zellbereich) nach bestimmten Regeln aus.

Mathematische Operatoren

Für die Verknüpfung der Zellwerte eines Modells stehen folgende mathematischen Operatoren zur Verfügung :

Mathematische Operatoren für Formeln	
+	Addition
-	Subtraktion
*	Multiplikation
/	Division
%	Prozent

Die mathematischen Operatoren *Plus* (+) und *Minus* (-) können auch auf Datums- und Zeitwerte angewendet werden. Für den Aufbau einer Formel gelten die üblichen mathematischen Gesetze. So ist auch die Verwendung von Klammern gestattet.

Beispiele

Nehmen wir an, die im folgenden aufgeführten Zellen eines Modells seien mit den angegebenen Werten belegt :

```
A1 ...................... 1,00
A2 ...................... 2,00
A3 ...................... 3,00
```

Aufgrund dieser Einträge liefern die untenstehenden Formeln die angegebenen Werte:

```
+A1+A2 .............. 3,00
+A1-A2 ............... -1,00
+A1-A2+A3 .......... 2,00
+A2+A3-1 ........... 4,00
+A1-(A2+A3) ........ -4,00
+A2*A3 ............... 6,00
+A3/A2 ............... 1,50
+A2*A3-1 ............ 5,00
+A2*(A3-1) .......... 4,00
+A3%50 ............... 1,50
```

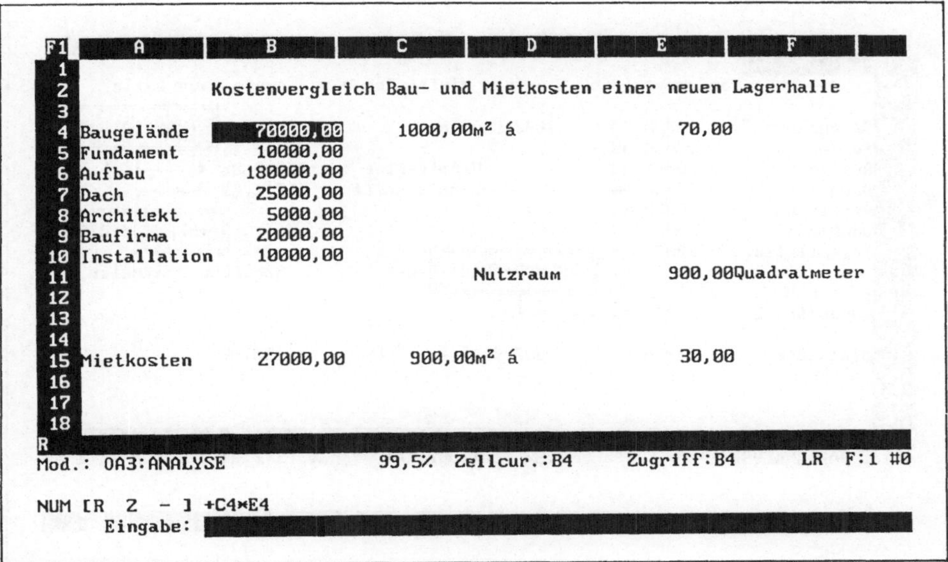

Abbildung 27-1 : Eine einfache Formel

Die *Maier-GmbH* verwendet diese einfachen Formeln nur, um den Preis des Baugeländes und den Mietpreis eines Jahres zu ermitteln (s. Abbildung 27- 1).

Alle weiteren Auswertungen werden mit den Funktionen für Zellbereiche realisiert.

Funktionen für Zellbereiche

Für die Auswertung von Bereichen eines Modells stehen die im folgenden beschriebenen Funktionen zur Verfügung. Textzellen und ungenutzte Zellen werden bei der Auswertung ignoriert.

Eingabe

Die Eingabe einer Funktion beginnt mit einem *Plus* (+), um der Kalkulation mitzuteilen, daß es sich nicht um einen Text handelt. Geben Sie daraufhin den Namen der Funktion und eine öffnende Klammer ein (()). Sie können nun den gewünschten Bereich eingeben. Soll der Bereich durch den Cursor festgelegt werden, muß dieser auf die begrenzenden Zellen bewegt werden. Steht der Cursor auf der ersten Zelle, kann deren Auswahl durch Eingabe eines Doppelpunktes abgeschlossen werden. Die Selektion der zweiten Zelle wird durch Eingabe der schließenden Klammer ()) beendet.

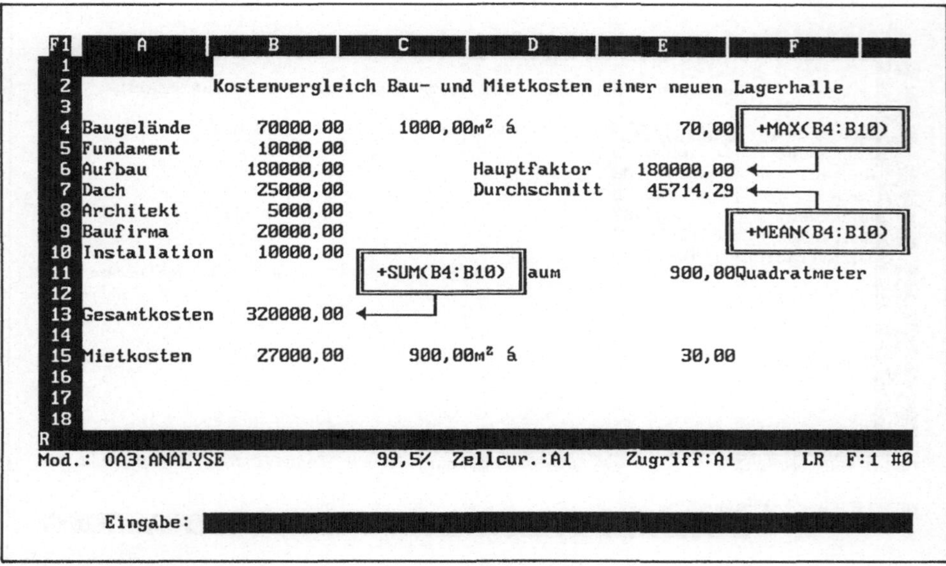

Abbildung 27-2 : Einsatz von Funktionen für Zellbereiche

Wir geben im folgenden zu jeder Funktion als Beispiel eine Anwendung auf das Modell der *Maier-GmbH* (s. Abbildung 27-2) an.

SUM - Summe der Werte

Es wird die Summe der Werte aller Zellen gebildet, die im angegebenen Bereich liegen.

$$+SUM(B4:B10) = 320.000,00$$

MAX - Größter Wert

Der größte Wert des Bereiches wird ermittelt und angezeigt.

$$+MAX(B4:B10) = 180.000,00$$

MIN - Kleinster Wert

Der kleinste Wert des Bereiches wird ermittelt und angezeigt.

$$+MIN(B4:B10) = 5.000$$

COUNT - Anzahl der auswertbaren Zellen

Es wird die Anzahl der auswertbaren Zellen im angegebenen Bereich ermittelt. In diesen Wert werden auch die Zellen mit Formeln einbezogen.

$$+COUNT(B4:B10) = 7$$

MEAN - Durchschnitt der Werte

Diese Funktion bildet den Durchschnitt der Werte im definierten Bereich.

$$+MEAN(B4:B10) = 45.714,29$$

STDV - Standardabweichung der Werte

Wieweit die Werte des Bereichs im Standard vom Durchschnitt abweichen, ermittelt diese Funktion.

> +STDV(B4:B10) = 63.141,94

VAR - Varianz der Werte

Die Varianz ist das Quadrat der Standardabweichung.

> +VAR(B4:B10) = !n!

Die Varianz der Werte im Bereich B4:B10 (3.986.904.761,90) kann in einer Zelle nicht dargestellt werden. Die Kalkulation füllt Zellen, deren Werte nicht darstellbar sind oder die eine inkorrekte Formel enthalten, mit dem Hinweissymbol *!n!*.

Funktionen für einzelne Werte

Neben den Funktionen für Zellbereiche bietet die Kalkulation noch einige Funktionen, die auf einzelne Werte angewendet werden können. Dabei handelt es sich überwiegend um bekannte mathematische Funktionen. Eine Funktion beginnt grundsätzlich mit einem *Plus* (+), um der Kalkulation anzuzeigen, daß es sich nicht um eine Texteingabe handelt.

Funktionen schachteln

Da die Funktionen für Zellbereiche einen einzelnen Wert liefern, können die im folgenden beschriebenen Funktionen auch auf die Funktionen für Zellbereiche angewendet werden. In diesem Fall erhalten wir eine Formel mit geschachtelten Funktionen, zum Beispiel *+ABS(SUM(A1:B9))*.

Zu den - im folgenden beschriebenen - Funktionen geben wir zur Veranschaulichung jeweils eine einfache Anwendung an.

ABS - Betrag

Es wird der Betrag des angegebenen Wertes gebildet.

```
+ABS(117,5) = 117,50
+ABS(-90) = 90,00
```

EXP - Potenzieren der Basis des natürlichen Logarithmus

Der angegebene Wert dient als Exponent beim Potenzieren der eulerschen Zahl e (2,7183).

```
+EXP(1) = 2,71
+EXP(0) = 1,00
```

INT - Ganzzahliger Anteil eines Wertes

Diese Funktion stellt den ganzzahligen Anteil eines Wertes zur Verfügung. Die Nachkommastellen werden ignoriert.

```
+INT(100) = 100,00
+INT(177,65) = 177,00
```

LN - Der natürliche Logarithmus

Es wird der natürliche Logarithmus (zur Basis e) der angegebenen Zahl ermittelt. Wollen Sie den Logarithmus zur Basis 10 errechnen, so ist die Gleichung $Log_{10}(x)=LN(x)/LN(10)$ hilfreich.

```
+LN(2,71) = 1,00
+LN(20) = 3,00
```

SQRT - Quadratwurzel

Mit der Funktion *SQRT* (SQuareRooT) kann die Quadratwurzel eines positiven Wertes ermittelt werden.

```
+SQRT(4) = 2,00
+SQRT(2) = 1,41
```

SIN - Sinus

Es kann der trigonometrische Sinus eines Winkels ermittelt werden. Der Winkel muß allerdings im Bogenmaß angegeben werden. Die Umrechnung vom Grad- ins Bogenmaß kann durch Multiplikation mit *0,017453* erreicht werden.

    +SIN(90*0,017453) = 1,00
    +SIN(30*0,017453) = 0,50

ASIN - Arkus-Sinus

Es handelt sich um die Umkehrfunktion der oben beschriebenen Sinusfunktion. Der ermittelte Wert wird im Bogenmaß angegeben. Die Umrechnung vom Bogen ins Gradmaß kann durch Division durch *0,017453* ereicht werden.

    +ASIN(1)/0,017453 = 90,00
    +ASIN(0,5)/0,017453 = 30,00

COS - Kosinus

Diese Funktion liefert den trigonometrischen Kosinus eines Winkels, der allerdings im Bogenmaß angegeben werden muß. Die Umrechnung vom Grad- ins Bogenmaß kann durch Multiplikation mit *0,017453* erreicht werden.

    +COS(360*0,017453) = 1,00
    +COS(180*0,017453) = -1,00

ACOS - Arkus-Kosinus

Es handelt sich um die Umkehrfunktion der oben beschriebenen Kosinusfunktion. Der ermittelte Wert wird im Bogenmaß angegeben. Die Umrechnung vom Bogen ins Gradmaß kann durch Division durch *0,017453* ereicht werden.

    +ACOS(1)/0,017453 = 0,00 (weil 0°=360°)
    +ACOS(-1)/0,017453 = 180,00

TAN - Tangens

Es wird der trigonometrische Tangens eines Winkels ermittelt. Der Winkel muß allerdings im Bogenmaß angegeben werden. Die Umrechnung vom Grad- ins Bogenmaß kann durch Multiplikation mit *0,017453* erreicht werden.

    +TAN(45*0,017453) = 1,00

ATAN - Arkus-Tangens

Es handelt sich um die Umkehrfunktion der oben beschriebenen Tangens-funktion. Der ermittelte Wert wird im Bogenmaß angegeben. Die Umrechnung vom Bogen ins Gradmaß kann durch Division durch *0,017453* ereicht werden.

    +ATAN(1)/0,017453 = 45,00

PWR - Potenzieren

Mit der Funktion *PWR* (P̲o̲W̲e̲R̲) kann ein Wert mit einem anderen Wert potenziert werden. Dabei ist das Format *+PWR([Wert];[Wert])* einzuhalten.

    PWR(2;3) = 8,00

MOD - Der Rest einer Division

Durch diese Funktion kann der Rest einer Division ermittelt werden. Die Funktion hat das Format *MOD([Wert];[Wert])*, wobei der zu teilende Wert zuerst anzugeben ist.

    MOD (23;4) = 3,00 .. (23:4=5 Rest 3)
    MOD (5;2) = 1,00.... (5:2=2 Rest 1)

ROUND - Runden

Mit dieser Funktion läßt sich ein Wert auf eine bestimmte Nachkommastelle runden. Beim Format *ROUND([Wert];[Wert])* ist zuerst der zu rundende Wert und dann die gewünschte Genauigkeit anzugeben.

    ROUND (1,4142135;2) = 1,41
    ROUND (2,7629;3) = 2,763

KAPITEL 28 - BEARBEITEN DER ZELLEN EINES MODELLS

Der Inhalt, die Bedeutung und das Erscheinungsbild einer Zelle können nach Belieben festgelegt werden. Was dabei zu beachten ist, erfahren Sie in diesem Kapitel.

Ändern eines Zelleintrags

Um den Eintrag einer Zelle zu ändern, markieren Sie diese durch den Cursor und betätigen <edit:F9>. Am unteren Bildschirmrand steht nun der Eintrag der Zelle zur Änderung bereit (s. Abbildung 28-1). Ändern Sie den Eintrag einer Zelle, die in der Formel einer anderen Zelle verwendet wird, so beeinflußt dies das Ergebnis der Formel zunächst nicht. Das Modell muß zuerst neu berechnet werden. Näheres dazu finden Sie am Ende von Kapitel 29. Soll nur eine Zelle mit Formeleintrag neu berechnet werden, so kann dies durch <edit:F9> und <do:F10> realisiert werden.

```
F1        A           B           C           D           E           F
 1
 2            Kostenvergleich Bau- und Mietkosten einer neuen Lagerhalle
 3
 4  Baugelände      70000,00    1000,00m²  á                 70,00
 5  Fundament       10000,00
 6  Aufbau         180000,00              Hauptfaktor     180000,00
 7  Dach            25000,00              Durchschnitt     45714,29
 8  Architekt        5000,00
 9  Baufirma        20000,00
10  Installation    10000,00
11                                        Nutzraum          900,00Quadratmeter
12
13  Gesamtkosten   320000,00
14
15  Mietkosten      27000,00    900,00m²  á                 30,00
16
17
18
R
Mod.: OA3:ANALYSE              99,5%  Zellcur.:B13    Zugriff:B13      LR  F:1 #0

   NUM [R  Z  - ] +SUM(B4:B10)
   NUM [R  Z  - ] +SUM(B4:B10)
   Editieren:  <hilfe:F1> <undo:Esc> <edit:F9> = Eingabemodus
```

Abbildung 28-1 : Ändern eines Zelleintrags

Ändern des Zelltyps

Der *Typ* einer Zelle legt fest, ob der Inhalt in Berechnungen verwendet werden kann oder ob es sich um einen Text handelt. Zur Kennzeichnung der beiden Zelltypen werden die Kürzel *NUM* und *TXT* verwendet.

Um den Typ einer einzelnen Zelle zu ändern, setzen Sie den Cursor auf diese und betätigen <ändern:F6>. Der am unteren Bildschirmrand eingeblendete Zelltyp wird daraufhin gewechselt.

Soll der Zelltyp mehrerer Zellen geändert werden, so ist die Option *Format* des über <menü:F2> aufzurufenden Menüs der Kalkulation zu wählen. Es erscheint ein Untermenü, dessen Option *Datentyp* die Wahl des gewünschten Typs bietet. Danach ist noch der Bereich anzugeben, dessen Zellen das gewählte Format erhalten sollen.

Definition der Zellattribute

Für jede Zelle lassen sich eine Vielzahl von Attributen konfigurieren. All diese Attribute haben keinen Einfluß auf den eigentlichen Eintrag. Es wird nur dessen Darstellung im Modell verändert.

Die einzelnen Parameter zur Definition der Zellattribute besitzen keine Bezeichnung. Sie werden in einem kleinen Bereich ([........]) durch den Cursor selektiert. Um diese dennoch eindeutig benennen zu können, haben wir die Parameter in diesem kleinen Bereich von links nach rechts fortlaufend numeriert :

[12345678] = Numerierung der Attribut-Parameter

Es gibt zwei Wege, die Attribute einer Zelle zu ändern. Bevor wir nun auf diese eingehen, zeigen wir noch, was durch das Ändern von Attributen erreicht werden kann.

Vergleichen Sie den Aufbau des in der Abbildung 28-2 zu sehenden Modells mit dem von Abbildung 28-1 auf Seite 230.

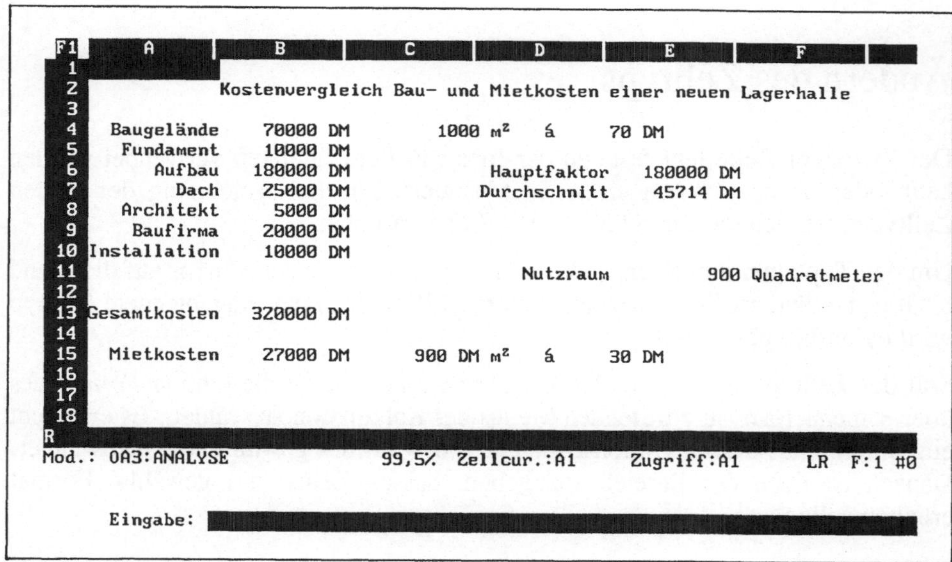

Abbildung 28-2 : Ein Modell nach dem Ändern der Zellattribute

Direkt

MP : <edit:F9> - <spr_links:Strg-Pos1> - <links>

Abbildung 28-3 : Direktes Ändern der Zellattribute

Bevor die Attribute einer Zelle direkt geändert werden können, muß der Cursor auf die betreffende Zelle positioniert werden. Nach dem Aufruf können die einzelnen Attribute durch <links> und <rechts> selektiert und mit <ändern:F6> geändert werden (s. Abbildung 28-3).

Indirekt

MP: <menü:F2> - FOrmat - Attribute

Beim indirekten Definieren der Attribute spielt es keine Rolle, auf welcher Zelle der Cursor beim Aufruf steht. Nach dem Aufruf können die einzelnen Attribute durch <links> und <rechts> selektiert und mit <ändern:F6> geändert werden (s. Abbildung 28-4). Abgeschlossen wird der Vorgang durch die Angabe des Bereichs, dessen Zellen mit den definierten Attributen versehen werden sollen.

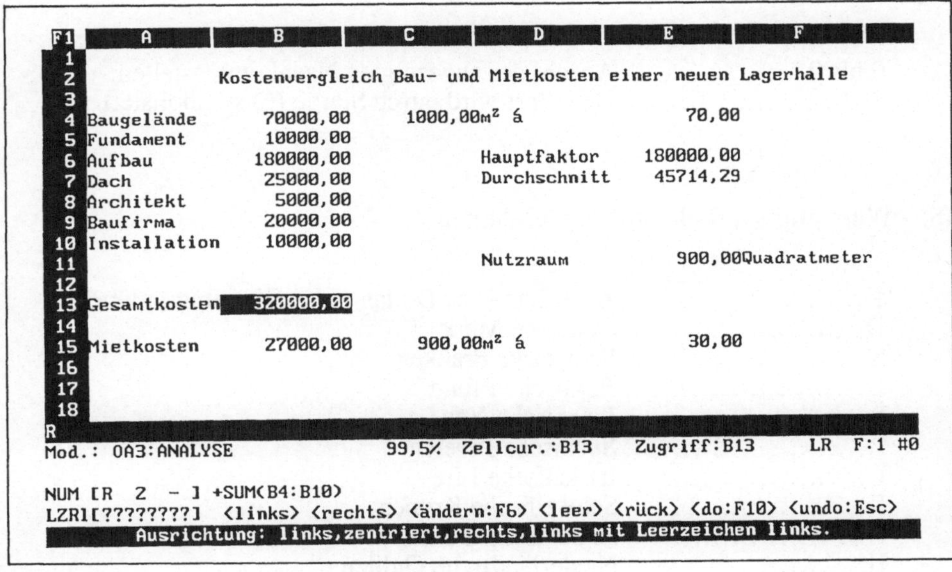

Abbildung 28-4 : Indirektes Ändern der Zellattribute

(1) - Ausrichtung

    L .... Linksbündig
    Z .... Zentriert
    R .... Rechtsbündig
    1 .... Linksbündig mit einem führenden Leerzeichen

(2) - Schutz

S .... Löschen oder Ändern des Eintrages ist unmöglich
U .... Wie S, zusätzlich wird der Eintrag nicht angezeigt

(3) - Zugriff

F .... Über *Auto* erreichbar
K .... Wird bei der Konsolidierung berücksichtigt

(4) - Genauigkeit

0 bis 9 .... Anzahl der angezeigten Nachkommastellen
* .... Der Wert wird durch Sterne (*) symbolisiert

(5) - Währungssymbole und Maßeinheiten

$ .... Amerikanische Dollar   Währungssymbole
D .... Deutsche Mark
S .... Schweizer Franken
£ .... Englische Pfund
¥ .... Japanische Yen
P .... Spanische Peseten
L .... Italienische Lire
K .... Schwedische Kronen
C .... Kanadische Dollar
H .... Niederländische Gulden
Ö .... Österreichische Schilling
d .... Griechische Drachmen
f .... Französische Franc

k .... Kilometer   Maßeinheiten
m .... Meilen
% .... Prozent (Wert wird mit 100 multipliziert)

(6) - Darstellungsweise

```
"."  ..................... Tausender-Trennpunkte
F    ..................... Formel- anstelle Wertanzeige bei Formelzellen
D    ..................... Anzeige eines Wertes als Datum
Z    ..................... Anzeige eines Wertes als Uhrzeit
B    ..................... Anzeige von NEIN für Werte gleich "0", sonst JA
W    ..................... Wissenschaftliche Darstellung
```

(7) - Kennzeichnung negativer und positiver Werte

```
(    ..................... Darstellung in runden Klammern
-    ..................... Vorangestelltes Minuszeichen (-)
D    ..................... DR für negative, CR für positive
C    ..................... CR für negative, DR für positive
R    ..................... Hervorhebung durch Farbe oder Invertierung
```

(8) - Druckattribute

Betätigen Sie <ändern:F6> beim letzten Parameter, den Druckattributen, so ändert dieser nicht seine Einstellung, sondern es wird das in Abbildung 28-5 zu sehende Fenster geöffnet.

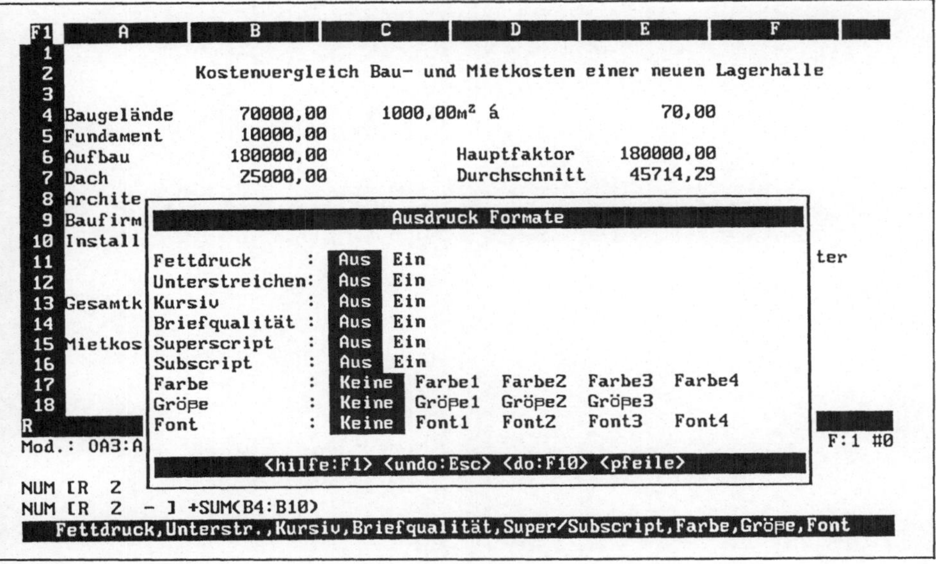

Abbildung 28-5 : Wahl der Druckattribute

Die in diesem Fenster einstellbaren Parameter haben nur beim Ausdruck Einfluß auf das Erscheinungsbild einer Zelle. Die Darstellung auf dem Bildschirm bleibt davon unberührt. Mit <ab> und <auf> selektieren Sie den gewünschten Parameter und ändern diesen durch <ändern:F6>. Die Bedeutung der Parameter kann von der Bezeichnung abgeleitet werden. *Super-* und *Subscript* stehen für hoch- und tiefgestellte Schrift. Ob Ihr Drucker die gewünschte Druckform zu Papier bringt, hängt von dessen Fähigkeiten und dem verwendeten Druckertreiber ab.

KAPITEL 29 - BEARBEITEN EINES MODELLS

Die Kalkulation stellt Ihnen einige Werkzeuge zur Verfügung, mit denen Sie den Aufbau eines Modells gestalten können und die Ihnen die Arbeit mit einem Modell erleichtern.

Schneller Zugriff auf wichtige Zellen

Nach dem Aufruf des Menüs und der Option *Auto* springt der Cursor automatisch zur ersten Zelle mit dem Attribut *Zugriff-F*. Tragen noch weitere Zellen dieses Attribut, so erreichen Sie die nächste Zelle durch Return (<ret>). Auf diese Weise können Sie wichtige Zellen schnell anwählen.

Kopieren

MP: <menü:F2> - Kopieren

Um einen beliebigen Bereich eines Modells zu kopieren, wählen Sie diese Option des Kalkulationsmenüs. Sie müssen drei Angaben machen und diese dann mit <do:F10> bestätigen.

Von

Geben Sie hinter diesem Parameter den zu kopierende Zellbereich (Quellbereich) des Modells an.

Nach

Dieser Parameter legt den Zielbereich fest. Geben Sie nur die Koordinate einer Zelle an, so wird der zu kopierende Bereich so kopiert, daß dessen linke obere Ecke auf dieser Zelle liegt. Ist der angegeben Bereich kleiner als der zu kopierende, so werden nur soviele Zellen wie möglich kopiert. Durch die Kopie werden eventuell vorhande Einträge in Zellen überschrieben.

Wiederholen

Wie oft der Kopiervorgang wiederholt werden soll, legen Sie mit diesem Parameter fest. Jede Kopie wird relativ zur vorhergehenden Kopie so positioniert, wie die erste Kopie zum Original.

Kopieren von Werten und Formeln

Werden nur Zellen mit Texteinträgen kopiert, so ist die Eingabe mit den drei oben erläuterten Parametern abgeschlossen. Sind im zu kopierenden Bereich dagegen auch Zellen mit Werten oder Formeln enthalten, so sind weitere Angaben erforderlich.

Es ist zuerst festzulegen, ob *Alles* oder nur die *Werte* kopiert werden sollen. Wählen Sie *Werte*, so werden auch bei Formelzellen nur die Werte in die Kopie übernommen. Im Gegensatz dazu werden bei der Wahl von *Alles* die Formeleinträge auch als Formeleinträge kopiert. Da sich eine Formel grundsätzlich auf andere Zellen bezieht, muß hier zusätzlich definiert werden, ob die Formeln *Relativ*, *Absolut* oder *Interaktiv* kopiert werden sollen. Beim relativen Kopieren werden die Koordinaten einer Formel der neuen Position des kopierten Bereichs angepaßt. Wird die Formel der Zelle *A5* in der Kopie in Zelle *C8* abgelegt, so wird aus dem Eintrag *SUM(A1:A4)* der Eintrag *SUM(C4:C7)*. Beim absoluten Kopieren werden die Formeln eines Bereichs identisch in die Kopie übernommen. Durch die Wahl von *Interaktiv* haben Sie die Möglichkeit, für jede Formelzelle die gewünschte Art des Kopierens separat festzulegen.

Löschen von Zellinhalten

MP: <menü:F2> - <u>BL</u>ank

Nach Aufruf der Option ist der Bereich festzulegen, dessen Zellen gelöscht werden sollen. Dabei werden nicht nur der Eintrag, sondern auch der Typ und alle Attribute entfernt. Da das Löschen eines Bereichs irreversibel ist, muß der Vorgang noch durch <do:F10> bestätigt werden.

Verändern der Werte mehrerer Zellen

MP: <menü:F2> - AKtualisieren

Sollen mehrere Werte auf die gleiche Weise geändert werden, muß die Option *Aktualisieren* des Kalkulationsmenüs gewählt werden. Um die Werte der Zellen eines beliebigen Bereichs zu ändern, wird folgende (schematisierte) Formel auf alle Zellen des Bereichs angewendet :

$$[\text{Neuer Zellwert}] = [\text{Alter Zellwert}]\ [\text{Operator}]\ [\text{Wert}]$$

Anstelle des Platzhalters *[Alter Wert]* setzen Sie ein Ausrufezeichen (*!*), der *[Operator]* kann durch einen beliebigen mathematischen Operator (siehe Seite 222) ersetzt werden. Welchen Wert der Operator mit dem alten Zellwert verknüpfen soll, legt der *[Wert]* fest.

Der Wert von Formelzellen wird durch eine Aktualisierung nicht verändert. Es müssen in diesem Fall die Werte der in der Formel verwendeten Zellen aktualisiert werden.

Neuberechnen von Formeln

Werden die Werte von Zellen aktualisiert, die in den Formeln anderer Zellen verwendet werden, so beeinflußt dies das Ergebnis der Formeln zunächst nicht. Das Modell muß zuerst neu berechnet werden. Näheres dazu finden Sie am Ende dieses Kapitels. Soll nur eine Zelle mit Formeleintrag neu berechnet werden, so kann dies durch <edit:F9> und <do:F10> realisiert werden, wenn der Cursor auf der betreffenden Zelle steht.

Wiederherstellen der ursprünglichen Werte

Um die ursprünglichen Werte *aktualisierter* Zellen wiederherzustellen, aktualisieren Sie diese nochmals durch Angabe des Gleichheitszeichens (=) als Formel.

Diese Möglichkeit, die ursprünglichen Einträge aktualisierter Zellen wiederherzustellen, besteht immer. Das heißt, auch wenn das Modell abgespeichert wurde und nun wieder bearbeitet wird, können die ursprünglichen Werte wiederhergestellt werden.

Ein Beispiel

Die *Maier-GmbH* aktualisiert die Zellen der Kostenfaktoren (B4:B10) beim Bau
einer Lagerhalle. Es soll festgestellt werden, wie sich eine Kostensenkung auf
90 % der bisher angenommenen Beträge auf die Gesamtbaukosten auswirkt. Dazu
wird der Bereich *B4:B10* mit der Formel *!%90* aktualisiert.

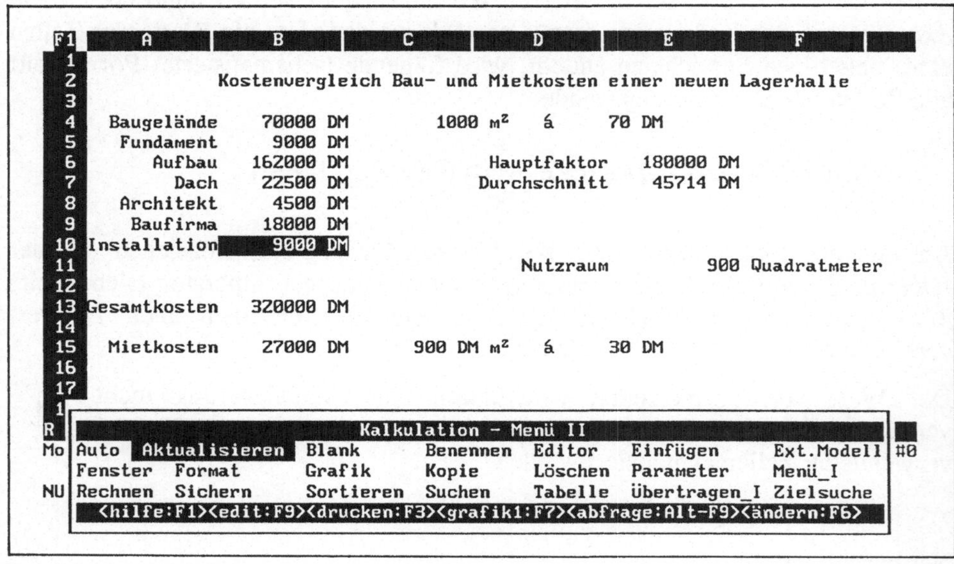

Abbildung 29-1 : Ein aktualisierter Zellbereich

Wie Sie der Abbildung 29-1 entnehmen können, wurden die Kosten des
Baugeländes nicht reduziert, obwohl diese Zelle im angegebenen Bereich liegt.
Da diese Zelle einen Formeleintrag enthält, müßte der Wert der Zelle *E4* (Kosten
pro m^2) aktualisiert werden.

Löschen von Zeilen/Spalten

MP: < menü:F2> - Löschen

Nach dem Aufruf müssen Sie angeben, ob Zeilen oder Spalten des Modells
gelöscht werden sollen. Danach ist die zu löschende Zeile bzw. Spalte anzugeben
oder mit dem Cursor auszuwählen. Danach können Sie noch festlegen, wieviel
Zeilen bzw. Spalten ab der gewählten Position gelöscht werden sollen.

> Die Einträge der Zellen, die sich in einer gelöschten Zeile bzw. Spalte
> befanden, sind nicht wieder herstellbar.

Einfügen von Zeilen/Spalten

MP: < menü:F2> - EInfügen

Nach dem Aufruf müssen Sie angeben, ob Zeilen oder Spalten in das Modell eingefügt werden sollen. Danach ist die Position anzugeben, an der die Zeile bzw. Spalte eingefügt werden soll. Abschließend ist noch die Anzahl der einzufügenden Zeilen bzw. Spalten festzulegen.

Spaltenbreite ändern

MP: < menü:F2> - FOrmat - Breite

Setzen Sie den Cursor auf die Spalte, deren Breite geändert werden soll. Nach dem Aufruf der Option *Breite* geben Sie den gewünschten Wert an. Es sind Werte von 1 bis 72 zulässig. Im Anschluß daran kann noch angegeben werden, für wieviele der - rechts von der Cursorposition stehenden - Spalten diese Breite vergeben werden soll.

Suchen eines Texteintrags

MP: < menü:F2> - SUchen

Mit dieser Funktion können Sie einen beliebigen Texteintrag in einem Modell suchen. Da die Suche an der aktuellen Cursorposition beginnt, sollten Sie den Cursor vor dem Aufruf der Option *Suchen* auf die Zelle *A1* setzen.

Nach dem Aufruf geben Sie den gesuchten Eintrag ein und bestätigen diesen mit <do:F10>. Es ist zu beachten, daß bei der Suche auch auf Groß-/Kleinschreibung geachtet wird. Bei der Suche nach "Text" wird der Eintrag "text" daher nicht gefunden.

Textzellen komfortabel bearbeiten

< menü:F2> - EDitor

Nach dem Aufruf muß zuerst der Bereich definiert werden, dessen Textzellen bearbeitet werden sollen. Sind in diesem Bereich Werte enthalten, werden diese automatisch in Text konvertiert. Dies hat zur Folge, daß sie nicht mehr zur

Auswertung zur Verfügung stehen. Es sollte daher vermieden werden, einen Bereich anzugeben, der Zellen mit Werten enthält.

Der Editor, mit dem Sie den Text für den definierten Bereich gestalten können, gleicht in der Handhabung dem *Notizblock* des Desk-Managers.

Sortieren von Zelleinträgen

MP : <menü:F2> - SOrtieren

Nachdem ein Bereich definiert wurde, muß angegeben werden, ob die Zellen einer Spalte oder einer Zeile sortiert werden sollen. Bestätigen Sie diese Angaben mit <do:F10>, ist die zu sortierende Spalte bzw. Zeile im selektierten Bereich zu definieren. Ob der kleinste Wert nach dem Sortieren zuerst (*Aufsteigend*) oder zuletzt (*Absteigend*) erscheint, legt der *Typ* fest. Mit <do:F10> wird der Sortiervorgang gestartet.

Die Zielsuche

MP: <menü:F2> - Zielsuche

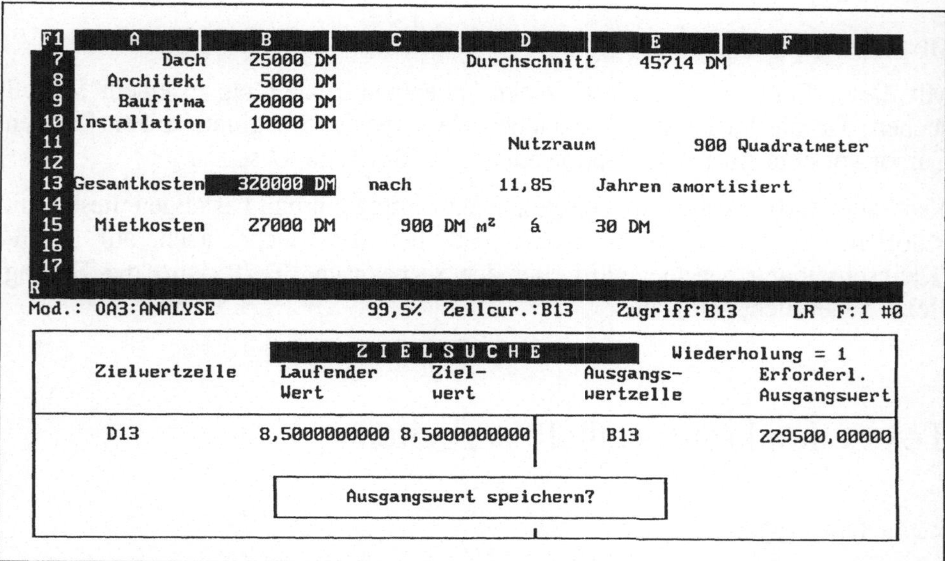

Abbildung 29-2 : Das Fenster der Zielsuche

Teilen Sie der Kalkulation mit, welchen Wert eine Zelle mit Formeleintrag annehmen soll, so findet die Zielsuche den passenden Wert für eine an der Formel beteiligte Zelle. Nach dem Aufruf wird das in Abbildung 29-2 zu sehende Fenster geöffnet.

Ein Beispiel

In dieser Abbildung wurden bereits die nötigen Angaben gemacht und die Zielsuche gestartet. Die uns als Beispiel dienende *Maier-GmbH* hat im Modell ermittelt, daß sich der Bau einer Lagerhalle erst nach 11,85 Jahren amortisiert. Ein Kredit mit annehmbarem Zinssatz ist aber nur mit einer Laufzeit von 8,5 Jahren zu haben. Man möchte daher wissen, um welchen Betrag die Gesamtkosten reduziert werden müssen, damit man den Kredit innerhalb von 8,5 Jahren tilgen kann. Unser Beispiel berücksichtigt nicht alle Faktoren einer realen Kreditaufnahme, da es vorrangig um ein einfaches Beispiel der Funktion *Zielsuche* geht.

Anwendung

Zielwertzelle

Als *Zielwertzelle* wählen Sie die Zelle, die einen bestimmten Wert annehmen soll. In unserem Beispiel ist dies die Anzahl von Jahren, nach der sich der Bau der Lagerhalle amortisiert (Zelle D13).

Zielwert

Der *Zielwert* ist der Wert, den die Zielwertzelle annehmen soll. Bei der *Maier-GmbH* sind dies die 8½ Jahre, nach denen der Kredit getilgt sein muß (Wert 8,5).

Zielsuche für mehrere Zellen

Nachdem *Zielwertzelle* und *Zielwert* mit <do:F10> bestätigt wurden, kann mit <do:F10> eine weitere Zielsuche definiert werden, durch <undo:Esc> gelangt man in die rechte Hälfte des Fensters. Die Zielsuche kann für maximal 5 *Zielwertzellen* gleichzeitig durchgeführt werden.

Ausgangswertzelle

Die *Ausgangswertzelle* ist die Zelle, deren Wert so geändert werden soll, daß die *Zielwertzelle* den *Zielwert* erhält. Die Ausgangswertzelle muß in der Formel der Zielwertzelle enthalten sein, da sonst keine Zielsuche möglich ist. In unserem Beispiel möchte die *Maier-GmbH* wissen, welchen Betrag die Kosten (Zelle B13) annehmen müssen, um die gewünschte Kreditlaufzeit von 8,5 Jahren zu erreichen.

Erforderl.Ausgangswert

Unter dieser Bezeichnung gibt die Kalkulation nach erfolgreicher Zielsuche den Wert an, den die *Ausgangswertzelle* annehmen muß, damit der gewünschte *Zielwert* in der *Zielwertzelle* erreicht wird. Handelt es sich bei der *Ausgangswertzelle* um eine Zelle mit Werteintrag, kann der errechnete Wert der Zielsuche mit <do:F10> in diese übertragen werden.

Neuberechnen eines bearbeiteten Modells

MP: <menü:F2> - Rechnen

Um alle in einem bestimmten Bereich enthaltenen Formeln neu zu berechnen, wählen Sie diese Option. Nach Angabe des Bereichs werden die Werte der Formelzellen auf den aktuellen Stand gebracht.

KAPITEL 30 - ERSTELLEN EINER GRAFIK

MP: <menü:F2> - Grafik

Nach dem Aufruf der Option *Grafik* wird das in Abbildung 30-1 zu sehende Fenster geöffnet.

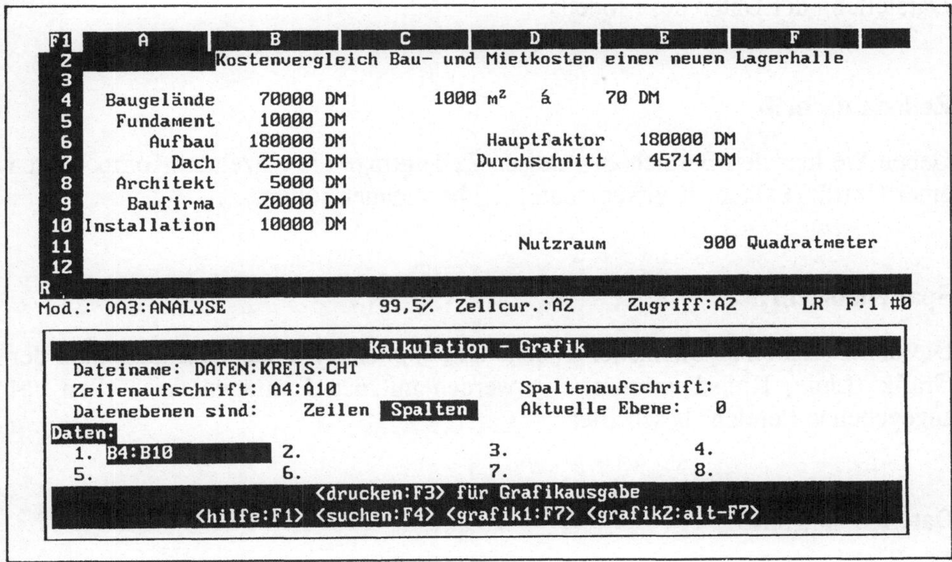

Abbildung 30-1 : Parametrieren einer Grafik

Definition der Parameter

Im folgenden erläutern wir die Bedeutung der einzelnen Parameter zur Erstellung einer Grafik. Verwenden Sie <zeil_lö:Strg-Rück>, um den Eintrag eines Parameters zu löschen.

Dateiname

Ob die Daten des Modells als Balkengrafik, Kreisdiagramm oder in einer anderen Form ausgegeben werden und welche Farben und Muster verwendet werden, entscheidet der Inhalt der *Grafik-Datei*. Die Grafik-Dateien mit dem Suffix *CHT* sind nicht mit einem Modell verbunden, so daß Sie diese für beliebige Modelle verwenden können.

> Da auch die Module Datenbank und Programmierung, sowie der Desk-Manager diese Grafik-Dateien verwenden und die Möglichkeiten zur Parametrierung sehr komplex sind, haben wir den Grafik-Dateien ein eigenes Kapitel im Teil *Allgemeine Funktionen* gewidmet. Wenn Sie die Einstellungen der Grafik-Datei ändern möchten, finden Sie dort die nötigen Informationen.

Wenn keine Datei angegeben wird, erstellt Open Access eine Balkengrafik zur Darstellung der Daten des Modells.

Zeilenaufschrift

Geben Sie hier den Bereich an , dessen Zelleinträge die einzelnen Komponenten einer Grafik (Balken, Kreissegmente, ...) bezeichnen sollen.

Spaltenaufschrift

Die den Daten einer Datenebene (siehe unten) entsprechenden Komponenten der Grafik (Linie, Kreisdiagramm, ...) werden mit den Einträgen der Zellen des angegebenen Bereichs beschriftet.

Datenebenen sind

Ob die Zeilen oder die Spalten eines Datenbereichs eine Datenebene bilden, legt dieser Parameter fest.

Aktuelle Ebene - Darzustellender Datenbereich

Von der Gestaltung hängt es ab, ob die Daten aller Datenbereiche gleichzeitig in einer Grafik dargestellt werden können. Ist dies nicht der Fall, so wird für jeden Datenbereich eine eigene Grafik erstellt. Durch die *aktuelle Ebene* wählen Sie dann die darzustellende Ebene aus. Während der Darstellung der Grafik kann die *aktuelle Ebene* durch <s.ab> und <s.auf> verändert werden.

Daten - Die Datenbereiche

Um eine Grafik erzeugen zu können, muß die Kalkulation wissen, welche Daten dargestellt werden sollen. Dazu legen Sie wie gewohnt einen Bereich fest. Bis zu acht Datenebenen können für eine Grafik definiert werden.

Die einzelnen Bereiche müssen die gleiche Anzahl von Zellen (mit oder ohne Eintrag) besitzen, da es sonst zur Fehlermeldung *"Ungültiger Datenbereich"* kommt.

Aufruf der Grafik

Während der Arbeit mit einem Modell kann die Grafik jederzeit durch <grafik1:F7> aufgerufen werden (s. Abbildung 30-2).

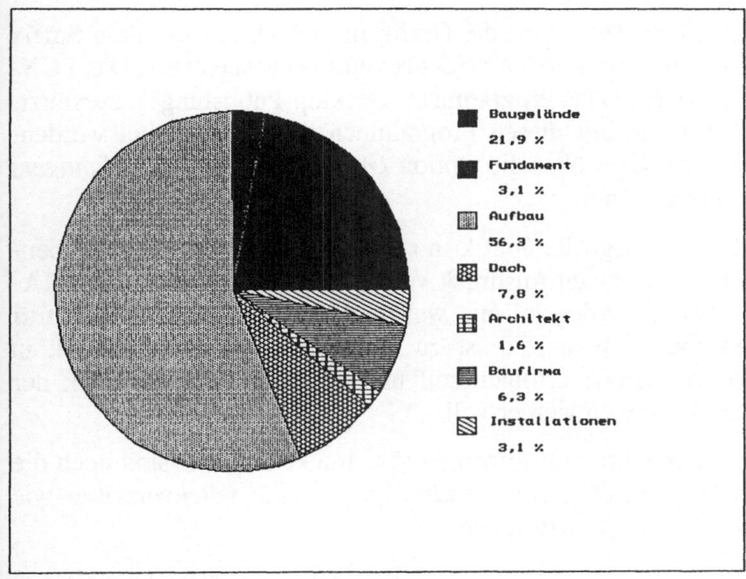

Abbildung 30-2 : Eine aufgerufene Grafik

Speichern oder Ausdrucken einer Grafik

Definition der Parameter

Bevor eine Grafik gespeichert oder gedruckt werden kann, müssen zuerst einige Parameter definiert werden. Rufen Sie dazu die Option *Grafik* des Kalkulationsmenüs auf und betätigen Sie dann <drucken:F3>. Wir erläutern nun die zur Verfügung stehenden Parameter.

Nach

Für die Einstellung des Parameters *Nach* stehen drei Alternativen zur Verfügung, welche die Ausgabe der Grafik auf das gewählte Ausgabegerät (*Ausdruck*) oder in eine Datei (*Dia,IMA-Datei*) lenken.

Wählen Sie die Einstellung *Dia*, wird die Grafik in einer Datei mit dem Suffix *PCX* (bei hochauflösender Grafik) oder *PHO* (Textgrafik) gespeichert. Das PCX-Dateiformat wird von vielen DTP-Programmen (Desktop-Publishing) unterstützt. Daher können *PCX*-Dateien mit diesen Programmen weiterverarbeitet werden. Außerdem lassen sich die *Dias* über die Option *Grafik-Dias* des *Desk-Managers* auf dem Bildschirm präsentieren.

Die Einstellung *IMA-Datei* legt die Grafik in einer Datei ab, die von der Open-Access-Textverarbeitung für einen Ausdruck verarbeitet werden kann. Für IMA-Dateien ist daher noch festzulegen, mit welchem Drucker sie beim Aufruf ausgedruckt werden sollen. Weiterhin ist zu definieren, ob der Ausdruck in normaler oder doppelter Größe erfolgen soll und ob nach dem Ausdruck der Grafik eine neue Seite begonnen werden soll.

Die Einstellung *Ausdruck* führt zum sofortigen Ausdrucken. Zuvor sind noch die zusätzlichen Parameter *Ausgabegerät*, *Ausdruckgröße* und *Seitenvorschub* wie beim Anlegen einer *IMA-Datei* einzustellen.

Ausgabe in - Definition des Ausgabegerätes

Haben Sie für den Parameter *Nach* die Einstellung *Dia* oder *IMA-Datei* gewählt, wird hier bereits ein Name für die Datei, in der die Grafik abgelegt werden soll, vorgegeben. Dieser Name kann aber überschrieben werden.

Speichern der Grafik oder Starten des Druckvorgangs

Das Speichern bzw. Drucken wird mit <drucken:F3> aktiviert, wenn die Grafik mittels <grafik:F7> auf den Bildschirm gebracht wurde. Bei der Erstellung von *Dias* oder *IMA-Dateien* wird das erfolgreiche Anlegen der Datei durch ein akustisches Signal angezeigt.

KAPITEL 31 - AUSDRUCKEN EINES MODELLS

MP: <drucken:F3>

Nach Betätigung von <drucken:F3>, während der Arbeit mit einem Modell, wird das in Abbildung 31-1 zu sehende Fenster geöffnet.

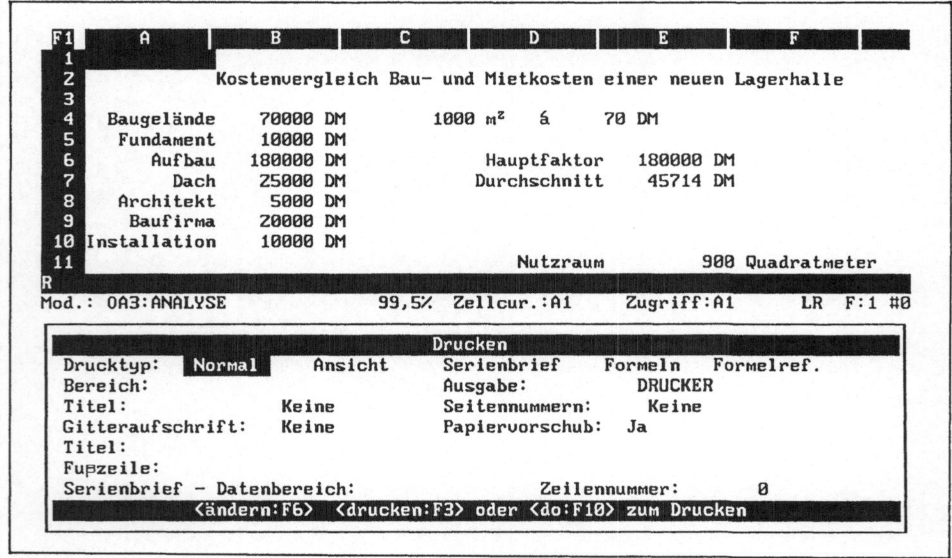

Abbildung 31-1 : Das Fenster zur Parametrierung des Ausdrucks

Wir werden nun auf die Bedeutung der einzelnen Parameter eingehen. Die Parameter *Serienbrief-Datenbereich* und *Zeilennummer* werden aber nicht beschrieben, da sie sich auf eine fortgeschrittene Kalkulationstechnik beziehen, die in einem Buch für den Einstieg nicht behandelt werden soll.

Die Parameter

Drucktyp

Wählen Sie die Einstellung *Normal*, um ein Modell so zu drucken, wie es auf dem Bildschirm dargestellt wird. Durch *Ansicht* wird auf dem Bildschirm angezeigt, wie der Ausdruck aussehen wird. Bei *Formeln* wird eine Liste aller Zellen mit Einträgen ausgegeben. Dabei werden für jede Zelle der Eintrag, die Attribute und der angezeigte Wert angegeben. Bei der Einstellung *Formelref* wird zusätzlich zu jeder Formel angegeben, in welchen Zellen diese Zelle in einer Formel Verwendung findet.

Bei Wahl des Drucktyps *Formelref* beansprucht der Ausdruck eines großen Modells mit vielen Formeln teilweise eine sehr lange Ausgabezeit. 

Bereich

Hier geben Sie den Bereich des Modells an, der ausgedruckt werden soll. Durch <alles:F8> wird das komplette Modell gedruckt.

Ausgabe

Der Parameter *Ausgabe* legt das Ausgabegerät fest. Soll dieses geändert werden, so muß durch <suchen:F4> die Liste der verfügbaren Ausgabegeräte geöffnet werden. Nach der Selektion des gewünschten Ausgabegerätes ist dieses durch <do:F10> zu bestätigen.

Titel

Der Name *Titel* bezeichnet zwei Parameter, von denen wir zuerst den weiter oben stehenden beschreiben wollen. Dieser legt fest, ob die erste *Zeile* bzw. die erste *Spalte* eines Modells, oder auch *Beide* auf jeder Druckseite ausgegeben werden oder nicht (*Keine*). Der weiter unten stehende Parameter *Titel* läßt die Eingabe eines 68 Zeichen langen Textes zu, der dann auf jeder Druckseite ganz oben ausgegeben wird.

Seitennummern

Ob die Seitennummern am oberen (*Oben*) oder unteren (*Unten*) Blattrand positioniert werden, legt der Parameter *Seitennummern* fest. Bei Wahl der Einstellung *Keine* werden die Seiten nicht numeriert.

Gitteraufschrift

Dieser Parameter ist verantwortlich dafür, daß die Koordinaten der *Zeilen* und *Spalten* mit ausgedruckt werden.

Papiervorschub

Durch Wahl der Einstellung *Ja* für diesen Parameter wird nach dem Ausdruck ein Seitenvorschub vom Ausgabegerät verlangt.

Fußzeile

Der Parameter *Fußzeile* läßt die Eingabe eines 68 Zeichen langen Textes zu, der dann auf jeder Druckseite am unteren Blattrand ausgegeben wird.

KAPITEL 32 - WEITERE FUNKTIONEN

Weil sie nur selten zur Anwendung kommen, werden einige Funktionen der Kalkulation in diesem Buch nicht beschrieben. Um Ihnen im Bedarfsfall dennoch einen schnellen Zugang zu diesen Funktionen zu ermöglichen, finden Sie im folgenden Verweise auf die Seitenzahlen im Kalkulationshandbuch.

Statistische Funktionen

<table>
<tr><td colspan="2" align="center">Verweise auf statistische Funktionen</td></tr>
<tr><td>Seite</td><td>Funktion</td></tr>
<tr><td>331</td><td>Deskriptive Statistik</td></tr>
<tr><td>335</td><td>Korrelationsrechnung</td></tr>
<tr><td>339</td><td>Multiple Regression</td></tr>
<tr><td>343</td><td>Schrittweise Regression</td></tr>
<tr><td>351</td><td>Polynominalregression</td></tr>
<tr><td>355</td><td>Einfache Varianzanalyse</td></tr>
<tr><td>359</td><td>Randomisierte Varianzanalyse</td></tr>
<tr><td>363</td><td>Zweifaktorielle Varianzanalyse</td></tr>
<tr><td>367</td><td>T-Test für den vermuteten Mittelwert</td></tr>
<tr><td>371</td><td>T-Test für Mittelwertsunterschiede zweier Gruppen</td></tr>
<tr><td>375</td><td>T-Test für paarweise Differenzen</td></tr>
<tr><td>379</td><td>Test für den Anteil einer Untergruppe</td></tr>
<tr><td>383</td><td>Test auf Anteilsunterschiede</td></tr>
<tr><td>387</td><td>Test für Anteil in Untergruppen</td></tr>
<tr><td>391</td><td>Wald-Wolfowitz-Runs-Test</td></tr>
<tr><td>395</td><td>Wilcoxon Rangsummentest</td></tr>
<tr><td>399</td><td>Kruskal-Wallis-Test</td></tr>
<tr><td>403</td><td>Kolmogorov-Smirnov-Test</td></tr>
<tr><td>407</td><td>Wilcoxon Signed-Ranks Test</td></tr>
<tr><td>411</td><td>Absolute Normal Scores Test</td></tr>
<tr><td>415</td><td>Kendalls Konkordanzkoeffizient</td></tr>
<tr><td>419</td><td>Friedmann Test</td></tr>
<tr><td>423</td><td>Kontingenztafelanalyse</td></tr>
<tr><td>429</td><td>Anpassungstests</td></tr>
</table>

Eine Einführung in die Handhabung und eine ausführliche Beschreibung der einzelnen statistischen Funktionen finden Sie ab Seite 323 im Handbuch der Kalkulation. Im einzelnen stehen folgende Funktionen zur Verfügung :

Kaufmännische Funktionen

Funktionen für die gängigen kaufmännischen Berechnungen finden Sie ab Seite 255 im Handbuch der Kalkulation.

Arbeit mit mehreren Modellen

Wie Sie effektiv mit mehreren Modellen arbeiten, erfahren Sie auf den Seiten 114-120 und 134-138 des Handbuchs der Kalkulation.

Die Makrosprache

Die Seiten 227-236 des Handbuchs der Kalkulation sind den Kalkulationsmakros gewidmet. Mit ihrer Hilfe können sehr viele Vorgänge automatisiert werden.

KAPITEL 33 - DATENAUSTAUSCH

Ein besonderer Vorteil eines Integrierten Paketes wie Open Access besteht in der Möglichkeit, Daten zwischen den einzelnen Modulen austauschen zu können. Es wird aber auch der Datentransfer von und zu Fremdprogrammen unterstützt.

Datenexport

In ein Open-Access-Modul

MP: <menü:F2> - <ändern:F6> - U̲bertragen_II

Sollten Sie das aktuelle Modell in der momentanen Form noch nicht gespeichert haben, besteht nach dem Aufruf der Option *Übertragen_II* die Möglichkeit, dies nachzuholen. Da nach dem Export automatisch das entsprechende Open-Access-Modul aufgerufen wird, gehen nicht gespeicherte Änderungen des Modells verloren.

Danach ist der Bereich des Modells zu definieren, der exportiert werden soll. Geben Sie dem Parameter *Von* durch <ändern:F6> die Einstellung *Spalte*, so wird der Bereich - um 90° gedreht - exportiert. Ob die erste Zeile (Reihe) bzw. Spalte als Bezeichnung der Spalten bzw. Zeilen verwendet wird, legt der Parameter *Aufschrift* fest.

Nach Bestätigung der Angaben mit <do:F10> wählen Sie das Modul, in das die Daten übernommen werden sollen. Abschließend muß noch der Name der Datei angegeben werden, in der die exportierten Daten abgelegt werden sollen.

In Lotus-123 und dazu kompatible Fremdprogramme

Der Datenaustausch mit Lotus-123 und dazu kompatiblen Fremdprogrammen wird im Teil *Allgemeine Funktionen* im Kapitel *Desk-Manager* ausführlich beschrieben.

In andere Fremdprogramme

Der Datenaustausch mit den übrigen Fremdprogrammen erfolgt über die sogenannten *DIF-Dateien*. Das Kürzel *DIF* steht für *Data-Interchange-Format*, ein standardisiertes Datenprotokoll, das von vielen Programmen unterstützt wird. Ob der Datenaustausch über eine DIF-Datei möglich ist, hängt davon ab, ob das Fremdprogramm dieses Format unterstützt.

Anlegen der DIF-Datei

MP: <menü:F2> - Übertragen_1 - Export

Geben Sie den Namen für die anzulegende DIF-Datei und den Bereich des Modells an, der exportiert werden soll. Geben Sie dem Parameter *Von* durch <ändern:F6> die Einstellung *Spalte*, wird der Bereich - um 90° gedreht - in die DIF-Datei übernommen. Ob die erste Zeile (Reihe) bzw. Spalte als Bezeichnung der Spalten bzw. Zeilen verwendet wird, legt der Parameter *Aufschrift* fest. Für die Verwendung der DIF-Datei mit anderen Open-Access-Modulen sollte eine solche Aufschrift existieren.

Datenimport

Von der Open-Access-Datenbank

MP: <menü:F2> - Übertragen_1 - Von_DF/IF

Nach dem Aufruf müssen die aus einer Tabelle der Datenbank zu importierenden Daten selektiert werden. Dazu ist eine SQL-Abfrage (siehe Teil II, Kapitel 11) zu definieren. Nachdem die Abfrage durch <do:F10> beendet wurde, kann durch eine Zelle die Position der importierten Daten im Modell definiert werden. Geben Sie dem Parameter *Von* durch <ändern:F6> die Einstellung *Spalte*, wird der Bereich - um 90° gedreht - übernommen.

Von Lotus-123 und dazu kompatiblen Fremdprogrammen

Der Datenaustausch mit Lotus-123 und dazu kompatiblen Fremdprogrammen wird im Teil *Allgemeine Funktionen* im Kapitel *Desk-Manager* ausführlich beschrieben.

Von anderen Fremdprogrammen

Der Datenaustausch mit den übrigen Fremdprogrammen erfolgt über die sogenannten *DIF-Dateien*. Das Kürzel *DIF* steht für *Data-Interchange-Format*, ein standardisiertes Datenprotokoll, das von vielen Programmen unterstützt wird. Ob der Datenaustausch über eine DIF-Datei möglich ist, hängt davon ab, ob das Fremdprogramm DIF-Dateien erzeugen kann.

Einlesen einer DIF-Datei

MP: <menü:F2> - Übertragen_1 - Import

Nach dem Aufruf geben Sie den Dateinamen der einzulesenden DIF-Datei an und bestätigen diesen durch <do:F10>. Danach ist die Zelle anzugeben, an der die Daten der DIF-Datei ins Modell integriert werden sollen.

Beim Import werden bestehende Einträge des aktuellen Modells durch importierte Daten überschrieben. Man sollte daher eine *Zelle* wählen, die den Import in einen ungenutzten Bereich lenkt. 

TEIL V - DER PROGRAMMIERER

Ihnen die Möglichkeiten und Anwendungsweise des Programmierers zu vermitteln, ist Aufgabe dieses Teils des Buches. Er soll Ihnen die Entwicklung eigener Anwendungen ermöglichen.

KAPITEL 34 - GRUNDLAGEN

Mit Hilfe des *Programmierers* lassen sich Programme zur Arbeit mit den Tabellen der Datenbank entwickeln. Neben der Automatisierung beliebiger Vorgänge ist vor allem die Möglichkeit, Aufgaben zu lösen, bei denen die Datenbank an ihre Grenzen stößt, ein Argument, den *Programmierer* einzusetzen. Ein weiterer Grund kann die Vereinfachung bestimmter Vorgänge für weniger kompetente Anwender sein.

Die Programmiersprache

Um den *Programmierer* anzuweisen, eine bestimmte Aktion auszuführen, muß man ihm den entsprechenden *Befehl* geben. Jeder Aktion ist genau ein Befehl zugeordnet, der manchmal noch durch Parameter ergänzt werden kann. So läßt sich zum Beispiel durch den Befehl *PUT "[Text]"* die anstelle des Platzhalters *[Text]* stehende Zeichenfolge auf dem Bildschirm ausgeben. Die Gesamtheit aller Befehle bezeichnet man als Programmiersprache.

Das Programm

Die Automatisierung beliebiger Vorgänge wird dadurch erreicht, daß zuerst alle auszuführenden Aktionen definiert werden. Dazu schreiben Sie die entsprechenden Befehle untereinander in jeweils eine eigene Zeile. Eine solche *Befehlssequenz* bezeichnet man als *Programm*. Ein Programm kann beliebig oft ausgeführt werden und läßt sich auch speichern.

Programmteile

Da ein großes Programm sehr unübersichtlich wird, besteht die Möglichkeit, mehrere Programmteile zu einem Programm zusammenzufügen. Dazu ist ein Programmteil als *Hauptprogramm* zu starten. Dieses Hauptprogramm ruft dann an den gewünschten Stellen in der Befehlsfolge die anderen Programmteile durch den Befehl *DO* auf. Die Ausführung des Hauptprogramms wird in der auf den *DO*-Befehl folgenden Zeile fortgesetzt, nachdem alle Befehle des aufgerufenen Programmteils ausgeführt wurden.

Die Programmausführung

Der *Programmierer* führt die im Programm definierten Aktionen in der, durch die Befehlssequenz bestimmten Reihenfolge durch. Dabei beginnt er bei der ersten Zeile. Es stehen allerdings einige Befehle zur Verfügung, die diese strikte Abfolge unterbrechen können. Dadurch lassen sich bestimmte Teile eines Programms mehrmals oder auch garnicht durchlaufen.

Werte

Der Programmierer kann Werte mit den aus der Datenbank bekannten Typen verarbeiten. Um einen Typ vom anderen unterscheiden zu können, sind folgende Formate einzuhalten:

Wertetypen mit zugehörigem Format und einem Beispiel		
Typ	Format	Beispiel
Text	"[Wert]"	"Maier"
Nummer	[Wert]	102
Dezimal	[Wert]	78,32
Logisch	TRUE oder FALSE	TRUE
Datum	DATE("[Wert]")	DATE("20.11.90")
Zeit	TIME("[Wert]")	TIME("17:00")

Variable

Damit sich ein Programm den Eingaben des Anwenders anpassen kann, stehen die sogenannten *Variablen* zur Verfügung. Einer Variablen kann ein bestimmter Wert zugeordnet werden, der dann unter dem Namen der Variablen verwendet werden kann.

Initialisierung

Durch das Zuweisen eines Wertes wird eine Variable initialisiert. Dabei ist der Befehl

[Name]=[Wert]

in eine Zeile zu setzen. Die Platzhalter *[Name]* und *[Wert]* ersetzen Sie durch den Variablennamen bzw. den Wert, der dieser zugewiesen werden soll. Durch

name="Maier"

wird zum Beispiel der Variablen *name* der Wert *Maier* zugeordnet. Es ist zu beachten, daß die Bezeichnungen der Befehle der Programmiersprache nicht als Variablennamen verwendet werden können.

Schließen

Nicht mehr benötigte Variablen sollten durch die Anweisung

[Name] END

geschlossen werden. Dadurch wird der für die Variable reservierte Speicherplatz wieder freigegeben.

Tabellenzugriff

Um auf die Daten einer oder mehrerer Tabellen zugreifen zu können, muß zuerst eine *Ergebnisliste* erstellt werden. Zur Selektion steht die - aus der Datenbank bekannte - SQL-Abfrage zur Verfügung. Eine Ergebnisliste wird im *Programmierer* als *View* bezeichnet. Die Daten eines Views können wie Variablen verwendet werden. Anstelle des Variablennamens muß der Name der Spalte angegeben werden, in der sich der zu bearbeitende Wert befindet. Da gleichzeitig

gleichzeitig mehrere Views definiert und bearbeitet werden können, ist auch noch der Viewname zu nennen. Die Adressierung erfolgt immer im Format

    [Viewname].[Spaltenname]

Soll der Wert der Spalte *STÜCKZAHL* der Tabelle *LAGER* um 15 zu erhöht werden, ist folgende Anweisungsseqeunz nötig:

    VIEW lager = FROM lager
    USE lager
    lager.stückzahl=lager.stückzahl+15

Der Zeilenzeiger

Um einen Wert eindeutig zu adressieren, muß man dem *Programmierer* aber zusätzlich noch mitteilen, in welcher Zeile des Views sich der Wert befindet. Dies geschieht durch Positionierung des sogenannten *Zeilenzeigers*. Er "zeigt" nach der Definition eines Views auf die erste Zeile. Welche Zeile er adressiert, kann durch den *FIND*-Befehl festgelegt werden. Soll zum Beispiel der Wert der Spalte *STÜCKZAHL* in der Zeile mit dem Artikel "MEGA-MAUS" um 15 erhöht werden, ist folgende Anweisungssequenz nötig:

    VIEW lager = FROM lager
    USE lager
    FIND lager WHERE artikel="MEGA-MAUS"
    lager.stückzahl=lager.stückzahl+15

Die virtuelle Zeile

Alle Änderungen werden nicht sofort an den Werten der - durch den Zeilenzeiger adressierten - Zeile des Views vorgenommen. Der Programmierer stellt eine sogenannte *virtuelle Zeile* zur Verfügung. Diese hat den gleichen Aufbau wie die Zeilen des Views, ist aber kein Bestandteil des Views. Sie dient dem Austausch von Daten zwischen dem *Programmierer* und der oder den Tabellen des Views. Das heißt, es werden nicht die Werte einer Zeile des Views angezeigt oder geändert, sondern immer die der virtuellen Zeile. Bei der Definition eines Views werden die Werte seiner ersten Zeile in die virtuelle Zeile übernommen. Wird der Zeilenzeiger mit *FIND* auf eine Zeile des Views bewegt, so werden deren Werte automatisch in die virtuelle Zeile übernommen. Alle Änderungen, die vorgenommen werden (z.B. *lager.stückzahl=lager.stückzahl+15*), beziehen sich nur auf die virtuelle Zeile. Eine Tabelle des Views wird dadurch nicht beeinflußt. Soll der *Programmierer* die Daten der virtuellen Zeile in eine Tabellenzeile übernehmen, muß dies extra gefordert werden. Durch den Befehl *INSERT* wird eine neue Zeile mit den Daten der virtuellen Zeile in die Tabelle eingefügt. Mit *REPLACE* werden die Werte der virtuellen Zeile in die, durch den Zeilenzeiger adressierte Zeile des Views (und somit die Tabellen) übertragen.

Funktionen

Der *Programmierer* bietet Ihnen zahlreiche Funktionen zur Auswertung eines oder mehrerer Werte bzw. Variablen. Jede Funktion liefert genau einen Wert als Ergebnis und kann daher wie ein Wert verwendet werden (z.B. *20-SIN(1)*38*). Wir führen nun die verfügbaren Funktionen, alphabetisch sortiert, auf. Die einzelnen Funktionen werden zusammen mit den Befehlen in Kapitel 36 erläutert.

Ausdrücke

Ein *Ausdruck* ist eine Kombination von Werten, Variablen, Funktionen und Operatoren. Jeder Ausdruck liefert bei der Auswertung genau einen Wert und kann daher auch in Funktionen verwendet werden (z.B. *ABS((anzahl+30)*2)*). In der Datenbank werden Ausdrücke unter der Bezeichnung *Formel* verwendet. Große Bedeutung kommt dem *Typ* eines Ausdrucks zu. Der Typ hängt von dem Wert ab, der bei der Auswertung des Ausdrucks ermittelt wird. Es stehen die von den Spalten der Datenbank bekannten Typen zur Verfügung:

Ausdruckstypen		
Typ	Kürzel	Beispiel
Text	TXT	"Test"
Nummer	NUM	34*2
Dezimal	DEZ	10,3
Logisch	LOG	17>5
Datum	DAT	"20.11.1990"
Zeit	ZEI	"10:00"

Die den Typen nachgestellten Kürzel finden später bei Angabe der allgemeinen Funktionen Verwendung. Zur Veranschaulichung des Ausdruck-Begriffs haben wir zu den einzelnen Ausdruckstypen Beispiele angegeben.

Operatoren

In Ausdrücken können die im folgenden aufgeführten Operatoren zur Verknüpfung der einzelnen Werte und Variablen Verwendung finden.

Verknüpfung von Werten und Variablen vom Typ ...

Text :

Verbund .... & .... TXT & TXT = TXT

Nummer :

Addition.................. + ... NUM + NUM = NUM
Subtraktion............... - .... NUM - NUM = NUM
Multiplikation............ * .... NUM * NUM = NUM
Division.................. / .... NUM / NUM = NUM

Dezimal :

Addition.................. + ... DEZ + DEZ = DEZ
Subtraktion............... - .... DEZ - DEZ = DEZ
Multiplikation............ * .... DEZ * DEZ = DEZ
Division.................. / .... DEZ / DEZ = DEZ

Logisch :

Konjunktion.............. AND .... LOG AND LOG = LOG
Disjunktion.............. OR.................... LOG OR LOG = LOG
Negation .... NOT .... NOT LOG = LOG

Datum :

Addition.................. + ... DAT + NUM = DAT
Subtraktion............... - .... DAT - NUM = DAT

Zeit :

Addition.................. + ... ZEI + NUM = ZEI
Subtraktion............... - .... ZEI - NUM = ZEI

Allgemein :

Gleich .... = ... AUS = AUS = LOG
Größer als .... > .... AUS > AUS = LOG
Größer gleich............ >= .... AUS >= AUS = LOG
Kleiner als............... < .... AUS < AUS = LOG
Kleiner gleich........... <= .... AUS <= AUS = LOG
Ungleich .... <> .... AUS <> AUS = LOG

KAPITEL 35 - DIE PROGRAMM-ERSTELLUNG

Der Editor

MP: <u>P</u>rogrammierer

Nach dem Aufruf des *Programmierers* wird das in Abbildung 35-1 zu sehende Fenster geöffnet.

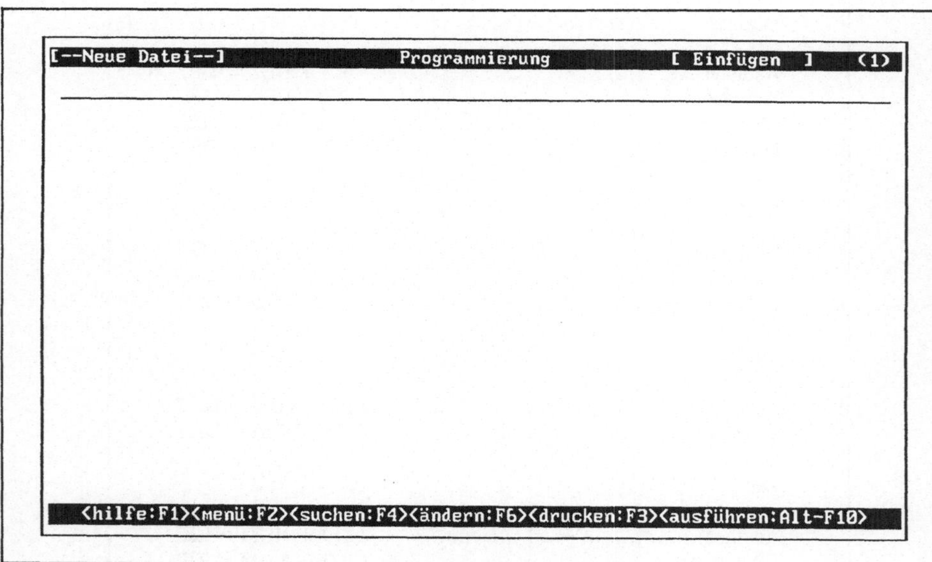

Abbildung 35-1 : Der Editor des Programmierers

Der Editor des Programmierers gleicht dem *Notizblock* des Desk-Managers in der Anwendung. Wir wollen daher hier nur auf dessen Beschreibung im 7ten Teil des Buches verweisen.

Verlassen des Editors

MP: <menü:F2> - Hauptmenü

Um den Editor zu verlassen, rufen Sie mit <menü:F2> das Menü des Editors auf und wählen dort die Option *Hauptmenü*. Daraufhin kann ein noch nicht gespeichertes Programm bei Bedarf abgelegt werden.

Parameter

MP: <menü:F2> - Parameter

Nach dem Aufruf können die im folgenden erläuterten Parameter definiert werden.

Speichern

MP: <menü:F2>

Durch <menü:F2> und Wahl der Option *Sichern* können die definierten Parameter in einer Datei abgelegt werden. Auf diese Weise gespeicherte Parameter können jederzeit durch die Option *Laden* wiederhergestellt werden. Durch *Neu* werden die aktuellen Parameter auf die Standardwerte zurückgesetzt.

Ablauffenster

Ob das Fenster, in dem das Programm beim Aufruf abläuft, gerahmt oder ungerahmt ist, legt dieser Parameter fest.

Programm-Monitorhöhe

Wählen Sie für den Parameter *Programm-Monitorhöhe* einen Wert, der größer als Null ist, wird während des Programmablaufs am unteren Bildschirmrand ein Fenster (der Programm-Monitor) eingeblendet. Im Programm-Monitor, dessen Höhe der angegebene Wert bestimmt, wird der gerade ausgeführte Befehl des Programms angezeigt.

Programm-Monitorposition

Ob der Programm-Monitor am oberen oder unteren Bildschirmrand eingeblendet wird, hängt von diesem Parameter ab.

Dateiname

Der Dateiname des Programmteils, der gerade ausgeführt wird, kann *oben* oder *rechts* im Programm-Monitor eingeblendet werden.

Tab-größe

Durch den Wert dieses Parameters legen Sie fest, um wieviele Zeichen der Cursor beim Betätigen von <tab> nach rechts bewegt wird.

Hauptprogrammdatei

Hier ist der Dateiname des Programmteils anzugeben, der alle anderen Programmteile aufruft.

Batchdatei

Um ein Programm in Open Access integrieren zu können, muß dieses "gebunden" werden. Der Programmierer kann ein Programm nur dann "binden", wenn die Namen der Dateien aller Programmteile in einer Datei abgelegt wurden. Den Namen dieser Datei, die man als *Batch* bezeichnet, tragen Sie hier ein.

Reservierte Variable

Sollte es während des Programmablaufs Probleme mit dem Speicherplatz geben, so ist die Anzahl der benötigten Variablen hinter diesem Parameter anzugeben. Den richtigen Wert erhalten Sie, indem Sie den Wert der *Variablensumme* um drei erhöhen.

Variablensumme

Hier zeigt der Programmierer an, für wieviele Variablen beim letzten Programmablauf Speicherplatz reserviert wurde.

Reset

MP: <menü:F2> - Reset

Kommt es während des Programmablaufs zu unerklärlichen Speicherplatz- oder anderen Problemen, so sollte ein *Reset* durchgeführt werden.

Batch

MP: <menü:F2> - Batch

Nach dem Aufruf der Option *Batch* muß zuerst die *Batchdatei*, welche die Namen der Dateien aller Programmteile enthält, definiert werden. Danach kann eine von drei Optionen gewählt und mit <do:F10> aufgerufen werden.

Drucken

Nachdem Sie das Ausgabegerät gewählt haben, werden alle in der *Batchdatei* aufgeführten Programmteile ausgedruckt.

Ersetzen

Diese Funktion entspricht der durch die Taste <suchen:F4> aufzurufenden *Suchen/Ersetzen*-Funktion des Editors. Sie wird hier jedoch auf alle in der Batchdatei vermerkten Programmteile angewendet.

CND_Erstellen

Ist die Entwicklung eines Programms beendet, kann dieses "gebunden" werden. Wählen Sie dazu die Option *CND_Erstellen*. Es wird ein Fenster geöffnet, in dem die - im folgenden erläuterten - Parameter zu definieren sind. Nach Angabe aller Parameter kann der Vorgang durch <do:F10> gestartet werden.

Parameterdatei

Wenn Sie hier den Namen einer Parameterdatei angeben, werden die *Batchdatei* und die *Hauptprogrammdatei* aus den Parametern übernommen.

Batchdatei

Hier ist der Name der Datei anzugeben, in der die Namen aller Programmteile abgelegt wurden.

Hauptprogrammdatei

Der Name der Datei, die den Programmteil enthält, der alle anderen Programmteile aufruft, ist hier einzutragen.

Applikationsdatei

Hier tragen Sie den Namen der Datei, in der das "gebundene" Programm (die Applikation) abgelegt werden soll, ein.

Integration eines Programms in Open Access

Eine fertige Applikation ("gebundenes" Programm) kann über die im 8ten Teil des Buches beschriebene *Standarddatei* in Open Access integriert werden.

Starten eines Programms

Es gibt drei Wege, ein Programm zu starten. Durch <halt:Strg-Pause> kann der Ablauf eines Programms unterbrochen werden. Dies ist aber nur möglich, wenn das Programm nicht "gebunden" wurde. Die zum Starten eines Programms verfügbaren Alternativen werden nun kurz vorgestellt.

Direkt

MP: <ausführen:Alt-F10>

Der im Editor befindliche Programmteil kann jederzeit durch <ausführen:Alt-F10> gestartet werden. Wurde ein Bereich des Programmtextes durch <selekt:F9> markiert, wird nur dieser ausgeführt.

Indirekt

MP: <menü:F2> - <u>ST</u>arten

Nach dem Aufruf ist der Name der Datei anzugeben, die den zu startenden Programmteil enthält. Auf diese Weise können auch Applikationen (bereits "gebundene" Programme) gestartet werden.

Über die Anwendungen

Über die *Standarddateien* in Open Access integrierte Applikationen (bereits "gebundene" Programme) können über die Option *Anwendungen* des Open-Access-Hauptmenüs gestartet werden.

KAPITEL 36 - DIE SPRACHE DES PROGRAMMIERERS

Wir geben Ihnen im folgenden eine Übersicht der im Programmierer verfügbaren Befehle. Um einen möglichst schnellen Zugriff zu gewährleisten, wurden die Befehle nach Anwendungsgebieten gruppiert.

Datenbank

VIEW

Format : VIEW [View] = [Abfrage]

Durch diesen Befehl kann eine Ergebnisliste (siehe Datenbank) - im folgenden View genannt - definiert werden. Das View wird der anstelle von *[View]* angegebenen Variablen zugeordnet. Statt des Platzhalters *[Abfrage]* ist eine SQL-Abfrage zu definieren. Reicht eine Zeile nicht aus, um die Abfrage zu spezifizieren, kann die Abfrage in der nächsten Zeile fortgesetzt werden. Dazu muß die vorangehende Zeile allerdings mit \\ (doppelter Backslash) abgeschlossen werden.

USE

Format : USE [View]

Das durch *VIEW* definierte View wird erstellt und steht von nun an zur Verfügung. Soll dem View eine Schirmmaske oder/und Druckmaske zugeordnet werden, ist der Befehl entsprechend zu erweitern :

    USE [View] DISPLAY [Schirmmaske]
    USE [View] REPORT [Druckmaske]
    USE [View] DISPLAY [Schirmmaske] REPORT [Druckmaske]

Wird ein View nicht mehr benötigt, ist durch

    USE [View] END
    [View] END

der Speicherplatz freizugeben. Wurden eine oder mehrere Zeilen des Views gelöscht, eingefügt oder geändert, muß das View durch *USE [View]* aktualisiert werden.

LIST

Format : LIST [View]

Stellt die Zeilen eines Views auf dem Bildschirm dar. Der Zeilenzeiger, der durch den Cursor dargestellt wird, kann mit <ab>, <auf>, <s.ab> und <s.auf> auf eine Zeile des Views gesetzt werden. Durch <links> und <rechts> können Sie den auf dem Bildschirm dargestellten Ausschnitt verändern.

BROWSE

Format : BROWSE [View]

Dem Anwender wird die von der Datenbank bekannte *Pflege* zur Verfügung gestellt. Der Befehl kann aber nur für Views verwendet werden, die durch Abfrage einer einzigen Tabelle, ohne Spaltenselektion entstanden sind. Auch wenn nur bestimmte Zeilen der Tabelle selektiert wurden, stehen in der *Pflege* alle Zeilen zur Verfügung.

INSERT

Format : INSERT [View]

Es wird eine neue Zeile ins View und die dem View zugrunde liegende(n) Tabelle(n) eingefügt. Diese neue Zeile erhält die Werte der virtuellen Zeile.

DB_INS

Format : [Variable] = DB_INS([View])

Dieser Befehl ist zugleich eine Funktion. Es wird eine neue Zeile ins View und die dem View zugrunde liegende Tabelle eingefügt. Diese neue Zeile erhält die Werte der virtuellen Zeile. Gab es beim Einfügen Probleme, so erhält die logische Variable (*[Variable]*) den Wert *FALSE*. Der Befehl kann nur für Views verwendet werden, die durch Abfrage einer einzigen Tabelle, ohne Spaltenselektion entstanden sind. Dafür arbeitet er schneller als der Befehl *INSERT*.

REPLACE

Format : REPLACE [View]

Die Werte der virtuellen Zeile werden in die durch den Zeilenzeiger adressierten Zeile des Views übernommen. Dadurch ändern sich auch die Werte der Tabelle(n), die dem View zugrunde liegt (liegen).

DB_PUT

Format : [Variable] = DB_PUT([View])

U Dieser Befehl ist zugleich eine Funktion. Die durch *DB_GET* selektierte Zeile des Views und der dem View zugrunde liegenden Tabelle wird mit den Werten der virtuellen Zeile gefüllt. Gab es bei diesem Vorgang Probleme, erhält die logische Variable (*[Variable]*) den Wert *FALSE*. Der Befehl kann nur für Views verwendet werden, die durch Abfrage einer einzigen Tabelle, ohne Spaltenselektion entstanden sind. Dafür arbeitet er schneller als der Befehl *INSERT*.

DELETE

Format : DELETE [View]

Die durch den Zeilenzeiger adressierte Zeile des Views und der diesem zugrunde liegenden Tabelle(n) wird gelöscht.

DB_DEL

Format : [Variable] = DB_DEL([View])

U Dieser Befehl ist zugleich eine Funktion. Die durch *DB_GET* adressierte Zeile des Views und der zugrunde liegenden Tabelle wird gelöscht. Gab es dabei Probleme, so erhält die logsiche Variable (*[Variable]*) den Wert *FALSE*. Der Befehl kann nur für Views verwendet werden, die durch Abfrage einer einzigen Tabelle, ohne Spaltenselektion entstanden sind. Dafür arbeitet er schneller als der Befehl *DELETE*.

PURGE

Format : PURGE [View]

Es werden alle Zeilen des Views und der dem View zugrunde liegenden Tabellen gelöscht.

APPEND

Format : APPEND [View] TO [Tabelle]

Die Zeilen des Views werden an die durch Angabe des Dateinamens (*[Tabelle]*) definierte Tabelle angefügt. Es werden aber nur die Daten der Spalten übernommen, die in View und Tabelle den gleichen Namen und Typ besitzen.

RECORD

Format : RECORD [Zielview]=[Quellview]

Der Inhalt der virtuellen Zeile des Quellviews wird als neue Zeile ans Zielview angefügt. Es werden aber nur die Daten der Spalten übernommen, die in Quellview und Zielview den gleichen Namen und Typ besitzen.

Besitzen zwei Spalten zwar den gleichen Typ, nicht aber den gleichen Namen, so kann durch die Anweisung

        RECORD [Zielview]=[Quellview] WITH [Zielspalte]=[Quellspalte]

dennoch eine Übertragung erfolgen. Weitere Zuordnungen sind durch Kommata zu trennen.

NEW

Format : NEW [View]

Der Inhalt der virtuellen Zeile wird gelöscht.

ENTER

Format : ENTER [View]

Der Benutzer kann neue Zeilen in das View einfügen. Voraussetzung ist, daß dem View eine passende Schirmmaske zugeordnet wurde. Dies kann durch den USE-Befehl oder

    ENTER [View] WITH [Schirmmaske]

geschehen. Mit <do:F10> werden die Eintragungen gespeichert und mit <undo:Esc> bricht man den ENTER-Befehl ab.

DISPLAY

Format : DISPLAY [View]

Der Benutzer kann die Zeilen des Views betrachten und bearbeiten. Voraussetzung ist, daß dem View eine passende Schirmmaske zugeordnet wurde. Dies kann durch den USE-Befehl oder

    DISPLAY [View] WITH [Schirmmaske]

geschehen. Durch <do:F10> werden getätigte Änderungen gespeichert, mit <zeile_vor:F5> und <zeile_rück:F7> kann der Benutzer den Zeilenzeiger bewegen. Mit <undo:Esc> beendet er den DISPLAY-Befehl ab.

GET

Format : GET [View]

Der Benutzer kann die Werte der virtuellen Zeile bearbeiten. Voraussetzung ist, daß dem View eine passende Schirmmaske zugeordnet wurde. Dies kann durch den USE-Befehl oder

    GET [View] WITH [Schirmmaske]

geschehen.

FIND

Format : FIND [View] [Position]

Durch diesen Befehl kann die Position des Zeilenzeigers verändert werden. Ersetzen Sie den Platzhalter *[Position]* durch eine Nummer, wird der Zeilenzeiger auf die zugehörige Zeile des Views gesetzt. Die Angabe von *TOP*, *BOTTOM*, *NEXT* oder *BACK* anstelle von *[Position]* setzt den Zeilenzeiger an den Anfang des Views, ans Ende des Views, eine Zeile weiter oder eine Zeile zurück. Bei Angabe von

FIND [View] WHERE [Spalte]=[Wert]

wird der Zeilenzeiger von der aktuellen Position an solange weiterbewegt, bis eine Zeile den *[Wert]* in der angegebenen *[Spalte]* enthält.

DB_GET

Format : [Variable] = DB_GET([View],"[Spalte]",[Wert])

Dieser Befehl stellt zugleich eine Funktion dar. Er dient der schnellen Selektion einer Zeile des Views. Es wird die Zeile des Views selektiert, die in der angegebenen Spalte den Wert enthält. Die Suche beginnt grundsätzlich bei der ersten Zeile. 

Der Satzzeiger wird durch DB_GET gelöscht. Die Funktionen *GET*, *DISPLAY*, *ENTER*, *INSERT* und *DELETE* stehen erst wieder zur Verfügung, wenn der Satzzeiger mit *FIND*, *LIST* oder *USE* positioniert wurde. Die schnelle Selektion einer Viewzeile lohnt sich daher nur, wenn lediglich die Befehle *DB_DEL*, *DB_INS* oder *DB_PUT* eingesetzt werden sollen. Der Zugriff auf die Daten der virtuellen Zeile ist ebenfalls möglich.

Der Befehl kann nur für Views verwendet werden, die durch Abfrage einer einzigen Tabelle, ohne Spaltenselektion entstanden sind. Dafür arbeitet er schneller als der Befehl *FIND*.

DB_NEXT

Format : [Variable] = DB_NEXT([View])

Nach Anwendung des DB_GET-Befehls kann durch *DB_NEXT* die nachfolgende Zeile selektiert werden. Der Befehl kann nur für Views verwendet werden, die durch Abfrage einer einzigen Tabelle, ohne Spaltenselektion entstanden sind. 

DB_PREV

Format : [Variable] = DB_PREV([View])

U Nach Anwendung des DB_GET-Befehls kann durch *DB_PREV* die vorhergehende Zeile selektiert werden. Der Befehl kann nur für Views verwendet werden, die durch Abfrage einer einzigen Tabelle, ohne Spaltenselektion entstanden sind.

RESORT

Format : RESORT [View] BY [Spalte]

Die Zeilen des Views werden nach den Werten der angegebenen Spalte in aufsteigender Reihenfolge (kleinster Wert oben) sortiert. Um absteigend zu sortieren, muß dem Spaltennamen ein *Minus* (-) vorangestellt werden.

REPORT

Format : REPORT [View]

Die Zeilen des Views werden ausgedruckt. Voraussetzung ist, daß dem View eine passende Druckmaske zugeordnet wurde. Dies kann durch den USE-Befehl oder

    REPORT [View] WITH [Druckmaske]

geschehen. Durch ein am Ende des Befehls stehendes *TO "[Ausgabegerät]"* kann die Definition des Ausgabegerätes vorgenommen werden.

REPORT1

Format : REPORT1 [View]

U Die Daten der virtuellen Zeile werden ausgedruckt. Voraussetzung ist, daß dem View eine passende Druckmaske zugeordnet wurde. Dies kann durch den USE-Befehl oder

    REPORT1 [View] WITH [Druckmaske]

geschehen. Durch Angabe von *TO "[Ausgabegerät]"* kann wie bei *REPORT* die Definition des Ausgabegerätes vorgenommen werden.

PASSWORD

Format : PASSWORD [Tabelle] IS "[Paßwort]"

Ist eine an einem View beteiligte Tabelle durch ein Paßwort geschützt, muß der Benutzer beim Zugriff auf das View das Paßwort angeben. Um dies zu vermeiden, kann der Tabelle vorher durch den PASSWORD-Befehl das zugehörige Paßwort zugeordnet werden. Die Paßworte für geschützte Schirmmasken müssen grundsätzlich manuell eingegeben werden.

LOCK

Format : LOCK [View] [Art]

Durch diesen Befehl können alle Zeilen des Views für andere Anwender im lokalen Netzwerk gesperrt werden. Es sind zwei *Arten* des Sperrens zu unterscheiden. Durch *PRIVATE* kann kein anderer Anwender die Daten des Views ändern. Durch *SHARED* wird verhindert, daß ein anderer Anwender ein "PRIVATE-LOCK" setzt. 

Wurden die Daten bereits durch einen Anwender gesperrt, führt der *LOCK*-Befehl zu einer Fehlermeldung, die zu einem Programmabbruch führt, wenn sie nicht abgefangen wird (siehe *ERRORS*).

MEMODELETE

Format : [Variable] = MEMODELETE ([View],"[Spalte]",[Zeile])

Dieser Befehl ist zugleich eine Funktion. Es wird die angegebene Zeile aus dem Memoeintrag (*[Spalte]*) der zum View gehörigen virtuellen Viewzeile gelöscht. Gab es beim Löschen Probleme, so enthält die Variable (*[Variable]*) den Wert *TRUE*. 

MEMOINSERT

Format : [Variable] = MEMOINSERT ([View],"[Spalte]","[Text]",[Zeile])

Dieser Befehl ist zugleich eine Funktion. Es wird der angegebene Text in die Zeile des Memoeintrags (*[Spalte]*) der zum View gehörigen virtuellen Viewzeile eingefügt. Gab es beim Einfügen Probleme, so enthält die Variable (*[Variable]*) den Wert *TRUE*.

MEMOLOAD

Format : [Variable] = MEMOLOAD ([View],"[Spalte]","[Textdatei])

$\boxed{U}$ Dieser Befehl ist zugleich eine Funktion. Es wird der Text der angegebenen Datei (*[Textdatei]*) in den Memoeintrag (*[Spalte]*) der zum View gehörigen virtuellen Viewzeile geschrieben. Gab es dabei Probleme, so enthält die Variable *[Variable]* den Wert *TRUE*.

MEMOWRITE

Format : [Variable] = MEMOWRITE ([View],"[Spalte]","[Textdatei])

$\boxed{U}$ Dieser Befehl ist zugleich eine Funktion. Es wird der Text des Memoeintrags der zum View gehörigen virtuellen Viewzeile in die angegebene Datei (*[Textdatei]*) geschrieben. Gab es dabei Probleme, so enthält die Variable (*[Variable]*) den Wert *TRUE*.

Funktionen

Wir geben Ihnen nun eine Übersicht der für die Datenbank relevanten Funktionen.

COUNT ([View])

Es wird die Anzahl der Zeilen des Views ermittelt.

RECNO ([View])

Es wird der Wert des Zeilenzeigers ermittelt.

DB_EXISTS ("[Tabelle]", "[Spalte]",[Wert])

Enthält die Tabelle in der Spalte den angegebenen Wert, liefert die Funktion den logischen Wert *TRUE*, sonst *FALSE*.

DB_RECCHANGED ([View])

Stimmen die Einträge der virtuellen Zeile mit denen der Zeile überein, die durch den Zeilenzeiger adressiert wird, liefert die Funktion den logischen Wert *TRUE*.

DB_MAX ([View],[Spalte])

Ermittelt den größten Wert der angegebenen Spalte.

DB_MIN ([View],[Spalte])

Ermittelt den kleinsten Wert der angegebenen Spalte.

DB_MEAN ([View],[Spalte])

Ermittelt den Durchschnitt der Werte der angegeben Spalte.

DB_STDEV ([View],[Spalte])

Ermittelt die Standardabweichung der angegebenen Spalte.

DB_SUM ([View],[Spalte])

Es wird die Summe der Werte der angegebenen Spalte ermittelt.

DB_SUMSQUARE ([View],[Spalte])

Es wird die Summe der Quadrate der Werte der angegebenen Spalte ermittelt.

MEMOFUNKTIONEN

MEMOHEIGHT ([View],"[memospalte]")

Es wird die Anzahl der Textzeilen der angegebenen Memospalte ermittelt. Dabei werden auch Leerzeilen berücksichtigt.

MEMOLINE ([View],"[Memospalte]",[Zeile])

Die Funktion stellt die angegebenen Zeile des Memos als Textwert zur Verfügung.

MEMOSIZE ([View],"[Memospalte]")

Es wird der Speicherplatzbedarf des angegebenen Memoeintrags in Byte ermittelt.

Ein-/Ausgabe

FILE

Format : FILE [Name]="[Ausgabegerät]"

Der angegebene Name kann nach diesem Befehl als *Ausgabegerät* im *REPORT-* und *REPORT1*-Befehl verwendet werden. Durch das Format

    FILE [Name]="[Ausgabegerät]" TO "[Datei]"

kann die Ausgabe in eine Datei gelenkt werden. Durch *FILE [Name] END* kann der für den Namen reservierte Speicherplatz wieder freigegeben werden.

GET

Format : GET [Variable]

Durch diesen Befehl kann dem Benutzer die Eingabe bzw. das Ändern des Wertes einer Variablen ermöglicht werden.

HELPFILE

Format : HELPFILE "[Datei]" "[Text]"

U Durch diesen Befehl wird der Hilfstext der angegebenen Datei aktiviert. Der anstelle des Platzhalters *[Text]* angegebene Text wird ausgegeben, wenn die Datei nicht gefunden wurde. Bevor dem Benutzer der Hilfstext zur Verfügung steht, muß noch der Befehl *HELPNUMB* verwendet werden.

HELPNUMB

Format : HELPNUMB [Zahl]

U Es wird der zur Nummer gehörige Teil des aktivierten Hilfstextes angewählt. Betätigt der Anwender nun während einer Eingabe oder Auswahl <hilfe:F1>, so wird der Hilfstext eingeblendet. In einer *KEYS*-Anweisung sollte die *K_HELP*-Taste nicht abgefragt werden, da die Hilfsfunktion sonst inaktiv ist.

Einige Befehle (DISPLAY, BROWSE, ...) zeigen grundsätzlich nur die Open-Access-eigenen Hilfstexte. Wie Sie Ihre eigenen Hilfstexte anlegen und bestehende Hilfstexte ändern, erfahren Sie im siebten Teil des Buches.

INPUT

Format : INPUT [Name] IS "[Datei]"

Dem Namen wird die angegebene Datei zugeordnet. Geben Sie keinen Dateinamen an, wird der Anwender aufgefordert, diesen aus der Dateiliste zu wählen. Der durch den Namen belegte Speicherplatz ist durch

    INPUT [Name] END

freizugeben, wenn er nicht mehr benötigt wird.

OUT

Format : OUT [Ausdruck]

Der angegebene Ausdruck wird auf ein vorher zu definierendes Ausgabegerät (siehe PRINTER) ausgegeben. Durch das Befehlsformat

    OUT MODE [Druckmodus] [Ausdruck]

kann die gewünschte Schriftart gewählt werden. Es stehen

Befehlsworte für Schriftarten

NORMAL	normal
BOLD	fett
ITALICS	kursiv
UNDERLINE	unterstrichen
SUBSCRIPT	tiefgestellt
SUPERSCRIPT	hochgestellt
HIGHQUALITY	Schönschrift (LQ)
SIZE1 - SIZE3	Schriftgröße
COLOR1 - COLOR4	Schriftfarbe

zur Verfügung. Durch Anhängen eines oder mehrerer der folgenden Befehle kann das Format des auszugebenden Ausdrucks beeinflußt werden :

<table>
<tr><td colspan="2" align="center">Format des auszugebenden Ausdrucks</td></tr>
<tr><td>FILLED</td><td>zentriert bezüglich der Blattbreite</td></tr>
<tr><td>WIDTH [Breite]</td><td>legt die Breite des Ausgabefeldes fest</td></tr>
<tr><td>CENTER</td><td>zentriert im Ausgabefeld</td></tr>
<tr><td>LEFT</td><td>linksbündig im Ausgabefeld</td></tr>
<tr><td>RIGHT</td><td>rechtsbündig im Ausgabefeld</td></tr>
<tr><td>FILLER "[Text]"</td><td>Mit dem [Text] wird das Ausgabefeld aufgefüllt</td></tr>
<tr><td>GROUPING</td><td>mit Tausendertrennung</td></tr>
<tr><td>PRECISION</td><td>Anzahl der Nachkommastellen</td></tr>
<tr><td>HOUR12</td><td>im 12-Stunden-Format</td></tr>
<tr><td>HOUR24</td><td>im 24-Stunden-Format</td></tr>
<tr><td>SECONDS/MINUTES</td><td>mit oder ohne Sekunden</td></tr>
</table>

Durch *OUT DO NEWLINE* kann eine neue Zeile, durch *OUT DO PAGE* eine neue Seite begonnen werden. Durch das Befehlsformat

OUT [Position] ...

kann die Position des Ausgabefeldes definiert werden. Es sind folgende Angaben anstelle des Platzhalters *[Position]* möglich :

<table>
<tr><td colspan="2" align="center">Positionierungsbefehle</td></tr>
<tr><td>AT [x],[y]</td><td>[x] horizontal und [y] vertikal</td></tr>
<tr><td>LINE [y]</td><td>in die [y]-te Zeileî</td></tr>
<tr><td>COLUMN [x]</td><td>in die [x]-te Spalte</td></tr>
<tr><td>SPACE [Wert]</td><td>um [Wert] Zeichen nach rechts</td></tr>
</table>

PRINTER

Format : PRINTER IS "[Ausgabegerät]"

Für Ausgaben mit dem Befehl *OUT* muß ein Ausgabegerät definiert werden. Geben Sie lediglich leere Anführungszeichen ("") an, kann der Benutzer das Ausgabegerät aus der Liste wählen.

PUT

Format : PUT [Ausdruck]

Der angegebene Ausdruck wird auf den Bildschirm ausgegeben. Durch das Befehlsformat

> PUT DO [Anweisung]

kann eine der folgenden Aktionen durchgeführt werden :

<table>
<tr><td colspan="2" align="center">Befehlsworte für besondere Aktionen</td></tr>
<tr><td>BEEP</td><td>Gibt einen Ton aus</td></tr>
<tr><td>NEWLINE</td><td>Beginnt eine neue Zeile</td></tr>
<tr><td>CLEAR END LINE</td><td>Löscht die Zeile ab der aktuellen Position</td></tr>
<tr><td>CLEAR LINE</td><td>Löscht die aktuelle Zeile</td></tr>
<tr><td>CLEAR END SCREEN</td><td>Bildschirm ab aktueller Zeile löschen</td></tr>
<tr><td>CLEAR SCREEN</td><td>Löscht den Bildschirm</td></tr>
<tr><td>SCROLL UP</td><td>Verschiebt den Bildschirminhalt nach oben</td></tr>
<tr><td>SCROLL DOWN</td><td>Verschiebt den Bildschirminhalt nach unten</td></tr>
</table>

Über das Befehlsformat

> PUT MODE [Schriftart] [Ausdruck]

kann die gewünschte Schriftart gewählt werden. Es stehen

<table>
<tr><td colspan="2" align="center">Befehlsworte für Schriftarten</td></tr>
<tr><td>NORMAL</td><td>Normal</td></tr>
<tr><td>PROMPT</td><td>Menü-Fußzeile</td></tr>
<tr><td>TITLE</td><td>Menü-Kopfzeile</td></tr>
<tr><td>ERROR</td><td>Fehlermeldung</td></tr>
<tr><td>USR_1</td><td>nicht verwendet</td></tr>
<tr><td>USR_2</td><td>nicht verwendet</td></tr>
</table>

zur Verfügung. Wir haben zum Vergleich die Verwendung der Schriftattribute innerhalb von Open Access angegeben. Durch Anhängen eines oder mehrerer der folgenden Befehle kann das Format des auszugebenden Ausdrucks beeinflußt werden:

<table>
<tr><td colspan="2" align="center">Format des auszugebenden Ausdrucks</td></tr>
<tr><td>FILLED</td><td>zentriert bezüglich des Bildschirms</td></tr>
<tr><td>WIDTH [Breite]</td><td>legt die Breite des Ausgabefeldes fest</td></tr>
<tr><td>CENTER</td><td>zentriert im Ausgabefeld</td></tr>
<tr><td>LEFT</td><td>linksbündig im Ausgabefeld</td></tr>
<tr><td>RIGHT</td><td>rechtsbündig im Ausgabefeld</td></tr>
<tr><td>FILLER "[Text]"</td><td>Mit dem [Text] wird das Ausgabefeld aufgefüllt</td></tr>
<tr><td>GROUPING</td><td>mit Tausendertrennung</td></tr>
<tr><td>PRECISION</td><td>Anzahl der Nachkommastellen</td></tr>
<tr><td>HOUR12</td><td>im 12-Stunden-Format</td></tr>
<tr><td>HOUR24</td><td>im 24-Stunden-Format</td></tr>
<tr><td>SECONDS/MINUTES</td><td>mit oder ohne Sekunden</td></tr>
</table>

Durch das Befehlsformat

PUT [Position] ...

kann die Position des Ausgabefeldes definiert werden. Es sind folgende Angaben anstelle des Platzhalters *[Position]* möglich:

<table>
<tr><td colspan="2" align="center">Positionierungsbefehle</td></tr>
<tr><td>IN [Fenster]</td><td>in das angegebene Fenster</td></tr>
<tr><td>AT [x],[y]</td><td>[x] horizontal und [y] vertikal</td></tr>
<tr><td>LINE [y]</td><td>in die [y]-te Zeile</td></tr>
<tr><td>COLUMN [x]</td><td>in die [x]-te Spalte</td></tr>
<tr><td>SPACE [Wert]</td><td>um [Wert] Zeichen nach rechts</td></tr>
</table>

WINDOW

Format : WINDOW [Name] = SIZE [h] BY [v] AT [x],[y]

Durch diesen Befehl wird dem angegebenen *Namen* ein Fenster zugeordnet. Dessen horizontale bzw. vertikale Dimension legen *[h]* und *[v]* fest. *[x]* und *[y]* bestimmen die Position auf dem Bildschirm.

Hängen Sie *MODE*, gefolgt von einem der auch für den Ausdruck verfügbaren Modi an, um die Schriftart im Fenster zu definieren. Durch ein abschließendes *FRAMED* wird das Fenster mit Rahmen dargestellt.

Soll ein Bereich des Fensters als *Unterfenster* definiert werden, so ist das Format

WINDOW [Name] = [Position] [Größe] IN [Fenster]

zu verwenden. Durch folgende Angaben kann die Position des Unterfensters im Fenster festgelegt werden

<table>
<tr><td colspan="2" align="center">Positionierungsbefehle für Unterfenster</td></tr>
<tr><td>LEFT</td><td>am linken Rand</td></tr>
<tr><td>RIGHT</td><td>am rechten Rand</td></tr>
<tr><td>TOP</td><td>am oberen Rand</td></tr>
<tr><td>BOTTOM</td><td>am unteren Rand</td></tr>
</table>

Wieviel Raum des Fensters das Unterfenster beansprucht, legt die *[Größe]* fest. Wird ein Fenster oder Unterfenster nicht mehr benötigt, ist der durch dieses belegte Speicherplatz mit

[Name] END

wieder freizugeben.

SCREEN

Format : SCREEN [Name]

Durch diesen Befehl kann ein vorher definiertes Fenster mit dem Namen *[Name]* geöffnet werden. Aus- und Eingaben (PUT, GET) werden immer im geöffneten Fenster getätigt. Wird ein Fenster oder Unterfenster nicht mehr benötigt, kann dieses durch *END SCREEN* wieder geschlossen werden.

Funktionen

Wir geben Ihnen nun eine Übersicht der für die Ein-/Ausgabe relevanten Funktionen.

READLINE ([Name])

Es wird eine Zeile der vorher durch *INPUT* unter dem Namen *[Name]* geöffneten
Textdatei gelesen.

EOF ([Name])

Ergibt den Wert *TRUE*, wenn das Ende der vorher durch *INPUT* geöffneten
Textdatei erreicht wurde.

EXPORT ([View],[Kopf], "[Datei]")

 Die Daten des Views werden in der angegebenen DIF-Datei *([Datei])*
abgelegt. Ob die DIF-Datei eine *Kopfzeile* erhält, legt der anstelle von
[Kopf] zu setzende logische Wert (*TRUE*=Ja, *FALSE*=Nein) fest.

Ablaufsteuerung

DO

Format : DO [Datei]

Es wird der, durch Angabe des Dateinamens festgelegte, Programmteil gestartet.
Der aktuelle Programmteil wird in der Zeile nach *DO* fortgesetzt, wenn der
aufgerufene Programmteil vollständig ausgeführt wurde.

IF

Format: IF [Bedingung]
        : ...
        : END IF

Alle auf den *IF*-Befehl folgenden Zeilen werden nur dann ausgeführt, wenn die
Bedingung erfüllt ist. Anstelle des Platzhalters *[Bedingung]* ist ein logischer
Ausdruck zu setzen. Die Bedingung ist erfüllt, wenn dieser den Wert *TRUE*
liefert. Abgeschlossen wird der Befehl durch *END IF*.

Hier ein Beispiel:

```
IF name="Maier"
  PUT "gefunden"
END IF
```

Die Anweisung *PUT "gefunden"* wird nur dann ausgeführt, wenn der Ausdruck (*name="Maier"*) den Wert *FALSE* liefert.

WHILE

Format : WHILE [Bedingung]
  : ...
  : END WHILE

Alle auf den *WHILE*-Befehl folgenden Zeilen werden solange ausgeführt, wie die Bedingung erfüllt ist. Anstelle des Platzhalters *[Bedingung]* ist ein logischer Ausdruck zu setzen. Die Bedingung ist erfüllt, wenn dieser den Wert *TRUE* liefert. Abgeschlossen wird der Befehl durch *END WHILE*. Hier ein Beispiel :

```
WHILE name="Maier"
  FIND lager NEXT
END WHILE
```

Das Programm wird erst dann nach *END WHILE* fortgesetzt, wenn der Ausdruck (*name="Maier"*) den Wert *FALSE* liefert. Alle zwischen *WHILE [Bedingung]* und *END WHILE* stehenden Zeilen werden also immer wieder ausgeführt, bis die Bedingung nicht mehr erfüllt ist. Aufgrund dieses schleifenartigen Programmablaufs bezeichnet man den *WHILE*-Befehl mit zugehörigen Befehlen auch als *WHILE*-Schleife.

Es ist unbedingt darauf zu achten, daß die Bedingung nicht immer erfüllt ist, da es sonst zu einer sogenannten Endlosschleife kommen kann.

MENU

Format : MENU [Form]
      : :[Option]: [Befehl(e)]
      : :[Option]: [Befehl(e)]
      :   ...
      : :[Option]: [Befehl(e)]
      : :[Option]: [Befehl(e)]
      : MENU END

Durch diesen Befehl wird ein Menü auf den Bildschirm gebracht. Ob die Optionen des Menüs nebeneinander (*VERTICAL*) oder untereinander (*HORIZONTAL*) angezeigt werden, legt die *[Form]* fest. Ohne Angabe der *[Form]* werden die Optionen untereinander dargestellt, so daß *HORIZONTAL* nicht angegeben werden muß.

Wählt der Benutzer eine Option (*[Option]*), so wird danach der (die) zugehörige(n) Befehl(e) (*[Befehl(e)]*) ausgeführt. Anstelle des Platzhalters *[Option]* kann eine beliebige Bezeichnung angegeben werden. Es sind allerdings keine Leerzeichen gestattet. Anstelle einer Option kann auch einer der - unter dem Befehl *KEYS* aufgeführten - Funktionstasten ein Befehl zugeordnet werden.

Hier ein Beispiel :

```
MENU VERTICAL
  :Eingabe: DO eingabe
  :Ändern : DO ändern
  :Löschen: DO löschen
  :K_HELP : DO hilfe
END MENU
```

Soll das Menü nach Ausführung eines Befehls wieder auf dem Bildschirm erscheinen, muß es in eine *WHILE*-Schleife gefaßt werden.

KEYS

```
Format : KEYS [Eingabebefehl]
       : :[Taste]: [Befehl]
       : :[Taste]: [Befehl]
       :    ...
       : :[Taste]: [Befehl]
       : :[Taste]: [Befehl]
       : KEYS END
```

Durch diesen Befehl werden die Funktionstasten (*[Taste]*) mit den angegebenen Befehlen (*[Befehl]*) belegt, während das Programm eine Eingabe fordert. Der Platzhalter *[Eingabebefehl]* kann durch eine *LIST*-, *GET*-, *DISPLAY*- oder *ENTER*-Anweisung ersetzt werden. Für die einzelnen Funktionstasten sind folgende Synonyme zu verwenden:

```
                        Funktionstastensynonyme

            K_DO .................... <do:F10>
            K_UNDO................ <undo:Esc>
            K_HELP................ <hilfe:F1>
            K_MENU ................ <menü:F2>
            K_PRINT............... <drucken:F3>
            K_SEARCH ............ <suchen:F4>
            K_CHANGE............. <ändern:F6>
            K_RET ................... <ret>
            K_DESK................ <desk:F8>


            K_COPY ................ <kopieren:F5>
            K_CUT .................. <verschieben:Alt-F5>
            K_PASTE ............... <einsetzen:F7>
            K_PLACE............... <plazieren:Alt-F7>
            K_SELECT ............. <selekt:F9>
            K_DESELECT......... <deselekt:Alt-F9>
            K_DEL................... <löschen:Entf>
            K_INS................... <einfügen:Einfg>
            K_LINE_DEL.......... <zeil_lö:Strg-Rück>
            K_LINE_INS .......... <zeil_einf:Strg-Ret>
            K_BACKSPACE ...... <Rück>


            K_UP.................... <auf>
            K_DOWN ............... <ab>
            K_LEFT ................ <links>
            K_RIGHT ............... <rechts>
            K_HOME ............... <anfang:Pos1>
            K_END .................. <ende:Ende>
            K_TAB................... <tab:Tab>
            K_BACKTAB .......... <rücktab:Shift-Tab>
            K_WORD_FWD....... <wort_vor:Strg-rechts>
            K_WORD_BACK..... <wort_rück::Strg-links>
            K_PG_UP ............... <s.auf>
            K_PG_DOWN ......... <s.ab>
            K_JUMP_LEFT ....... <spr_links:Strg-Pos1>
            K_JUMP_RIGHT ..... <spr_rechts:Strg-Ende>
```

Hier ein Beispiel für Verwendung von Funktionstastensynonymen in einer *KEYS*-Anweisung:

```
KEYS GET lager
 :K_DO    : REPLACE lager
 :K_UNDO  : PUT DO BEEP
 :K_SEARCH: LIST lager
END KEYS
```

MACRO

Format : MACRO [Makro]

Das angegebene Makro (*[Makro]*) wird aufgerufen. Wirksam wird es jedoch erst, wenn ein Eingabebefehl ausgeführt wird. Eingabebefehle in diesem Sinne sind *DISPLAY*, *ENTER*, *GET*, *LIST MENU* und *GRAPH*.

Grafik

| U |

Wird durch Einsatz der im folgenden erläuterten Befehle eine Grafik auf dem Bildschirm dargestellt, so kann der Anwender durch <ändern:F6> die Konfiguration der Grafik (*Grafikdatei*) verändern. Mit der Taste <drucken:F3> kann die Grafik auf einem Ausgabegerät ausgegeben werden. Voraussetzung dafür ist aber, daß ein Ausgabegerät definiert wurde (siehe *PRINTER*-Befehl).

GRAPH für Views

Format : GRAPH [View] WITH "[Konfiguration]"

Aufgrund der Spaltenwerte des angegebenen Views wird eine Grafik erstellt. Es sollten daher nur die Spalten selektiert (*SELECT*) werden, deren Werte grafisch dargestellt werden sollen. Da sich Textspalten nicht auswerten lassen, sind diese immer auszulassen. Den Platzhalter *[Konfiguration]* ersetzen Sie durch den Namen einer *Grafikdatei* (Suffix *CHT*). Näheres zu den *Grafikdateien* finden Sie im 44ten Kapitel des Buches. Werden nur die Anführungszeichen (""), aber keine Grafikdatei angegeben, kann der Anwender diese selbst angeben oder durch <suchen:F4> aus der Dateiliste wählen.

Beschriftung der Grafikebenen

Durch das Befehlsformat

	GRAPH [View] FIELDNAMES WITH "[Konfiguration]"

werden die Namen der Spalten zur Beschriftung der Grafik verwendet. Jeder Grafikebene (Kreisdiagramm, Linie, usw.) wird der Name der zugehörigen Spalte zugeordnet.

Beschriftung der Grafikelemente

Durch das Befehlsformat

    GRAPH [View] USE [Spalte] WITH "[Konfiguration]"

werden die Werte der angegebenen Spalte ([Spalte]) zur Beschriftung der Grafik verwendet. Jedem Grafikelement (Kreissegment, Balken, usw.) wird der zugehörige Wert zugeordnet.

Vollständige Beschriftung

Sollen sowohl die Grafikebenen als auch die Grafikelemente beschriftet werden, so ist das Format

    GRAPH [View] FIELDNAMES USE [Spalte] WITH "[Konfiguration]"

zu verwenden.

GRAPH für Werte

Format : GRAPH IS [Spalten] BY [Zeilen]
        :   GRAPH WITH "[Konfiguration]"
        : GRAPH END

Definition

Eine Grafik läßt sich nicht nur mit Views, sondern auch mit *Arrays* aufbauen. Ein Array enthält Spalten und Zeilen; es ist somit aufgebaut wie eine Tabelle, wird aber nicht auf der Festplatte (bzw. Diskette) abgelegt. Die Größe des Arrays legen Sie durch die Anweisung

    GRAPH IS [Spalten] BY [Zeilen]

fest. Dabei legen Sie mit *[Spalten]* die Anzahl der Spalten und mit *[Zeilen]* die Anzahl der Zeilen fest.

Wertzuweisung

Den einzelnen Feldern des Arrays können beliebige Ausdrücke vom Typ *Nummer* zugeordnet werden :

GRAPH [[Spalte],[Zeile]] = [Ausdruck]

Anstelle der Platzhalter *[Spalte]* und *[Zeile]* geben Sie die Nummer der Spalte bzw. Zeile des Feldes an. Die eckigen Klammern nach *GRAPH* und vor dem Gleichheitszeichen (=) müssen eingegeben werden. Durch

GRAPH [4,2] = 17

wird zum Beispiel dem Feld in der vierten Spalte und der zweiten Zeile des Arrays der Wert *17* zugeordnet.

Beschriftung

Soll die Grafik beschriftet werden, sind zwei Befehle zu unterscheiden. Durch

GRAPH_POS_LABEL [Zeile] = "[Text]"

wird der angegebenen Zeile (*[Zeile]*) ein beliebiger Text zugeordnet. In der Grafik entspricht eine Zeile einem Grafikelement (Kreissegment, Balken, usw.). Mit

GRAPH_LEV_LABEL [Spalte] = "[Text]"

wird der angegebenen Spalte (*[Zeile]*) ein beliebiger Text zugeordnet. In der Grafik entspricht eine Spalte einer Grafikebene (Kreisdiagramm, Linie, usw.).

OUT GRAPH

Dieser Befehl entspricht dem GRAPH-Befehl. Die Grafik wird aber direkt auf ein Ausgabegerät ausgegeben (siehe *OUT*-Befehl). Während der Ausgabe erscheint die Grafik auch auf dem Bildschirm.

GRAPH_LEVEL

Format : GRAPH_LEVEL = [Spalte]

Es hängt von der *Grafikdatei* ab, ob die Daten aller Spalten (Grafikebenen) gleichzeitig in einer oder nacheinander in mehreren Grafiken dargestellt werden. Mit dem *GRAPH_LEVEL*-Befehl können Sie durch Angabe der Spaltennummer festlegen, welche Spalte (Grafikebene) bei Darstellung durch mehrere Grafiken zuerst dargestellt wird. Der Anwender kann die anderen Grafiken mit <s.ab> und <s.auf> anwählen.

GRAPH_DBL_SIZE

Format : GRAPH_DBL_SIZE = [Ausdruck]

Durch diesen Befehl kann die Größe der Grafik beim Ausdruck eingestellt werden. Normalerweise wird eine Grafik im Kleinformat ausgegeben. Ergibt der logische Ausdruck (*[Ausdruck]*) den Wert *TRUE*, wird die Grafik in doppelter Größe gedruckt.

GRAPH_PAGE_EJECT

Format : GRAPH_PAGE_EJECT = [Ausdruck]

Soll nach dem Drucken einer Grafik ein Seitenvorschub durchgeführt werden, muß der logische Ausdruck (*[Ausdruck]*) den Wert *TRUE* liefern.

GRAPH_WINDOW

Dieser Befehl entspricht dem *GRAPH*-Befehl und kann wie dieser parametriert werden. Die Grafik wird allerdings nicht hochauflösend, sondern im Textmodus dargestellt.

Allgemeines

ERRORS

Format : ERRORS [Modus]

Der Programmierer gibt zwei Arten von Fehlermeldungen aus. Meldungen, die aufgrund eines Programmfehlers ausgegeben werden, können im Gegensatz zu denen, die durch einen Fehler des Anwenders entstehen, nicht unterdrückt werden. Anstelle des Platzhalters *[Modus]* ist *ON* für das Aktivieren und *OFF* für das Deaktivieren der Meldungen bei Anwendungsfehlern anzugeben. Die vorgegebene Variable *ERRORNUMBER* enthält den Wert *0*, wenn kein Fehler aufgetreten ist. Sonst wird ihr die Nummer des Fehlers zugeordnet. Die im Verzeichnis *DATEN* zu findende Datei *PRGERR* enthält einen Programmteil, der zur Auswertung der Fehlernummer verwendet werden kann.

ATTACH

Format : ATTACH [Datei]

 Durch diesen Befehl kann die in der angegebenen Datei (*[Datei]*) abgelegte OSA-Routine aktiviert werden.

DETACH

Format : DETACH [Datei]

 Durch diesen Befehl kann die in der angegebenen Datei (*[Datei]*) abgelegte OSA-Routine deaktiviert werden.

CALL

Format : [Variable] = CALL ([OSA-Routine])

Dieser Befehl stellt gleichzeitig eine Funktion dar. Es wird die angegebene OSA-Routine (*[OSA-Routine]*) aufgerufen. Voraussetzung ist allerdings, daß diese vorher durch *ATTACH* aktiviert wurde. Stellt die OSA-Routine einen Wert zur Verfügung, ist dieser nach Rückkehr ins Programm in der Variablen (*[Variable]*) zu finden.

Mathematische Funktionen

Die mathematischen Funktionen des Programmierers können auf alle Ausdrücke (*[a]*) angewendet werden, die einen Wert vom Typ *Nummer* oder *Dezimal* liefern. Weitere Informationen zu diesen Funktionen finden Sie in Kapitel 27 des Buches. Dort werden sie im Rahmen der Kalkulation ausführlich beschrieben.

<table>
<tr><td colspan="3">Mathematische Funktionen</td></tr>
<tr><td>ABS</td><td>Betrag</td><td>ABS([a])</td></tr>
<tr><td>ATAN</td><td>Arkustangens</td><td>ATAN([a])</td></tr>
<tr><td>COS</td><td>Kosinus</td><td>COS([a])</td></tr>
<tr><td>EXP</td><td>Exponentialfunktion</td><td>EXP([a])</td></tr>
<tr><td>INT</td><td>Ganzzahliger Anteil</td><td>INT([a])</td></tr>
<tr><td>RANDOM</td><td>Zufallszahl</td><td>RANDOM([a],[b])</td></tr>
<tr><td>ROUND</td><td>Runden</td><td>ROUND([a])</td></tr>
<tr><td>SIN</td><td>Sinus</td><td>SIN([a])</td></tr>
<tr><td>SQRT</td><td>Quadratwurzel</td><td>SQRT([a])</td></tr>
<tr><td>TRUNC</td><td>Kommastellen streichen</td><td>TRUNC([a])</td></tr>
</table>

Funktionen für Textausdrücke

CHR (NUM)

Diese Funktion liefert das zum angegebenen Wert gehörige Zeichen laut ASCII-Code.

EXTRACT (TXT,NUM,NUM)

Es wird der Teil des angegebenen Textwertes (*TXT*) ermittelt, welcher an der durch den zweiten Parameter (*NUM*) festgelegten Position beginnt und dessen Länge durch den dritten Parameter (*NUM*) bestimmt wird.

LENGTH (TXT)

Bestimmt die Länge des angegebenen Textwertes (*TXT*).

POS (TXT,TXT)

Es wird die Position des ersten Textwertes (*TXT*) im zweiten Textwert (*TXT*) ermittelt

STRING (NUM)

Stellt den angegebenen Wert als Text zur Verfügung.

TRIM (TXT)

Stellt den angegebenen Textwert ohne führende und folgende Leerzeichen zur Verfügung.

UCASE (TXT)

Liefert den angegebenen Textwert in Großschrift.

VAL (TXT)

Es wird der angegebene Textwert als Wert vom Typ Dezimal zur Verfügung gestellt. Der Textwert muß allerdings eine Zahl darstellen.

Funktionen für Datum-Ausdrücke

DAY (DAT)

Es wird die Nummer des durch das angegebene Datum (*DAT*) definierten Tages innerhalb des Monats ermittelt.

DAYNAME (DAT)

Es wird der Name des Tages als Text zur Verfügung gestellt.

DAYOFWEEK (DAT)

Es wird die Nummer des - durch das angegebene Datum (*DAT*) definierten - Tages innerhalb der Woche ermittelt (1=MO, 2=DI, usw.).

DAYOFYEAR (DAT)

Diese Funktion stellt die Nummer des - durch das angegebene Datum definierten - Tages zur Verfügung.

MONTH (DAT)

Die Nummer des zum angegebenen Datum gehörigen Monats wird bereitgestellt (1=JAN, 2=FEB, usw.).

MONTHNAME (DAT)

Es wird der Name des zum angegebenen Datum gehörigen Monats ermittelt.

WEEK (DAT)

Diese Funktion ermittelt die zum angegebenen Datum gehörige Kalenderwoche und stellt diese als Wert vom Typ *Nummer* zur Verfügung.

Im Gegensatz zu früheren Open-Access-Versionen hält sich diese Funktion nun an die Vorschriften nach DIN. Ergab die Anweisung

        PUT(WEEK(DATE("01.06.1988")))

früher den falschen Wert *22*, so erhält man durch die gleiche Anweisung in Open Access III den korrekten Wert *23*. Wurden in Programmen für frühere Open-Access-Versionen Anpassungen des WEEK-Wertes an die DIN-Norm vorgenommen, müssen diese unbedingt entfernt werden.

YEAR (DAT)

Es wird die Jahreszahl des angegebenen Datums als Wert vom Typ *Nummer* bereitgestellt.

TEIL VI - DIE KOMMUNIKATION

In diesem Teil des Buches wollen wir die Möglichkeiten aufzeigen, die der Einsatz der Kommunikation eröffnet. Abschließend geben wir noch einige Hinweise zum Einsatz dieses Moduls.

KAPITEL 37 - GRUNDLAGEN

DFÜ

Die Kommunikation bietet Ihnen die Möglichkeit, Daten mit einem anderen Computer auszutauschen. Dieser Computer kann in der gleichen Stadt, in Deutschland, in Europa oder irgendwo auf der Welt stehen. Ermöglicht wird der Datenaustausch durch Verwendung des Telefonnetzes. Weil die Entfernungen zwischen zwei Rechnern, die Daten über das Telefonnetz austauschen, meist groß ist, spricht man von *DFÜ* (*D*aten*F*ern*Ü*bertragung).

Benötigte Hardware

Ermöglicht wird die Übertragung der Daten durch ein *Modem* oder einen *Akustikkoppler*. Beide Geräte können Daten senden und empfangen. Beim Senden werden die zu übertragenden Daten in akustische Signale gewandelt. Beim Empfangen werden aus den akustischen Signalen wieder die Daten rekonstruiert. Durch Prüfroutinen werden Übertragungsfehler erkannt und berichtigt.

Postzulassung

Beim Kauf eines Modems oder Akustikkopplers ist darauf zu achten, daß der Betrieb im Telefonnetz der Deutschen Bundespost zulässig ist. Nicht alle angebotenen Geräte besitzen die dazu notwendige Zulassung.

Modem

Ein Modem (MOdulator/DEModulator) wird direkt ans Telefonnetz ange-
schlossen. Es kann die akustischen Signale daher besser übertragen und
Informationen schneller als ein Akustikkoppler weiterleiten. Beim Kauf eines
Modems sollte ein zum *Hayes*-Standard kompatibles bevorzugt werden. Dieser
Standard wird auch von Open Access unterstützt.

Akustikkoppler

Ein Akustikkoppler wird nicht direkt ans Telefonnetz angeschlossen. Der
Telefonhörer muß auf dafür ausgelegte Gummimuffen aufgesteckt werden. Die
akustischen Signale kommen also erst auf dem Umweg über das Mikrofon des
Telefonhörers ins Telefonnetz. Aus diesem Grunde ist die Qualität der
akustischen Signale eines Akustikkopplers weniger gut, weshalb die Daten
langsamer übertragen werden müssen.

Die Geschwindigkeit der Datenübertragung

Wie schnell ein Modem oder ein Akustikkoppler die Daten übertragen kann, liest
man an der angegebenen *Baudrate* ab. Ein *Baud* besagt, daß 1 bit pro Sekunde
übertragen wird. Bei 300 baud, also 300 bit (= 37,5 byte) pro Sekunde, dauert es
zum Beispiel 22 Sekunden, um einen vier Seiten langen Text (6570 byte) zu
übertragen. Bei 1200 baud dauert es dagegen nur 5½ Sekunden, den gleichen
Text zu übertragen. Da bei großen Distanzen jede Sekunde Telefoneinheiten
bedeutet, kann ein teureres Modem auf Dauer billiger als ein beim Kaufpreis
günstigerer Akustikkoppler sein.

Übertragungsformat

Es hat sich leider kein Standard für die Übertragung von Daten über Modem
bzw. Akustikkoppler durchgesetzt. Aus diesem Grunde können nicht alle DFÜ-
Programme miteinander kommunizieren. Open Access bietet Ihnen aus diesem
Grunde verschiedene Übertragungsformate.

Kosten

Bei der Datenübertragung fallen lediglich die Kosten der Telefonverbindung an. Allerdings können auch diese bei Verbindungen über große Distanzen recht teuer werden. Liegt ein *Datex-P-Knotenpunkt* in Ihrer Nähe (Info von der Post), so lassen sich die Kosten reduzieren. Es fallen dann die Kosten für die Telefonverbindung zum Knotenpunkt und die Gebühren für die Nutzung des Datex-P-Dienstes an. Die Gebühren für eine Datex-P-Verbindung sind auf größere Entfernung wesentlich günstiger als die anfallenden Kosten einer Direktverbindung.

Einsatzmöglichkeiten

Durch DFÜ lassen sich nicht nur Daten zwischen zwei Rechnern austauschen. Es können auch sogenannte *Mailboxen* genutzt werden. Eine Mailbox ist ein Computer, der Ihnen Informationen und/oder Dienstleistungen zur Verfügung stellt. Sie können zum Beispiel die neuesten Messedaten abfragen oder ein Hotel buchen. Voraussetzung ist allerdings, daß Sie die Telefonnummer der Mailbox kennen und deren Übertragungsformat von der *Kommunikation* unterstützt wird.

KAPITEL 38 - ANWENDUNG

Vorbereitungen

MP: <u>KO</u>mmunikation

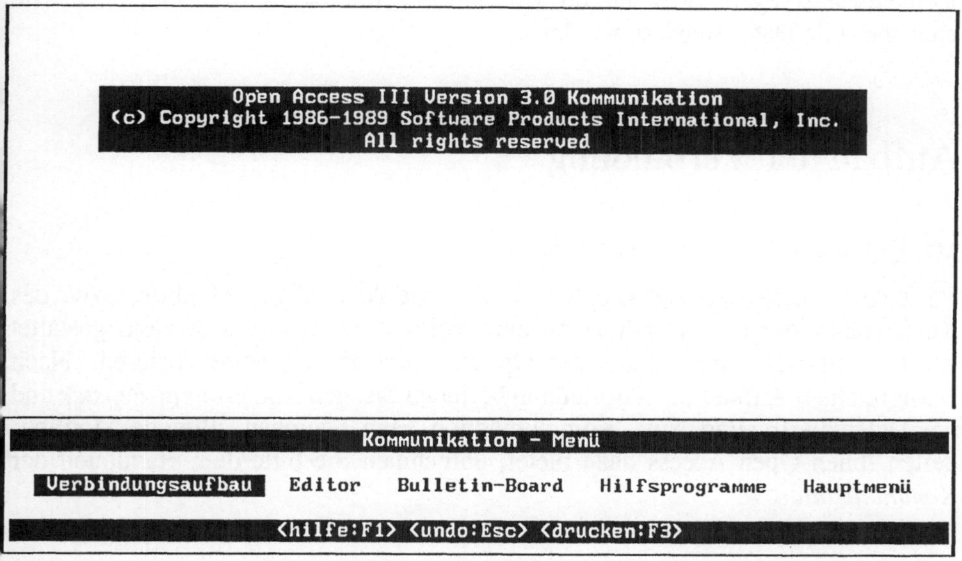

```
          Open Access III Version 3.0 Kommunikation
     (c) Copyright 1986-1989 Software Products International, Inc.
                      All rights reserved



                        Kommunikation - Menü
  Verbindungsaufbau    Editor    Bulletin-Board    Hilfsprogramme    Hauptmenü
                   <hilfe:F1> <undo:Esc> <drucken:F3>
```

Abbildung 38-1 : Die Kommunikation nach dem Aufruf

Nach dem Aufruf erscheint das in Abbildung 38-1 zu sehende Fenster. Bevor die Datenübertragung gestartet werden kann, müssen zunächst einige Vorbereitungen getroffen werden.

Erstellen eines Treibers

MP: <u>KO</u>mmunikation - <u>V</u>erbindungsaufbau - <u>M</u>odemaufbau

Für jedes Modem und jeden Akustikkoppler muß ein eigener Treiber erstellt werden. Nach dem Aufruf der Option *Modemaufbau* können Sie mit <suchen:F4> eine der bestehenden *Modemdateien* (Treiber) aus der Dateiliste auswählen. Mit <zeil_einf:Strg-Ret> kann ein neuer Treiber konfiguriert werden und mit <ändern:F6> kann ein bestehender geändert werden.

Die nötigen Daten zur Parametrierung eines Treibers entnehmen Sie bitte der Dokumentation ihres Modems bzw. Akustikkopplers.

Das Übertragungsformat

MP: <u>KO</u>mmunikation - <u>V</u>erbindungsaufbau - <u>D</u>ienstaufbau

Der *Dienstaufbau* erlaubt es Ihnen, Dateien mit verschiedenen Übertragungs-formaten anzulegen. So kann für verschiedene Mailboxen und andere Dienste eine spezielle Datei angelegt werden.

Aufbau der Verbindung

MP: <u>KO</u>mmunikation - <u>V</u>erbindungsaufbau

Besitzen Sie einen Akustikkoppler, so muß die Anwahl der Mailbox, bzw. des Kommunikationspartners per Hand durchgeführt werden. Ein Modem gestattet es, die Anwahl durch Wahl der Option *Autowahl* zu automatisieren. Nach erfolgreichem Aufbau der Verbindung befinden Sie sich im *Terminal-Fenster* und die Datenübertragung bzw. Kommunikation kann beginnen. Welche Möglich-keiten Ihnen Open Access dazu bietet, entnehmen Sie bitte dem Handbuch der *Kommunikation*.

Abbrechen der Verbindung

Mit <undo:Esc> verlassen Sie das *Terminal-Fenster* und gelangen wieder ins *Verbindungsaufbau*-Menü. Die Option *Auflegen* öffnet ein Fenster, in dem die Option *Beides* nach Bestätigung durch <do:F10> die Verbindung beendet. Gleichzeitig melden Sie sich damit beim Kommunikationspartner ab.

TEIL VII - ALLGEMEINE FUNKTIONEN

Während der Arbeit mit Open Access steht eine Vielzahl von Hilfsprogrammen zur Verfügung, die den Anwender beim Bewältigen kleiner und großer Aufgaben unterstützen. Auf Handhabung und Einsatzmöglichkeiten dieser Hilfsprogramme wollen wir in diesem Teil des Buches eingehen.

KAPITEL 39 - DER DESK-MANAGER

Der Desk-Manager kann zu beinahe jedem Zeitpunkt der Arbeit mit Open Access aufgerufen werden. Er stellt alle Werkzeuge zur Verfügung, die normalerweise zur *Büro-Organisation* benötigt werden. Aufgerufen wird der Desk-Manager durch die Funktionstaste <desk:F8>. Daraufhin sollte der Bildschirm das in Abbildung 39-1 zu sehende Fenster zeigen.

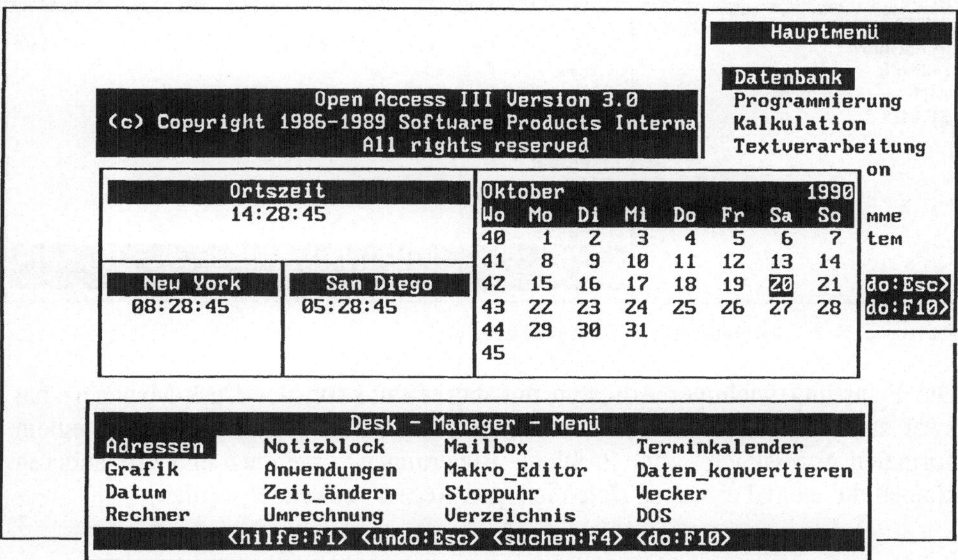

Abbildung 39-1 : Der Desk-Manager

Der Desk-Manager kann von der eigenen Funktion *Notizblock* aufgerufen werden. In diesem Fall stehen aber nicht alle Optionen zur Wahl, wodurch auch ein anderes Erscheinungsbild des Desk-Manager-Menüs bedingt ist.

Durch <s.ab> und <s.auf> können Sie den im Fenster dargestellten Monat verändern. Normalerweise wird immer der aktuelle Monat angezeigt. Die Funktionstaste <suchen:F4> hat die gleiche Bedeutung wie der Menüpunkt *Datum*, der weiter unten beschrieben wird. Im folgenden werden wir nun auf die einzelnen Komponenten des Desk-Managers eingehen.

Adressbuch

MP: <desk:F8> - <u>AD</u>ressen

Es erscheint das in Abbildung 39-2 zu sehende Fenster.

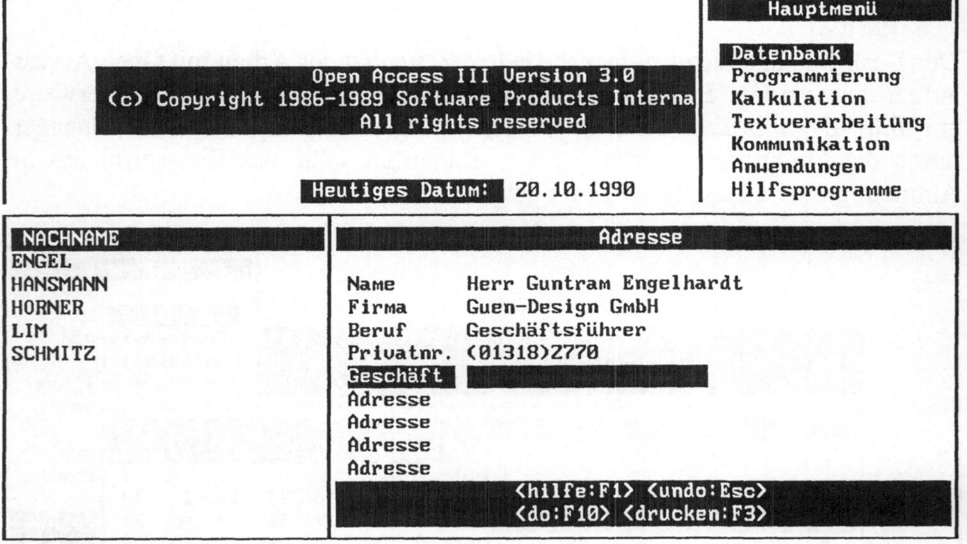

Abbildung 39-2 : Das Fenster zur Adressverwaltung

Die Erfassung wichtiger Adressen mit dieser Funktion des Desk-Managers hat zwei entscheidende Vorteile. Zum einen können Sie - im Gegensatz zu einem normalen Adressbuch - ohne Probleme Änderungen vornehmen und zum anderen können die einmal erfassten Daten in Open Access verwendet werden.

Anlegen der Adressdatei

Beim ersten Aufruf der Option *Adressen* erscheint die Frage

[Alias]:[Name].[Sfx] nicht gefunden, neu anlegen ?

Anstelle der Platzhalter *[Alias]*, *[Name]* und *[Sfx]* (Suffix) werden die entsprechenden Definitionen der Adressen-Standarddatei aufgeführt. Bestätigen Sie diese Frage mit <do:F10>, wird eine Datei mit dem als *Standarddatei* definierten Namen auf dem zum Aliasnamen gehörigen Verzeichnis angelegt.

Eingabe einer Adresse

Eine neue Adresse kann durch <Einfg> oder <zeil_einf:Strg-Ret> eingefügt werden. Es erscheint zuerst eine Eingabezeile, in der folgende Angaben einzutragen sind :

```
Anr ..................... Anrede
Vorname ................ Vorname
Mittelteil .............. Zweitname, Titel, Initialien oder ähnliches
Nachname ............. Nachname
Sfx ..................... frei
```

Der Mittelteil kann zwar zur Erfassung sehr unterschiedlicher Information verwendet werden, in allen Adressen sollte er aber nur zur Erfassung der gleichen Information dienen. Das Feld *Sfx* ist normalerweise zur Erfassung einer Namenserweiterung (Jr., I., etc.) vorgesehen. Da dies in Deutschland aber nicht üblich ist, hat dieses Feld keine festgelegte Bedeutung. Nachdem Sie die Eingabe für den Namen abgeschlossen haben, stehen weitere Felder zur Verfügung :

```
Firma .................... Unternehmen, bei dem die Person beschäftigt ist
Beruf .................... Beruf der Person - bei Bedarf abkürzen
Privatnr. ................ Die private Telefonnummer
Geschäft ............... Die dienstliche Telefonnnummer
Adresse ................ Vier Zeilen zur Erfassung der Adresse
```

Die Verwendung der vier Adresszeilen sollte immer nach dem gleichen Schema erfolgen, da es sonst bei der Auswertung der Adressen - zum Beispiel in Serienbriefen - zu Problemen kommen kann. Legen Sie daher einmal fest, in welcher Weise die Informationen (Straße, Plz, Wohnort, etc.) angeordnet sein sollen.

Die Adressliste

In der linken Hälfte des Adressfensters werden alle vorhandenen Einträge in Listenform dargestellt. Dabei werden immer nur die Inhalte eines Feldes alphabetisch sortiert angezeigt. Mit <links> und <rechts> kann ein anderes Feld gewählt werden. Durch <ändern:F6> kann die selektierte Adresse geändert werden, mit <zeil_lö:Strg-Rück> wird sie - nach Bestätigung durch <do:F10> - aus der Liste entfernt. Über <suchen:F4> kann eine Adresse selektiert werden, wenn der Inhalt des in der Liste angezeigten Feldes bekannt ist.

Drucken einer Adressliste

MP: <desk:F8> - ADressen - <drucken:F3> - Drucken

Über diese Funktion können alle vorhandenen Adressen in Listenform auf ein Ausgabegerät ausgegeben werden.

Anlegen einer Serienbriefdatei

MP: <desk:F8> - ADressen - <drucken:F3> - Serienbriefdatei_anlegen

Diese Funktion ermöglicht es, die eingetragenen Adressen in eine sogenannte DIF-Datei zu übertragen. DIF-Dateien lassen sich recht einfach für die Erstellung von Serienbriefen verwenden. Nach dem Aufruf dieser Option erscheint ein Fenster der *Serienbriefeinstellungen*, in dem folgende Parameter festgelegt werden müssen :

Dateiname	Hier ist ein aussagekräftiger Name einzugeben
Namensteile	Legen Sie fest, ob der Name ein Feld werden soll
Anlegen von...........	Die untere Grenze für zu druckende Adressen
Bis	Die obere Grenze für zu druckende Adressen
Spaltenname...........	Übernahme der Namen in die DIF-Datei

Durch die Parameter *Anlegen von* und *Bis* kann festgelegt werden, zwischen welchen Buchstaben oder Worten die zu druckenden Adressen liegen müssen. Die Selektion wird aufgrund des im linken Fenster gewählten Feldes durchgeführt.

Automatisches Wählen

Die in den Adressen erfaßten Telefonnummern können zur automatischen Anwahl eines Telefonanschlusses mittels Modem verwendet werden. Wählen Sie
dazu den gewünschten Kommunikationspartner aus der Liste und betätigen Sie
die Funktionstaste <wählen:F9>. Es erscheint ein Fenster, in dem drei
Parameter gesetzt werden können.

```
Telefonnummer........ Die zu wählende Nummer
Privatnummer.......... Eine Änderung berührt die Adresse nicht
Geschäftsnummer ..... Eine Änderung berührt die Adresse nicht
```

Adresse in den Zwischenspeicher

Mit der Funktionstaste <kopieren:F5> kann eine Adresse in den Zwischenspeicher übertragen werden. In der Textverarbeitung kann sie dann mit
<einsetzen:F7> in den Text eingefügt werden.

Adresse in den Terminkalender

Wurde das Adressbuch vom Terminkalender aus aufgerufen, so kann der Name
der in der Liste selektierten Adresse mit der Tastenfolge

<kopieren:F5> <einsetzen:F7> <einsetzen:F7>

in die Textzeile eines Termins übernommen werden.

Notizblock

MP: <desk:F8> - Notizblock

Da der *Notizblock* des Desk-Managers zu beinahe jedem Zeitpunkt während der
Arbeit mit Open Access aufgerufen werden kann, ersetzt er unter anderem den
herkömmlichen Notizblock. Nach dem Aufruf erscheint das in Abbildung 39-3
zu sehende Fenster.

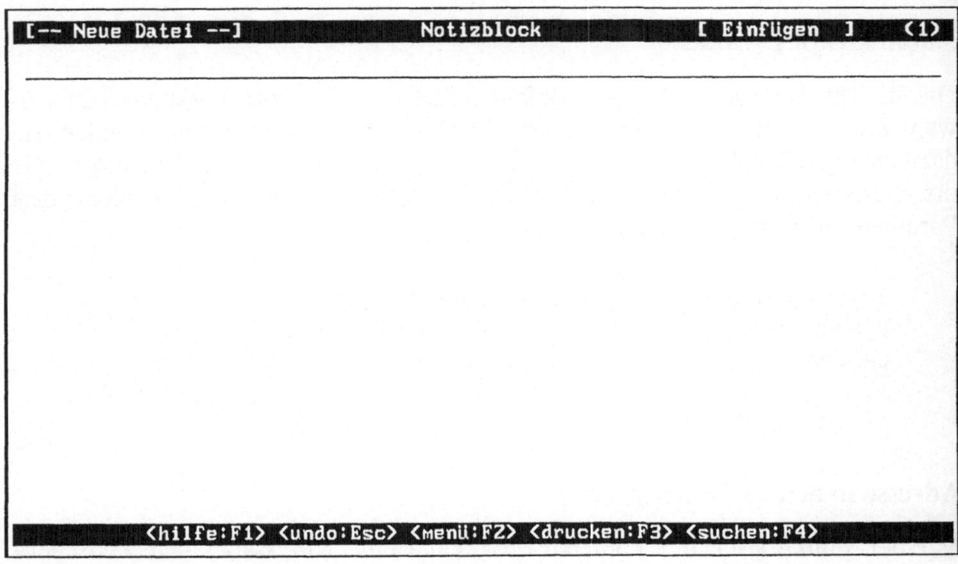

Abbildung 39-3 : Der Notizblock des Desk-Managers

Mit dem Notizblock können Sie aber nicht nur mehr oder weniger umfangreiche Texte erfassen, sondern auch bestehende Texte bearbeiten. Es ist aber zu beachten, daß der Notizblock einen reinen ASCII-Editor darstellt. Er kann also nur reinen Text, ohne Formatierungen oder verschiedene Schriftarten, verarbeiten (*TXT*-Dateien).

! Wollen Sie auf einen formatierten Text der Open-Access-Textverarbeitung (DOC-Datei) zugreifen, so müssen Sie diesen zuvor über die Option *Daten_konvertieren* des Desk-Managers in ASCII-Text übersetzen lassen.

Das Ende des Textes im Notizblock wird durch einen horizontalen Strich (siehe Abb. 39-3) gekennzeichnet. Während der Arbeit an einem Text stehen die im folgenden beschriebenen Funktionen zur Verfügung.

U Ab Version 3.0 wird in der rechten oberen Ecke des Notizblock-Editors die Nummer der Zeile angezeigt, in der sich der Cursor gerade befindet.

Sonderzeichen

Auf nicht über die Tastatur erreichbare Zeichen hat man über <ascii:Alt-F4> Zugriff. Sie können aber auch den ASCII-Code des Zeichens auf dem abgesetzten Nummernblock der Tastatur eingeben, während Sie die Alt-Taste gedrückt halten.

Schreibmodi

Zur Erfassung und Bearbeitung eines Textes stehen zwei Schreibmodi zur Verfügung. Durch <einfügen:Einfg> kann zwischen diesen beiden Modi umgeschaltet werden. Der aktuelle Modus wird in der rechten Hälfte der Titelzeile des Editors angezeigt.

Im Standardmodus *Einfügen* werden alle neuen Zeichen in den Text eingefügt. Das heißt, es werden alle Zeichen ab der Cursorposition um eine Stelle nach rechts geschoben und das neue Zeichen an der Cursorposition eingesetzt.

Im Schreibmodus *Ersetzen* wird ein neues Zeichen an der Cursorposition eingesetzt. Ein dort eventuell vorhandenes Zeichen wird dabei überschrieben.

Eingaben revidieren

Um eine Eingabe oder Änderung in der gerade bearbeiteten Zeile rückgängig zu machen, ist <undo:Esc> zu betätigen. Sollen alle Änderungen im Text - seit der letzten Speicherung - rückgängig gemacht werden, so ist man gezwungen, die Arbeit am Text zu beenden ohne diesen abzuspeichern. Daraufhin kann der Text wieder in seiner unveränderten Form geladen werden.

Setzen des Cursors

Bei der Positionierung des Cursors im Text ist zwischen zeilen- und textorientierten Aktionen zu unterscheiden, was Ihnen durch die beiden folgenden Übersichten erleichtert werden soll.

```
┌─────────────────────────────────────────────────────────┐
│          Zeilenorientierte Cursorpositionierung          │
├─────────────────────────────────────────────────────────┤
│                                                          │
│   Zeilenanfang............ <spr_links:Strg-Pos1>         │
│   Zeilenende............... <spr_rechts:Strg-Ende>       │
│   Wort zurück............. <wort_rück:Strg-links>        │
│   Wort vor ................ <wort_vor:Strg-rechts>       │
│   Tabulatorschritt vor ... <tab>                         │
│                                                          │
└─────────────────────────────────────────────────────────┘
```



```
┌─────────────────────────────────────────────────────────────┐
│              Textorientierte Cursorpositionierung            │
├─────────────────────────────────────────────────────────────┤
│   Textanfang .............. <Anfang:Pos1>  <Anfang:Pos1>     │
│   Textende................. <Ende:Ende>  <Ende:Ende>         │
│   Bildschirmanfang...... <Anfang:Pos1>                       │
│   Bildschirmende......... <Ende:Ende>                        │
│   Bildschirmseite vor.... <s.ab>                             │
│   Bildschirmseite zurück <s.auf>                             │
└─────────────────────────────────────────────────────────────┘
```

Zeilenorientierte Funktionen

Eine Zeile kann im Editor des Notizblocks bis zu 255 Zeichen aufnehmen. Dargestellt werden aber aufgrund der Bildschirmbreite lediglich 78 Zeichen. Im folgenden beschreiben wir die Funktionen zur Zeilenbearbeitung.

Einfügen einer neuen Zeile

Eine neue Zeile wird an der Cursorposition durch <zeil_einf:Strg-Ret> eingefügt. Wenn sich der Cursor am Anfang der Zeile befindet, wird durch <ret> ebenfalls eine neue Zeile in den Text eingefügt.

Löschen einer Zeile

Durch <zeil_lö:Strg-Rück> wird die Zeile, in der sich der Cursor befindet, gelöscht. Dieser Vorgang kann durch <undo:Esc> rückgängig gemacht werden.

Trennen einer Zeile

Verwenden Sie <ret>, um eine Zeile an der Cursorposition zu trennen. Es ist zu beachten, daß diese Funktion nur im Schreibmodus *Einfügen* zur Verfügung steht.

Verbinden zweier Zeilen

Setzen Sie den Cursor ans Ende einer Zeile und betätigen <löschen:Entf>, so wird die folgende Zeile mit der aktuellen verbunden. Eine andere Möglichkeit, zwei aufeinanderfolgende Zeilen zu verbinden besteht darin, den Cursor an den Anfang der zweiten Zeile zu setzen und diese dann durch <rück> mit der vorangehenden Zeile zu verbinden.

Arbeit mit Textblöcken

Neben den Funktionen, die sich auf ein einzelnes Zeichen oder eine Zeile beziehen, stellt der Editor des Notizblocks auch Funktionen für die Arbeit mit Textblöcken zur Verfügung. Ein Textblock ist ein aus beliebig vielen Zeilen bestehender Teil eines Textes - im maximalen Grenzfall also auch der Text selbst. Im folgenden beschreiben wir nun die Funktionen für Textblöcke.

Textblock selektieren

Bevor eine Funktion für Textblöcke aufgerufen wird, muß der gewünschte Textbereich selektiert werden. Den Anfang des Textblockes markieren Sie, indem Sie den Cursor dorthin bewegen und <selekt:F9> betätigen. Das Ende des Textblockes bestimmen Sie mit der gleichen Prozedur. Der selektierte Bereich erstreckt sich ohne diesen Abschluß der Markierung immer von der Anfangszeile bis zu der Zeile, in welcher der Cursor steht. Der selektierte Textblock wird optisch vom übrigen Text auf dem Bildschirm hervorgehoben.

Textblock kopieren

Beim Kopieren eines zuvor selektierten Textblockes wird derselbe in einen Zwischenspeicher kopiert. Dabei erfolgt keine Änderung im Text des Editors. Den Inhalt des Zwischenspeichers kann man beliebig oft in einen Text nach Wahl einfügen. Bricht man die Arbeit mit dem *Notizblock* ab, so wird der Inhalt des Zwischenspeichers in der Datei *CLPBOARD* mit dem Suffix *TXT* abgelegt.

Kopiert wird ein selektierter Textblock über <kopieren:F5>. Eingefügt wird er durch <einsetzen:F7> an der Cursorposition.

Textblock verschieben

Beim Verschieben eines zuvor selektierten Textblockes wird derselbe in einen Zwischenspeicher kopiert und aus dem Text des Editors entfernt. Den Inhalt des Zwischenspeichers kann man durch <einsetzen:F7> beliebig oft in einen Text nach Wahl einfügen. Bricht man die Arbeit mit dem *Notizblock* ab, so wird der Inhalt des Zwischenspeichers in der Datei *CLPBOARD* mit dem Suffix *TXT* abgelegt.

Durch <verschieben:Alt-F5> wird der selektierte Textbereich in den Zwischenspeicher verschoben. Mit <plazieren:Alt-F7> wird der Inhalt des Zwischenspeichers an der Cursorposition in den Text eingefügt und anschließend gelöscht.

Textblock einrücken

Ein selektierter Textblock kann um eine beliebige Anzahl Zeichen verschoben werden. Über <menü:F2> erhalten Sie das Menü des Notizblocks. Die Option *Einrücken* bringt Sie zurück in den Editor des Notizblocks. Allerdings finden Sie in der rechten Hälfte der Titelzeile den Hinweis *Einrücken* anstelle der Angabe des aktuellen Schreibmodus. Wurde kein Textblock selektiert, können Sie durch Bestätigung mit <do:F10> den gesamten Text einrücken.

Zum Einrücken eines Blockes bzw. des gesamten Textes stehen die im folgenden beschriebenen Funktionen zur Verfügung. Abgeschlossen wird das Einrücken durch <do:F10>. Mit <undo:Esc> bricht man den Vorgang ab und macht das Einrücken hinfällig.

```
                      Funktionen zum Einrücken

        rechts..................... <rechts>
        links ..................... <links>
        Tabulator rechts........ <tab>
        Zeilenanfang............ <spr_links:Strg-Pos1>
```

Durch <spr_links:Strg-Pos1> werden alle Zeilen des selektierten Textblocks an den Zeilenanfang verschoben. Der Textblock wird also auch linksbündig gemacht.

Textblock drucken

Über <drucken:F3> kann man den selektierten Textblock auf ein Ausgabegerät ausgeben. Die laufende Ausgabe kann durch <halt:Strg-Pause> abgebrochen werden.

Textblock formatieren

Um einen Textblock mit einem anderen Format zu versehen, wählen Sie den Menüpunkt *Format* im Menü des Notizblocks. Daraufhin erscheint ein Fenster, in dem drei Parameter definiert werden können. Wurde kein Textblock selektiert, kann durch Bestätigung mit <do:F10> der gesamte Text reformatiert werden. Hier nun die Bedeutung der drei Parameter :

Links

Dieser Parameter bestimmt den Abstand des selektierten Textblocks vom Zeilenanfang. Der Wert muß zwischen *0* und *255* liegen. Grundsätzlich aber darf er den
Eintrag des Parameters *Rechts* nicht überschreiten.

Rechts

Der neue rechte Rand für den selektierten Textblock wird durch diesen Parameter
festgelegt. Der Eintrag muß im Wertebereich von *0* bis *255* liegen. Der eventuell
nötige Zeilenumbruch wird automatisch durchgeführt.

Absatz

Der Wert dieses Parameters bestimmt den Abstand der ersten Zeile des
selektierten Textblocks vom Zeilenanfang. Dieser Parameter darf den Wert des
Parameters *Rechts* nicht überschreiten.

Textblock ablegen

Der Menüpunkt Ablegen des Notizblockmenüs ermöglicht es, den selektierten
Textblock auf einen Hintergrundspeicher (Festplatte,Diskette) abzulegen. Dabei
sind Name und Suffix der Datei frei wählbar.

Textblock löschen

Gelöscht wird der selektierte Textblock über die Option *Löschen* des
Notizblockmenüs. Wurde kein Block markiert, so kann durch <do:F10> der
gesamte Text des Editors entfernt werden.

Selektion eines Textblocks aufheben

Um die Selektion eines Textblockes wieder aufzuheben, ist <deselekt:Alt-F9>
zu betätigen.

Dateifunktionen

Speichern eines Textes

Es gibt zwei Wege, einen neu erfaßten oder geänderten Text abzuspeichern. Zum
einen kann man dies über die Option *Sichern* des Notizblockmenüs tun. In diesem

Fall ist der Name der Datei anzugeben. Das Suffix der Datei muß nur angegeben werden, wenn es nicht das Standardsuffix *TXT* sein soll. Insgesamt hat die Angabe zum *Sichern* eines Textes folgende Syntax :

    [Alias]:[Name].[Suffix]

Der Aliasname eines in der Suchtabelle eingetragenen Verzeichnisses ist nur dann nötig, wenn die Datei nicht im ersten Verzeichnis der Suchtabelle abgelegt werden soll. Existiert für den bearbeiteten Text bereits eine Datei, so wird deren Spezifikation vorgegeben, kann aber bei Bedarf überschrieben werden. Eine andere Möglichkeit zum Speichern eines Textes besteht darin, den Notizblock über <do:F10> zu verlassen. Wurde der Text in der aktuellen Form noch nicht gespeichert, so ist dann wie beim *Sichern* zu verfahren.

Laden eines neuen Textes

Durch den Punkt *Laden* des Notizblockmenüs wird ein Fenster geöffnet, in das man den Namen der Datei des zu ladenden Textes eintragen kann. Befindet sich im Editor des Notizblocks noch ein Text, der in der derzeitigen Form noch nicht gespeichert wurde, so kann dieser vor dem Laden des neuen Textes gesichert werden.

Einbinden eines Textes

Möchte man einen kompletten Text in den im Editor befindlichen Text integrieren, wählt man den Punkt *Einbinden* des Notizblockmenüs. Es erscheint ein Fenster, in dem der Dateiname des einzubindenden Textes angegeben werden kann. Der Text wird an der Cursorposition eingefügt.

Text löschen

Die Option *Neu* im Menü des Notizblocks leert den Editor; der aktuelle Text wird gelöscht. Dabei gehen alle Änderungen seit des letzten Speichervorgangs verloren.

Zeichenfolgen suchen und ersetzen

Der Editor des Notizblocks bietet die Möglichkeit, einen Text auf eine Zeichenfolge hin zu durchsuchen. Weiterhin kann eine Zeichenfolge auf Wunsch durch eine andere ersetzt werden. Es sind dabei zwei Typen von Zeichenfolgen zu unterscheiden. Ein *Wort* ist eine Zeichenfolge, die links- und rechtsseitig durch mindestens ein Leerzeichen begrenzt ist. Zeichenfolgen des Typs *Wortteil* können dagegen links- und rechtsseitig durch ein beliebiges Zeichen begrenzt sein.

Suchen

Durch <suchen:F4> im Editor des Notizblocks wird ein Fenster geöffnet, in dem die *Zeichenfolge* und deren *Typ* festgelegt werden können. Die Suche wird durch <do:F10> gestartet und beginnt an der Cursorposition. Wird die Zeichenfolge gefunden, so findet man den Cursor am Ende derselben.

Ersetzen

Diese Funktion wird durch <ändern:F6> aktiviert. Es wird ein Fenster geöffnet, in dem neben der *Zeichenfolge* selbst und deren *Typ* noch weiteres definiert werden kann. Die Suche beginnt wieder an der Cursorposition.

Hinter *Ersetzen durch* ist die neue Zeichenfolge einzutragen. Differenzen bezüglich der Länge zwischen alter und neuer Zeichenfolge werden automatisch verrechnet. Der Wert hinter *Anzahl* hat nur dann eine Bedeutung, wenn Sie hinter *Austauschen* die Einstellung *Anzahl* wählen. In diesem Fall wird die Zeichenfolge nur dem Anzahl-Wert entsprechend oft gesucht und ausgetauscht. Bei der Wahl der Einstellung *Alle* wird die Zeichenfolge im gesamten Text ausgetauscht.

Die Wahl zwischen automatischem und interaktivem Austauschen haben Sie durch die Einstellung des Parameters *Bestätigen*. Ist dieser auf *Ja* eingestellt, so wird die gefundene Zeichenfolge nur ausgetauscht, wenn eine Bestätigung durch <do:F10> erfolgt. Mit <suchen:F4> wird das nächste Vorkommen der Zeichenfolge gesucht und durch <undo:Esc> wird die Suche abgebrochen. Ist der Parameter *Bestätigen* dagegen auf *Nein* gesetzt, wird die alte Zeichenfolge automatisch durch die neue ersetzt.

Mailbox

Diese Option des Deskmanagers existierte in früheren Open-Access-Versionen noch nicht und wird aufgrund ihrer umfangreichen Möglichkeiten in einem eigenen Kapitel (Kapitel 40 - Mail, die LAN-Post) behandelt. Dort finden Sie auch die Informationen zur Installation des Mailsystems.

Terminkalender

MP: <desk:F8> - Terminkalender

Diese Komponente des Desk-Managers kann den herkömmlichen Terminkalender
weitgehend ersetzen. Durch die Möglichkeit, Termine ausdrucken zu lassen wird
er sogar in beschränktem Umfang portabel. Nach dem Aufruf sollte Ihr Bildschirm dem in Abbildung 39-4 ähnlich sehen.

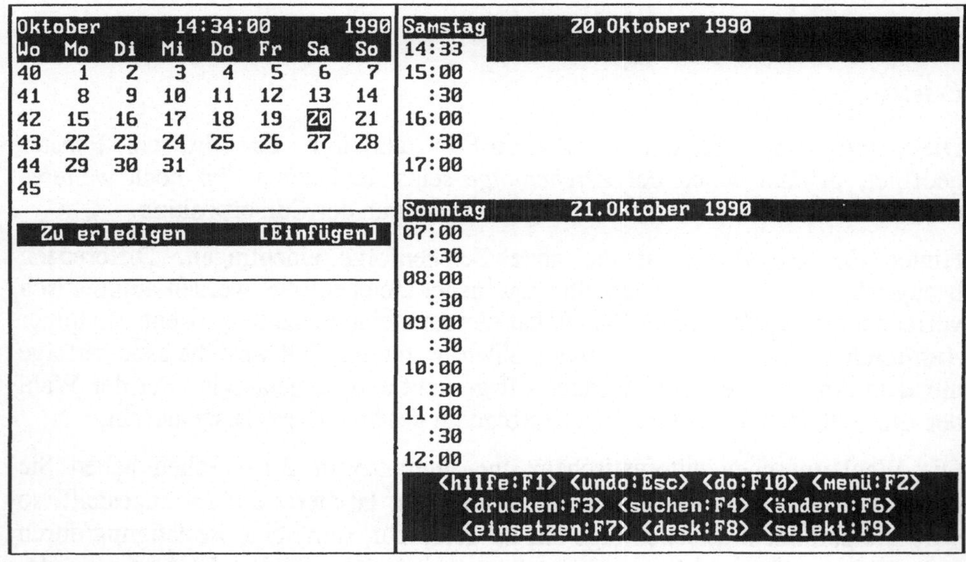

Abbildung 39-4 : Der Terminkalender des Desk-Managers

Das Fenster des Terminkalenders besteht aus drei Teilen, die jeweils einer
anderen Funktion zugeordnet sind. Wir wollen uns nun diesen Funktionen
zuwenden.

Arbeit mit Terminen

In der rechten Bildschirmhälfte sehen Sie den eigentlichen Terminkalender. Hier
werden die einzelnen Tage mit einer Titelzeile und den Uhrzeiten angezeigt. Der
Abstand zwischen diesen Uhrzeiten wird über den Parameter *Zeit* eingestellt. Es
können aber auch Termine zwischen den vorgegebenen Uhrzeiten *eingefügt*
werden. Für die Termine stehen zwei Darstellungsarten zur Verfügung. Der
voreingestellte *Agenda*-Modus zeigt alle Tage mit den zur Verfügung stehenden
Uhrzeiten an. Im *Termine*-Modus werden dagegen nur die Tage und Uhrzeiten

angezeigt, zu denen ein Termin existiert. Geändert wird der Modus durch die Option *Darstellung* des durch <menü:F2> aufzurufenden Menüs.

Eingabe

Um einen Termin einzugeben, setzen Sie den Cursor auf die gewünschte Uhrzeit und geben den Text zur Bezeichnung des Termins ein.

Kennzeichnung

Mit <tab> können Sie eine von sieben möglichen Anzeigeformen für einen Termin wählen. Auf diese Weise lassen sich besonders wichtige Termine hervorheben. Die Anzeigeformen selbst hängen vom verwendeten Bildschirmtreiber ab.

Reservieren eines Zeitblocks

Mit <selekt:F9> wird die Reservierung eines Zeitblocks für den durch den Cursor selektierten Termin eingeleitet. Setzen Sie den Cursor dann auf die den Zeitblock abschließende Uhrzeit und bestätigen Sie den Vorgang durch <do:F10>. Die in der reservierten Zeitspanne liegenden Uhrzeiten werden daraufhin mit =*= versehen. Um einen reservierten Bereich zu löschen, müssen Sie jede einzelne Zeile durch <zeil_lö:Strg-Rück> entfernen.

Einfügen

Wollen Sie einen Termin festhalten, der zwischen dem gewählten Zeitintervall liegt, so erreichen Sie dies durch <zeil_einf:Strg-Ret>. Da nun *Datum*, *Uhrzeit* und *Text* des Termins eingetragen werden können, kann diese Funktion auch bei der Darstellung im *Termin*-Modus verwendet werden. Das *Datum* können Sie mittels <suchen:F4> im Kalender wählen und dann mit <do:F10> übernehmen. Über das *Einfügen* lassen sich auch mehrere Termine für eine Uhrzeit vergeben.

Löschen

Um einen fehlerhaften oder erledigten Termin zu löschen, verwenden Sie <zeil_lö:Strg-Rück>. Sollen mehrere Termine gelöscht werden, verwendet man die Option *Löschen* des Terminkalender-Menüs. Es sind zwei Daten anzugeben und durch <do:F10> zu bestätigen. Daraufhin werden alle Termine, die zwischen diesen Daten liegen, gelöscht.

Ändern

Zur Änderung des Textes oder der Anzeigeform eines Termins, selektieren Sie diesen mit dem Cursor und ändern dann den Text oder wählen über <tab> eine andere Anzeigeform.

Suchen eines Termins

Je mehr Einträge ein Terminkalender enthält, desto unübersichtlicher wird er. Hier macht auch der *Terminkalender* des Desk-Managers keine Ausnahme. Allerdings bietet er Ihnen zwei Möglichkeiten, einen bestimmten Termin zu suchen.

Sind Datum und Uhrzeit eines Termins gesucht, so kann über die Option *Suchen* des Terminkalender-Menüs, das über <menü:F2> aufgerufen wird, eine Liste mit den alphabetisch sortierten Bezeichnungen aller Termine aufgerufen werden. Wird der Termin, dessen Datum und Uhrzeit gesucht werden, angewählt und mit <do:F10> quittiert, so steht der Cursor im Terminkalender an der entsprechenden Stelle.

Möchte man dagegen wissen, ob zu einem bestimmten Zeitraum ein Termin vorliegt, so kann man über <suchen:F4> ein Fenster öffnen, in das Datum und Uhrzeit eingetragen werden können. Nach Bestätigung durch <do:F10> wird der Cursor im Terminkalender auf den gewählten Zeitpunkt gesetzt und man kann feststellen, ob zu diesem Zeitraum ein Termin besteht.

Kopieren

Um den Text eines gegebenen Termins zu kopieren, ist dieser mit <kopieren:F5> in den Zwischenspeicher zu übertragen, dann die gewünschte Uhrzeit anzuwählen und der Text mit <einsetzen:F7> einzutragen. Durch wiederholtes Betätigen von <einsetzen:F7> kann der Text des Termins beliebig oft dupliziert werden.

Verschieben

Verschoben wird ein bestehender Termin, indem man ihn mit <verschieben:Alt-F5> aus dem Terminkalender löscht und in den Zwischenspeicher überträgt. Mit <einsetzen:F7> wird der Text des Termins dann für die, durch den Cursor selektierte, Uhrzeit eingetragen. Der Text kann durch <einsetzen:F7> beliebig vielen Uhrzeiten zugeordnet werden.

Übernahme aus dem Adressbuch

Um den Namen einer im Adressbuch (*Adressen*) des Desk-Managers erfaßten Person in den Terminkalender zu übernehmen, rufen Sie durch <desk:F8> das Adressbuch auf. Wählen Sie die gewünschte Adresse an und kopieren diese mit <einsetzen:F7> in den Zwischenspeicher. Durch nochmaliges Betätigen von <einsetzen:F7> wird der Namensteil der Adresse der vor dem Aufruf selektierten Uhrzeit zugeordnet.

Zeitunabhängige Angelegenheiten

Durch die Funktionstaste <ändern:F6> gelangen Sie in das Fenster im linken unteren Bildschirmbereich. Dort können Sie all die anstehenden Aufgaben erfassen, die keiner Uhrzeit zugeordnet werden können. Jede Zeile dieser Notizen kann bis zu 255 Zeichen lang sein, obwohl das Fenster nur 30 Zeichen breit ist. Mit <ändern:F6> kehren Sie wieder in den Terminkalender zurück.

Drucken

Über die Option *Drucken* des Terminkalender-Menüs gelangen Sie ins Druckmenü. Hier stehen vier Punkte zur Verfügung, deren Funktion wir nun erläutern.

Agenda

Über die Option *Agenda* wird der Terminkalender für den anzugebenden Zeitraum mit allen Tagen und allen Uhrzeiten ausgegeben.

Termine

Diese Druckfunktion gleicht *Agenda*. Allerdings werden hier für den festzulegenden Zeitraum nur die Tage und Uhrzeiten ausgegeben, zu denen ein Termin existiert.

Kalender

Bei Anwahl dieser Option wird vom Monat, der das erste angegebene Datum enthält, bis zu dem Monat, der das zweite angegebene Datum enthält, ein konventioneller Monatskalender ausgegeben. In diesem Kalender wird ein eventuell vorhandener Termin allerdings nicht gekennzeichnet.

Zu_erledigen

Über diese Option des Druckmenüs kann die Liste der zeitunabhängigen Angelegenheiten ausgegeben werden.

Grafik

MP: <desk:F8> - Grafik

 Nach dem Aufruf der Option *Grafik*, die es in früheren Versionen noch nicht gab, wird das in Abbildung 39-5 zu sehende Fenster geöffnet.

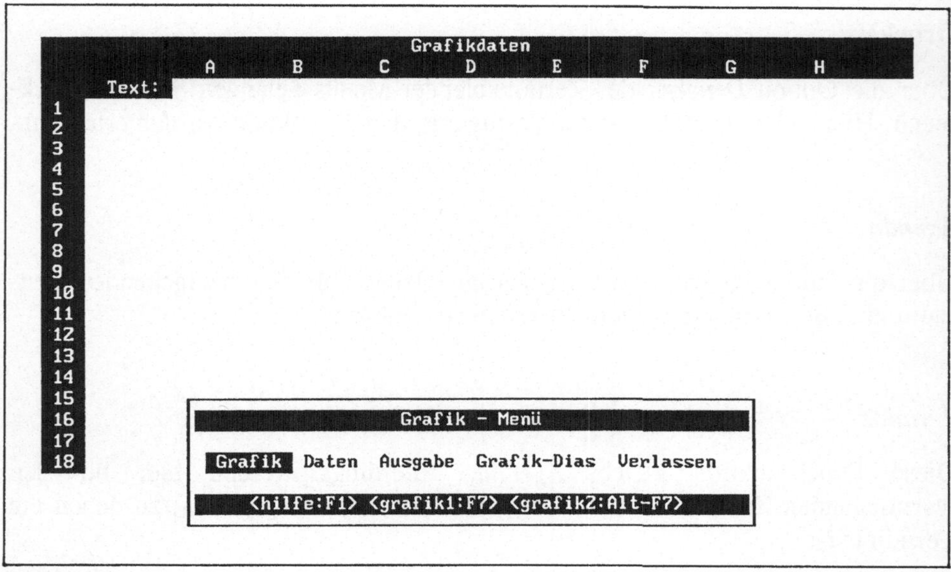

Abbildung 39-5 : Die Grafik des Desk-Managers

Grafikebenen - Das Prinzip der Dateneingabe

Durch die Option *Daten* des *Grafik-Menüs* gelangen Sie ins Fenster der *Grafikdaten*. Hier kann aufgrund beliebiger numerischer Daten sehr schnell eine Grafik erstellt werden. Dazu steht eine Tabelle mit 64 Zeilen und 256 Spalten zur Verfügung. Wer das Kalkulations-Modul kennt, wird die Datenbearbeitung im *Grafikdaten*-Fenster sehr schnell beherrschen.

Die Tabelle besteht aus einzelnen *Zellen*, die durch Angabe einer Zeilen- und einer Spaltenbezeichnung genau definiert werden können. In der ersten Spalte können Überschriften für die einzelnen Zeilen vergeben werden, die Spaltenüberschriften legen Sie in der ersten Zeile fest. Normalerweise entspricht eine Zeile einer sogenannten *Grafikebene*. Das heißt, die Werte einer Zeile werden zum Beispiel in einem Kreisdiagramm dargestellt. Durch das noch zu beschreibende *Spiegeln* wird die Tabelle gespiegelt ausgewertet, so daß jeder Spalte eine Grafikebene zugeordnet ist. Die in einer Grafik zu vergleichenden Werte sollten bei Standardeinstellung (ohne *Spiegeln*) in einer Zeile stehen. Um den Verlauf der Verkaufszahlen für drei verschiedene Produkte innerhalb eines Jahres zu verfolgen, könnte man folgende Tabelle anlegen:

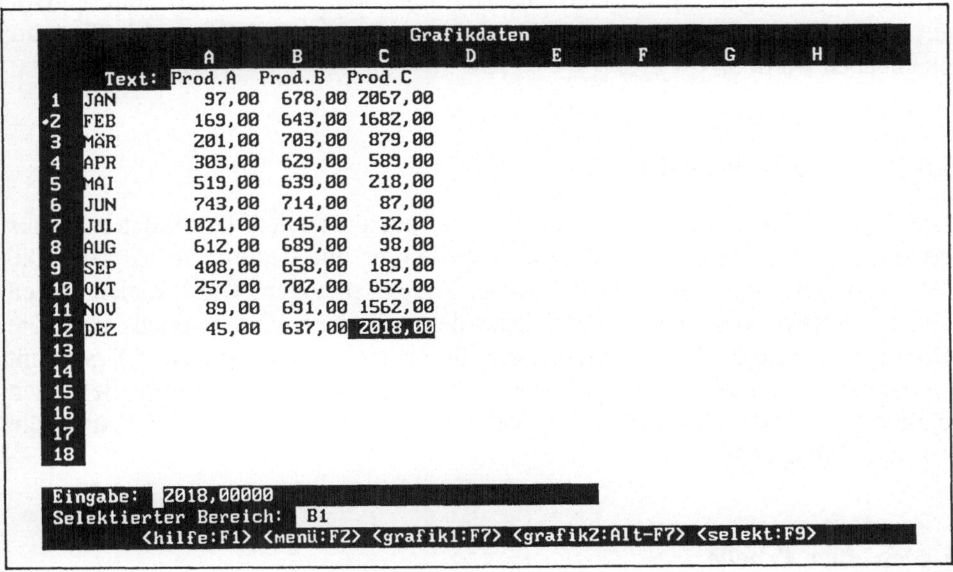

Abbildung 39-6 : Tabelle für Verkaufszahlen

Die einzelnen Zeilen bilden die Grafikebenen (Monate), deren Werte (Verkaufszahlen) direkt verglichen werden können. Die Entwicklung innerhalb des Jahres vollzieht sich in den Spalten. Hier wird auch deutlich, warum es die *Spiegeln*-Funktion gibt. Wollen Sie die Entwicklung der Verkaufszahlen eines Produktes in einer Grafik sehen, so müssen diese eine Grafikebene bilden. Durch *Spiegeln* erreichen Sie dies auf einfache Weise.

Eine Eingabezelle

Eine Zelle stellt das kleinste Element einer Tabelle dar. In der Tabelle der Grafikdaten zeigt jede Zelle zwar nur bis zu 7 Zeichen an, aufnehmen kann sie aber bis zu 40 Zeichen. Die Zellen der Zeile bzw. Spalte für die Überschriften können mit Text beschrieben werden. Die übrigen Zellen nehmen dagegen nur numerische Werte auf. In der linken unteren Ecke des Bildschirms wird der Inhalt der aktuellen Zelle hinter *Eingabe* angezeigt. Um den Inhalt einer Zelle zu ändern, müssen Sie den alten Wert mit dem neuen überschreiben.

Kopieren eines Tabellenbereichs

Nach Aufruf der Option *Kopieren* des vorher mit <menü:F2> aktivierten Grafikdaten-Menüs ist der zu kopierende Bereich zu definieren. Diese Definition wird durch die Angabe zweier Zellen vollzogen, wobei diese die linke obere und rechte untere Ecke des zu kopierenden Bereichs darstellen. Die Koordinaten der beiden Zellen sind durch einen Doppelpunkt (:) zu trennen (z.B. *A1:C4*). Sie können die Eingabe per Hand machen oder die Zellen mit dem Cursor auswählen. Der Doppelpunkt muß aber auf jeden Fall über die Tastatur eingegeben werden.

Löschen eines Tabellenbereichs

Die Option *Blank* des über <menü:F2> aufzurufenden Grafikdaten-Menüs erlaubt es, einen Bereich der Tabelle zu definieren und dadurch zu löschen. Die Definition wird durch die Angabe zweier Zellen vollzogen. Diese Zellen stellen die linke obere und rechte untere Ecke des zu kopierenden Bereichs dar. Die Koordinaten der beiden Zellen müssen durch einen Doppelpunkt (:) getrennt werden (z.B. *A1:C4*). Sie können die Eingabe per Hand machen oder die Zellen mittels Cursor selektieren. Der Doppelpunkt muß aber auf jeden Fall über die Tastatur eingegeben werden.

Laden einer Tabelle

Möchte man eine bestehende Tabelle oder eine Datei in Tabellenform laden, so ist die Option *Laden* in dem durch <menü:F2> aufzurufenden *Grafikdaten-*Menü zu wählen. Es erscheint ein Fenster, in dem folgende Parameter gesetzt werden können :

Datei

Hier tragen Sie den Namen und gegebenenfalls auch das Suffix und den Alias des Pfades der zu ladenden Datei ein. Es können nur Dateien mit Suffix *DIF* geladen werden. Da aber auch andere Open-Access-Module *DIF*-Dateien bereitstellen, lassen sich auch diese Daten graphisch darstellen. Es besteht aber die Möglichkeit, Dateien mit dem Suffix *TXT* (ASCII-Code) für Spalten- bzw. Zeilenaufschriften zu verwenden.

Daten bei welcher Koordinate

Die hier angegebene Koordinate legt die Position der linken oberen Ecke der zu ladenden Tabelle im *Grafikdaten*-Fenster fest. Sie können diesen Wert per Hand eingeben oder mit <ändern:F6> ins *Grafikdaten*-Fenster umschalten und dort mittels Cursor eine Zelle selektieren, deren Koordinate dann mit <do:F10> übernommen werden kann.

Datenberechnung von

Wird die Standardeinstellung *Zeilen* beibehalten, werden die Tabellen in der Form geladen, in der sie gespeichert wurden. Wählt man dagegen *Spalten*, werden Zeilen und Spalten der zu ladenden Tabelle vertauscht. Ist das Vertauschen für den Aufbau der Grafik gewünscht, soll die Tabelle aber ihren ursprünglichen Aufbau beibehalten, so erreicht man dies durch die noch zu beschreibende Funktion *Spiegeln*.

Kopfteil benutzen

Jede *DIF*-Datei enthält einen Kopfteil, der bei der Wahl von *Ja* für die Überschriften verwendet wird. Andernfalls wird der Kopfteil nicht übernommen.

Zeilen- und Spaltenaufschrift

Diese beiden Parameter können mit dem Namen einer Textdatei (ASCII-Code) belegt werden. Jede Zeile dieses Textes wird für eine Zeilen- bzw. Spaltenüberschrift verwendet.

Selektierter Bereich

> ⚠ Da die Bereichsselektion einer Tabelle beim Speichern nicht gesichert wird, müssen Sie diesen nach dem Laden einer Tabelle erneut festlegen.

Speichern einer Tabelle

Der selektierte Bereich einer Tabelle kann über die Option *Speichern* des *Grafikdaten*-Fensters gespeichert werden. Dazu müssen Sie den Namen und gegebenenfalls auch den Aliasnamen des Pfades und das Suffix der Datei angeben, in der die Tabelle abgelegt werden soll.

Konfiguration einer Grafik

Die Konfiguration einer Grafik verläuft in den Modulen *Datenbank* und *Kalkulation* auf die gleiche Weise wie in der Desk-Manager-Grafik. Aus diesem Grunde und weil die Parametrierung einer Grafikkonfiguration sehr umfangreich ist, haben wir dieser ein eigenes Kapitel gewidmet. Um das Konfigurationsmenü aufzurufen, verlassen Sie das *Grafikdaten*-Fenster durch <undo:Esc> und wählen die Option *Grafik* in dem dann erscheinenden Menü.

Ausgabe auf ein Ausgabegerät

Über die Option *Ausgabe* des *Grafik-Menüs* können Sie spezielle Parameter für den Ausdruck einer Grafik setzen. Es stehen die im folgenden erläuterten Parameter zur Verfügung.

Ausgabegröße

Die *Ausgabegröße* legt die Größe der Grafik auf dem Papier fest.

Ausgabegerät

Hier können Sie über <suchen:F4> die Liste aller verfügbaren Ausgabegeräte wählen. Eine Ausgabe auf den Bildschirm (*KONSOLE*) oder in einer Datei (*DATEI*) ist aber nicht möglich.

Ausgabetyp

Es stehen drei Alternativen zur Verfügung, welche die Ausgabe der Grafik auf das gewählte Ausgabegerät (*Ausdruck*) oder in eine Datei (*Dia,IMA-Datei*) lenken. Wählen Sie die Einstellung *Dia*, so wird die Grafik in einer Datei mit dem Suffix *PCX* (bei Pixelgrafik) oder *PHO* (Textgrafik) gespeichert. Das PCX-Dateiformat wird von vielen DTP-Programmen (Desktop-Puplishing) unterstützt. Daher können *PCX*-Dateien mit diesen Programmen weiterverarbeitet werden. Außerdem lassen sich die *Dias* über die Option *Grafik-Dias* auf dem Bildschirm präsentieren. Die Einstellung *IMA-Datei* legt die Grafik in einer Datei ab, die von den Open-Access-Modulen Textverarbeitung und Kalkulation verarbeitet werden können.

Seitenvorschub

Nur wenn Sie hier *Ja* gewählt haben, wird der Drucker nach der Ausgabe der Grafik zu einem Seitenvorschub veranlaßt.

Ausgabedatei

Haben Sie als *Ausgabetyp* die Einstellung *Dia* oder *IMA-Datei* gewählt, so wird hier bereits ein Name für die Datei, in der die Grafik abgelegt werden soll, vorgegeben. Dieser Name besitzt das Format

      DUMMY[Nummer]

Der Platzhalter Nummer wird durch eine dreistellige Nummer ersetzt. Diese Nummerierung beginnt bei *001* und wird mit jedem gespeicherten Bild um eins erhöht. Dadurch können ganz einfach Dia-Serien angelegt werden. Den Platzhalter *DUMMY* können Sie mit einer beliebigen Zeichenfolge überschreiben, um den *Dias* einer Serie aussagekräftigere Namen zu geben.

Wollen Sie *DUMMY* in allen Dateinamen einer bereits angelegten Diaserie durch eine sinnvollere Zeichenfolge ersetzen, so verwenden Sie dazu am besten den DOS-Befehl *RENAME* in folgender Weise : 

      RENAME dummy*.* [Zeichenfolge]*.*

Den Platzhalter *[Zeichenfolge]* ersetzen Sie durch die gewünschte neue Zeichenfolge. Um *DUMMY* ganz zu ersetzen, dabei die Nummern aber nicht zu überschreiben, muß die Zeichenfolge genau fünf Zeichen lang sein. Natürlich können Sie die Namen der Dateien auch einzeln über die Open-Access-

Dateifunktionen ändern (s. Dateiliste). Dieser Vorgang wird aber bei steigender Zahl der umzubenennenden Dateien immer unkomfortabler.

Ausgabe

Die Ausgabe selbst wird mit <drucken:F3> aktiviert, bringt aber nur das gewünschte Ergebnis, wenn die Grafik mittels <grafik:F7> auf den Bildschirm gebracht wurde. Bei der Erstellung von *Dias* oder *IMA-Dateien* wird das erfolgreiche Anlegen der Datei durch ein akustisches Signal angezeigt.

Präsentation

Über die Option *Grafik-Dias* des *Grafik-Menüs* können Sie gespeicherte Grafiken im *Dia*-Format am Bildschirm präsentieren. Die Präsentation einer Diaserie wird in Open Access als *Diakarussell* bezeichnet.

Nach dem Aufruf der *Grafik-Dias* erscheint ein kleines Fenster, in dem zwei Funktionen zur Wahl stehen, die wir nun erläutern werden.

Editieren

Nach Wahl dieser Option muß der Name der Datei angegeben werden, in der die Präsentation abgespeichert werden soll. Präsentationsdateien tragen das Suffix *SSH* und können bis zu 32 *Dias* aufnehmen. Nach Angabe des Dateinamens wird ein Fenster geöffnet, in dem die Dias eingetragen werden können. Mit <suchen:F4> können diese auch aus der Dateiliste übernommen werden. Bereits eingetragene Dias können durch <zeil_lö:Strg-Rück> gelöscht werden. Abgeschlossen wird die Eingabe mit <do:F10>.

Anzeigen

Um eine Präsentation zu starten, rufen Sie die Option *Anzeigen* auf und tragen dann den Dateinamen der gewünschten Präsentation ein. Daraufhin wird das erste Dia der Serie angezeigt. Mit <do:F10> wird das nächste Dia angezeigt, wobei nach dem letzten Dia einer Serie wieder das erste angezeigt wird. Durch <undo:Esc> brechen Sie die Präsentation ab.

Anwendungen

MP: <desk:F8> - <u>AN</u>wendungen

Über diese Option des Desk-Manager-Menüs wird ein Menü eingeblendet, dessen Aufbau in der Standarddatei *Anwendungen-Menü* (Vorgabe *ANW.MNU*) festgelegt wurde. Weitere Informationen dazu finden Sie im Kapitel Konfigurieren, unter dem Punkt *Standarddateien*. Die Bedienung dieses Menüs entspricht dem Open-Access-Standard.

An manchen Stellen im Programm stehen nicht alle Optionen des Menüs zur Verfügung, da es sonst zu Speicherplatzproblemen kommen könnte.

Makro-Editor

MP: <desk:F8> - <u>MAK</u>ro_Editor

Über Makros lassen sich beliebige Vorgänge in Open Access automatisieren. Ein Makro sendet nach seinem Aufruf Anweisungen an den Tastaturpuffer Ihres Computers. Dieser interpretiert die Kommandos als Betätigung, der durch die Kommandos kodierten Tasten der Tastatur. Diese Art Makro werden wir im folgenden zur Abgrenzung von anderen Makros als *Tastaturmakro* bezeichnen.

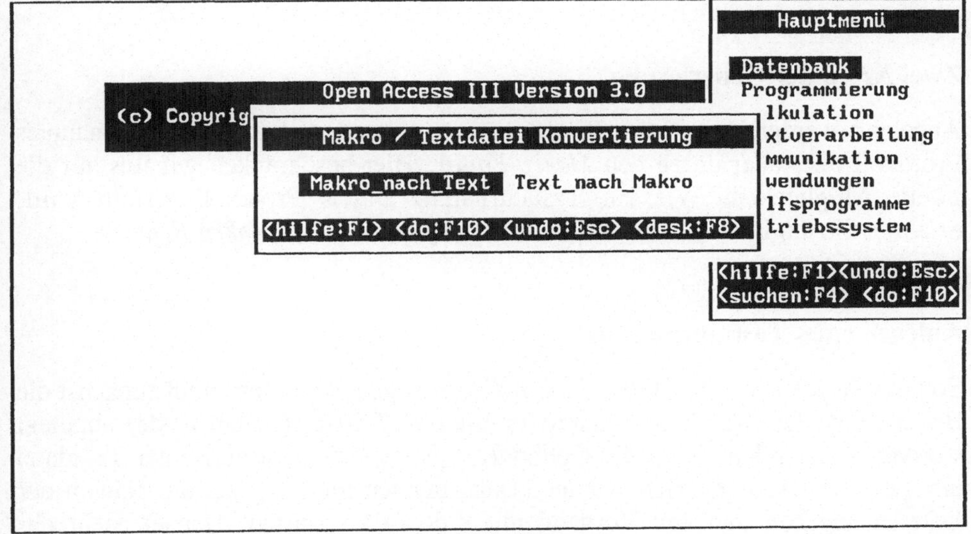

Abbildung 39-7 : Der Makro-Editor

| U | Tastaturmakros aus früheren Open-Access-Versionen laufen zwar unter Version 3.0, werden aber nur selten den gewünschten Effekt erzielen. Begründet ist diese Inkompatibilität in der beinahe durchgehenden Umbenennung der Menüpunkte. Sollten Sie die Optionen eines Menüs in Ihren früheren Tastaturmakros nicht durch Angabe des oder der Anfangsbuchstaben eines Menüpunktes selektiert haben, so dürften diese weniger Probleme bereiten. In den meisten Fällen wird man aber um eine Überarbeitung nicht herumkommen. Die *TXT*-Dateien, mit denen Sie in früheren Versionen Tastaturmakros generiert haben, unterliegen ebenfalls diesem Problem. Zusätzlich haben sich aber in Version 3.0 noch einige Befehleworte geändert. Um Ihnen die Überarbeitung alter *TXT*-Dateien zu erleichtern, stellen wir hier die alten den neuen Befehlsworten gegenüber. Auf die Klammerung (< >) wurde dabei verzichtet. Der Platzhalter *[#]* steht für die Nummern der Funktionstasten.

<table>
<tr><td colspan="3">Alte und neue Befehlsworte</td></tr>
<tr><td>rück_tab</td><td>wurde zu</td><td>rücktab</td></tr>
<tr><td>home</td><td>wurde zu</td><td>anfang</td></tr>
<tr><td>end</td><td>wurde zu</td><td>ende</td></tr>
<tr><td>info</td><td>wurde zu</td><td>hilfe</td></tr>
<tr><td>alt[#]</td><td>wurde zu</td><td>alt-F[#]</td></tr>
<tr><td>benut[#]</td><td>wurde zu</td><td>deF[#]</td></tr>
</table>

Zwei Arten der Generierung

Angelegt werden kann ein Tastaturmakro entweder durch ein sogenanntes Protokoll oder aber durch den *Makro-Editor*. Hier beschränken wir uns auf die zweite Möglichkeit. Wie ein Tastaturmakro mittels Protokoll erstellt wird, erfahren Sie am Ende des siebten Teils im Kapitel 41 - *Der Makro-Rekorder*.

Anlegen eines Tastaturmakros

Soll ein Tastaturmakro mit dem *Makro-Editor* angelegt werden, muß zunächst die Befehlsfolge für das Tastaturmakro in einer *TXT*-Datei (ASCII-Code) abgelegt werden. Danach kann über die Option *Text_nach_Makro* aufgrund der Textdatei ein Tastaturmakro generiert werden. Dazu müssen Sie lediglich die Namen der Dateien angeben und den Vorgang mit <do:F10> starten. Danach steht das generierte Tastaturmakro unter dem gewählten Dateinamen zur Verfügung.

Ändern eines Tastaturmakros

Es besteht die Möglichkeit, bereits bestehende Tastaturmakros zu ändern. Dazu überarbeiten Sie die *TXT*-Datei und wandeln diese dann in ein Tastaturmakro. Überschreiben Sie das alte Tastaturmakro, indem Sie deren Dateinamen für das neue Tastaturmakro verwenden.

Über die Option *Makro_nach_Text* des Konvertierungsmenüs können Sie eine *TXT*-Datei für ein Tastaturmakro anlegen, das durch ein *Protokoll* erstellt wurde. Dazu müssen Sie lediglich den Namen der Datei angeben und den Vorgang mit <do:F10> starten. Danach stehen die Makrobefehle in der *TXT*-Datei mit dem gewählten Dateinamen zur Verfügung.

Die Befehle der Makrosprache

Um ein Tastaturmakro durch eine *TXT*-Datei zu definieren, muß man die Bedeutung der einzelnen *Befehle* kennen. Daher geben wir Ihnen im folgenden eine Übersicht über die einzelnen Befehlsgruppen. Läßt ein Befehl Parameter zu, so werden diese bei der Syntaxangabe in eckige Klammern (*[]*) gefaßt.

Bildschirmdarstellung ausschalten

Der Befehl <*schirm_aus*> schaltet die Bildschirmdarstellung ab. Der Anwender sieht nicht, was das Tastaturmakro macht. Makrobefehle wie <*pause*> und <*nachricht*> stehen dann allerdings nicht zur Verfügung. Durch nochmaliges <*schirm_aus*> wird die Darstellung wieder aktiviert.

Ablauf-Unterbrechung

Durch <*pause*> wird der Ablauf des Tastaturmakros unterbrochen. Der Anwender kann dann solange Eingaben machen, bis er die Unterbrechung mit <makro:Alt-F8> beendet.

Ablauf-Unterbrechung mit Meldung

Der Befehl <nachricht> hat die gleiche Funktion wie <pause>, allerdings kann ihm ein bis zu 55 Zeichen langer Text folgen, der in Anführungszeichen ("") zu setzen ist. Dieser Text wird während der Unterbrechung angezeigt. Durch die Anweisung

<nachricht> "Geben Sie bitte den Namen an"

kann der Anwender zum Beispiel aufgefordert werden, den Namen einer Datei anzugeben.

Aufruf eines Tastaturmakros

Durch die Anweisung

    <aufruf> ([Anzahl]) [Alias]:[Dateiname].MON

kann ein Tastaturmakro während des Ablaufs eines Tastaturmakros aufgerufen werden. Durch *[Anzahl]* wird festgelegt, wie oft das Makro ausgeführt werden soll. Anstelle von *[Alias]* ist der Aliasname einzutragen, der dem Pfad, auf welchem das aufzurufende Makro abgelegt ist, in der Suchtabelle zugeordnet wurde. Wird der Parameter *[Alias]* nicht angegeben, sucht Open Access das Tastaturmakro auf allen Pfaden laut der in der Suchtabelle definierten Reihenfolge. Anstelle von *[Dateiname]* setzen Sie den Dateinamen des aufzurufenden Tastaturmakros ein.

Kommentar

Der Anweisung <rem> kann ein beliebiger Text folgen. Dieser wird bei der Generierung des Tastaturmakros nicht berücksichtigt.

Normale Tasten

Alle *normalen* Tasten wie A, =, +, i oder # können einfach eingegeben werden. Lediglich drei Zeichen müssen durch einen Befehl ersetzt werden, da ihnen in der Makrosprache besondere Bedeutung zukommt. Hier diese Zeichen mit Angabe ihrer Bedeutung :

Zeichen mit besonderer Bedeutung
< .... Kennzeichnung eines Befehls
(.... Kennzeichnung eines Parameters
_ .... Steht für ein Leerzeichen

Fassen Sie diese Zeichen also in spitze Klammern, um Sie als Befehle zu kennzeichnen. Aus der Liste ergibt sich auch, daß ein *Leerzeichen* durch den *Unterstrich* (_) zu ersetzen ist. Soll der Text *"Dies ist ein Test"* in einem

Tastaturmakro ausgegeben werden, so muß er als *"Dies_ist_ein_Test"* angegeben werden.

Funktionstasten

Da die Funktionstasten in verschiedenen Bereichen des Integrierten Paketes unterschiedliche Bedeutung und Bezeichnungen haben, sind sie in Tastaturmakros durch die in spitze Klammern gefaßte Tastenbezeichnung im Format *<F[#]>* anzugeben. Der Platzhalter *[#]* ist durch die Nummer der Funktionstaste zu ersetzen. Aktionen, die durch *<alt>* in Kombination mit einer Funktionstaste ausgelöst werden, sind durch den Befehl *<alt-F[#]>* aufrufbar. Auch hier ist *[#]* wieder durch die Nummer der Funktionstaste zu ersetzen. Die durch den Anwender definierbaren Funktionstasten werden mit *<deF[#]>* angegeben, wobei der Platzhalter *[#]* durch die Nummer der Funktionstaste zu ersetzen ist.

Cursorsteuerung und Editierfunktionen

Die Befehle zur Cursorsteuerung und Texteditierung durch ein Tastaturmakro geben wir in Listenform an, um Ihnen einen besseren Überblick zu verschaffen. Unter einer *Zeile* ist im folgenden nicht nur eine Textzeile zu verstehen. Da die Befehle auch in Listen (z.B. der Ergebnisliste der Datenbank) zur Anwendung kommen können, kann eine *Zeile* auch eine Listenzeile sein.

Befehle zur Cursorsteuerung	
<auf>	Eine Zeile nach oben
<ab>	Eine Zeile nach unten
<links>	Ein Zeichen nach links
<rechts>	Ein Zeichen nach rechts
<anfang>	In die erste Zeile auf dem Bildschirm
<ende>	In die letzte Zeile auf dem Bildschirm
<wort_vor>	An den Anfang des nächsten Wortes
<wort_rück>	An den Anfang des vorhergehenden Wortes
<spr_links>	An den Anfang der Zeile
<spr_rechts>	An das Ende der Zeile
<s.auf>	Um eine Seite nach oben
<s.ab>	Um eine Seite nach unten
<tab>	Einen Tabulatorschritt nach rechts
<rücktab>	Einen Tabulatorschritt nach links

Befehle zum Editieren

<rück> .... Löscht das Zeichen links vom Cursor
<löschen> .... Löscht das unter dem Cursor stehende Zeichen
<einfügen> .... Wählt den Schreibmodus / fügt ein Leerzeichen ein
<zeil_lö> .... Löscht die Zeile, in welcher der Cursor steht
<zeil_einf> .... Fügt eine Zeile an der Cursorposition ein
<ret> .... Setzt den Cursor an den Anfang der nächsten Zeile

Datenkonvertierung

MP: <desk:F8> - DATEn_Konvertieren

Durch die *Datenkonvertierung* wird das Konzept des intermodularen Daten-austauschs erweitert. Durch die Konvertierung wird der Transfer von und zu Fremdprogrammen ermöglicht. Die Konvertierungsroutinen analysieren Struktur und Inhalt der *Quelldatei* und legen daraufhin eine *Zieldatei* mit gleichen Inhalt, aber anderer Struktur an. Dies ist nötig, da es von der Struktur einer Datei abhängt, ob sie von einem Programm verarbeitet werden kann.

Nach dem Aufruf der Option *Daten_Konvertieren* des Desk-Managers sollte das in Abbildung 39-8 zu sehende Menü auf ihrem Bildschirm erscheinen.

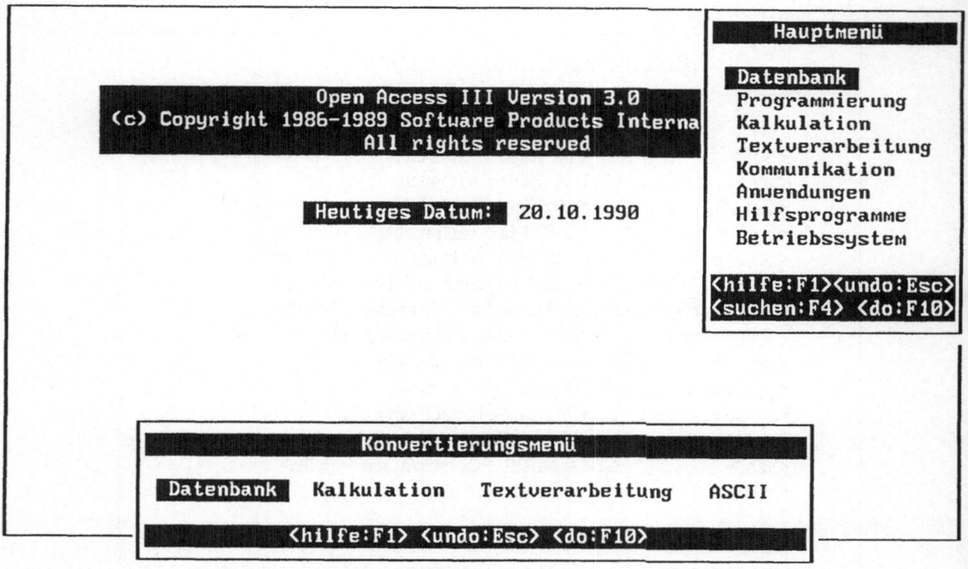

Abbildung 39-8 : Das Menü zur Datenkonvertierung

Die Konvertierungsroutinen wurden anhand der Open-Access-Module gruppiert. Die einzelnen Gruppen sind über das Konvertierungsmenü zu wählen und werden im folgenden vorgestellt. Vorab soll noch kurz das sogenannte DIF-Format erwähnt werden. Dieses Kürzel steht für Data-Interchange-Format (Format zum Datenaustausch) und stellt einen Standard für den Datentransfer zwischen PC-Programmen dar. Der Parameter *Ausgabemodus* steht zwar bei allen Konvertierungen zur Verfügung, bietet aber nur in einigen Fällen eine Alternative zur Einstellung *Datei_anlegen*. Wir gehen daher beim Einstellen einer Konvertierungsroutine nur dann auf diesen Parameter ein, wenn eine Auswahl möglich ist.

Da die Datenkonvertierung in Open Access III über den Desk-Manager aufgerufen werden kann, besteht die Möglichkeit, Dateien zu konvertieren, ohne die aktuelle Arbeit unterbrechen zu müssen. Auch in Anwendungen des *Programmierers* läßt sich die Konvertierung (über ein Tastaturmakro) einfacher einbinden.

Datenbank - Schnittstelle zu Dbase

MP: <desk:F8> - DATEn_Konvertieren - Datenbank

Wer bisher mit dem Datenbanksystem *dBASE* gearbeitet hat und nun auf Open Access umgestiegen ist, wird die Konvertierungsroutinen für die Datenbank schätzen.

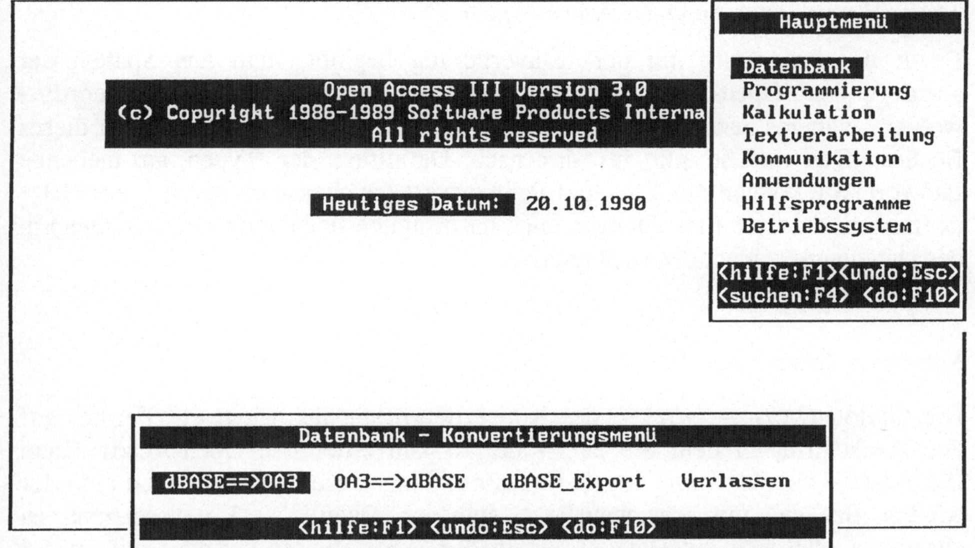

Abbildung 39-9 : Das Datenbank-Konvertierungsmenü

Es können Daten mit den dBASE-Versionen III und IV ausgetauscht werden. Außerdem kann aufgrund einer dBASE-Datei eine *DIF*-Datei angelegt werden, die dann von allen Open-Access-Modulen verarbeitet werden kann.

 Da Open Access in der Version 3.0 die von dBASE bekannten Memo-Felder bietet, können diese ebenfalls konvertiert werden.

Von dBASE nach Open Access

Wählen Sie bitte die Option *dBASE==>OA3* aus dem Konvertierungsmenü. Dann ist als *Quelldatei* die zu konvertierende dBASE-Datei (Suffix DBF) anzugeben. Tragen Sie diese per Hand ein oder wählen Sie diese mit <suchen:F4> aus der Dateiliste. Voraussetzung ist allerdings, daß sich die Datei in einem der Verzeichnisse befindet, die in der Suchtabelle definiert wurden. Das gleiche gilt für die *Zieldatei*, neben der automatisch noch eine *IF*-Datei und gegebenenfalls auch *MF*-Dateien angelegt werden.

Der letzte Parameter legt fest, ob gelöschte und in dBASE nicht mehr verfügbare Datensätze der dBASE-Dateien in die *DF*-Datei übernommen werden sollen. Wurde hier die Einstellung *Ja* gewählt, wird die anzulegende Open-Access-Tabelle um eine Spalte erweitert. Diese Spalte trägt den Namen *DB3DELETE* und kann ausgewertet werden, um "gelöschte" Datensätze zu selektieren.

Da die Open-Access-Datenbank im Gegensatz zu dBASE in Spalten-namen keine Doppelpunkte (:) zuläßt, werden diese bei der Konvertierung in Unterstriche (_) verwandelt. Aus dem dBASE-Namen *TEST:01* wird dann die Open-Access-Spalte *TEST_01*.

Bevor das Programm mit der Konvertierung beginnt, muß den Spalten der anzulegenden Open-Access-Tabelle noch der gewünschte *Typ* zugeordnet werden. Näheres dazu finden Sie in dem der Datenbank gewidmeten Teil dieses Buches. Das gleiche gilt für das nach Definition der Typen anzugebende Paßwort. Sie können die Typ- und Paßwortvergabe aber auch durch <do:F10> übergehen, da diese Einstellungen auch nachträglich (wenn auch aufwendiger) in der Datenbank gemacht werden können.

Von Open Access nach dBASE

Die Option *OA3==>dBASE* des Konvertierungsmenüs bringt ein Fenster auf den Bildschirm, in dem Sie zuerst die zu konvertierende Open-Access-Datei (Suffix DF) als *Quelldatei* angeben müssen. Tragen Sie diese per Hand ein oder wählen Sie sie mit <suchen:F4> aus der Dateiliste. Voraussetzung ist allerdings, daß sich die Datei in einem der Verzeichnisse befindet, die in der Suchtabelle definiert wurden. Das gleiche gilt für die *Zieldatei*, die dann später von dBASE verarbeitet werden kann. Wurde die Open-Access-Datei mit einem

Paßwort gesichert, so muß dieses angegeben werden, um die Konvertierung durchführen zu können.

Da dBASE die in Open Access ab Version 3.0 verfügbaren Zeit-Spalten nicht kennt, wird an deren Stelle eine numerische Spalte angelegt. Die Zeitwerte werden in die entsprechende Anzahl Sekunden übersetzt und können dadurch auch in dBASE verarbeitet werden. 

Von dBASE nach DIF

Wählen Sie bitte die Option *dBASE_Export* aus dem Konvertierungsmenü. Wurde der Desk-Manager vom Datenbank-, Textverarbeitungs- oder Kalkulations-Hauptmenü aufgerufen, so steht für den Parameter *Ausgabemodus* neben *Datei_Anlegen* auch die Einstellung *Übertragen* zur Verfügung. Dadurch können die Daten einer dBASE-Datei direkt in das jeweilige Open-Access-Modul übernommen werden. Dazu tragen Sie die zu übertragende dBASE-Datei als *Quelldatei* ein. Sie können diese auch mit <suchen:F4> aus der Dateiliste wählen. Danach bestätigen Sie diese Angabe durch <do:F10> und wählen dann im Menü der *Übertragungsoptionen* das Modul, in welches die Daten übertragen werden sollen. Aufgrund dieser Wahl wird dann eine entsprechende Datei angelegt. Bei einer Datenbank-Datei sind die gleichen Angaben wie beim normalen Konvertieren (dBASE==>OA3) zu machen. Nach der Konvertierung wird das gewählte Modul automatisch gestartet und die übertragenen Daten stehen zur Verfügung.

Wurde als Ausgabemodus *Datei_anlegen* gewählt, so ist als *Quelldatei* die zu konvertierende dBASE-Datei (Suffix DBF) anzugeben. Tragen Sie diese per Hand ein oder wählen Sie diese mit <suchen:F4> aus der Dateiliste. Voraussetzung ist allerdings, daß sich die Datei in einem der Verzeichnisse befindet, die in der Suchtabelle definiert wurden. Das gleiche gilt für die *Zieldatei*, welche die anzulegende *DIF*-Datei darstellt. Zuletzt muß noch festgelegt werden ob gelöschte dBASE-Datensätze in die *DIF*-Datei übernommen werden sollen.

Kalkulation - Schnittstelle zu Lotus-123

MP: <desk:F8> - DATEn_Konvertieren - Kalkulation

Haben sie bisher mit der Tabellenkalkulation *Lotus-123* gearbeitet und sind nun auf Open Access umgestiegen, helfen die Konvertierungsroutinen für die Kalkulation. Es können Daten mit den Lotus-123 Versionen 1.0 und 2.0 ausgetauscht werden.

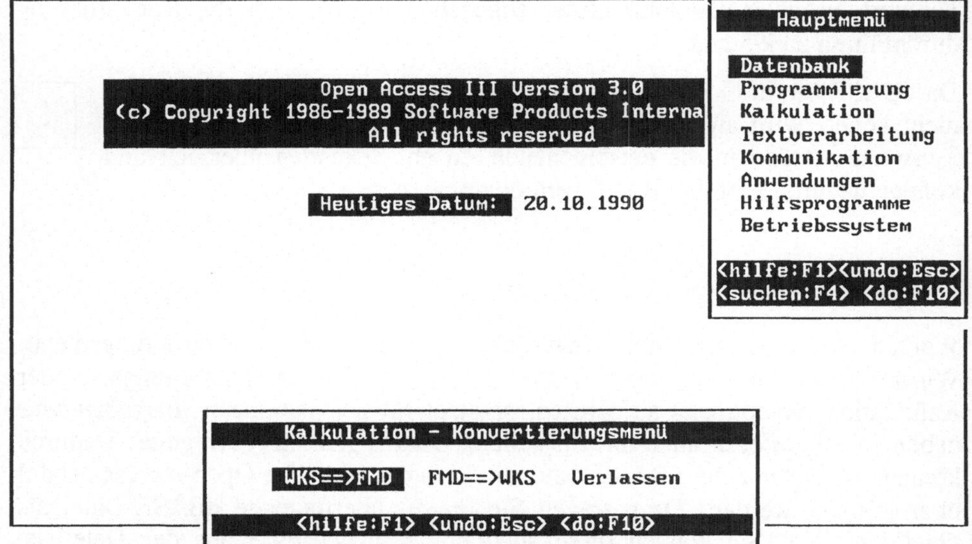

Abbildung 39-10 : Das Kalkulation-Konvertierungsmenü

> **!** Lotus-123 arbeitet mit LICS (Lotus International Character Set), dem internationalen Lotus-Zeichensatz. Dieser Zeichensatz verwendet andere Zeichen für ASCII-Codes über 127. Dadurch ist er natürlich inkompatibel zu allen Programmen, die den normalen ASCII-Code verwenden. Die Konvertierungsroutine ordnet den Zeichen, die nicht dem ASCII-Standard entsprechen, ASCII-Zeichen zu, die diesen am ähnlichsten sind.

Im Gegensatz zu der Datenbank-Konvertierung können bei der Kalkulation leider nicht alle Tabellen ohne Probleme übernommen werden. Dies liegt daran, daß Open-Access und Lotus-123 nicht immer die gleichen Funktionen besitzen. Aus diesem Grunde geben wir zu den einzelnen Konvertierungsroutinen auch die nicht übertragbaren Funktionen an.

Von Lotus-123 nach Open Access

Wählen Sie bitte die Option *WKS==>FMD* aus dem Konvertierungsmenü. Dann ist als *Quelldatei* die zu konvertierende Lotus-123-Datei (Suffix WKS/WK1) anzugeben. Tragen Sie diese per Hand ein oder wählen Sie diese mit <suchen:F4> aus der Dateiliste. Voraussetzung ist allerdings, daß sich die Datei in einem der Verzeichnisse befindet, die in der Suchtabelle definiert wurden. Das gleiche gilt für die *Zieldatei*, die das Suffix *FMD* erhält und die anzulegende Open-Access-Datei darstellt.

Bevor das Programm nun mit der Konvertierung beginnt, kann noch ein Paßwort für die neue *FMD*-Datei vergeben werden. Sie können die Paßwortvergabe durch <do:F10> übergehen, da diese Einstellung auch nachträglich in der Kalkulation gemacht werden kann.

Nicht konvertierbare Lotus-123-Funktionen

@WAHL	wird	nicht konvertiert
@ATAN2	wird	nicht konvertiert
@VVERWEIS	wird	nicht konvertiert
@irr	wird	nicht konvertiert
@npv	wird	nicht konvertiert
@fv	wird	nicht konvertiert
@ISNA	wird	nicht verarbeitet
@ISTFEHLER	wird	nicht verarbeitet
@fv(x;y;z)	übersetzen in	((fv(x;y;z)-x)/y)
Nachkommastellen	sind	auf 9 Stellen begrenzt
Verschachtelungen	sind übertragbar	bis Stufe vier
Grafiken	sind	nicht übertragbar
Ausdrücke	werden nur	bis zur Länge 255 übertragen

Von Open Access nach Lotus-123

Nicht konvertierbare Open-Access-Funktionen

mirr	wird	nicht konvertiert
deprd	wird	nicht konvertiert
depry	wird	nicht konvertiert
pv	wird	nicht konvertiert
stat	wird	nicht konvertiert
zeit	wird	nicht konvertiert
irr	wird	nicht konvertiert
fv	wird	nicht konvertiert
vlist	wird	nicht konvertiert
hlist	wird	nicht konvertiert
Textkonstanten	werden zu	@na
Externe Referenz	wird zu	@na
Ausdrücke	werden zu	Wert
Referenzen	werden	absolut übernommen
Mehr als 256 Spalten	sind	nicht übertragbar
Mehr als 2048 Zeilen	sind	nicht übertragbar

Die Option *FMD==>WKS* aus dem Konvertierungsmenü bringt ein Fenster auf den Bildschirm, in dem zuerst die zu konvertierende Open-Access-Datei (Suffix FMD) anzugeben ist. Tragen Sie diese per Hand ein oder wählen Sie diese mit <suchen:F4> aus der Dateiliste. Voraussetzung ist allerdings, daß sich die Datei in einem der Verzeichnisse befindet, die in der Suchtabelle definiert wurden. Das gleiche gilt für die *Zieldatei*, die das Suffix *WKS* erhält und die anzulegende Lotus-123-Datei darstellt. Wurde die FMD-Datei mit einem Paßwort geschützt, werden Sie aufgefordert dieses vor der Konvertierung anzugeben.

Textverarbeitung

MP: <desk:F8> - <u>DATE</u>n_Konvertieren - <u>T</u>extverarbeitung

Besonders für *WordStar*-Anwender, die nun auf Open Access umgestiegen sind, ist die Sammlung von Konvertierungsroutinen für die Textverarbeitung interessant. Es können Daten mit allen *WordStar*-3.x-Versionen ausgetauscht werden. Außerdem wird das DCA-Format für Texte unterstützt.

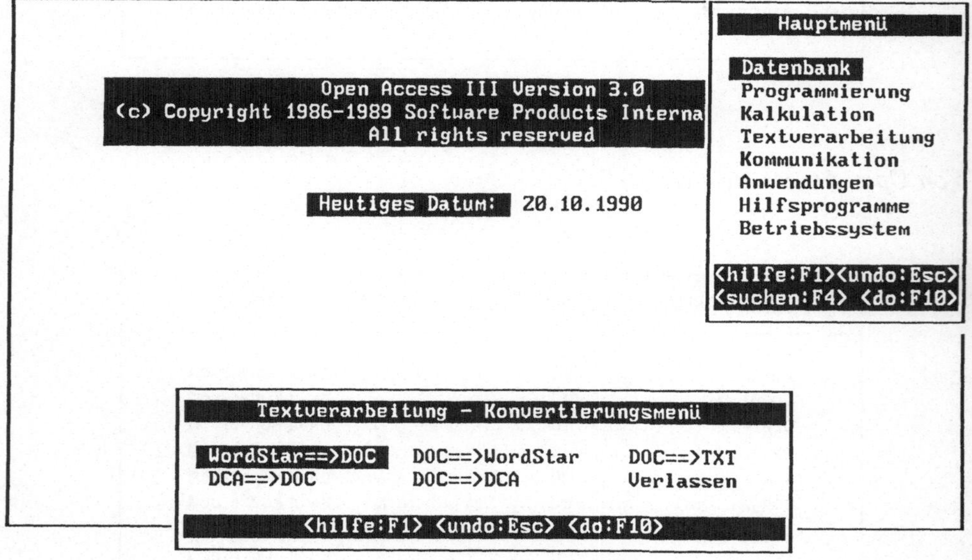

Abbildung 39-11 : Das Textverarbeitung-Konvertierungsmenü

Von WordStar nach Open Access

Über die Option *WordStar==>DOC* des Konvertierungsmenüs kann aufgrund eines WordStar-Dokuments eine DOC-Datei angelegt werden. Zuerst ist als *Quelldatei* die zu konvertierende WordStar-Datei anzugeben. Tragen Sie diese per Hand ein oder wählen Sie diese mit <suchen:F4> aus der Dateiliste.

Voraussetzung ist allerdings, daß sich die Datei in einem der Verzeichnisse bewfindet, die in der Suchtabelle definiert wurden. Das gleiche gilt für die *Zieldatei*, die das Suffix *DOC* erhält und die anzulegende Open-Access-Datei darstellt.

Die *Übersetzungsdatei* ist nur anzugeben, wenn bestimmte Zeichen des WordStar-Textes durch andere Zeichen ersetzt werden sollen. Dafür muß zuvor aber eine Übersetzungstabelle angelegt werden.

Der Eintrag hinter *Standarddatei* bestimmt die DOC-Datei, aus der die Parameter des anzulegenden Textes gewonnen werden. Übernommen werden *Zeilenlineal*, *Absatztypen* und *Abkürzungen*. Die Angabe der *Standarddatei* ist aber nicht zwingend.

Von Open Access nach WordStar

Die Option *DOC==>WordStar* aus dem Konvertierungsmenü bringt ein Fenster auf den Bildschirm, in dem zuerst die zu konvertierende Open-Access-Datei (Suffix DOC) anzugeben ist. Tragen Sie diese per Hand ein oder wählen Sie diese mit <suchen:F4> aus der Dateiliste. Voraussetzung ist allerdings, daß sich die Datei in einem der Verzeichnisse bfindet, die in der Suchtabelle definiert wurden. Das gleiche gilt für die *Zieldatei*, welche die anzulegende WordStar-Datei darstellt.

Die *Übersetzungsdatei* ist nur anzugeben, wenn bestimmte Zeichen des Open-Access-Textes durch andere Zeichen ersetzt werden sollen. Dafür muß zuvor aber eine Übersetzungstabelle angelegt werden.

Von Open Access nach DCA

Das Kürzel *DCA* steht für *Document Content Architecture* und stellt ein Standardformat für den Dateitransfer zwischen Textverarbeitungen dar. Wählen Sie den Menüpunkt *DOC==>DCA*, um aufgrund eines Open-Access-Textes eine DCA-Datei anzulegen. Legen Sie im dann geöffneten Fenster die zu konvertierende DOC-Datei als *Quelldatei* fest. Dabei können Sie diese auch über <suchen:F4> aus der Dateiliste wählen. Die *Zieldatei* bestimmt den Namen der anzulegenden DCA-Datei und kann ebenfalls über die Dateiliste gewählt werden.

Bei der Konvertierung eines Open-Access-Textes ins DCA-Format können nicht alle Informationen übernommen werden. Betroffen davon sind allerdings nur zwei Elemente eines Textes:

Eingebettete Befehle .. sie werden als normaler Text behandelt
Fonts .... werden durch eine Standard-IBM-Font ersetzt

Von DCA nach Open Access

Das Kürzel *DCA* steht für *Document Content Architecture* und stellt ein Standardformat für den Dateitransfer zwischen Textverarbeitungen dar. Wählen Sie den Menüpunkt *DCA==>DOC*, um mittels einer DCA-Datei einen Open-Access-Text anzulegen. Definieren Sie dann als *Quelldatei* die zu konvertierende DCA-Datei. Dabei können Sie diese auch über <suchen:F4> aus der Dateiliste wählen. Die *Zieldatei* bestimmt den Namen der anzulegenden DOC-Datei und kann ebenfalls über die Dateiliste gewählt werden.

Bei der Konvertierung eines Textes im DCA-Format können nicht alle Informationen übernommen werden. Betroffen davon sind folgende Elemente eines Textes, von denen aber einige teilweise konvertiert werden können. Das Kürzel *EB* steht für *Eingebetteter Befehl* :

Probleme bei der Konvertierung eines DCA-Textes

Seitenformat .... nur der Formatwechsel wird übernommen
Fonts .... werden in ASCII-Zeichensatz gewandelt
Kursivschrift............ gewandelt in normale Schrift
Texteinbindung .... entfällt
Rückschritt.............. entfällt
Spaltensteuerzeichen.. entfällt
auto. Formatierung.... entfällt
Erste Kopfzeile......... EB : Kopfzeile 1
Zweite Kopfzeile....... EB : Kopfzeile 2
Weitere Kopfzeilen.... EB : ^rem
Fußzeilenrand-Text ... EB : Fußzeile
Weitere Fußzeilen ..... EB : ^rem
Fußnote .... EB : ^rem
Absatzeinzug .... ersetzt durch Leerzeichen

Von Open Access nach ASCII-Code

Die Option *DOC==>TXT* ermöglicht es, einen Text der Open-Access-Textverarbeitung mit Steuerzeichen in einen reinen Text ohne Steuerzeichen zu konvertieren. Der reine Text kann dann von allen ASCII-Editoren - zum Beispiel auch dem *Notizblock* des Desk-Managers - verarbeitet werden. Zur Konvertierung muß als *Quelldatei* die zu übertragende DOC-Datei angegeben werden. Diese kann über <suchen:F4> auch aus der Dateiliste gewählt werden.

Hinter *Zieldatei* kann der Name der anzulegenden ASCII-Datei angegeben werden. Auch hier steht die Dateiliste über <suchen:F4> zur Verfügung.

Von ASCII-Code nach Open Access

Diese Konvertierung wird von Open Access nicht unterstützt, kann aber durchaus sehr nützlich sein. Nehmen wir an, Sie wollen eine ASCII-Datei in eine DOC-Datei verwandeln, weil es sich um ein Angebot für einen Kunden handelt. Das Erscheinungsbild des Textes soll durch Formatierungen (verschiedene Schriftarten, Blocksatz, etc.) verbessert werden.

Legen Sie dazu über die Option *Neu* des Menü-1 der Textverarbeitung einen neuen Text an. Durch *Einbinden* können Sie dann die TXT-Datei in die gerade neu angelegte Datei importieren. Dabei wird allerdings jedes Zeilenende des ASCII-Textes zu einem Absatzende in der DOC-Datei. Die Datei muß daher noch überarbeitet werden. Ziehen Sie zusammengehörige Zeilen (Absätze) zu einem Absatz zusammen.

ASCII

MP: <desk:F8> - <u>DATE</u>n_Konvertieren - <u>A</u>SCII

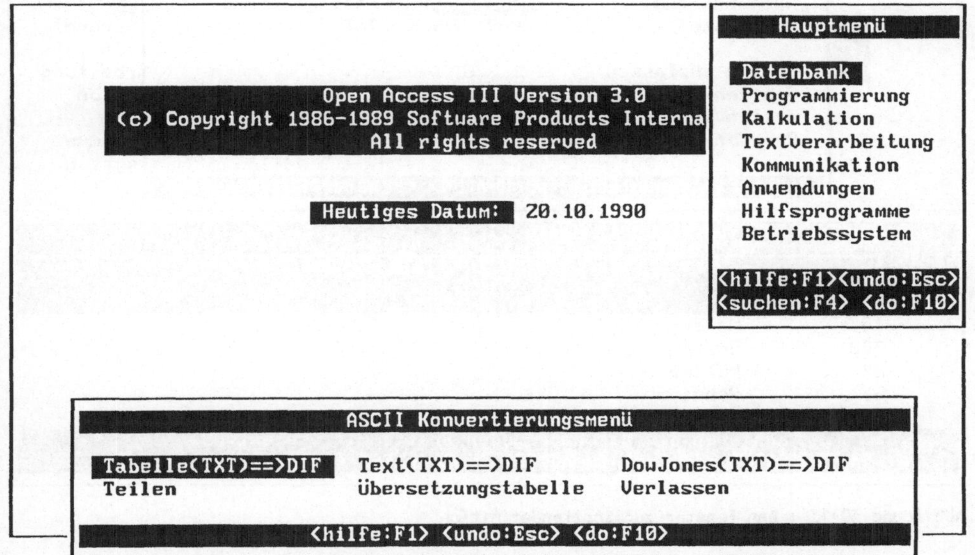

Abbildung 39-12 : Das ASCII-Konvertierungsmenü

Um Ihnen auch den Datenimport aus Fremdprogrammen zu ermöglichen, die nicht direkt von den Importroutinen unterstützt werden, bietet Open Access die

ASCII-Konvertierung. Voraussetzung für die Übernahme ist allerdings, daß das entsprechende Fremdprogramm die Möglichkeit bietet, seine Daten in ASCII-Code zu wandeln. Die ASCII-Konvertierung bietet aber noch mehr. So können TXT-Dateien geteilt oder mit einer *Übersetzungstabelle* umgewandelt werden.

Texttabellen in DIF-Dateien wandeln

Mit der Option *Tabelle(TXT)==>DIF* können Tabellen, die im ASCII-Code vorliegen, in Open Access übernommen werden. Es erscheint ein Fenster, in dem zuerst der *Ausgabemodus* festgelegt werden muß. Die Alternative *Übertragen* steht nur dann zur Verfügung, wenn der Desk-Manager vom Open-Access-Hauptmenü oder dem Hauptmenü eines der Module aufgerufen wurde. Wählen Sie diese Option, so werden die Daten der Texttabelle direkt in das betreffende Modul importiert.

Wurde der Desk-Manager vom Open-Access-Hauptmenü aufgerufen, muß im Fenster der *Übertragungsoptionen* noch das gewünschte Modul gewählt werden. Die Option *Datei_anlegen* veranlaßt die Konvertierungsroutine, aufgrund der Texttabelle eine DIF-Datei anzulegen, die dann von allen Open-Access-Modulen importiert werden kann.

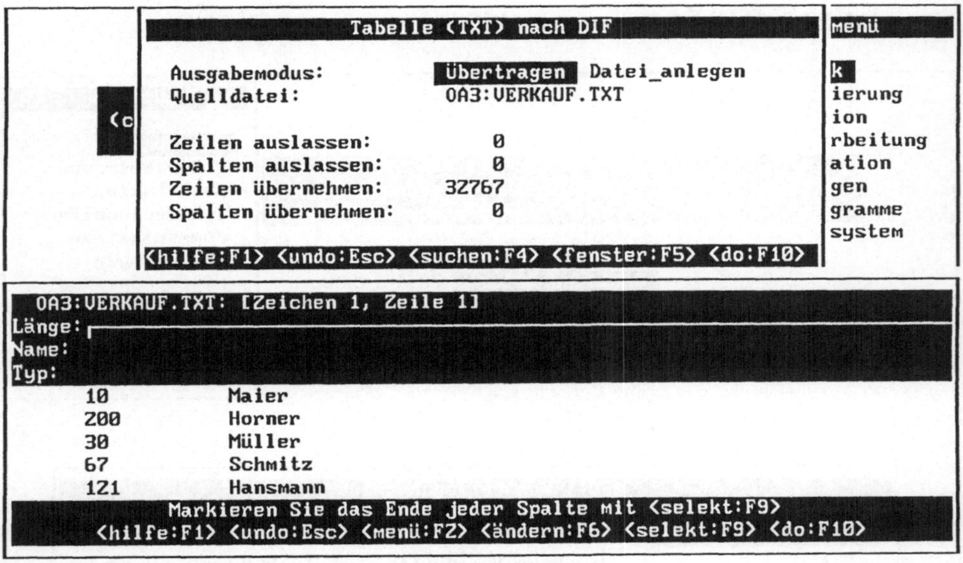

```
┌──────────────────────────────────────────────────────────┬──────────┐
│            Tabelle (TXT) nach DIF                         │ menü     │
│                                                          ├──────────┤
│    Ausgabemodus:          Übertragen  Datei_anlegen      │ k        │
│    Quelldatei:            OA3:VERKAUF.TXT                 │ ierung   │
│                                                          │ ion      │
│ (c                                                       │ rbeitung │
│    Zeilen auslassen:          0                          │ ation    │
│    Spalten auslassen:         0                          │ gen      │
│    Zeilen übernehmen:         32767                      │ gramme   │
│    Spalten übernehmen:        0                          │ system   │
│                                                          │          │
│ <hilfe:F1> <undo:Esc> <suchen:F4> <fenster:F5> <do:F10>  │          │
└──────────────────────────────────────────────────────────┴──────────┘
┌────────────────────────────────────────────────────────────────────┐
│ OA3:VERKAUF.TXT: [Zeichen 1, Zeile 1]                              │
│ Länge:                                                             │
│ Name:                                                              │
│ Typ:                                                               │
│                                                                    │
│     10            Maier                                            │
│     200           Horner                                           │
│     30            Müller                                           │
│     67            Schmitz                                          │
│     121           Hansmann                                         │
│        Markieren Sie das Ende jeder Spalte mit <selekt:F9>         │
│    <hilfe:F1> <undo:Esc> <menü:F2> <ändern:F6> <selekt:F9> <do:F10>│
└────────────────────────────────────────────────────────────────────┘
```

Abbildung 39-13 : Das Fenster zur Spaltendefinition

Der Parameter *Quelldatei* nimmt den Dateinamen der zu konvertierenden Texttabelle auf und hinter *Zieldatei* geben Sie den Namen der anzulegenden DIF-Datei an. In beiden Fällen können Sie mit <suchen:F4> die Dateiliste aktivieren. Der Name der *Zieldatei* ist aber nur beim *Datei_anlegen* gefragt. Die

Parameter *Zeilen-* bzw *Spalten auslassen* ermöglichen es Ihnen, eine bestimmte Zahl von Zeilen/Spalten zu Beginn bzw. vom linken Rand einer Texttabelle beim Anlegen der DIF-Datei unberücksichtigt zu lassen.

Aus einer Texttabelle können maximal 32767 Zeilen und 256 Spalten übernommen werden. Sollen weniger Zeilen oder Spalten importiert werden, müssen die Werte der Parameter *Zeilen-* bzw *Spalten übernehmen* entsprechend verändert werden. Wurde die *Spaltendefinition* nicht über <fenster:F5> aufgerufen, so erscheint das entsprechende Fenster nach Abschluß der Parametrierung durch <do:F10>.

In diesem Fenster können Sie den sichtbaren Ausschnitt der zu konvertierenden Texttabelle durch <auf> und <ab> verschieben. Mit <links> und <rechts> kann der Cursor in der Horizontalen bewegt werden. Durch <selekt:F9> legen Sie den rechten Rand einer neuen Spalte fest. Danach sind dann bei Bedarf der bereits vorgegebene *Spaltenname* und der *Spaltentyp* zu ändern. Mit <do:F10> bestätigen Sie die Daten einer Spalte. Verlassen Sie dann das Fenster zur Spaltendefinition wieder und starten mit <do:F10> die Konvertierung. Wurde *Übertragen* als *Ausgabemodus* gewählt, so müssen Sie nun den Namen angeben, unter dem die übertragenen Daten gespeichert werden sollen.

Texte in DIF-Dateien wandeln

Mit der Option *Text(TXT)==>DIF* können Daten, die im ASCII-Code vorliegen, in Open Access übernommen werden. Im Gegensatz zur Option *Tabelle(TXT)==>DIF* müssen die Daten hier allerdings nicht in Tabellenform vorliegen. Es erscheint ein Fenster, in dem zuerst der *Ausgabemodus* festgelegt werden muß. Die Alternative *Übertragen* steht nur dann zur Verfügung, wenn der Desk-Manager vom Open-Access-Hauptmenü oder dem Hauptmenü eines der Module aufgerufen wurde. Wählen Sie diese Option, so werden die Daten der Texttabelle direkt in das betreffende Modul importiert.

Wurde der Desk-Manager vom Open-Access-Hauptmenü aufgerufen, muß im Fenster der *Übertragungsoptionen* noch das gewünschte Modul gewählt werden. Die Option *Datei_anlegen* veranlaßt die Konvertierungsroutine, aufgrund der Texttabelle eine DIF-Datei anzulegen, die dann von allen Open-Access-Modulen importiert werden kann.

Der Parameter *Quelldatei* nimmt den Namen der zu konvertierenden Datei auf und hinter *Zieldatei* geben Sie den Namen der anzulegenden DIF-Datei an. In beiden Fällen können Sie mit <suchen:F4> die Dateiliste aktivieren. Der Name der *Zieldatei* ist nur beim *Datei_anlegen* gefragt. Die Parameter *Zeilen-* bzw *Spalten auslassen* ermöglichen es Ihnen, eine bestimmte Zahl von Zeilen/Spalten zu Beginn bzw. vom linken Rand der Datei beim Anlegen der DIF-Datei unberücksichtigt zu lassen.

Um aus nicht tabellarisch angeordneten Daten eine Tabelle herzustellen, verwendet Open Access ein sogenanntes *Trennungszeichen*. Dieses dient als Ersatz für die Spalten einer Tabelle und wird auch als ASCII-Wert (in Klammern) angezeigt. Vorgegeben wird hier ein Leerzeichen (ASCII-Code 32), das aber durch ein beliebiges anderes Zeichen ersetzt werden kann. Bei der Einstellung *Ja* für den Parameter *Anführungszeichen* wird das *Trennungszeichen* in einfachen (') und doppelten (") Anführungszeichen ignoriert.

Wurde die *Spaltendefinition* nicht über <fenster:F5> aufgerufen, so erscheint das entsprechende Fenster nach Abschluß der Parametrierung durch <do:F10>. In diesem Fenster können Sie die den sichtbaren Ausschnitt der zu konvertierenden Datei durch <auf> und <ab> verschieben. Mit <links> und <rechts> kann der Cursor in der Horizontalen bewegt werden. Durch <selekt:F9> legen Sie den rechten Rand einer neuen Spalte fest. Danach sind dann bei Bedarf der bereits vorgegebene *Spaltenname* und der *Spaltentyp* zu ändern. Mit <do:F10> bestätigen Sie die Daten einer Spalte. Verlassen Sie dann das Fenster zur Spaltendefinition wieder und starten mit <do:F10> die Konvertierung. Wurde *Übertragen* als *Ausgabemodus* gewählt, so müssen Sie nun den Namen angeben, unter dem die übertragenen Daten gespeichert werden sollen.

DowJones-Texte in DIF-Dateien wandeln

Mit der Option *DowJones===>DIF* können die Börsenkurse im Format des *Dow-Jones-News-Service* importiert werden. Obwohl in Deutschland die Kurse der amerikanischen Börse weniger interessant sein dürften, gehen wir kurz auf diese Konvertierungsroutine ein.

Nach dem Aufruf erscheint ein Fenster, in dem zuerst der *Ausgabemodus* festgelegt werden muß. Die Alternative *Übertragen* steht nur dann zur Verfügung, wenn der Desk-Manager vom Open-Access-Hauptmenü oder dem Hauptmenü eines der Open-Access-Module aufgerufen wurde. Wählen Sie diese Option, so werden die Daten der Texttabelle direkt in das betreffende Modul importiert.

Wurde der Desk-Manager vom Open-Access-Hauptmenü aufgerufen, muß im Fenster der *Übertragungsoptionen* noch das gewünschte Modul gewählt werden. Die Option *Datei_anlegen* veranlasst die Konvertierungsroutine, aufgrund der Texttabelle eine DIF-Datei anzulegen, die dann von allen Open-Access-Modulen importiert werden kann.

Der Parameter *Quelldatei* nimmt den Namen der zu konvertierenden Datei auf und hinter *Zieldatei* geben Sie den Namen der anzulegenden DIF-Datei an. In beiden Fällen können Sie mit <suchen:F4> die Dateiliste aktivieren. Der Name der *Zieldatei* ist nur beim *Datei_anlegen* gefragt. Der Parameter *Zeilen auslassen* ermöglicht es Ihnen, eine bestimmte Zahl von Zeilen zu Beginn der Datei beim Anlegen der DIF-Datei unberücksichtigt zu lassen.

Wurde die *Spaltendefinition* nicht über <fenster:F5> aufgerufen, so erscheint das entsprechende Fenster nach Abschluß der Parametrierung durch <do:F10>. In diesem Fenster können Sie die den sichtbaren Ausschnitt der zu konvertierenden Datei durch <auf> und <ab> verschieben. Mit <links> und <rechts> kann der Cursor in der Horizontalen bewegt werden. Durch <selekt:F9> legen Sie den rechten Rand einer neuen Spalte fest. Danach sind dann bei Bedarf der bereits vorgegebene *Spaltenname* und der *Spaltentyp* zu ändern. Mit <do:F10> bestätigen Sie die Daten einer Spalte. Verlassen Sie dann das Fenster zur Spaltendefinition wieder und starten mit <do:F10> die Konvertierung. Wurde *Übertragen* als *Ausgabemodus* gewählt, so müssen Sie nun den Namen angeben, unter dem die übertragenen Daten gespeichert werden sollen.

Texte teilen

Sollte eine Datei, die reinen Text (ASCII-Code) enthält aus irgendwelchen Gründen zu groß sein, so kann diese über die Option *Teilen* in zwei Teile zerlegt werden.

Nach dem Aufruf ist der Parameter *Quelldatei* mit dem Namen der zu teilenden Datei zu belegen. Hinter *Zieldatei#1* und *Zieldatei#2* tragen Sie die Namen der anzulegenden Dateien für die beiden Teile ein. Durch den Wert des Parameters *Teilen bei Byte#* bestimmen Sie die Größe der ersten Zieldatei (Teil 1). Durch die Voreinstellung wird die Datei genau zur Hälfte geteilt. Bei zu teilenden Dateien mit einer Größe von über 40.000 byte wird die Größe der ersten Teildatei allerdings grundsätzlich auf 20.000 byte voreingestellt.

Texte umwandeln

Mit einer *Übersetzungstabelle* (s. Abbildung 39-14)können Sie aufgrund einer TXT-, DOC- und DIF-Datei eine Kopie anlegen, in der bestimmte Zeichen durch andere ersetzt werden. Im Gegensatz zur *Ersetzen*-Funktion eines Editors bietet diese Konvertierungsroutine aber nur die Möglichkeit, jeweils ein Zeichen durch ein anderes zu ersetzen. Dafür können aber mehrere Zeichen auf einmal ausgetauscht werden.

Die Funktion wurde vornehmlich für die Anpassung von Zeichensätzen entwickelt. So können zum Beispiel Dateien von Großrechnern im EBCDI-Code in den ASCII-Code der PCs konvertiert werden.

Definieren Sie zuerst die zu konvertierende Datei als *Quelldatei* und die anzulegende Datei als *Zieldatei*. Dabei können Sie durch <suchen:F4> auf die

Dateiliste zugreifen. Der Name der *Zieldatei* muß sich auf jeden Fall von dem der *Quelldatei* unterscheiden, da die Quelldatei sonst noch vor der Konvertierung gelöscht wird. Zuletzt ist noch die *Übersetzungstabelle* anzugeben, die bei der Konvertierung verwendet werden soll. Auch diese kann über <suchen:F4> aus der Dateiliste gewählt werden. Haben Sie noch keine Übersetzungstabelle angelegt, so tragen Sie den Dateinamen ein, den die Übersetzungstabelle tragen soll und fahren mit <do:F10> fort. Durch nochmaliges <do:F10> können Sie eine Übersetzungstabelle mit dem angegebenen Namen anlegen.

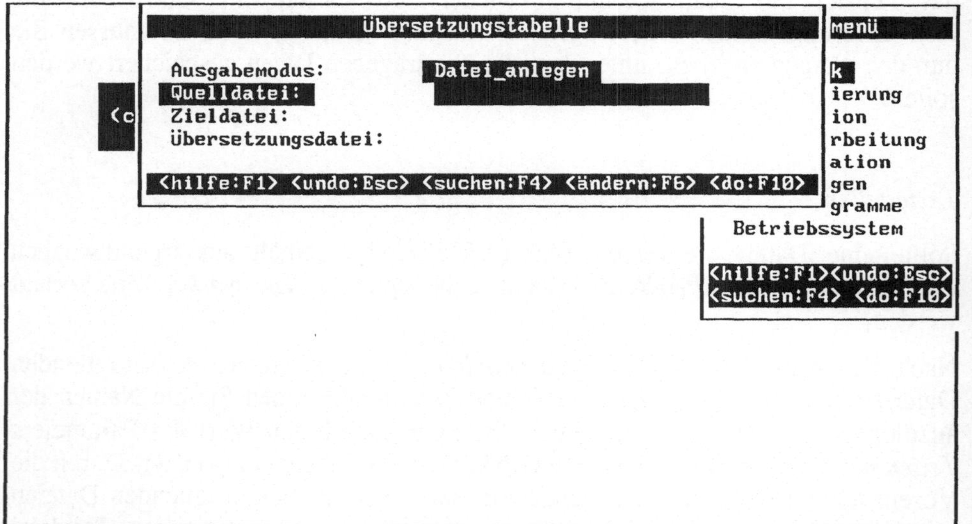

Abbildung 39-14 : Die Übersetzungstabelle

Mit <ändern:F6> kann die beim Parameter *Übersetzungstabelle* eingetragene Datei geändert werden. In der rechten Spalte der Übersetzungstabelle sehen Sie die Ersatzzeichen für die Zeichen der linken Seite. Mit <auf> und <ab> können Sie den Cursor auf das gewünschte Ersatzzeichen setzen und dieses ändern, indem Sie das gewünschte Ersatzzeichen selbst oder dessen ASCII-Code eingeben. Durch <ascii:Alt-F4> ist auch der Aufruf der Sonderzeichen-Liste möglich, aus der ein Zeichen mit <einsetzen:F7> gewählt werden kann. Die geänderten Ersatzzeichen werden mit einem Asterix (*) markiert. Gespeichert werden die Änderungen, wenn Sie das Fenster mit <do:F10> verlassen.

Datum

MP: <desk:F8> - <u>DATU</u>m

Nach dem Aufruf der Option wird ein kleines Fenster mit dem - im Rechner gespeicherten - aktuellen Datum eingeblendet.

Ändern des Datums

Ändern können Sie das aktuelle Datum, indem Sie es durch ein anderes Datum überschreiben oder mittels <suchen:F4> in den Kalender springen. Im Kalender können Sie einen Tag mit den Cursortasten, einen Monat mit <s.auf> bzw. <s.ab> wählen. Durch <do:F10> wird das Datum des so gewählten Tages als aktuelles Datum übernommen.

Einsetzen des Datums

Immer wenn in Open Access der Eintrag eines Datums verlangt wird, kann über <suchen:F4> ein Kalender zur Auswahl des Datums aufgerufen werden. In Texten ist dies allerdings nicht möglich. Um das aktuelle Datum an der Cursorposition in einen Text einzufügen, gibt es zwei Möglichkeiten. Sie können die Option *Datum* des Desk-Managers aufrufen und dann das Datum mit <einfügen:F7> in den Text einsetzen. Diese Prozedur ist aber so aufwendig, daß man das aktuelle Datum beinahe schneller per Hand eingetragen hat. Eine Alternative besteht aber in der Möglichkeit, eine Funktionstaste mit der Befehlsfolge

    \Rd\>\N\S

zu belegen. Nach dieser Belegung läßt sich das aktuelle Datum durch Betätigen der entsprechenden Funktionstaste (mit <shift>) in einen Text der *Text-verarbeitung* oder des *Programmierers* einsetzen. Vom *Notizblock* des Desk-Managers aus führt dies aber nicht zum gewünschten Ergebnis. Hier wird die aktuelle Zeit in den Text eingefügt. Soll das Einsetzen des aktuellen Datums aber auch im *Notizblock* möglich sein, so ist eine weitere Funktionstaste mit der Befehlsfolge

    \Rd\N\S

zu belegen.

Uhrzeit

MP: <desk:F8> - Zeit_ändern

Nach Aufruf dieser Option springt der Cursor auf die *Ortszeit* im Fenster des Desk-Managers (siehe Abb. 39-1, Seite (303). Daraufhin kann die rechnerinterne Zeit (Ortszeit) geändert werden. Es ist zu beachten, daß nur vollständige Eingaben der Form *HH:MM:SS* akzeptiert werden. Ob die Eingabe im 12- oder 24-Stunden-Modus erfolgen muß, hängt von der Einstellung des Parameters *Zeit* bei der Konfiguration ab.

Stoppuhr

MP: <desk:F8> - Stoppuhr

Mit der *Stoppuhr* kann die Zeitdauer eines bestimmten Vorgangs erfaßt werden. Diese Funktion wird erst dadurch wirklich sinnvoll, daß die Stoppuhr auch dann weiterläuft, wenn Sie den Desk-Manager verlassen. Nur so kann auch die Zeitspanne für eine bestimmte Open-Access-Funktion ermittelt werden. Nach dem Aufruf erscheint das in Abbildung 39-15 zu sehende Fenster.

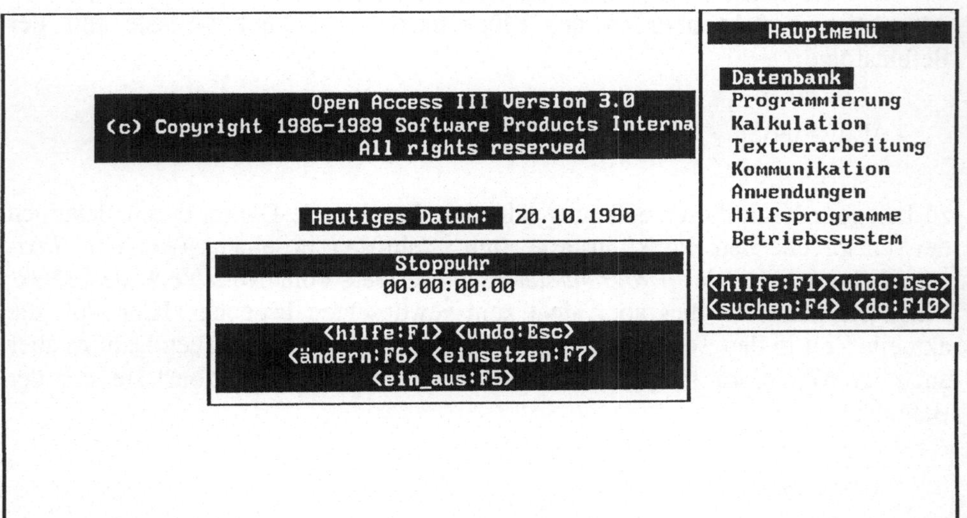

Abbildung 39-15 : Die Stoppuhr des Desk-Managers

Mit <ändern:F6> wird die Stoppuhr gestartet und gestoppt. Durch <ein_aus:F5> wird die Anzeige angehalten, während die Zeit weiterläuft. Dadurch kann eine Zwischenzeit abgelesen werden. Auf den Startwert *00:00:00:00* zurückgesetzt wird die Stoppuhr durch <zeil_lö:Strg-Rück>. Wie Sie diesem Wert entnehmen können, werden Stunden, Minuten, Sekunden und Hundertstelsekunden angezeigt. Wurde die *Stoppuhr* von einer Stelle aus aufgerufen, an der ein Zeitwert eingetragen werden kann, so läßt sich die Zeit der *Stoppuhr* mit <einsetzen:F7> übernehmen.

Wecker

MP: <desk:F8> - Wecker

Die Option *Wecker* des Desk-Managers dient nicht dazu, Sie aus dem Schlaf zu reißen, wie die Bezeichnung vermuten lassen könnte. Der Titel *Alarm*, den die Option in der amerikanischen Version trägt, ist da schon aussagekräftiger : der integrierte Wecker dient dazu, Sie zu einem festgelegten Zeitpunkt an einen Termin zu erinnern.

Nach dem Aufruf des Weckers erscheint folgendes Fenster auf dem Bildschirm :

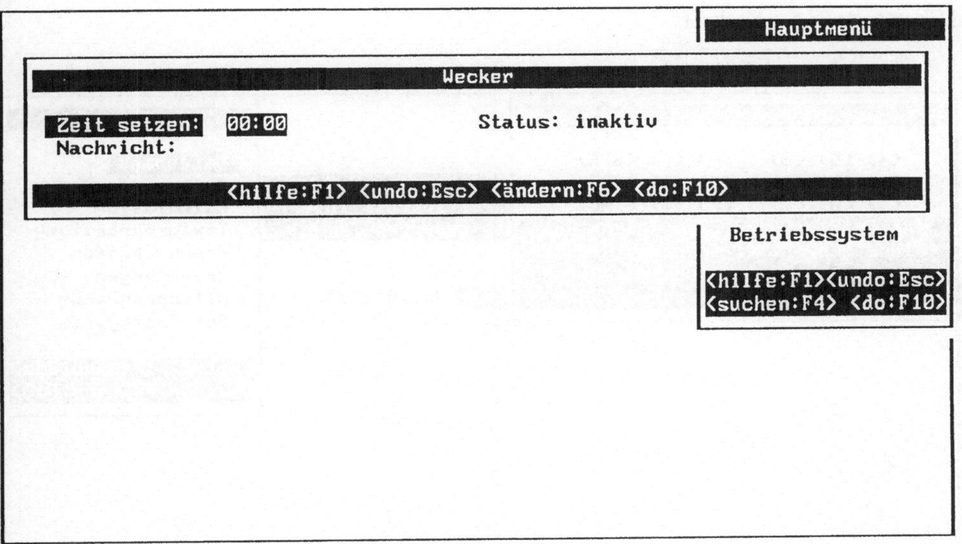

Abbildung 39-16 : Der Wecker des Desk-Managers

Eintrag eines Termins

Um einen Termin einzutragen, rufen Sie den Wecker auf und tragen den
Zeitpunkt, zu dem Sie an den Termin erinnert werden möchten, ein. Hinter
Nachricht kann eine kurze Meldung eingetragen werden, die dann neben dem
akustischen Signal angezeigt wird.

Aktivieren des Weckers

Nur wenn Sie den Wecker durch <ändern:F6> aktivieren und dann mit
<do:F10> verlassen, werden Sie zum angegebenen Zeitpunkt an den Termin
erinnert.

Abschalten des Weckers

Ein Alarmton und die Ausgabe der eventuell eingetragenen Nachricht erinnern an
den im *Wecker* eingetragenen Termin. Die Nachricht wird solange eingeblendet,
bis der Wecker aufgerufen und durch <ändern:F6> deaktiviert wird.

Taschenrechner

MP: <desk:F8> - Rechner

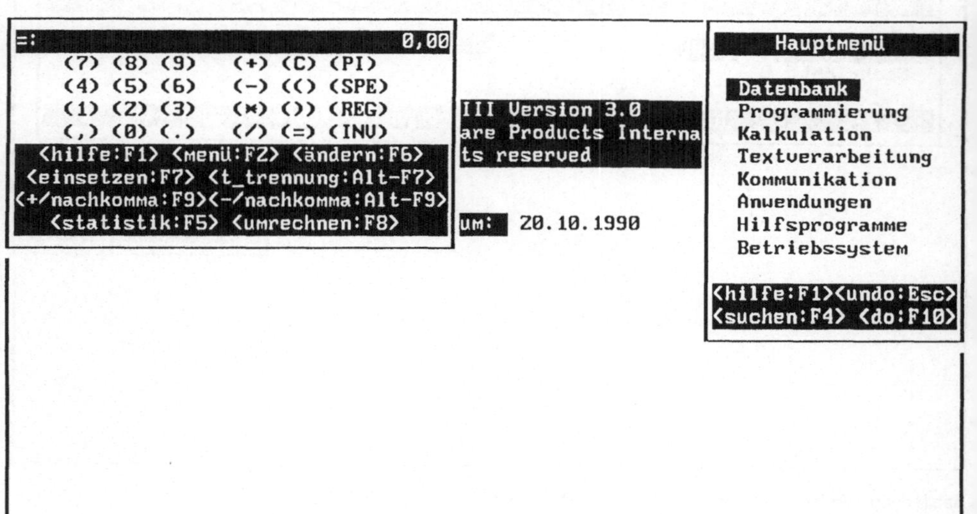

Abbildung 39-17 : Der Taschenrechner

Der Taschenrechner des Desk-Managers bietet Ihnen all das, was Sie von einem herkömmlichen Taschenrechner erwarten können - und noch etwas mehr. In Abbildung 39-17 sehen Sie das Fenster des Taschenrechners.

Ein großer Vorteil dieses integrierten Taschenrechners besteht in der Möglichkeit, den Wert in der Anzeigezeile am oberen Fensterrand durch die Funktionstaste <einsetzen:F7> in andere Bereiche von Open Access zu übernehmen. Voraussetzung dafür ist allerdings, daß der Taschenrechner aus dem betreffenden Bereich aufgerufen wurde.

Wenn Sie durch <Num> die Num-Lock-Funktion aktivieren, leuchtet eine entsprechende LED auf Ihrer Tastatur und der abgesetzte Nummernblock wird auf Zahleneingabe umgestellt. Die Verwendung dieses Tastenblocks macht die Arbeit mit dem Taschenrechner noch effektiver. Dabei ist lediglich zu beachten, daß die mit dem Zeichen ÷ belegte Taste das Zeichen / (*geteilt*) ersetzt.

Grundrechenarten

Die Grundrechenarten und die elementaren Rechenregeln wie Assoziativ-, Kommutativ- und Distributivgesetz gelten auch für die Arbeit mit dem integrierten Taschenrechner. Vorab führen wir die Operatoren für die Grundrechenarten auf :

Operatoren für die Grundrechenarten

+	Addition
-	Subtraktion
*	Multiplikation
/	Division
(	Klammer auf
)	Klammer zu
. oder ,	Beginn der Nachkommastellen

Ob der Beginn der Nachkommastellen durch Dezimalkomma oder Dezimalpunkt eingeleitet wird, hängt von der Einstellung des Parameters *Dezimalzeichen* in der Konfiguration ab. Auch die Verwendung von Klammern wird vom integrierten Taschenrechner unterstützt. Dabei werden Verschachtelungen bis Stufe zwanzig ohne Probleme verarbeitet.

Besonderheiten

Mit <ret> (<enter> auf dem Nummernblock), <do:F10> oder der Taste mit dem Gleichheitszeichen (=) kann eine Operation ausgeführt werden. Durch

<ändern:F6> wird das Vorzeichen des Wertes im Anzeigefenster umgekehrt (Multiplikation mit dem Wert -1). Mit der Tastenkombination <t_trennung:Alt-F7> läßt sich die Anzeige des Tausender-Trennpunktes ein- bzw. ausschalten und durch <umrechnen:F8> wird die Umrechnungstabelle aktiviert, aus der ein Wert mittels <einsetzen:F7> in den Taschenrechner übernommen werden kann. Etwas ungewöhnlich - aber durchaus sinnvoll - ist die Möglichkeit, die Anzahl der Nachkommastellen frei festzulegen. Mit <+/Nachkomma:F9> wird eine weitere Nachkommastelle eingeblendet, mit <-/Nachkomma> kann eine Nachkommastelle ausgeblendet werden.

> **!** Grundsätzlich arbeitet der integrierte Taschenrechner intern mit zwölf Nachkommastellen. Eine Rechnung verliert demnach nicht an Genauigkeit, wenn weniger Nachkommastellen eingeblendet sind. Für Operationen wird immer der interne Wert, mit allen Dezimalstellen, verwendet. Der Anzeigewert wird gerundet. Daher wird der Wert *6,999999999* bei Reduzierung auf zwei Nachkommastellen nicht als *6,99*, sondern als *7,00* angezeigt.

Folgende Buchstabentasten wurden mit den angegebenen Funktionen, die sich alle auf den aktuellen Wert im Taschenrechner beziehen, belegt :

Tasten mit Sonderfunktionen
C .... Der Wert wird gelöscht
P.......................... Der Wert wird durch die Zahl Pi ersetzt
I .... Bildet das Reziproke (Kehrwert) des Wertes
H .... Anzeige im Dezimal- oder Hexadezimalsystem

Es ist zu beachten, daß beim Umschalten auf das Hexadezimalsystem (Stellenwertsystem zur Basis 16) die Nachkommastellen nicht dargestellt werden. Intern wird der Wert aber weiterhin im Dezimalformat - mit allen Nachkommastellen - gespeichert, so daß alle Operationen im Hexadezimalmodus und Dezimalmodus mit gleicher Genauigkeit ausgeführt werden.

Register

Durch eine Eingabe der Form

    S[Nummer]

läßt sich der aktuelle Wert in dem Register mit der Nummer (*[Nummer]*) abspeichern. Durch die Anweisung

R[Nummer]

kann der Wert des Registers mit der Nummer (*[Nummer]*) wieder ins Anzeigefenster geholt werden. Es stehen grundsätzlich zehn Register zur Verfügung, die
die Nummern *0* bis *9* tragen. Die letzten drei Register (7-9) werden aber auch
von der Statistikfunktion des Taschenrechners verwendet. Aus diesem Grunde
sollte man nur die ersten sieben Register, also bis Register 6 verwenden, wenn
die Statistikfunktion verwendet wird.

Standardfunktionen

Über <menü:F2> läßt sich ein umfangreiches Menü mit folgenden mathematischen Funktionen aufrufen :

<table>
<tr><td colspan="2" align="center">Taschenrechner - Standardfunktionen</td></tr>
<tr><td>Sin</td><td>Sinus</td></tr>
<tr><td>Cos</td><td>Kosinus</td></tr>
<tr><td>Tan</td><td>Tangens</td></tr>
<tr><td>ASin</td><td>Arkus-Sinus</td></tr>
<tr><td>ACos</td><td>Arkus-Kosinus</td></tr>
<tr><td>ATan</td><td>Arkus-Tangens</td></tr>
<tr><td>Log</td><td>Dekadischer Logarithmus</td></tr>
<tr><td>ALog</td><td>Antidekadischer Logarithmus</td></tr>
<tr><td>Ln</td><td>Natürlicher Logarithmus</td></tr>
<tr><td>Exp</td><td>Exponentialwert</td></tr>
<tr><td>Fac</td><td>Fakultät</td></tr>
<tr><td>Y^2</td><td>Quadrat</td></tr>
<tr><td>Y^(X)</td><td>hoch (x)</td></tr>
<tr><td>Sqrt</td><td>Quadratwurzel</td></tr>
<tr><td>X-Root</td><td>x-te Wurzel</td></tr>
<tr><td>Stat</td><td>Ruft das Statistikfenster auf</td></tr>
</table>

Die trigometrischen Funktionen (Winkelfunktionen) arbeiten im Bogenmaß. Ein
Grad entspricht dem 360ten Teil von 2 Pi (Umfang des Einheitskreises). Um
Ihnen die Umrechnung von Gradmaß in Bogenmaß und umgekehrt zu erleichern,
führen wir hier die beiden benötigten Formeln (mit Herleitung) auf :

Umwandlung Grad in Bogenmaß : Wert*(2Pi/360) = Wert*0,0174533...

Umwandlung Bogenmaß in Grad : Wert/(2Pi/360) = Wert/0,0174533

Durch die Option *Stat* im Menü der Standardfunktionen oder die Funktionstaste <statistik:F5> wird das Menü der Statistikfunktionen aufgerufen.

Statistikfunktionen

Um statistische Funktionen sinnvoll anwenden zu können, benötigt man normalerweise eine Liste mit mindestens zwei Werten. Für die drei im Taschenrechner verfügbaren Funktionen kann eine solche Liste aber durch drei Werte ersetzt werden :

1.   Die Anzahl der Werte
2.   Die Summe der Werte
3.   Die Summe der Quadrate der Werte

Diese Werte werden in den letzten drei Registern (7-9) des Taschenrechners abgelegt. Mit *Sum+* wird der aktuelle Wert im Anzeigefenster in die "Liste" eingefügt. Um einen Wert aus der "Liste" zu entfernen, geben Sie diesen in den Taschenrechner ein, rufen die Statistikfunktionen auf und betätigen dann *Sum-*. Berechnet werden folgende Funktionen, die Sie durch Anwahl mit dem Cursor und Bestätigen durch <do:F10> in das Anzeigefenster des Taschenrechners übernehmen können:

<table>
<tr><td colspan="2" align="center">Statistische Funktionen</td></tr>
<tr><td>Mean</td><td>Arithmetisches Mittel</td></tr>
<tr><td>Var</td><td>Die Varianz (Quadratische Abweichung)</td></tr>
<tr><td>Stdv</td><td>Die Standardabweichung</td></tr>
</table>

Mit *C* wird im Statistikfenster nicht der Wert des Anzeigefensters, sondern die Werte der Register 7 bis 9 - also die Liste - gelöscht.

Umrechnungstabelle

MP: <desk:F8> - Umrechnung

Wenn Sie regelmäßig Werte von einer Maßeinheit in eine andere übertragen müssen, erspart Ihnen die Umrechnungstabelle des Desk-Managers einige Arbeit. Nach dem Aufruf erscheint das in Abbildung 39-18 zu sehende Fenster.

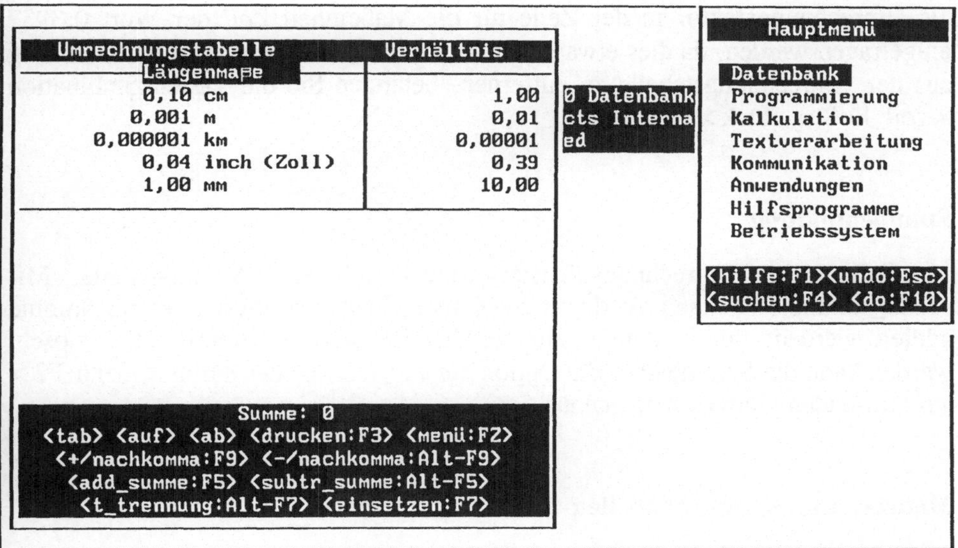

Abbildung 39-18 : Die Umrechnungstabelle

Gruppenbildung

In der Umrechnungstabelle können die voneinander abhängigen Maßeinheiten in einer Gruppe zusammengefaßt werden. Wird der Wert einer Maßeinheit verändert, so werden die Werte der anderen Maßeinheiten dieser Gruppe automatisch angepaßt. Hat man zum Beispiel in einer Gruppe Längenmaße zusammengefaßt, so wird man für Währungseinheiten eine neue Gruppe anlegen. Durch die Funktionstaste <ändern:F6> und Angabe der Gruppenüberschrift kann eine neue Gruppe angelegt werden.

Bearbeitung eines Eintrages

Mit <zeil_einf:Strg-Ret> können Sie an der Cursorposition einen neuen Eintrag machen. Jeder Eintrag besteht aus den Komponenten *Wert*, *Einheit* und *Umrechnungsfaktor*. Angewählt werden die Bestandteile eines Eintrags durch die Tabulatortaste (<tab>).

Die Werte einer Gruppe werden - wie oben erwähnt - automatisch adaptiert, wenn ein Wert dieser Gruppe verändert wurde. Die Spalte *Einheit* bietet Raum für die Bezeichnung der Maßeinheit (cm, DM, Dollar, etc). In die letzte Spalte wird der Umrechnungsfaktor eingetragen. Dieser sollte beim ersten Eintrag einer Gruppe immer den Wert *1* haben. Die Umrechnungsfaktoren aller weiteren Einträge einer Gruppe beziehen sich auf den Faktor des ersten Eintrags. Tragen Sie zum Beispiel in die erste Zeile die Maßeinheit *cm* und den Wert *1* ein, so muß als Umrechnungsfaktor in der Zeile für die Maßeinheit *Zoll* der Wert 0,3937 eingetragen werden, da dies etwa einem Zentimeter entspricht. Um einen Eintrag aus der Umrechnungstabelle zu entfernen, betätigen Sie die Tastenkombination <zeil_lö:Strg-Rück>.

Summenbildung

Im Fußteil des Umrechnungsfensters findet sich eine *Summen*-Zeile. Mit <add_summe:F5> kann der durch den Cursor selektierte Wert zu dieser Summe addiert werden; durch <subtr_summe:Alt-F5> wird er subtrahiert. Gelöscht werden kann die Summe über die Option *Summe_löschen* des durch <menü:F2> aufzurufenden Umrechnungsmenüs.

Mehrere Umrechnungstabellen

Rufen Sie mit <menü:F2> das Menü der Umrechnungstabelle auf. Über den Menüpunkt *Laden* kann eine neue Tabelle geladen werden. Gespeichert wird die aktuelle Tabelle über den Menüpunkt *Sichern*. Die Option *Löschen* entfernt alle Einträge der aktuellen Umrechnungstabelle.

Ausgabe der Umrechnungstabelle

Die aktuelle Tabelle kann durch <drucken:F3> auf ein beliebiges Ausgabegerät ausgegeben werden.

Verzeichnis

MP: <desk:F8> - <u>V</u>erzeichnis

Diese Funktion des Desk-Managers stellt die *Dateiliste* mit allen Dateien zur Verfügung. Welche Möglichkeiten Ihnen dadurch geboten werden, entnehmen Sie bitte dem Kapitel 42 - *Dateiliste*.

DOS

MP: <desk:F8> - DOS

Durch diese Funktion des Desk-Managers können Sie DOS-Befehle verwenden, ohne die Arbeit mit Open Access abbrechen zu müssen. Es stehen Ihnen alle Möglichkeiten zur Verfügung, die Ihnen DOS bietet. So können zum Beispiel auch Fremdprogramme gestartet werden. In jedem Fall kehren Sie an die Stelle in Open Access zurück, an der Sie den Desk-Manager aufgerufen haben. Durch <ret> gelangen Sie ins DOS, ohne einen Befehl auszuführen. Dort können Sie nun beliebig operieren. Geben Sie *EXIT* ein, um zu Open Access zurückzukehren.

KAPITEL 40 - MAIL, DIE LAN-POST

U In den letzten Jahren hat sich die Information zu einem der bedeutensten Wirtschaftsgüter unserer Zeit entwickelt. Wie bei den traditionellen Gütern sind hier effiziente Transportwege - die Kommunikationsmittel - gefordert. Diese Transportwege werden nun - im Zeitalter der Informatik - den ständig wachsenden Anforderungen angepaßt. Diese Reformation macht auch vor firmeninternen Kommunikationsmitteln nicht halt.

Mit dem Open-Access-Mailsystem (OA-Mail) steht Ihnen ein leistungsfähiges Werkzeug zur Übertragung und Koordination der firmeninternen Kommunikation zur Verfügung. Das Prinzip läßt sich durch einen Vergleich mit dem Brief- und Paketdienst der Post sehr gut veranschaulichen. Grundsätzlich kann auch ein Einsatz ohne lokales Netzwerk (LAN) auf nur einem Computer sinnvoll sein. Seine volle Leistungsfähigkeit zeigt OA-Mail aber erst im Rechnerverbund.

Komponenten des Mailsystems

Das Open-Access-Mailsystem stellt umfangreiche Funktionen zur Nachrichten- und Datenübertragung zur Verfügung. Die Konzeption dieses Kommunikations- mittels wurde jedoch so geschickt ausgearbeitet, daß der Anwender nichts von den Vorgängen im Hintergrund bemerkt. Er hat lediglich mit einigen leicht zu bedienenden Funktionen zu arbeiten. OA-Mail setzt sich - vom Standpunkt des Anwenders betrachtet - aus zwei Komponenten zusammen, die wir im folgenden vorstellen wollen.

Der Mail-Server

Das Postamt im Brief- und Paketverkehr wird in OA-Mail durch den Mail-Server ersetzt. Eine mit Absender und Adressat versehene Nachricht wird an den Mail- Server gesendet. Von dort wird Sie dann an den Adressaten weitergeleitet. Bei OA-Mail wird die Nachricht auf Knopfdruck zum Mail-Server geschickt.

Die Mailbox

Eine Mailbox entspricht dem Briefkasten im Postdienst. Hier finden Sie die an Sie adressierten Nachrichten und Daten. Die Mailbox wird aber nicht einfach geleert. Sie hilft Ihnen auch, die eingehenden Nachrichten zu verwalten.

Installation

Diesen Abschnitt haben wir bewußt aus dem Kapitel über die allgemeine Installation ausgegliedert, da das Einrichten des Mailsystems zu diesem Zeitpunkt nur Verwirrung gestiftet hätte. Außerdem ist OA-Mail für eine spätere Installation vorbereitet. Wir gehen im folgenden auf die Installation im lokalen Netzwerk ein, führen aber am Ende dieses Abschnitts die nötigen Hinweise für den Gebrauch im Einzelplatzsystem auf.

Setzen der Umgebungsvariable "MV"

Vor der Installation muß die DOS-Umgebungsvariable *MV* mit dem Pfad des Master-Volume-Verzeichnisses belegt werden. Das MV-Verzeichnis enthält alle Verzeichnisse des Mailsystems. Im lokalen Netzwerk sollte das Open-Access-Verzeichnis (Standard ist OA3) auf dem Server auch als MV-Verzeichnis dienen.

Gesetzt wird die Umgebungsvariable durch den DOS-Befehl

        SET mv=[Pfad]

Dabei ist der Platzhalter *[Pfad]* durch den Pfad des MV-Verzeichnisses zu ersetzen. Wurde Open-Access auf dem Server im Verzeichnis *C:\OA3* installiert, so lautet der Befehl

        SET mv=c:\oa3

Die Umgebungsvariable muß aber auch auf allen Arbeitsstationen des LAN, die am Mailsystem teilnehmen sollen, gesetzt werden. Hier hängt die Syntax des Befehls von dem Aliasbuchstaben ab, den der Hintergrundspeicher des Servers auf der Arbeitsstation erhalten hat. Wurde die Festplatte *C* des Servers auf der Arbeitsstation mit dem Aliasbuchstaben *G* versehen, so lautet der Befehl

        SET g:\oa3

Auf Dauer wäre es recht unpraktisch, vor jedem Open-Access-Aufruf die Umgebungsvariable für das Mailsystem zu setzen. Um den Vorgang zu automatisieren, tragen Sie den Befehl - in einer eigenen Zeile - in die Datei *AUTOEXEC* ein. Dabei handelt es sich um eine sogenannte Batchdatei mit dem Suffix *BAT*. Diese Datei enthält alle DOS-Befehle, die nach dem Einschalten des Rechners automatisch ausgeführt werden sollen. Um den Befehl in die

AUTOEXEC-Datei einzutragen, können Sie den *Notizblock* des Desk-Managers verwenden. Voraussetzung dafür ist allerdings, daß das Verzeichnis der AUTOEXEC-Datei in der Suchtabelle existiert. Sollte dies nicht der Fall sein, tragen Sie den entsprechenden Pfad in die Suchtabelle ein - fast immer befindet sich die AUTOEXEC-Datei im Hauptverzeichnis der Festplatte.

Installation auf dem Server

MP : Hilfsprogramme - MAil-Manager - Installieren

Die Installation des Mailsystems sollte vom Netzwerk-Systemadministrator (kurz : Administrator) vorgenommen werden. Der Administrator ist für die Planung und Organisation des lokalen Netzwerks zuständig.

Nach dem Aufruf des *Mail-Managers* erhalten Sie die Fehlermeldung "Umgebungsvariable "MV" enthält ungültigen Mail-Pfad: *[Pfad]*". Anstelle des Platzhalters *[Pfad]* wird der Pfad angezeigt, den Sie der Umgebungsvariablen *MV* zugewiesen haben.

Diese Fehlermeldung wird ausgegeben, da OA-Mail noch nicht in dem durch den Pfad spezifizierten Verzeichnis installiert wurde. Da wir dies aber gerade beabsichtigen, ignorieren Sie die Fehlermeldung und fahren mit <do:F10> fort. Nun sollte Ihr Bildschirm das in Abbildung 40-1 zu sehende Fenster zeigen.

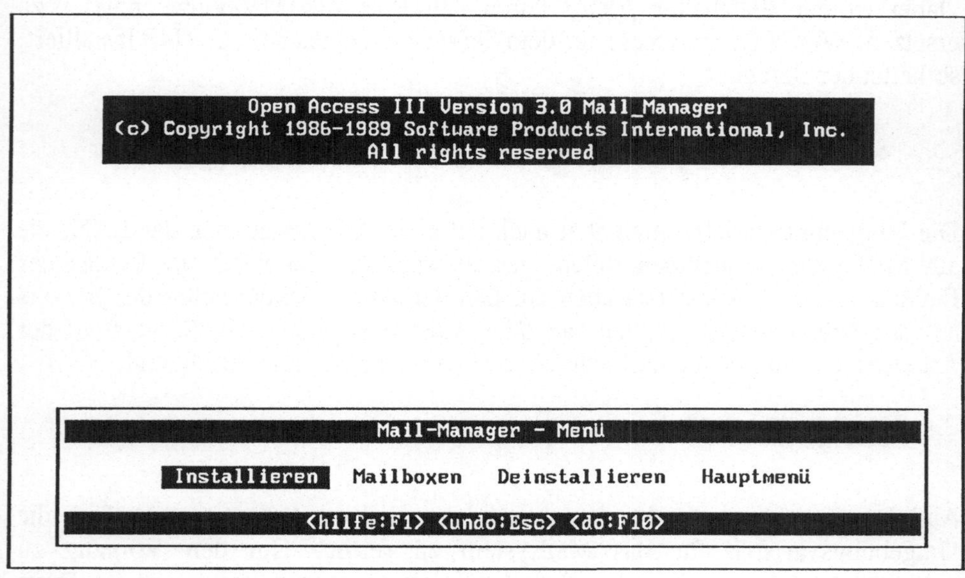

Abbildung 40-1 : Der Mail-Manager nach dem Aufruf

Die Option *Installieren* des Mail-Manager-Menüs öffnet ein Fenster, in dem Sie das Verzeichnis angeben müssen, in dem OA-Mail installiert werden soll. Als

Vorgabe finden Sie hier das der Umgebungsvariablen *MV* zugeordnete Verzeichnis. Bestätigen Sie dieses und die folgende Rückfrage mit <do:F10>. Nun wird die in Abbildung 40-2 zu sehende Verzeichnisstruktur im MV-Verzeichnis angelegt.

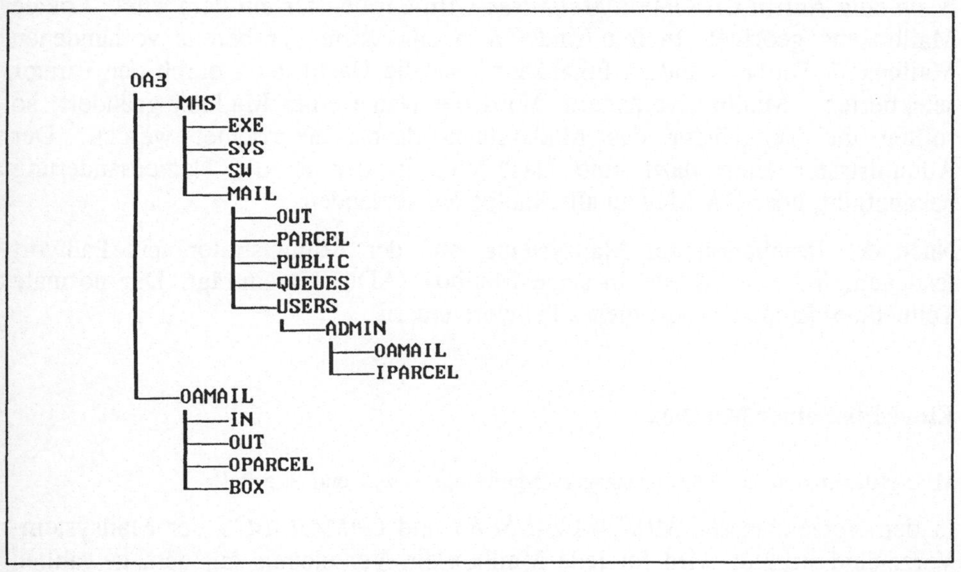

Abbildung 40-2 : Die Mailsystem-Verzeichnisstruktur

Damit ist die Installation beendet und Sie können nun die Mailboxen einrichten. Zuerst sollte allerdings das Paßwort des Administrators festgelegt werden (siehe "Ändern der Daten einer Mailbox").

Deinstallation auf dem Server

MP : <u>H</u>ilfsprogramme - <u>MA</u>il-Manager - <u>D</u>einstallieren

Wurde OA-Mail im falschen Verzeichnis installiert oder soll es aus anderen Gründen wieder entfernt werden, so kann dies über den Menüpunkt *Deinstallieren* vorgenommen werden. Diese Möglichkeit besteht zu jeder Zeit, kann aber nur vom Administrator genutzt werden, da eventuell vorhandene Nachrichten in den Mailboxen bei diesem Vorgang verloren gehen.

Ändern der Daten einer Mailbox

MP : Hilfsprogramme - MAil-Manager - Mailboxen - <ändern:F6>

Nach dem Aufruf der Option *Mailboxen* wird ein Fenster mit dem Titel "Lokale Mailboxen" geöffnet. In ihm findet man eine Liste der bereits vorhandenen Mailboxen. Durch <ändern:F6> kann man die Daten der - durch den Cursor selektierten - Mailbox verändern. Wird der Name einer Mailbox geändert, so sollten die Teilnehmer des Mailsystems davon unterrichtet werden. Der Administrator kann dazu eine Nachricht, in der er die Namensänderung bekanntgibt, über OA-Mail an alle Mailboxen versenden.

Nach der Installation des Mailsystems muß der Administrator sein Paßwort festlegen, indem er dieses in seine Mailbox (ADMIN) einträgt. Der normale Teilnehmer kann nur sein eigenes Paßwort ändern.

Einrichten einer Mailbox

MP : Hilfsprogramme - MAil-Manager - Mailboxen - <zeil_einf:Strg-Ret>

In den Verzeichnissen *MHS\MAIL\USERS* und *OAMAIL\BOX* der Mailsystem-Verzeichnisstruktur wird für jede Mailbox ein Verzeichnis mit dem gewählten Namen eingerichtet.

Mit <zeil_einf:Strg-Ret> kann der Administrator eine neue Mailbox in die Liste der *lokalen Mailboxen* einfügen. Ein bis zu acht Zeichen langer Name, der hinter *Mailbox* einzutragen ist, dient in Zukunft als Adresse für diese Mailbox. Zusätzlich kann ein Paßwort vergeben werden, das dann noch zu bestätigen ist. Es empfiehlt sich als Paßwort den Namen der Mailbox zu verwenden. Der Anwender, dem die Mailbox zugeteilt wird, kann diese dann durch Angabe des Namens aufrufen und das Paßwort neu vergeben.

Entfernen einer Mailbox

MP : Hilfsprogramme - MAil-Manager - Mailboxen - <zeil_lö:Strg-Rück>

Mit <zeil_lö:Strg-Rück> kann der Administrator eine bestehende Mailbox aus der Liste der *lokalen Mailboxen* entfernen. Dabei gehen alle in dieser Mailbox gespeicherten Informationen verloren.

Installation auf einem Einzelplatzsystem

Auf einem einzelnen PC wird das Mailsystem analog zum Netzwerk installiert. Allerdings ist in die Datei *AUTOEXEC* auch noch eine Zeile mit der Anweisung *SHARE* einzutragen. Ob die Verwendung des Mailsystems auf einem Einzelplatzsystem sinnvoll ist, muß im jeweiligen Fall entschieden werden.

Konfigurieren einer Mailbox

MP : < desk:F8 > - MAIlbox - Mailboxeinstellungen

Nach der Installation sind die einzelnen Mailboxen noch zu konfigurieren. Der Administrator kann bei Bedarf Direktiven für einzelne Parameter vorgeben. Die Konfiguration selbst sollte aber Sache der einzelnen Teilnehmer sein. Nach dem Aufruf der *Mailboxeinstellungen* wird das in Abbildung 40-3 zu sehende Fenster geöffnet. Im folgenden werden nun die einzelnen Parameter, die in diesem Fenster definiert werden können, beschrieben.

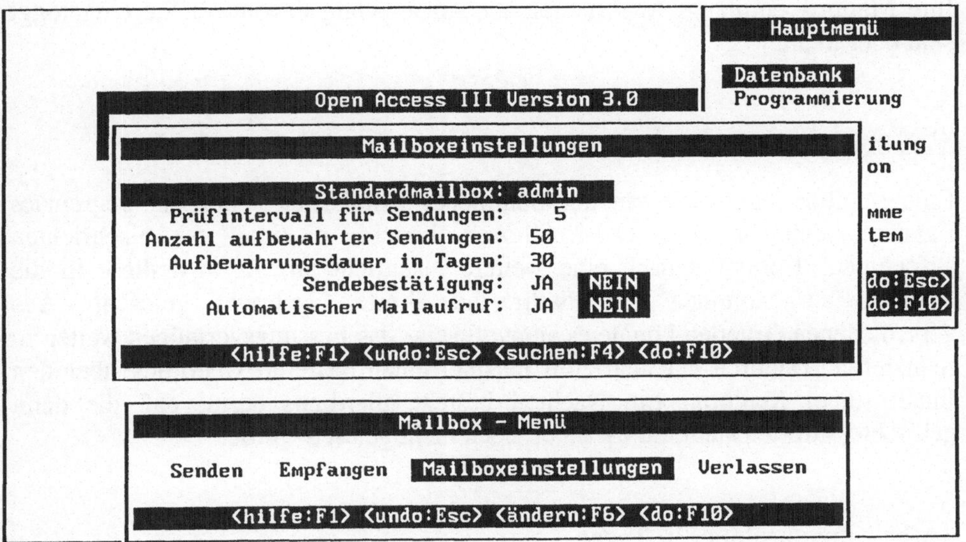

Abbildung 40-3 : Das Fenster der Mailboxeinstellungen

Standardmailbox

Man kann auch von einem anderen Rechner auf seine Mailbox zugreifen. Dazu betätigt man <ändern:F6> und gibt im dann erscheinenden Fenster den Namen und gegebenenfalls auch das Paßwort seiner Mailbox an. Damit man auf dem eigenen Rechner diese Prozedur nicht immer wieder durchführen muß, kann man seine Mailbox als Standardmailbox definieren. Das Paßwort muß aber aus Sicherheitsgründen auch auf dem eigenen Rechner per Hand eingegeben werden.

Prüfintervall für Sendungen

Der hier angegebene Wert legt fest, in welchem Abstand der Computer Ihre Mailbox auf neu eingegangene Nachrichten überprüfen soll. Da diese Überprüfung einige Zeit in Anspruch nimmt und Sie in dieser Zeit nicht weiterarbeiten können, sollte das Intervall nicht zu klein gewählt werden. Der Eintrag wird in Minuten gemacht und muß im Bereich von 0 bis 1439 (24 Stunden) liegen. Will man auch nicht in großen Abständen durch solche Prüfpausen gestört werden, so setzt man den Wert auf *0* fest. In diesem Fall werden Sie nicht mehr automatisch über neu eingegangene Nachrichten informiert. Grundsätzlich werden Sie nur dann über eingehende Nachrichten unterrichtet, wenn OA-Mail bereits einmal aufgerufen wurde. Beim ersten Aufruf *loggen* Sie sich ins Mailsystem ein und das Prüfintervall wird aktiviert. Ihre Mailbox empfängt Nachrichten aber unabhängig davon, ob Sie eingeloggt sind oder nicht.

Anzahl aufbewahrter Sendungen

Eine Mailbox hat - wie ein herkömmlicher Briefkasten - nur ein begrenztes Fassungsvermögen. Die OA-Mailboxen können maximal 50 Nachrichten aufnehmen. Kommt danach eine weitere Nachricht an, so wird diese in die Mailbox aufgenommen und dafür die älteste Nachricht gelöscht. Aus verschiedenen Gründen könnte es sinnvoll sein, das Fassungsvermögen weiter zu reduzieren. Dadurch hat man zum Beispiel einen besseren Überblick über den Inhalt seiner Mailbox. Ein Nachteil besteht allerdings darin, daß die dann gelöschte, älteste Nachricht eventuell noch nicht gelesen wurde.

Aufbewahrungsdauer in Tagen

Eine weitere Möglichkeit, den Inhalt der eigenen Mailbox übersichtlicher zu machen, besteht darin, alte Meldungen zu löschen. Durch den Parameter *Aufbewahrungsdauer* läßt sich dies automatisieren. Sie können hier angeben, wieviele Tage eine Nachricht in der Mailbox verbleiben soll, bevor Sie automatisch gelöscht wird. Als Standardwert werden 30 Tage, also ungefähr ein

Monat, angegeben. Maximal kann eine Nachricht ein Jahr (365 Tage) lang in der Mailbox aufbewahrt werden. Nachrichten, die Sie aus irgendwelchen Gründen archivieren wollen, können Sie über die Option *Empfangen* in einer Datei ablegen.

Sendebestätigung

Wenn dieser Parameter auf *Ja* eingestellt ist, müssen Sie jede Nachricht vor dem Absenden nochmals mit <do:F10> quittieren. Wird eine Nachricht an mehrere Adressaten versendet (siehe unten), so ist jeder Empfänger zu bestätigen.

Automatischer Mailaufruf

Wählen Sie hier die Einstellung *Ja*, so wird OA-Mail direkt nach dem Open-Access Aufruf aktiviert. Dadurch wird das *Prüfintervall* immer aktiviert und Sie laufen nicht Gefahr, das Einloggen ins Mailsystem zu vergessen.

Senden einer Nachricht

MP : <desk:F8> - MAIlbox - Senden

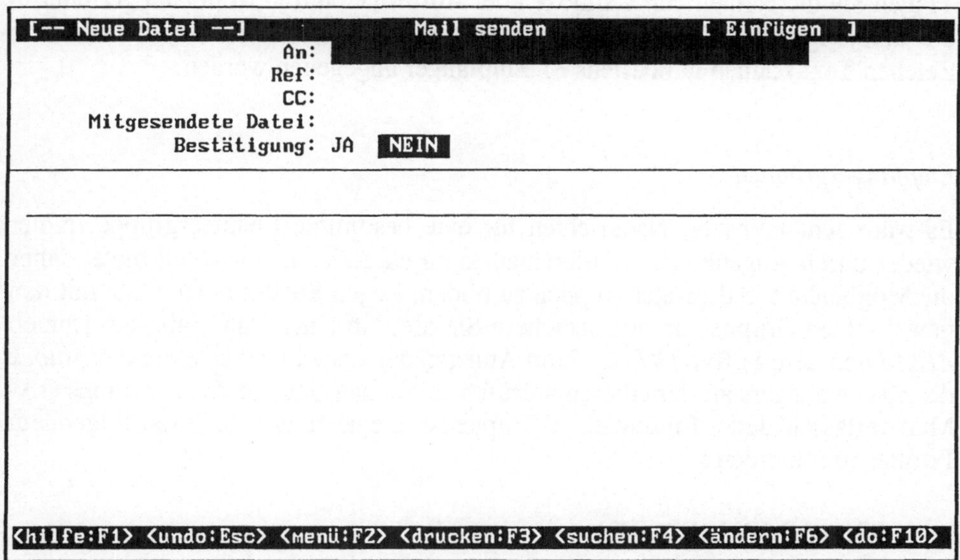

Abbildung 40-4 : Senden einer Nachricht

Wie bei einem normalen Brief oder Päckchen müssen auch für eine OA-Mail-Nachricht einige Angaben gemacht werden, damit diese befördert werden kann. Das in Abbildung 40-4 zu sehenden Fenster wird nach dem Aufruf der Option *Senden* geöffnet. Im folgenden werden wir nun die einzelnen Komponenten einer OA-Mail-Nachricht vorstellen. Außer dem *Empfänger* sind alle Angaben optional.

Empfänger

Hier wird der (die) Adressat(en) der Nachricht angegeben. Es sind die im folgenden aufgeführten Adressierungsformen zu unterscheiden.

Ein Empfänger

Den Parameter *Empfänger* belegen Sie mit dem Namen der Mailbox des gewünschten Adressaten. Mit <suchen:F4> erhalten Sie die Liste aller verfügbaren Mailboxen, aus der durch <do:F10> ein Adressat gewählt werden kann.

Mehrere Empfänger

Eine Nachricht kann an mehrere Empfänger gleichzeitig gesendet werden. Tragen Sie die Namen der Mailboxen der Adressaten durch Kommata getrennt in die *Empfänger*-Zeile ein. Bei bis zu acht Zeichen pro Mailboxname und 255 Zeichen Text können mindestens 31 Empfänger angegeben werden.

Empfängergruppen

Es wäre sehr mühsam, Nachrichten für eine bestimmte Benutzergruppe immer wieder durch Angabe aller Mailboxnamen zu adressieren. OA-Mail bietet daher die Möglichkeit, Adressatengruppen zu bilden. Legen Sie dazu eine Liste mit den gewünschten Gruppen an und speichern Sie diese in einer Datei mit dem Namen *ALIAS* und dem Suffix *TXT* ab. Zum Anlegen der Liste bietet sich der *Notizblock* des Deskmanagers an. Um diesen aufrufen zu können, müssen Sie allerdings OA-Mail verlassen. Jeder Eintrag einer Gruppe ist in eine eigene Zeile mit folgendem Format zu schreiben :

    [Gruppe]:[B1],[B2],[B3],...

Der Platzhalter *[Gruppe]* ist durch einen bis zu 16 Zeichen langen Gruppennamen zu ersetzen. Für *[Bx]* setzen Sie die Namen der zur Gruppe gehörigen Mailboxen ein. Wieviele Mailboxen in einer Gruppe zusammengefaßt werden können, hängt von der Länge der Mailboxnamen ab.

Die Empfängergruppen können wie einzelne Adressaten behandelt werden. Die Angabe des Gruppennamens bewirkt, daß alle Mailboxen dieser Gruppe die Nachricht erhalten. In der mit <suchen:F4> aufgerufenen Mailboxliste können Sie sich durch <ändern:F6> alle Gruppen anzeigen lassen und diese dann mit <do:F10> selektieren.

Betrifft

Der Text der *Ref*-Zeile entspricht dem *Betrifft* in einem konventionellen Brief. Die ersten 30 Zeichen dieses Textes sieht der Empfänger in der Nachrichtenliste seiner Mailbox. Eingegeben werden können aber bis zu 255 Zeichen.

Kopien

Für die Eingaben in diese Zeile gilt im Prinzip das gleiche, wie für die *Empfänger*-Zeile. Der einzige Unterschied besteht darin, daß der Empfänger aus dem Kopf der Nachricht ersehen kann, daß er lediglich eine Kopie der Nachricht erhalten hat.

Dateitransfer

Diese Funktion des Mailsystems kann man mit dem Paketdienst der Post vergleichen. Die *mitgesendete Datei* kann frei gewählt werden und wird mit der Nachricht an den Empfänger übertragen. Damit können Sie auf komfortable Weise alle Dateien und somit Texte, Kalkulationsmodelle, usw. an die OA-Mail-Teilnehmer versenden. Der Empfänger kann entscheiden, ob er die der Nachricht *beiliegende* Datei annehmen möchte. Die Dateien gelangen also nicht unkontrolliert auf den Hintergrundspeicher der Arbeitsstation des Empfängers.

Empfangsbestätigung

Wählen Sie hier die Einstellung *Ja*, so wird die Nachricht als *Einschreiben* versendet. Bei dieser Form von Nachrichten werden Sie davon unterrichtet, wenn der Empfänger die Nachricht liest.

Text

Durch <ändern:F6> gelangen Sie in das Text-Eingabefenster. Verlassen wird es
durch nochmaliges Betätigen von <ändern:F6>. Für die Eingabe der Nachricht
stehen Ihnen die gleichen Funktionen wie im *Notizblock* des Desk-Managers zur
Verfügung. Es sind lediglich zwei Unterschiede zu beachten. Zum einen wird der
Text der Nachrichten in Dateien mit dem Suffix *MHS* geschrieben. Zum anderen
können Sie die Nachricht über die Option *Senden* des Editor-Menüs absenden.
Das Menü wird - wie im *Notizblock* - über <menü:F2> aufgerufen.

Empfangen einer Nachricht

MP : <desk:F8> - MAIlbox - Empfangen

Es hängt von den Einstellungen Ihrer Mailbox-Parameter ab, ob Sie vom Eingang
einer Nachricht unterrichtet werden. Nach dem Aufruf der Option *Empfangen*
wird eine Liste angezeigt, in der die Nachrichten der Mailbox nach dem
Eingangsdatum sortiert angezeigt werden. Die zuletzt eingegangene Nachricht
finden Sie in der ersten Zeile.

```
                                   Mail empfangen
Paket Status     Von     Datum      Ref                       Mitgesendete Datei

   1   Neu    Daniela  20-Okt-90 Probleme beim Zugriff auf den
   2   Neu    Markus   20-Okt-90 Projekt "Mailbox-Optimierung"




                     <hilfe:F1> <undo:Esc> <menü:F2> <do:F10>
```

Abbildung 40-5 : Liste vorhandener Nachrichten

In Abbildung 40-5 sehen Sie ein Beispiel für eine solche Liste. Um die
eingehenden Nachrichten verwalten und bearbeiten zu können, sind einige
Informationen nötig, die wir Ihnen im folgenden geben wollen.

Kurzinformationen

Im *Empfangen*-Fenster wird jede Nachricht durch folgende Kurzinformation beschrieben :

Paket

Die in der Mailbox liegenden Nachrichten werden durchlaufend nummeriert. Die Nummer jeder Nachricht wird in der Spalte *Paket* angezeigt.

Status

Eine Nachricht kann in drei verschiedenen Zuständen vorliegen. Eine Nachricht mit dem Status *Neu* wurde noch nicht behandelt. Wurde eine Nachricht gelesen, so trägt sie den Status *Gel*. Wurde sie auch gesichert, so hat sie den Status *Ges*.

Von

In der *Von*-Spalte finden Sie den Namen der Mailbox des Absenders.

Datum

Diese Spalte enthält das Eingangsdatum der Nachricht

Ref

Die *Betreff*-Zeile einer Nachricht wird in der *Ref*-Spalte des Mailbox-Fensters dargestellt.

Mitgesendete Datei

Wurde mit der Nachricht auch eine Datei versendet, so finden sie deren Namen und Suffix in der letzten Spalte der Nachrichtenliste.

Nachricht bearbeiten

Es stehen zwei Funktionen zur Bearbeitung einer Nachricht der Mailbox zur Verfügung. Mit <do:F10> wird die durch den Cursor selektierte Nachricht auf

dem Bildschirm angezeigt. Gedruckt wird die durch den Cursor markierte
Nachricht mittels <drucken:F3>

Nachricht löschen

Mit <zeil_lö:Strg-Rück> löschen Sie die durch den Cursor selektierte Nachricht
aus der Liste. Dies ist aber nur dann möglich, wenn die betreffende Nachricht
bereits gelesen wurde.

Nachricht und Datei sichern

Zum Sichern einer Nachricht wählen Sie diese mit dem Cursor an und betätigen
<do:F10>. Es wird dann ein kleines Fenster zur Angabe des Dateinamens
geöffnet. Enthält die Nachricht eine Datei, so können Sie diese ebenfalls durch
Angabe eines Dateinamens sichern.

KAPITEL 41 - DER MAKRO-REKORDER

MP: <makro:Alt-F8>

Über Makros lassen sich beliebige Vorgänge in Open Access automatisieren. Ein Makro zeichnet während der Eingabe eine Tastenfolge auf und sendet beim Aufruf Anweisungen, die der aufgezeichneten Tastenfolge entsprechen, an den Tastaturpuffer Ihres Computers. Dieser interpretiert die Kommandos als Betätigung der durch die Kommandos kodierten Tasten der Tastatur. Diese Art Makro werden wir im folgenden zur Abgrenzung von anderen Makros als *Tastaturmakro* bezeichnen.

Tastaturmakros aus früheren Open-Access-Versionen laufen zwar unter Version 3.0, werden aber nur selten den gewünschten Effekt erzielen. Begründet ist diese Inkompatibilität in der beinahe durchgehenden Umbenennung der Menüpunkte. Sollten Sie die Optionen eines Menüs in Ihren früheren Tastaturmakros durch Auswahl mit dem Cursor selektiert haben, dürften diese weniger Probleme bereiten. In den meisten Fällen wird man aber um eine Überarbeitung mit dem *Makro-Editor* nicht herumkommen.

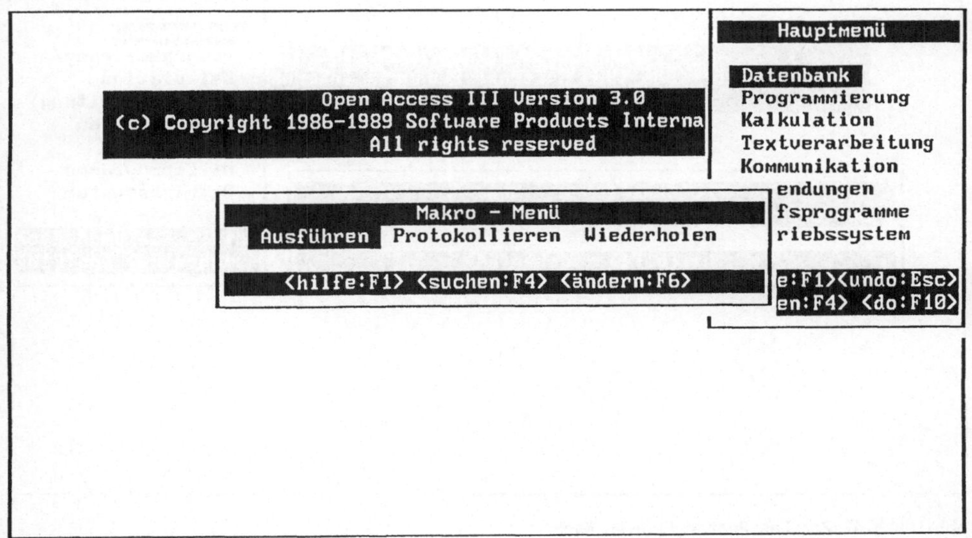

Abbildung 41-1 : Das Makro-Menü

Nach dem Aufruf des Makro-Rekorders erscheint das *Makro-Menü* auf dem Bildschirm. Es stehen drei Optionen zur Verfügung, deren Funktion wir im folgenden erläutern werden.

Protokollieren

MP: <makro:Alt-F8> - Protokollieren

Durch diese Option wird die Aufzeichnung eines Tastaturmakros gestartet. Es ist zu beachten, daß ein Tastaturmakro nur von der Stelle gestartet werden kann, an der das Protokoll begonnen hat, da das Tastaturmakro nur die Tastenbetätigung simuliert. Ein Ausnahmefall sind Makros, die über die *Anwendungen* gestartet werden. Bei Ihnen sollte das Protokoll im Open-Access-Hauptmenü beginnen.

Vertippen Sie sich während dem Protokollieren eines Tastaturmakros, so wird auch dieser Fehler aufgezeichnet. Sie können ihn aber mit dem *Makro-Editor* aus dem Tastaturmakro entfernen.

Mit <makro:Alt-F8> wird das Protokoll unterbrochen. Es erscheint das in Abbildung 41-2 zu sehende *Protokollieren-Menü*. Dieses Menü bietet weitere Funktionen für das Anlegen eines Tastaturmakros.

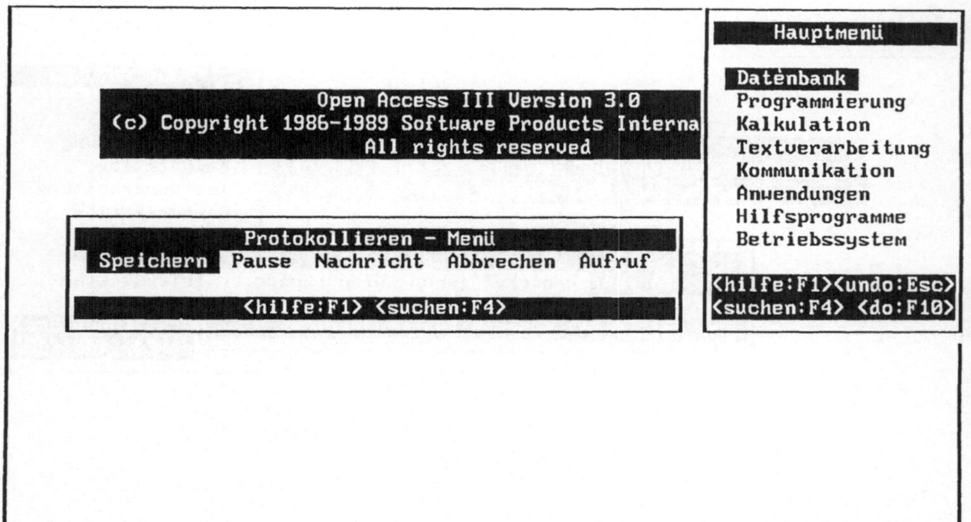

Abbildung 41-2 : Das Protokollieren-Menü

Speichern

Durch den Menüpunkt *Speichern* kann ein Tastaturmakro für das Protokoll angelegt werden. Es ist der Name und bei Bedarf auch der Aliasname des gewünschten Verzeichnisses anzugeben.

Pause

Diese Option fügt in das Protokoll des Tastaturmakros eine *Pause* ein. Sie verlassen dadurch das *Protokollieren-Menü* und kehren wieder an die Stelle zurück, von der aus Sie dieses Menü mit <makro:Alt-F8> aufgerufen haben. Allerdings werden Ihre Eingaben solange nicht protokolliert, bis erneut <makro:Alt-F8> betätigt wird. Beim Ablauf des Tastaturmakros erscheint während der *Pause* eine entsprechende Meldung auf dem Bildschirm und der Anwender kann wie gewohnt mit Open Access arbeiten. Auch hier wird die *Pause* durch <makro:Alt-F8> beendet.

Nachricht

Auch diese Option fügt eine Pause in das Protokoll des Tastaturmakros ein. Bevor Sie das *Protokollieren-Menü* verlassen, können Sie aber noch eine bis zu 53 Zeichen lange *Nachricht* eingeben. Danach kehren Sie wieder an die Stelle zurück, von der aus Sie das *Protokollieren-Menü* mit <makro:Alt-F8> aufgerufen haben. Allerdings werden Ihre Eingaben solange nicht protokolliert, bis erneut <makro:Alt-F8> betätigt wird. Beim Ablauf des Tastaturmakros erscheint während der *Pause* die von Ihnen festgelegte Nachricht auf dem Bildschirm und der Anwender kann wie gewohnt mit Open Access arbeiten. Auch hier wird die Pause durch <makro:Alt-F8> beendet.

Abbruch

Möchte man das Protokoll abbrechen und kein Tastaturmakro anlegen, weil man zum Beispiel eine falsche Taste betätigt hat, so wählt man die Option *Abbrechen*.

Aufruf

Die Option ermöglicht den Aufruf eines bereits angelegten Tastaturmakros. Dieses wird in das aktuelle Protokoll integriert. Dadurch ist ein modularer Aufbau der Tastaturmakros möglich. Nach Angabe des auszuführenden Tastaturmakros, das auch über <suchen:F4> aus der Dateiliste gewählt werden kann, ist die Anzahl der gewünschten Abläufe anzugeben.

> **!** Sollten Sie versuchen ein Tastaturmakro aufzurufen, welches das gerade protokollierte Tastaturmakro aufruft, wird eine Fehlermeldung ausgegeben. Diese rekursive Aufrufverschachtelung ist unmöglich, da Tastaturmakros keine *bedingte Verzweigung* kennen und eine Rekursion daher grundsätzlich zu einer Endlosschleife führt.

Ohne Rekursion kann eine Verschachtelung bis zur Stufe drei realisiert werden. Die nach dem Ablauf des aufgerufenen Tastaturmakros vorhandene Pause tritt beim Ablauf nicht mehr auf.

Editieren

Über die Option *Makro-Editor* des Desk-Managers können Sie das Protokoll eines Makro-Editors auf Befehlsebene verändern. Näheres dazu finden Sie im Abschnitt *Makro-Editor*.

Starten eines Tastaturmakros

Tastaturmakros können auf viele verschiedene Arten gestartet werden. Im folgenden geben wir einen Überblick, der Ihnen die Möglichkeiten aufzeigen soll.

Vom Makro-Rekorder

Nach dem Aufruf des *Makro-Menüs* können Sie ein Tastaturmakro durch die Option *Ausführen* starten. Zuvor muß noch der Dateiname und gegebenenfalls auch der Aliasname des Pfades angegeben werden. Mit <suchen:F4> kann die Datei auch aus der Dateiliste gewählt werden.

Beim Open-Access-Aufruf

Ein Tastaturmakro, das gleich nach dem Start des Programms ausgeführt werden soll, muß vom Datumsfeld des Open-Access-Titelbildes aus protokolliert worden sein. Für den Aufruf verwenden Sie anstelle des normalen Befehls *OA3* den erweiterten Befehl

    OA3 m=[Name]

Den Platzhalter [Name] ersetzen Sie durch den Dateinamen des Tastaturmakros, das nach dem Aufruf gestartet werden soll. Durch diese Möglichkeit können Sie zum Beispiel gleich an die gewünschte Stelle in Open Access gelangen.

Vom Anwendungsmenü

Wie ein Tastaturmakro vom Anwendungsmenü aus gestartet werden kann, lesen Sie bitte im achten Teil des Buches nach.

Über die definierbaren Funktionstasten

Im Abschnitt über die *Belegung der Funktionstasten* finden Sie die nötigen Informationen, um ein Tastaturmakro in das Anwendungsmenü zu integrieren.

Durch eine Anwendung des Programmierers

Durch den Aufruf eines Tastaturmakros während einer Anwendung des Programmierers können auch Funktionen anderer Open-Access-Module genutzt werden. Es empfiehlt sich, den Befehl <schirm_aus> in das Protokoll aufzunehmen. Dadurch sieht der Benutzer nicht, daß ein Tastaturmakro abläuft. Mit dem Befehl

    MACRO [Name]

kann das Tastaturmakro mit dem Dateinamen *[Name]* gestartet werden. Der Ablauf des Tastaturmakros beginnt aber erst, wenn die Anwendung eine Benutzereingabe erwartet (DISPLAY, ENTER, GET, LIST, MENU).

Aus dem Hauptmenü der Datenbank

Die Datenbank bietet ein ausgefeiltes Paßwortsystem zum Schutz sensibler Daten. Nur Anwender, denen das Paßwort einer Tabelle bekannt ist, können auf deren Daten zugreifen. Da Tastaturmakros von jedem Anwender ausgeführt werden können, ist es nicht möglich, ein Paßwort in ein Tastaturmakro zu integrieren. Beim Ablauf des Tastaturmakros wird dieses abgebrochen, wenn eine geschützte Tabelle bearbeitet werden soll. Für dieses Problem bieten sich zwei Lösungswege an.

Zum einen können Sie mit *Pause*, oder besser mit *Nachricht*, die Eingabe des betreffenden Paßwortes an der entsprechenden Stelle im Ablauf anfordern. Der

Ablauf des Tastaturmakros muß dann durch <makro:Alt-F8> fortgesetzt werden.

Eine andere Möglichkeit besteht darin, das Tastaturmakro über die Option *Makro* des Datenbank-Menüs aufzurufen. Es wird ein Menü eingeblendet, in dem über den Punkt *Paßwort_eingeben/löschen* das Paßwort für eine Tabelle eingegeben werden kann. Dazu muß nach Auswahl der Option *Paßwort_eingeben/löschen* deren Dateiname eingegeben werden. Auf diese Weise können die Paßworte aller Tabellen angegeben werden, die vom Tastaturmakro verwendet werden. Durch die Option *Makro* kann dann das Tastaturmakro gestartet werden.

KAPITEL 42 - DATEILISTE - DIE DATEI-VERWALTUNG

Open Access stellt Ihnen mit der *Dateiliste* ein Werkzeug zur Verfügung, mit dem Sie Ihre Dateien komfortabel verwalten können. Diese Dateiverwaltung wird nicht über ein Menü aufgerufen, sondern steht immer dann zur Verfügung, wenn ein Dateiname angegeben werden muß; also beim Laden und Speichern von Dateien. Aber auch im Open-Access-Hauptmenü und über die Option *Verzeichnis* des Desk-Managers steht die Dateiliste zur Verfügung.

Die einfache Dateiliste

Aufgerufen wird die Dateiliste mit <suchen:F4>. Es erscheint das in Abbildung 42-1 zu sehende Fenster.

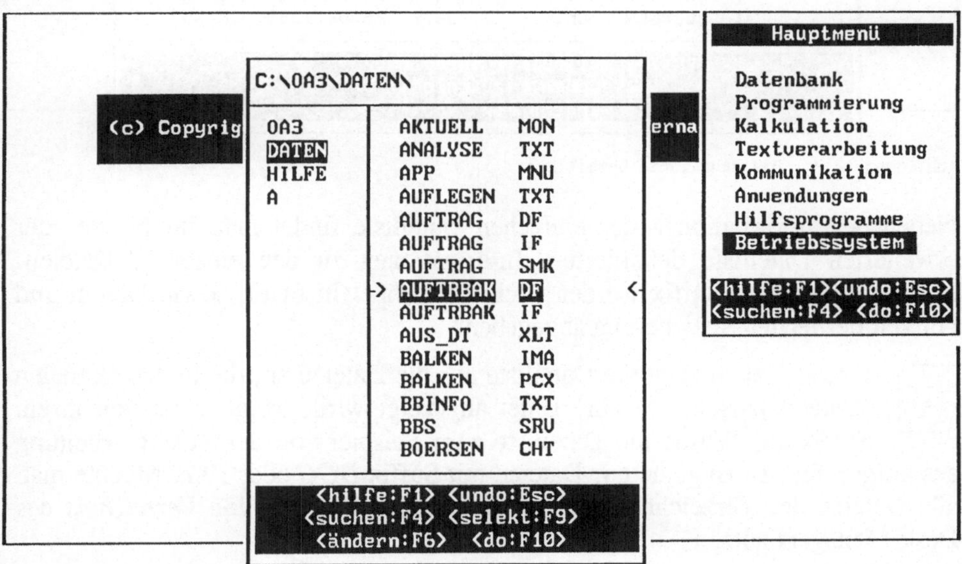

Abbildung 42-1 : Die Dateiliste

In der linken Spalte werden in Form der Aliasnamen die in der Suchtabelle definierten Verzeichnisse angezeigt. Die rechte Spalte zeigt die Dateien des

aktuellen Verzeichnisses, dessen Pfad Sie der Kopfzeile des Fensters entnehmen
können.

Die erweiterte Dateiliste

Über die Funktionstaste <selekt:F9> kann die Anzeige auf die erweiterte
Dateiliste umgeschaltet werden.

```
C:\OA3\DATEN\                                                        nü
3338240 Bytes frei

                                                                     rung
OA3         AKTUELL    MON        512   14.03.1990   17:16           n
DATEN       ANALYSE    TXT       8289   28.09.1990   13:29           eitung
HILFE       APP        MNU         61   24.11.1990   10:49           ion
A           AUFLEGEN   TXT         63   26.08.1986   14:50           n
            AUFTRAG    DF        5120   31.03.1990   14:05           amme
            AUFTRAG    IF       12288   31.03.1990   14:05           stem
            AUFTRAG    SMK       9728   06.02.1990   17:47
         -> AUFTRBAK   DF        5120   14.03.1990   15:49        <- ndo:Esc>
            AUFTRBAK   IF       12288   14.03.1990   15:49           <do:F10>
            AUS_DT     XLT        512   22.11.1986   12:04
            BALKEN     IMA      43722   27.09.1990   13:53
            BALKEN     PCX      12309   27.09.1990   13:54
            BBINFO     TXT        512   26.08.1986   12:58
            BBS        SRV       1024   01.05.1986   09:35
            BOERSEN    CHT       3072   26.02.1990   18:33

                     <hilfe:F1>  <undo:Esc>
                     <suchen:F4>  <selekt:F9>
                     <ändern:F6>  <do:F10>
```

Abbildung 42-2 : Die erweiterte Dateiliste

Neben den Informationen der einfachen Dateiliste findet man im Fenster der
erweiterten Dateiliste detailliertere Informationen zu den einzelnen Dateien.
Neben Namen und Suffix werden auch die Größe (in byte), sowie Datum und
Uhrzeit der letzten Speicherung angegeben.

> **!** Grundsätzlich zeigt die Dateiliste nur die Dateien an, die in den aktuellen
> Kontext passen. Ob eine Datei angezeigt wird, hängt dabei von ihrem
> Suffix ab. Wurde die Dateiliste zum Beispiel von der Textverarbeitung

aus aufgerufen, so zeigt sie nur Dateien mit Suffix *DOC* oder *TXT*. Möchte man
alle Dateien der Verzeichnisse sehen, so sollte man die Option *Verzeichnis* des
Desk-Managers nutzen.

Funktionen der Dateiliste

Nach Aufruf der Dateiliste stehen einige Funktionen zur Verfügung, die wir im folgenden vorstellen.

Sortieren

Durch <suchen:F4> kann das Sortierkriterium der Dateien umgeschaltet werden. Normalerweise werden diese nach ihren Namen sortiert. Schaltet man um, so werden die Dateien nach ihren Suffixen gruppiert. Innerhalb dieser Suffixgruppen werden die Dateien dann wieder nach dem Namen geordnet.

Auswahl einer Datei

Zur Positionierung des Cursors stehen folgende Tasten zur Verfügung :

Tasten zur Dateiselektion

<do:F10> .... Wählt die durch den Cursor markierte Datei
<undo:Esc> .... verläßt die Liste
<auf> .... Setzt den Cursor um eine Datei nach oben
<ab> .... Setzt den Cursor um eine Datei nach unten
<s.auf> .... Setzt den Cursor 12 Dateien nach oben
<s.ab> .... Setzt den Cursor 12 Dateien nach unten
<anfang:Pos1> .... Setzt den Cursor um einen Pfad nach oben
<ende:Ende> .... Setzt den Cursor um einen Pfad nach unten

Wurde der Cursor auf die gewünschte Datei positioniert, kann diese mit <do:F10> in das Eingabefenster übernommen werden, von dem aus die Dateiliste aufgerufen wurde.

Umbenennen einer Datei

Die durch den Cursor markierte Datei kann durch <ändern:F6> umbenannt werden. Es wird ein Fenster geöffnet, in dem der Aliasname des Pfades, der Name und das Suffix der gewählten Datei vorgegeben werden. Sie können Namen und Suffix verändern, der Aliasname des Pfades ist allerdings nicht veränderbar. Mit <do:F10> bestätigen Sie die neue Bezeichnung der Datei.

Löschen einer Datei

Durch <zeil_lö:Strg-Rück> wird die gewählte Datei vom Hintergrundspeicher gelöscht.

Kopieren einer Datei

Betätigt man <zeil_einf:Strg-Ret>, so erscheint ein Fenster, in dessen Kopfzeile die Bezeichnung der zu kopierenden Datei angezeigt wird. In der Eingabezeile findet man die gleiche Information, kann diese aber bearbeiten. Geändert werden können der Aliasname des Pfades, der Name und das Suffix. Aufgrund dieser Angaben wird unter der neuen Bezeichnung ein Duplikat der Datei angelegt.

KAPITEL 43 - EDITIERBARE HILFSTEXTE

Ab Version 3.0 stellt Open Access dem Anwender nicht nur jederzeit aufrufbare, situationsbezogene Hilfstexte zur Verfügung, sondern ermöglicht es auch, diese Texte zu ändern.

Aufbau eines Hilftextes

In Abbildung 43-1 sehen Sie den aufgerufenen Hilfstext zum Hauptmenü der Datenbank.

```
                            Funktionstasten
<do>        =    F10  <spr_rechts>  = Strg-Ende   <halt>         = Strg-Pause
<undo>      =    Esc  <spr_links>   = Strg-Pos1
<hilfe>     =     F1  <anfang>      =      Pos1    <zeile_rück>=       F5
<menü>      =     F2  <ende>        =      Ende    <zeile_vor> =       F7
<drucken>   =     F3  <zeil_einf>   = Strg-Ret     <selekt>    =       F9
<suchen>    =     F4  <zeil_lö>     = Strg-Rück    <berechnen> = Alt-F10
<ändern>    =     F6  <wort_vor>    = Strg-Rechts
<desk>      =     F8  <wort_rück>   = Strg-Links
<makro>     = Alt-F8  <s.auf>       = Bild auf
<ascii>     = Alt-F4  <s.ab>        = Bild ab
<b_druck>   = Alt-F3  <deF#>        = Shift-F#

                          Datenbank - Menü I
Dieses Menü ist der Ausgangspunkt für alle Datenbank Aktivitäten. Die beiden
Befehle Abfrage und Aufbau führen zu den zwei wichtigsten Untermenüs, dem
Datenbank - Menü II und dem Masken und Tabellendefinitions Menü. Im
Datenbank - Menü I sind auch die Befehle für die Pflege einer Tabelle, die
Dateneingabe, das Ausführen von Makros und das Drucken von Berichten
enthalten.

       Datenbank Menü I                         Anmerkung: Die Option
                              <undo:Esc>
```

Abbildung 43-1 : Der Hilfstext zum Hauptmenü der Datenbank

In der Abbildung 43-2 sehen Sie den Aufbau des Hilfstexte, der die Darstellung des Hilfstextes beim Aufruf bestimmt.

382 TEIL VII - ALLGEMEINE FUNKTIONEN

```
19:05 04181990
0200000000002025000000000000000000000002050000000020700210002150000000000002160
0000002170000000218000000021900000002200000000221200000000000022240223400000
0223800000000000000000000022600002200000000000000000000000000000000002324
0000002344000000000000236402380023900240002425024400245000000002475000002550
0257500000026300266000000002675026900000002710000000272002795028000000002825
0290000000029100313003170000000032100000000000000000323000000032400325000000
0326003270032800329003500035500360003700007500377503800038500000000000000000
0000000000000000000000000000000000000000000000000000000000000000000000000000000
0000000000000000000000000000000000000000000000000000000000000000000000000000000
0000000000000000000000000000000000000000000000000000000000000000000000000000000
0000000000000000000000000000000000000000000000000000000000000000000000000000000
0000000000000000000000000000000000000000000000000000000000000000000000000000000
0000000000000000000000000000000000000000000000000000000000000000000000000000000
0000000
$HELP # 2000
$M3 Datenbank - Menü I
 Dieses Menü ist der Ausgangspunkt für alle Datenbank Aktivitäten. Die beiden
 Befehle Abfrage und Aufbau führen zu den zwei wichtigsten Untermenüs, dem
 Datenbank - Menü II und dem Masken und Tabellendefinitions Menü. Im
 Datenbank - Menü I sind auch die Befehle für die Pflege einer Tabelle, die
 Dateneingabe, das Ausführen von Makros und das Drucken von Berichten
 enthalten.

 ...
```

Abbildung 43-2 : Der Aufbau des Hilfstextes zum Hauptmenü der Datenbank

Der Kopfteil des Hilfstextes (Ziffernkolonnen) darf nicht geändert werden. Auch die Zeilen, die mit *$HELP* beginnen müssen so belassen werden. Der Rest des Hilfstextes kann aber nach Belieben bearbeitet werden. Stellen Sie einer Zeile eines der folgenden Zeichen voran, so wird die Zeile im entsprechenden Format dargestellt :

<table>
<tr><td colspan="2" align="center">Sonderzeichen für Zeilenformate</td></tr>
<tr><td>$M1 .... zentriert</td></tr>
<tr><td>$M2 .... hervorgehoben</td></tr>
<tr><td>$M3 .... zentriert und hervorgeheben</td></tr>
</table>

Verfügbare Hilfstexte

Open Access verwendet die im folgenden durch Angabe des Dateinamens und des zugehörigen Einsatzgebietes aufgeführten Hilfstexte :

<table>
<tr><td colspan="2" align="center">Open-Access-Hilfstexte</td></tr>
<tr><td>DB</td><td>Datenbank</td></tr>
<tr><td>PROG</td><td>Programmierer</td></tr>
<tr><td>KALK1</td><td>Kalkulation (Arbeitsbereich)</td></tr>
<tr><td>KALK2</td><td>Kalkulation (Menü III)</td></tr>
<tr><td>KALK3</td><td>Kalkulation (Hilfsmenü)</td></tr>
<tr><td>STAT</td><td>Kalkulation (Statistik)</td></tr>
<tr><td>TV</td><td>Textverarbeitung</td></tr>
<tr><td>KOMM</td><td>Kommunikation</td></tr>
<tr><td>GLOBAL</td><td>Allgemeine Funktionen</td></tr>
<tr><td>EINSTELL</td><td>Konfiguration</td></tr>
<tr><td>GRAF_INS</td><td>Grafiktreiber</td></tr>
<tr><td>MAIL</td><td>Mailfunktionen</td></tr>
<tr><td>MOD_INS</td><td>Modulinstallation</td></tr>
<tr><td>OSA</td><td>Offene System Architektur</td></tr>
<tr><td>REP_TAB</td><td>Tabellen reparieren</td></tr>
<tr><td>DAT_KONV</td><td>Datentransfer</td></tr>
<tr><td>GRAFIK</td><td>Grafikerstellung</td></tr>
<tr><td>MAK_EDIT</td><td>Makro-Editor</td></tr>
<tr><td>TERMINE</td><td>Terminkalender/Adressen</td></tr>
<tr><td>UMRECH</td><td>Umrechungstabelle</td></tr>
</table>

Die Dateinamen der Hilfstexte dürfen nicht geändert werden, da Open Access
über diese auf die Hilfstexte zugreift.

Bearbeiten eines Hilfstextes

Soll ein Hilfstext geändert werden, rufen Sie diesen wie gewohnt durch
<hilfe:F1> auf. Betätigen Sie nun einmal <auf>, so erscheint eine Nummer
mit führendem #. Notieren Sie sich diese Nummer und rufen Sie die
Textverarbeitung auf. Hier laden Sie die zum Hilfstext gehörige Datei (siehe
Kasten). Nun müssen Sie nur noch die Zeile im Hilfstext suchen, die mit
$HELP$ und der notierten Nummer beginnt. Sehr einfach kann man dies über die
Suchen-Funktion der Textverarbeitung erreichen. Nachdem Sie den Hilfstext
bearbeitet haben, speichern Sie ihn wie einen normalen Text ab.

KAPITEL 44 - KONFIGURATION EINER GRAFIK

Die Grafik-Konfiguration wird durch den Aufruf des gleichnamigen Menüs eingeleitet.

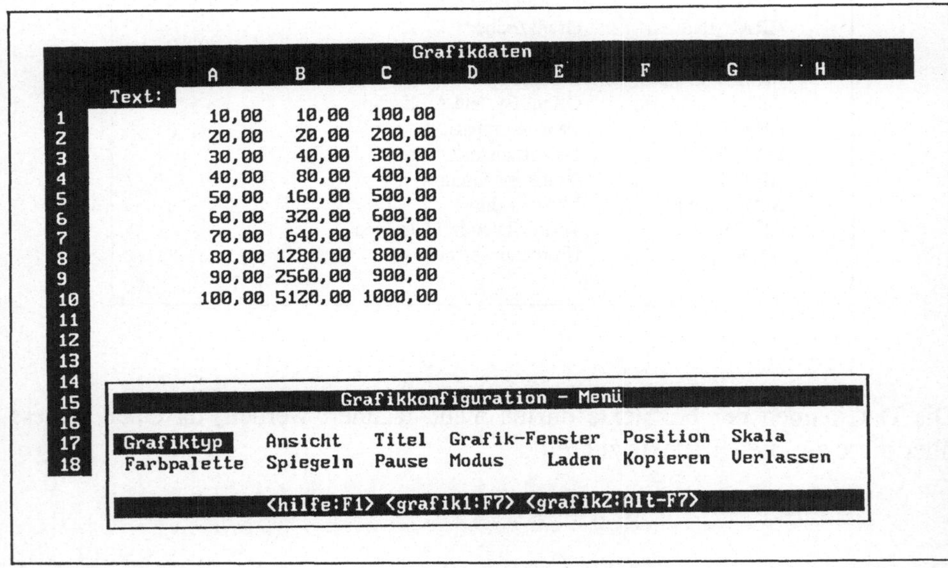

Abbildung 44-1 : Das Menü zur Konfiguration einer Grafik

! Ob Sie wirklich alle im folgenden beschriebenen Parameter einer Grafik verändern können, hängt von der verwendeten Grafikkarte (VGA, EGA, Hercules, usw.) ab.

Graphiktyp

MP: ... - <u>GRAFIK</u>Typ

Durch Aufruf der Option *Grafiktyp* kann der grundlegende Aufbau der Grafik bestimmt werden. Es erscheint ein Fenster, in dem neun verschiedene Grafiktypen gewählt werden können. Jeder einzelnen *Ebene* der Grafik kann zusätzlich einer der Grundtypen *Balken*, *Linie* oder *Kreis* zugeordnet werden.

Die drei Grundtypen

In Abbildung 44-2 sehen Sie die Darstellung von je einer Ebenen in den drei Grundtypen. Um den Grundtyp einer Ebene zu ändern setzen Sie den Cursor durch wiederholtes <ab> auf die Ebene und selektieren dann mit <rechts>,<links> oder <ändern:F6> den gewünschten Grundtyp.

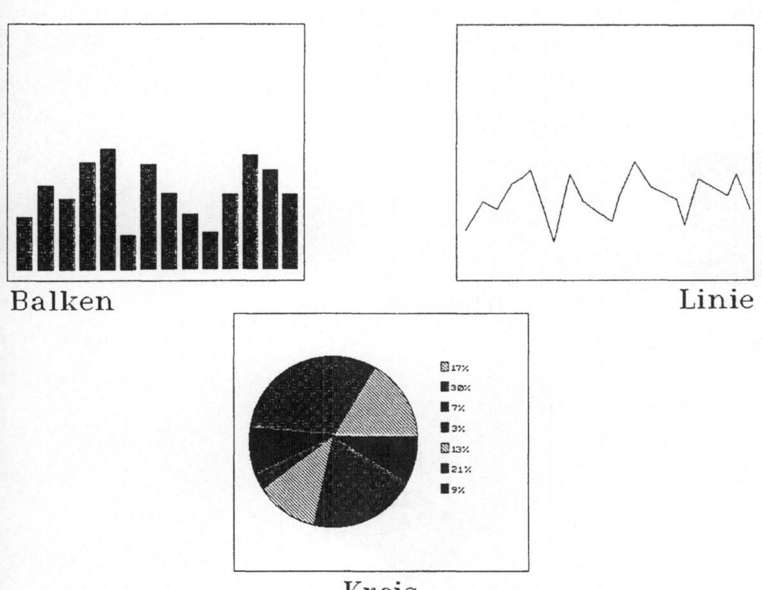

Abbildung 44-2 : Die drei Grundtypen zur Grafikerstellung

Die neun Grafiktypen

Der für jede Ebene definierte *Grundtyp* kann durch einen Grafiktyp variiert werden. Soll nur der Grundtyp dargestellt werden, so ist die Einstellung des Grafiktyps *Einfach* beizubehalten. Ausgewählt wird der Grafiktyp, durch Anwahl mit dem Cursor (<links> bzw. <rechts>). Wir wollen nun die einzelnen Grafiktypen mit ihrer Auswirkung auf die Grundtypen vorstellen.

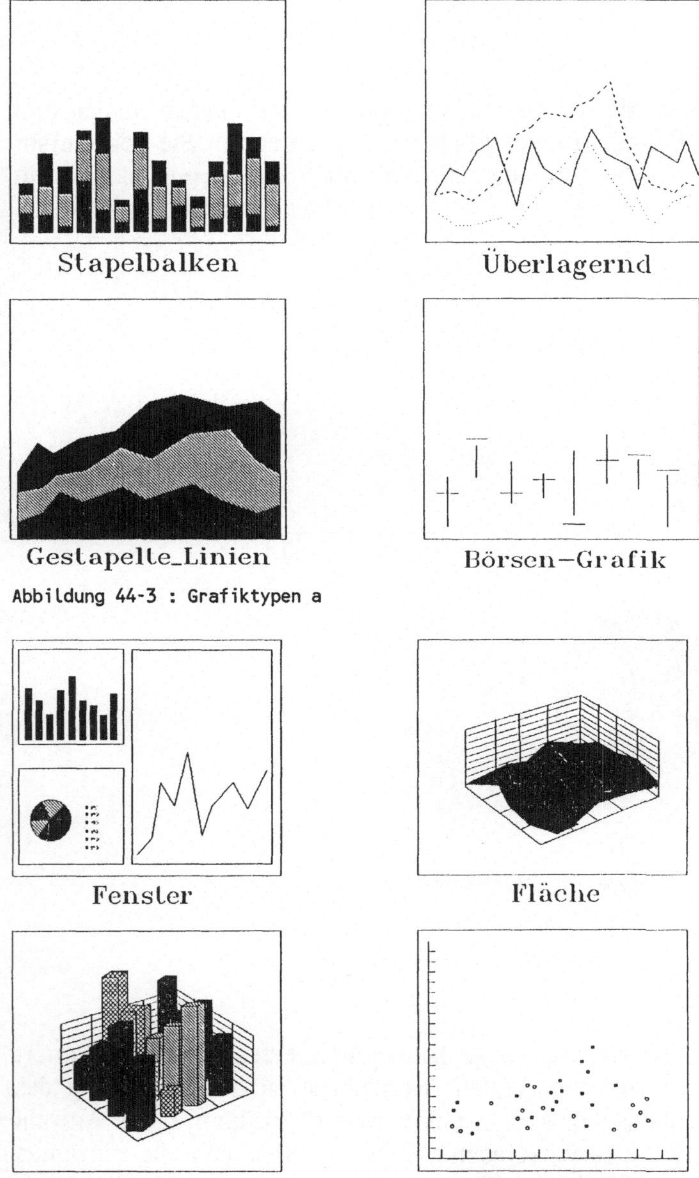

Abbildung 44-3 : Grafiktypen a

Abbildung 44-4 : Grafiktypen b

Einfach

Durch Wahl dieses Grafiktyps werden die Grundtypen unverändert dargestellt.

Überlagernd

Bei den Grundtypen *Balken* und *Linien* werden alle Ebenen in einer Grafik dargestellt. Dabei *überlagern* sich die Balken bzw. Linien der einzelnen Ebenen.

Fenster

Es werden alle Ebenen gleichzeitig, aber in getrennten Fenstern (Teilbereiche des Bildschirms) dargestellt. Um diesen Grafiktyp nutzen zu können, müssen Sie zuvor Größe und Position der Fenster definieren. Näheres dazu finden Sie in diesem Kapitel unter *Ansicht*.

Stapelbalken

Unabhängig von den gewählten Grundtypen werden alle Ebenen in einer Balkengrafik dargestellt. Die Werte einer Ebene werden durch jeweils einen Teil der einzelnen Balken repräsentiert.

Gestapelte_Linien

Unabhängig von den gewählten Grundtypen werden alle Ebenen als Linien dargestellt. Allerdings werden die Linien der einzelnen Ebenen gestapelt. Das heißt die Linie der zweiten Ebene entsteht durch Addition der Werte von Ebene 1 und 2. Die Linie der dritten Ebene entsteht aus Addition der Werte der ersten drei Ebenen, und so weiter. Die Räume zwischen den einzelnen Linien werden ausgefüllt. Die so entstehenden Flächen entsprechen den Werten der einzelnen Ebenen.

Drei-D

Unabhängig von den gewählten Grundtypen werden alle Ebenen in einer dreidimensionalen Balkengrafik dargestellt.

Fläche

Unabhängig von den gewählten Grundtypen werden alle Ebenen als Fläche im dreidimensionalen Raum dargestellt.

Streupunkte

Unabhängig von den gewählten Grundtypen werden alle Ebenen als *Streupunkte* im Koordinatensystem dargestellt. Dabei legen die Werte der ersten Ebene die X-Koordinate (Position auf der Abszisse) der Streupunkte fest. Die Werte der zweiten und jeder weiteren Ebene bestimmen die Y-Koordinate (Position auf der Ordinate). Dadurch werden für alle Ebenen ab der zweiten Streupunkte erzeugt. Die Streupunkte der einzelnen Ebenen werden unterschiedlich dargestellt.

Börsen-Grafik

Unabhängig von den gewählten Grundtypen werden die Werte der ersten drei Ebenen als Börsengraf dargstellt. Dabei werden die Werte der ersten Ebene als Höchstwerte (Maxima) und die Werte der zweiten Ebene als Tiefstwerte (Minima) interpretiert. Die Werte der dritten Ebene werden zur Darstellung der Abschlußwerte verwendet.

Transponieren

Im Fenster zur Definition des Grafiktyps kann auch die Einstellung *Transponieren* verändert werden. Bei Wahl der Einstellung *Ja*, werden X- und Y-Achse (Abszisse und Ordinate) vertauscht. Dies entspricht einer Drehung der Grafik um 90°. Möglich ist das *Transponieren* aber nur bei Grafiktypen mit Darstellung des Koordinatensystems.

Ansicht

MP: ... - A̲nsicht

Das Erscheinungsbild einer Grafik kann über die Option *Ansicht* noch optimiert werden. So lassen sich die Schraffuren für Kreissegmente und Balken oder der Blickwinkel für eine dreidimensionale Grafik verändern. Die Möglichkeiten hängen vom gewählten Grafiktyp ab. Normalerweise erzeugt Open Access mit den Standardeinstellungen für die *Ansicht* gute Ergebnisse. Sollten Sie die Parameter dennoch ändern wollen, so finden Sie auf den Seiten 170-173 des Handbuchs *Hilfsprogramme* nähere Informationen.

Titel

MP: ... - T̲itel

Nach Aufruf dieser Option kann Text zur Beschriftung der Grafik eingegeben werden. Es läßt sich eine Überschrift, eine Unterschrift und eine Seitenaufschrift definieren.

Grafik-Fenster

MP: ... - GRAFIK̲-Fenster

Es kann die Größe des Fensters zur Darstellung von Textgrafik (<grafik2:Alt-F7>) variert werden. Mit <links> und <rechts> verändern Sie die Breite, mit <auf> und <ab> die Höhe des Fensters.

Position

MP: ... - PO̲sition

Sie können Schraffur und Farbe der einzelnen Kreissegmente für ein Kreisdiagramm festlegen. Desweiteren lassen sich beliebige Segmente aus dem Kreis herausziehen (*Ein*), um sie so hervorzuheben.

Skala

MP: ... - SK̲ala

Über diese Option können Sie die Skalierung und den dargestellten Bereich der Y-Achse (Ordinate) definieren.

Farbpalette

MP: ... - <u>F</u>arbpalette

Wenn ihre Grafikkarte diese Funktion unterstützt, können Sie die Farben für die Grafikdarstellung wählen.

Spiegeln

MP: ... - <u>SP</u>iegeln

Für die Grafikdarstellung werden die Spalten und Zeilen der auszuwertenden Daten vertauscht. Das heißt, aus einer Garfikebene (Kreisdiagramm, Linie, usw.) wird ein Grafikelement (Balken, Kreissegment, usw.) und aus einem Grafikelement wird eine Grafikebene.

Pause

MP: ... - <u>PA</u>use

Sie können die Anzahl von Sekunden angeben, die beim Umschalten von einer Grafik zur anderen in einer Diavorstellung als Pause dient, wenn das Diakarusell von einem Tastaturmakro gesteuert wird.

Modus

MP: ... - <u>M</u>odus

Über diese Option kann die Darstellung einer Grafik im Text- oder Grafikmodus gewählt werden.

Laden

MP: ... - <u>L</u>aden

Es kann eine bestehende Konfiguration (*Grafikdatei*) geladen werden. Dabei gehen die Einstellungen der aktuellen Konfiguration verloren.

Kopieren

MP: ... - <u>K</u>opieren

Sie können die aktuelle Konfiguration in einer *Grafikdatei* ablegen.

Verlassen

MP: ... - <u>V</u>erlassen

Durch <undo:Esc> oder Anwahl dieser Option verlassen Sie die Grafik-konfiguration. Wurde die Konfiguration geändert, so haben Sie noch die Möglichkeit, die Änderungen zu speichern.

TEIL VIII
KONFIGURIEREN DES SYSTEMS

Open Access läßt sich in beinahe allen Details auf den eigenen Bedarf einstellen. Die Konfiguration des Systems ändert Parameter im gesamten integrierten Paket. Eine kluge Parametrierung bringt einige Vorteile bei der Arbeit mit dem Programm.

KAPITEL 45 - DIE SUCHTABELLE

Das Betriebssystem *MS-DOS* bietet mit Verzeichnissen und Unterverzeichnissen eine einfache Möglichkeit, Dateien auf der Festplatte oder Diskette zu ordnen. Die Mittel zur Organisation der Dateien unter MS-DOS bieten aber nicht nur Vorteile. Einerseits kann man auf lange Sicht nur durch das Anlegen von Unterverzeichnissen für verschiedene Dateigruppen die Übersicht über die Dateien bewahren. Andererseits wird der Zugriff auf eine Datei durch eine aus mehreren Ebenen bestehende Verzeichnisstruktur sehr aufwendig. Neben dem Namen der Datei muß jedesmal auch noch der zugehörige Pfad (z.B *C:\OA3\DATEN\LAGER*) angegeben werden.

Funktion der Suchtabelle

Genau an dieser Schwachstelle setzte man bei der Entwicklung von Open Access an. Mit der *Suchtabelle* wurde ein Werkzeug geschaffen, das es ermöglicht, jedem Pfad ein bis zu sieben Zeichen langes Kürzel - *Alias* genannt - zuzuordnen. Um beispielsweise auf die Datei *BRIEF.TXT* im Verzeichnis *TEXTE* zuzugreifen wäre ohne Suchtabelle die Angabe

C:\OA3\TEXTE\BRIEF.TXT

nötig. Dank der Suchtabelle reicht aber die Angabe

    TEXTE:BRIEF.TXT

aus, wenn *TEXTE* in der Suchtabelle als Alias für den Pfad *C:\OA3\TEXTE* definiert wurde. Im Laufe der Zeit wird die steigende Anzahl der vorhandenen Dateien Sie dazu zwingen, bestehende Verzeichnisse nochmals zu unterteilen, wodurch die Länge der Pfade zunehmen wird. Gerade bei längeren Pfaden erweist sich das Konzept der Suchtabelle als großer Vorteil.

Sequentielle Dateisuche

Die Anordnung der Pfade in der Suchtabelle hat eine nicht zu unterschätzende Bedeutung beim Laden von Dateien. Open Access ermöglicht es dem Anwender, eine Datei lediglich durch Angabe des Namens zu selektieren. In diesem Fall werden alle in der Suchtabelle definierten Verzeichnisse auf diese Datei hin durchsucht. Die Suche beginnt beim ersten Verzeichnis und fährt mit den folgenden Verzeichnissen (sequentiell) fort, bis die Datei gefunden wurde. Existiert eine Datei mit dem gesuchten Namen in mehr als einem Verzeichnis, wird die Datei daher aus dem am weitesten oben stehenden Verzeichnis geladen. Enthält keines der in der Suchtabelle eingetragenen Verzeichnisse eine Datei mit dem gesuchten Namen, so wird eine Fehlermeldung ausgegeben.

Es ist zu beachten, daß das Suffix (Dateiendung) einer zu suchenden Datei meist automatisch von Open Access vorgegeben wird. Daher wird eine Datei erst dann gefunden, wenn sie auch das entsprechende Suffix trägt. In der Datenbank wird zum Beispiel automatisch das Suffix *DF* bei der Suche nach einer Tabelle angehängt.

Die für die Suche nach einer nicht vorhandenen Datei benötigte Zeitspanne verhält sich proportional zur Anzahl der in der Suchtabelle definierten Pfade. Besonders die Suche in Pfaden auf Diskettenlaufwerken benötigt viel Zeit. Es sollten daher keine unnötigen Pfade in der Suchtabelle stehen. Pfade für Verzeichnisse auf Diskettenlaufwerken sollten nur für die Dauer des Zugriffs (Laden/Speichern) in die Suchtabelle eingetragen werden.

Einrichten der Suchtabelle

MP : Hilfsprogramme - Systemeinstellungen - SUchtabelle

Es erscheint das in Abbildung 45-1 zu sehende Fenster auf dem Bildschirm.

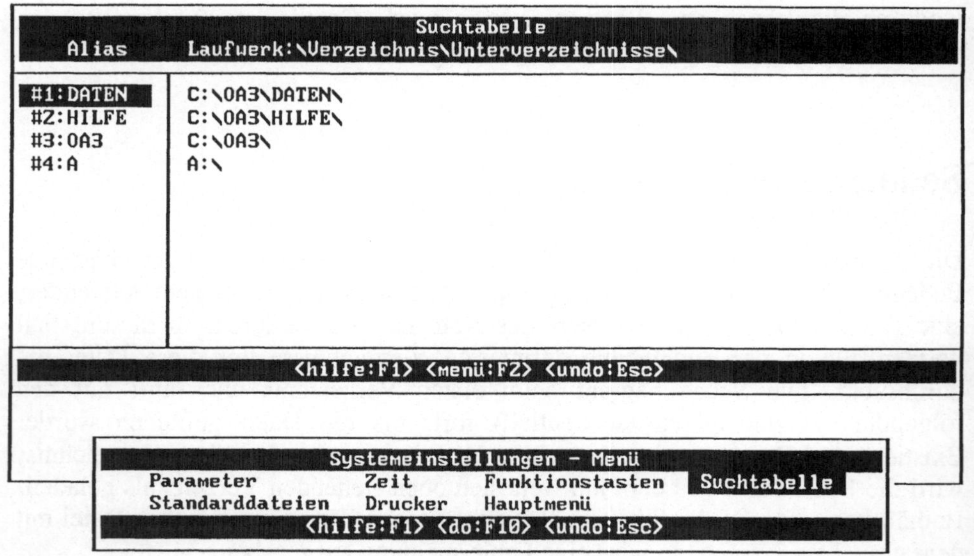

Abbildung 45-1 : Das Fenster zur Definition der Suchtabelle

Hier tragen Sie nun die neuen Pfade unter Aliasnamen Ihrer Wahl ein. Dazu bewegen Sie den Cursor solange mit <ab> nach unten, bis er unter dem letzten Eintrag steht. Durch die Tastenkombination <einfügen:Strg-ret> wird die Eingabe eines neuen Aliasnamen ermöglicht. Bestätigen Sie den Aliasnamen durch <ret> und tragen Sie dann den vollständigen Pfad des Verzeichnisses ein. Den Eintrag des Pfades bestätigen Sie ebenfalls durch <ret>. Fügen Sie nun auf die gleiche Weise den nächsten Pfad ein. Es sind allerdings maximal 20 Pfade zugelassen. Sind alle Aliasnamen und Pfade eingetragen, ist die Suchtabelle über <do:F10> zu verlassen. Sollen die neuen Einträge nicht abgespeichert werden, so verlassen Sie die Suchtabelle einfach über <undo:Esc>.

Wurde ein schon vergebener Aliasname verwendet, oder einem der neu eingetragenen Pfade bereits ein anderer Aliasname zugeordnet, wird beim Versuch, die Suchtabelle über <do:F10> zu verlassen, eine entsprechende Fehlermeldung ausgegeben. Sie können dann durch <undo:Esc> wieder in die Suchtabelle zurückkehren und den Fehler beheben. Ein existierender Eintrag (Aliasname und Pfad) wird durch <löschen:Strg-rück> gelöscht. Der zuletzt gelöschte Eintrag kann durch <einfügen:Strg-ret> an der Cursorposition eingefügt werden. Dadurch ist ein *Verschieben* der Einträge möglich.

Die Fehlermeldung *Ungültiges Laufwerk und/oder Verzeichnis* wird ausgegeben, wenn eine der Pfadangaben kein Verzeichnis adressiert. Dies kann zum Beispiel aufgrund eines Eingabefehlers geschehen. Prüfen Sie, ob alle Pfade korrekt angegeben wurden. Es bestehen vier mögliche Fehlerursachen:

1. Die einzelnen Verzeichnisse eines Pfades wurden nicht durch einen Backslash (\) voneinander getrennt.

2. Der Buchstabe des Laufwerks in den Pfadangaben wurde nicht durch einen Doppelpunkt vom folgenden Backslash getrennt.

3. Eine weitere Ursache für die Fehlermeldung könnte die Definition eines Pfades sein, der ein Verzeichnis auf einem Diskettenlaufwerk adressiert. Dies führt zu einer Fehlermeldung, wenn keine Diskette im Laufwerk liegt. Legen Sie dann bitte eine Diskette ein oder ignorieren Sie die Fehlermeldung durch nochmaliges Betätigen von <do:F10>.

4. Unter dem angegebenen Verzeichnis existiert kein Verzeichnis.

Nach der korrekten Definition der Suchtabelle kommen Sie durch Wahl des Punktes *Hauptmenü* zurück ins Hauptmenü. Bleiben Sie aber noch im Menü *Systemeinstellungen*, wenn Sie die Konfiguration fortsetzen wollen.

KAPITEL 46 - DEFINITION WEITERER PARAMETER

U Sie können - allerdings mit einigen Einschränkugen - sämtliche Parametereinstellungen aus der Version 2.11 in Open Access III übernehmen. Eine individuelle Konfigurabon der neuen Version ist aber unbedingt vorzuziehen. Die Druckertreiber, deren Erstellung recht aufwendig ist, können Sie auch auf anderem Wege in Version 3.0 übernehmen (siehe Kapitel 49 - *Druckeranpassung*). Nur wenn Sie diesen Weg gehen, sind die Treiber auch in Open Access III veränderbar.

Wollen Sie die Parameter dennoch übernehmen, so kopieren Sie nach der Installation die folgenden Dateien unter den angegebenen Namen in das Verzeichnis von Open Access III:

<table>
<tr><td colspan="2">Konfigurationsdateien in Version II und III</td></tr>
<tr><td>MISCE.SPI .... kopieren als .... CONFIG.OA3</td></tr>
<tr><td>MISCALLE.SPI .... kopieren als .... CONFIG.SCR</td></tr>
<tr><td>INFOE.PRT .... kopieren als ....CONFIG.PRT</td></tr>
</table>

Dadurch wird auch die Suchtabelle aus Open Access II übernommen. Die neue Version hat daher eventuell Zugriff auf Datenbank-Dateien der Version II. Diese Dateien werden nach Rückfrage auf Open Access III angepaßt und können dann nicht mehr von Version 2.11 verarbeitet werden. Es ist daher Vorsicht geboten, da sich der Vorgang nicht rückgängig machen läßt.

Sollten Sie sich nicht im Menü *Systemeinstellungen* befinden, so rufen Sie dieses bitte durch Wahl des gleichnamigen Menüpunktes im Menü *Hilfsprogramme* auf. Die Parameter *Standardausgabegerät* und *Bildschirm-Konfiguration* wurden bereits während der Installation festgelegt. Ihr Bildschirm sollte nun wie der in Abbildung 46-1 aussehen.

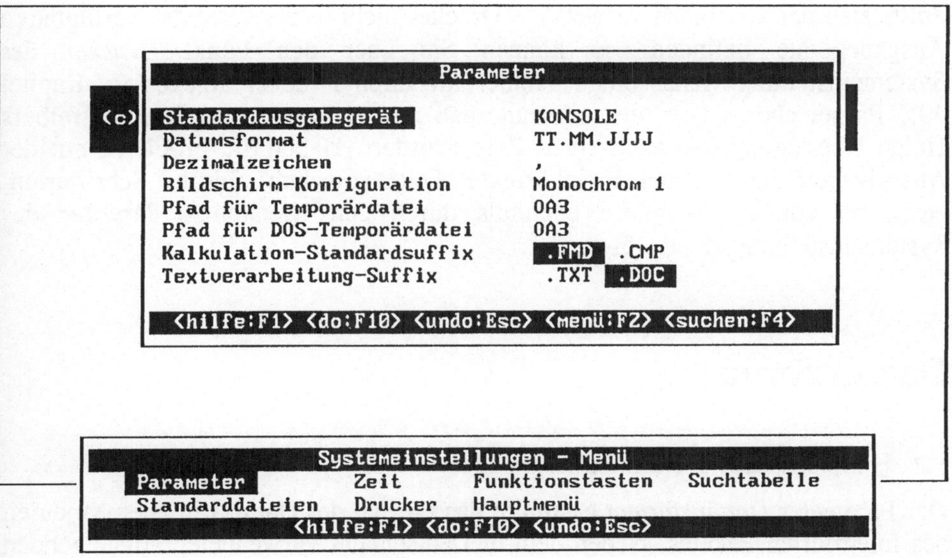

Abbildung 46-1 : Das Fenster zur Parameter-Definition

Standardausgabegerät

MP : <u>H</u>ilfsprogramme - <u>S</u>ystemeinstellungen - <u>P</u>arameter

Das Standardausgabegerät wird von Open Access bei allen Druckvorgängen als Ausgabegerät vorgegeben, kann dann allerdings noch geändert werden. Wählen Sie die Bezeichnung für Ihren Drucker oder die Bezeichnung, die der Ihres Druckers am ähnlichsten ist. Wenn Sie keinen Drucker besitzen, oder die Ausgabe nicht standardmäßig auf diesen ausgeben wollen, bietet Ihnen Open Access zwei Alternativen. Zum einen können alle Ausgaben auf dem Bildschirm angezeigt werden, wählen Sie dazu *Konsole* als Standardausgabegerät, zum anderen können die Ausgaben in einer Textdatei abgelegt werden, was durch die Wahl der Option *Datei* bestimmt wird. Letzteres hat den Vorteil, daß Sie die Ausgaben - ähnlich wie bei einem Drucker - auch noch nach dem *Ausdruck* betrachten können. Zum Betrachten dieser Textdateien verwendet man den Notizblock des Deskmanagers, oder die Textverarbeitung.

Um das eingestellte Ausgabegerät zu ändern, setzen Sie den Cursor auf den Punkt *Standardausgabegerät* und betätigen <suchen:F4>. Durch nochmaliges Betätigen von <suchen:F4> wird die Liste alphabetisch sortiert. Mit den Tasten <auf>, <ab>, <s.auf> und <s.ab> können Sie den Cursor durch die Liste bewegen. Bestätigt wird die getroffene Wahl durch <do:F10>.

Sollte sich der von Ihnen verwendete Drucker nicht in der Liste der verfügbaren Ausgabegeräte befinden, so können Sie über den Punkt *Drucker* des Systemeinstellung-Menüs einen Treiber für Ihren Drucker anlegen (s. Kapitel 49). Es sei aber schon hier erwähnt, daß das Anlegen eines Druckertreibers einige Überlegung und auch etwas Zeit erfordert. Haben Sie Probleme mit der Ausgabe auf Ihren Drucker (inkorrekter Seitenvorschub, falsche Schriftarten, etc.), so können Sie diese ebenfalls durch den Menüpunkt *Drucker* des Systemeinstellung-Menüs lösen.

Datumsformat

MP : <u>H</u>ilfsprogramme - <u>S</u>ystemeinstellungen - <u>P</u>arameter

Der Parameter *Datumsformat* bestimmt das Format des Datums in allen Modulen des Integrierten Paketes. Neben dem in Deutschland verwendeten aufsteigenden Datumsformat *TT.MM.JJJJ*, das auch nach der Installation eingestellt ist, sind noch andere Formate gebräuchlich. Zur Vereinheitlichung schlägt die ISO-Norm 2014-1976 (ISO = International Organization for Standardization) analog zum Format der Uhrzeit (*HH:MM:SS*) die abfallende Schreibweise *JJJJ.MM.TT* vor. Dieses ISO-Format hat sich aber bis heute hierzulande nicht durchsetzen können.

> Sollten Sie beabsichtigen mit dem Modul *Programmierer* Anwendungen zu erstellen und diese eventuell auch im Ausland zu vertreiben, so ist dieser Parameter von besonderer Bedeutung. Im Programm müssen Sie sich nämlich an das festgelegte Format halten. Wird später das Datumsformat geändert, so muß das Programm entsprechend angepaßt werden.

Um das eingestellte Datumsformat zu ändern, setzen Sie den Cursor auf den Punkt *Datumsformat* und betätigen <suchen:F4>. Wählen Sie mittels der Cursortasten das gewünschte Format und bestätigen Sie Ihre Wahl durch <do:F10>.

Dezimalzeichen

MP : <u>H</u>ilfsprogramme - <u>S</u>ystemeinstellungen - <u>P</u>arameter

Der Parameter *Dezimalzeichen* bestimmt das Format des Dezimalzeichens in allen Modulen des Integrierten Paketes. Zur Verfügung stehen hier *Dezimalpunkt* oder *Dezimalkomma*. Nach der Installation ist hier das Dezimalkomma vorgegeben. Eine Änderung ist daher nur nötig, wenn Sie einen Dezimalpunkt zu Beginn der Nachkommastellen wünschen.

Unabhängig von der Einstellung dieses Parameters ist im Modul *Programmierer* der Dezimalpunkt zu verwenden. Beim Ablauf einer Anwendung erfolgt die Ausgabe von Dezimalwerten allerdings mit dem als Parameter definierten Dezimalzeichen.

Bildschirm-Konfiguration

MP : Hilfsprogramme - Systemeinstellungen - Parameter

Zur Auswahl der *Bildschirmkonfiguration* steht eine Liste zur Verfügung, in der Sie mit den Cursortasten <auf> und <ab> die gewünschte Konfiguration auswählen können. Die Liste erscheint nach Betätigen der Funktionstaste <suchen:F4>. Es ist zu beachten, daß diese Auswahl keinen Einfluß auf die Graphikdarstellung hat, es wird nur die Form der Textanzeige und der Menüs bestimmt. Um sich für die Ihnen am angenehmsten erscheinende Bildschirmkonfiguration entscheiden zu können, sollten Sie einmal alle Konfigurationen durchgehen, die für Ihr System geeignet sind. Wählen Sie dazu die Konfiguration und bestätigen diese Wahl mit <do:F10>. Die Bildschirmanzeige wird nun im Format der gewählten Konfiguration dargestellt. Gefällt Ihnen die Darstellung nicht, so wählen Sie eine andere Konfiguration aus der Liste.

Graphiktreiber

MP : Hilfsprogramme - Systemeinstellungen - Parameter

Über das Menü *Systemeinstellungen* kann der Graphiktreiber nur für Arbeitsstationen (Netzwerkversion) geändert werden.

Im Einzelplatzsystem und für den Server (Netzwerk) ist der Punkt *Grafik_Treiber* des Menüs *Hilfsprogramme* zu wählen. Welche Graphiktreiber angeboten werden und was bei der Einstellung zu beachten ist, erfahren Sie auf Seite 400. Die Wahl des Graphiktreibers hängt von der Hardware Ihres Computers ab. Wählen Sie den Treiber für Ihre Graphikkarte und eventuell für Farb- oder Monochrommonitor. Sollten Sie keine Graphikkarte besitzen, so ist die Voreinstellung (CGA) zu übernehmen. Wenn Ihnen die Bezeichnung Ihrer Graphikkarte nicht bekannt ist, sollten Sie diese in den Unterlagen zum Rechner suchen oder gegebenenfalls beim Händler nachfragen.

Bei der Wahl eines falschen Graphiktreibers ist Open Access nicht mehr gebrauchsfähig, da keine Darstellung mehr auf dem Bildschirm erscheint.

In einem solchen Fall müssen Sie sich "blind" durch die Menüs bewegen und dann einen anderen Treiber wählen. Für das "blinde" (ohne Bildschirmanzeige) Einstellen eines Graphiktreibers sind nach dem Aufruf von Open Access folgende Tasten zu betätigen bzw. Anweisungen zu befolgen :

<ret> für die Datumsbestätigung

Wenn kein Diskettenlaufwerk in der Suchtabelle definiert wurde, dann
<h>   für Hilfsprogramme
<s>   für Systemeinstellungen
<su>   für SUchtabelle
<zeil_einf:Strg-Ret>   um eine Zeile einzufügen
<a>   als Aliasnamen für das neue Verzeichnis
<ret>   als Bestätigung des Aliasnamens
[Pfad]   den Pfad des Verzeichnisses eingeben
<ret>   als Bestätigung des Pfades
<do:F10>   zum Speichern der Suchtabelle
<h>   für Hauptmenü

<h> für Hilfsprogramme
<g> für Graphiktreiber

Legen Sie bitte die Diskette *Graphiktreiber* in das in der Suchtabelle definierte Diskettenlaufwerk. Nach <do:F10> zur Auswahl der Treiberliste befindet sich Abbildung 46-2 auf dem Bildschirm.

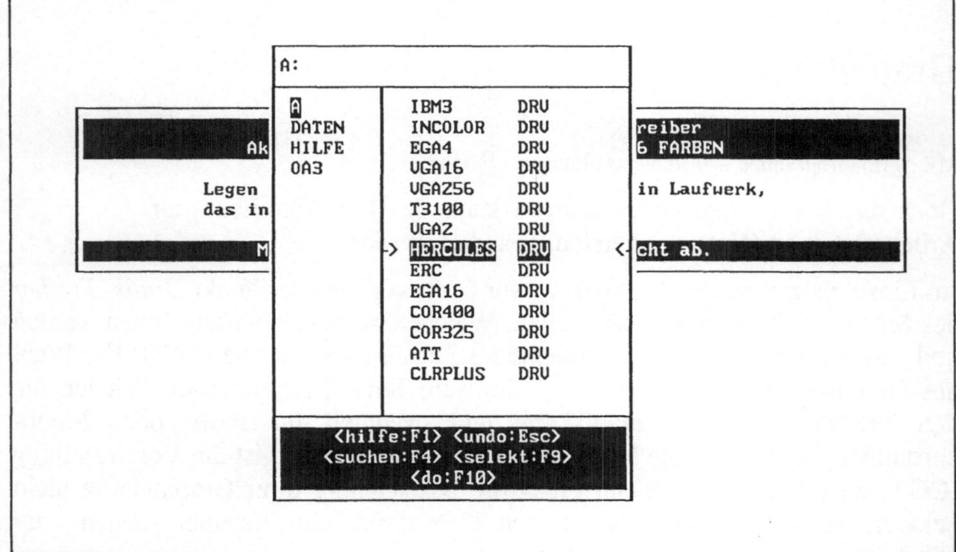

Abbildung 46-2 : Die Liste der Graphiktreiber

Wählen Sie anhand dieser Abbildung den gewünschten Graphiktreiber mit den Tasten <auf> und <ab> und bestätigen Sie Ihre Wahl durch <do:F10>. Wenn Sie den richtigen Treiber selektiert haben, sehen Sie nun wieder die Open-Access-Benutzeroberfläche.

Pfad für Temporärdatei

MP : Hilfsprogramme - Systemeinstellungen - Parameter

Während der Arbeit mit Open Access werden sogenannte Temporärdateien angelegt, ohne daß der Anwender davon erfährt. Diese Dateien bestehen normalerweise - wie der Name schon andeutet - nur für einen begrenzten Zeitraum.

Sollte es während einer Operation, für die eine oder mehrere Temporärdateien benötigt werden, zu einem Programmabbruch kommen, so bleiben die Temporärdateien erhalten. Ein Programmabbruch ist dann eingetreten, wenn Open Access nicht mehr ordnungsgemäß verlassen werden konnte. Ursache dafür kann ein Stromausfall, ein *Absturz* des Rechners (keine Tastatureingabe mehr möglich) oder ähnliches sein. In einem solchen Fall sollten Sie die Temporärdateien von Hand löschen. Sie erkennen diese an dem den Namen der Datei anführenden Zeichen &. Außerdem tragen Temporärdateien kein Suffix.

Sollen die Temporärdateien auf einem anderen Pfade angelegt werden, so kann durch <suchen:F4> eine Liste der in der *Suchtabelle* definierten Aliasnamen aufgerufen werden. Sie können dann den Aliasnamen des gewünschten Pfades mittels <auf> und <ab> selektieren und durch <do:F10> festlegen.

Da das Anlegen der Temporärdateien die Arbeit mit Open Access verlangsamt und aufgrund eines Programmabbruchs nicht gelöschte Temporärdateien von Hand gelöscht werden müssen, bietet es sich an, die Temporärdateien auf einer *RAM-Disk* abzulegen. Das Betriebssystem MS-DOS stellt Programmen normalerweise nur bis zu 640 Kilobyte *RAM* zur Verfügung. Das *RAM* stellt den verfügbaren Speicherplatz (engl. Random-Access-Memory) dar. Open Access kann darüber hinaus Speichererweiterungen nach LIM/EMS nutzen. Sie können den Speicherplatz über 640 Kilobyte aber auch für eine RAM-Disk verwenden. Dazu ist der MS-DOS Befehl *RAMDRIVE* oder *VDISK* in die Datei *CONFIG.SYS* einzutragen. Wie dies genau geschieht, soll hier nicht beschrieben werden, da das Befehlsformat von vielen Faktoren abhängig ist. Schlagen Sie daher bitte in Ihrem Handbuch zu MS-DOS unter den genannten Befehlen nach. Die Änderungen in der Datei CONFIG.SYS werden erst wirksam, nachdem der Computer neu gestartet (gebootet) wurde. Betätigen Sie zum *Booten* die Tastenkombination <Alt-Strg-Entf> - dies kommt dem Aus- und Einschalten des Computers gleich.

Nachdem Sie eine RAM-Disk definiert haben, können Sie deren Verzeichnis in die Suchtabelle eintragen und über zugehörige Aliasnamen den neuen Pfad für die Temporärdateien wählen. Dadurch entfallen die Geschwindigkeitsverluste während des Programmablaufs und das lästige Entfernen der Temporär-Dateien nach einem Programmabbruch.

| N | Die Temporärdateien einer Arbeitsstation im Lokalen Netzwerk sollten möglichst in einem Verzeichnis des Hintergrundspeichers dieser Station angelegt werden. Werden diese Dateien nämlich in einem Verzeichnis auf dem Hintergrundspeicher des Servers abgelegt, so wirkt sich dies negativ auf die Leistung des Netzwerks aus.

Pfad für DOS-Temporärdatei

MP : Hilfsprogramme - Systemeinstellungen - Parameter

Die DOS-Temporärdateien werden im Gegensatz zu den *normalen* Temporärdateien nicht während des Programmablaufs angelegt, sondern nur dann, wenn Open Access über das DOS-Kommando des Desk-Managers oder durch den Aufruf eines Fremdprogramms aus einem MNU-Menü (*Anwendungen*) verlassen wurde. In den DOS-Temporärdateien werden alle Informationen abgelegt, die benötigt werden, um nach der Rückkehr in Open Access an die Stelle zurückzufinden, an der das Programm verlassen wurde. Die Dateien sind dementsprechend umfangreich. Nicht gelöscht werden die DOS-Temporärdateien, wenn vor dem Ausschalten des Computers keine Rückkehr zu Open Access durch den Befehl *EXIT* erfolgte. Sie sollten diese Dateien, deren Name ebenfalls mit & beginnt und kein Suffix besitzt, dann wie *normale* Temporärdateien von Hand löschen. Im Gegensatz zu den *normalen* Temporärdateien sollten die DOS-Temporärdateien nicht auf eine RAM-Disk ausgelagert werden, da die Daten der RAM-Disk bei einem *Absturz* des Rechners (keine Tastatureingabe mehr möglich) oder einem Stromausfall verloren gehen.

Kalkulations-Standardsuffix

MP : Hilfsprogramme - Systemeinstellungen - Parameter

Die Modelle des Moduls *Kalkulation* werden normalerweise in Dateien mit dem Suffix *FMD* (Financial Model Data) abgelegt. Je größer ein Modell wird, desto mehr Speicherplatz benötigt auch die zugehörige Datei. Große Modelle, die nicht sehr oft benötigt werden, sollten daher in einer Datei mit dem Suffix CMP (CoMPressed Data) abgelegt werden. Dabei werden die Daten vor dem Speichern komprimiert und benötigen daher weniger Speicherplatz auf dem Hintergrundspeicher. Beim Lesen der CMP-Dateien müssen die Daten dekomprimiert werden, bevor sie wieder in der ursprünglichen Form vorliegen. Die Einstellung CMP sollte daher nur für Dateien gewählt werden, die nur selten benötigte Modelle enthalten, da die Dekomprimierung das Laden verlangsamt. Als Standardsuffix ist daher *FMD* zu empfehlen.

Textverarbeitungs-Suffix

MP : Hilfsprogramme - Systemeinstellungen - Parameter

In der Textverarbeitung kann mit zwei verschiedenen Arten von Text gearbeitet werden. Reine ASCII-Texte werden in Dateien mit dem Suffix *TXT* abgelegt. Sollen allerdings auch besondere Mittel zur Textgestaltung möglich sein, so ist das eingestellte Suffix *DOC* (DOCument) zu wählen. In DOC-Texten stehen zum Beispiel verschiedene Schriftvarianten (fett, kursiv, etc.) zur Verfügung.

Zeit

MP : Hilfsprogramme - Systemeinstellungen - Zeit

Es erscheint das in Abbildung 46-3 zu sehende Fenster für die *Zeiteinstellungen*. Die Zeitzonen konnten bereits während der Installation festgelegt werden. Als Vorgabe wurden hier *New York* und *San Diego* angeboten. Die Festlegung dieser beiden zusätzlichen Zeitzonen ist auf den ersten Blick sicherlich nicht für jeden Open-Access-Benutzer interessant. Neben den kontinentalen Zeitzonen lassen sich aber auch die Zeiten für west- bzw. ost-europäische Länder eintragen. Möchte man eine oder beide Zeitzonen definieren, so trägt man die gewünschten Werte ein. Die definierten Zonen werden beim Aufruf des Desk-Managers angezeigt.

Die letzten vier Parameter haben eine besondere Bedeutung für den Terminkalender des Desk-Managers. Das allgemeine Zeitformat sollte zur Übersicht möglichst auf *24-Stunden* eingestellt bleiben. Das *Zeitintervall für Termine* legt den vorgegebenen Zeitraum zwischen zwei Terminen fest. Im Terminkalender können aber Termine zwischen diesen Abständen eingefügt werden. Die Parameter *Erster Termin* und *Letzter Termin* sollten so gewählt werden, daß alle möglichen Termine in diesem Intervall liegen.

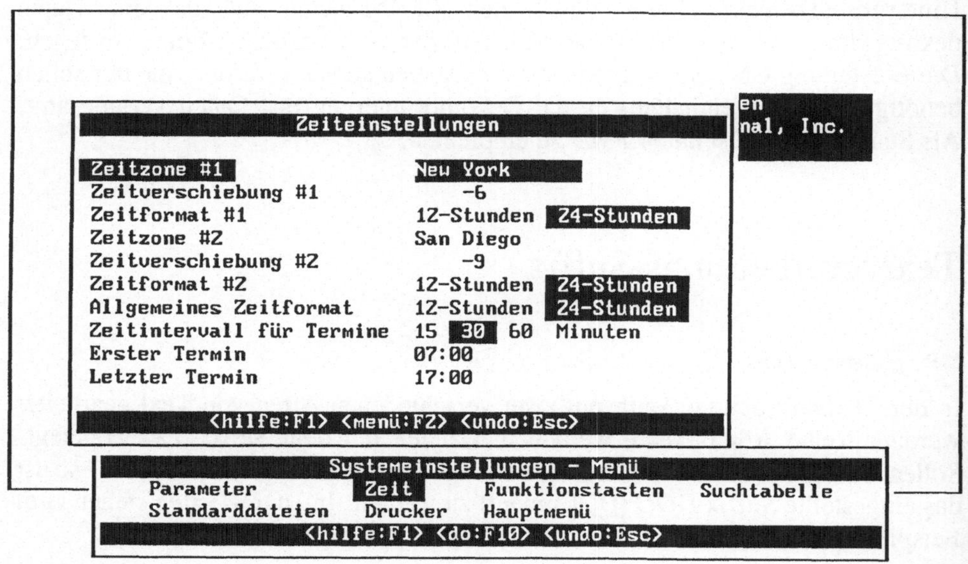

Abbildung 46-3 : Einstellung der Zeitparameter

Kalkulationsintervall

MP : <u>H</u>ilfsprogramme - <u>S</u>ystemeinstellungen - <u>P</u>arameter

N Dieser Parameter ist bei Arbeitsstationen im Netzwerk einstellbar. Er legt den Zeitraum in Sekunden fest, nach dem geprüft wird, ob andere Anwender im Netzwerk am gerade bearbeiteten Kalkulationsmodell Änderungen vorgenommen haben. Sie müssen den für Sie günstigen Wert austesten. Ein sehr kleiner Wert mindert die Leistungsfähigkeit des Netzwerks, bei einem sehr großen Wert werden Änderungen anderer Teilnehmer im Netzwerk erst sehr spät übernommen.

KAPITEL 47 - BELEGUNG DER FUNKTIONS-TASTEN

MP : Hilfsprogramme - Systemeinstellungen - Funktionstasten

Nach Aufruf der Option *Funktionstasten* erscheint das in Abbildung 47-1 zu sehende Fenster zur Definition der Funktionstasten. Die Belegung der Funktionstasten wird bei Betätigung der Kombination aus Funktionstaste und <shift> in den *Tastaturpuffer* geschrieben. Dies hat die gleiche Wirkung, wie die Eingabe der Belegung über die Tastatur. Die Funktionstasten werden genau mit der Zeichenfolge belegt, die beim Aufruf in den Tastaturpuffer geschrieben werden soll. Für besondere Tastenkombinationen, Tasten oder Funktionen, die nicht durch ein Zeichen dargestellt werden können, stehen besondere Befehlssequenzen zur Verfügung.

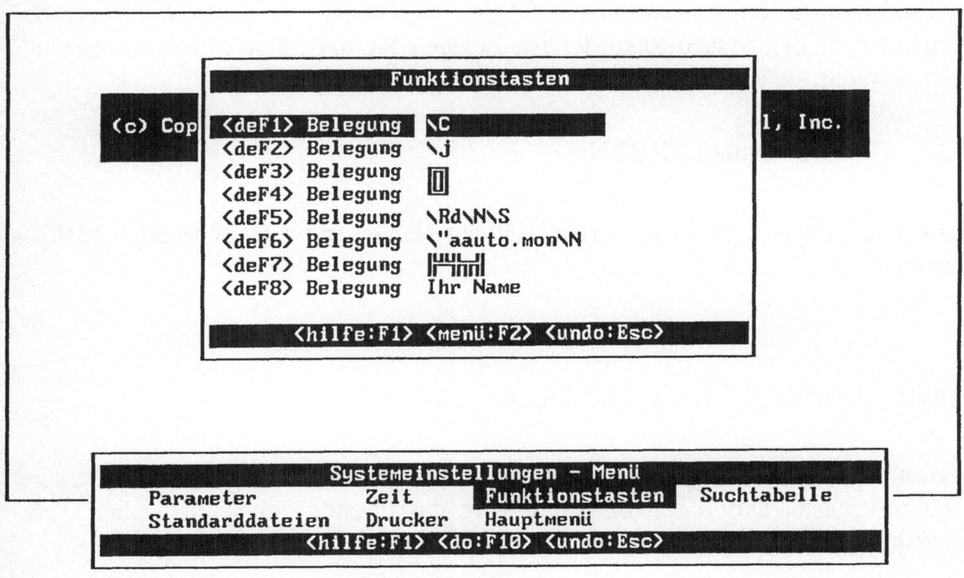

Abbildung 47-1 : Belegung der Funktionstasten

Wie Sie der Abbildung entnehmen können, sind für die einzelnen Funktionstasten bereits Vorgaben gemacht. Auf der linken Seite finden Sie die Bezeichnung der Funktionstasten, auf der rechten Seite die zugehörigen Zeichenfolgen bzw. Befehlssequenzen. Jede Befehlssequenz beginnt mit dem <Backslash:\>. Normale Zeichenfolgen werden - wie bereits erwähnt - genau in der Form eingegeben, in der Sie durch Aufruf der entsprechenden Funktionstaste ausgegeben werden sollen. Die Ausgabe einer normalen Zeichenfolge ist natürlich nur dann sinnvoll, wenn im Programm gerade die Eingabe einer Zeichenfolge möglich ist.

Kombinationen von Befehlen und Zeichenfolgen

Eine Funktionstaste kann mit mehreren Zeichenfolgen und Befehlssequenzen belegt werden. Eine Beschränkung besteht aber in Form der maximalen Eingabelänge von 15 Zeichen. Im folgenden sollen einige mögliche Anwendungen der frei definierbaren Funktionstasten aufgezeigt werden.

Aufruf eines Tastatur-Makros

Der Aufruf eines Tastatur-Makros kann durch eine entsprechend belegte Funktionstaste auf Tastendruck erfolgen, was sicherlich angenehmer als der Aufruf über den Makro-Rekorder ist. Belegen Sie dazu eine Funktionstaste mit der Sequenz

    \"a[Makroname].MON\N

Der Platzhalter *[MakroName]* ist durch den Namen des auszuführenden Makros zu ersetzen.

Aufruf einer OSA-Routine

Besondere Beachtung verdient die vorgegebene Belegung der ersten Funktionstaste. Durch den Befehl \C wird das Fenster zum Aufruf einer OSA-Routine geöffnet. Durch die Sequenz

    \C[Name]\N

kann eine OSA-Routine direkt gestartet werden. Der Platzhalter *[Name]* ist durch den Namen der aufzurufenden OSA-Routine zu ersetzen.

Häufig verwendete Zeichenfolgen

Neben der Automatisierung bestimmter Vorgänge können die belegbaren Funktionstasten auch Tipparbeit sparen. Belegen Sie eine oder mehrere Tasten mit den am häufigsten benutzten Zeichenfolgen. Auf diese Weise können Sie zum Beispiel die Eingabe Ihres Namens durch die Kombination aus <shift> und Funktionstaste erreichen. Die automatische Eingabe von Zeichenfolgen, die länger als 15 Zeichen sind, kann durch den Aufruf eines Tastatur-Makros (siehe oben), das diese Zeichenfolge enthält, realisiert werden.

Befehlssequenzen für besondere Tastenkombinationen

Alt-F3	<b_druck>	\#	rechts oben auf der Tastatur
Alt-F5	<verschieben>	\g	
Alt-F7	<plazieren>	\s	
Alt-F8	<makro>	\"	Taste "2" mit <Shift>
Alt-F9	<deselekt>	\\|	ASCII-Zeichen 179
Alt-F10	<ausführen>	\%	Taste "5" mit <Shift>
Strg-Ret	<zeil_einf>	\I	
Strg-Rück	<zeil_lö>	\D	
Shift-Tab	<rücktab>	\t	
Strg-Rechts	<wort_vor>	\W	
Strg-Links	<wort_rück>	\w	
Strg-Pos1	<spr_links>	\{	Taste "7" mit <Alt Gr>
Strg-Ende	<spr_rechts>	\}	Taste "0" mit <Alt Gr>

Befehlssequenzen für besondere Funktionen

Ausschalten der Bildschirmdarstellung	\K
Aufruf des "OSA-Aufruf-Fensters"	\C
Anzeige des freien Speicherplatzes	\j

Befehlssequenzen für besondere Tasten

Taste	Sequenz	Code	
F1	<hilfe>	\?	
F2	<menü>	\M	
F3	<drucken>	\H	
F4	<suchen>	\/	Taste "7" mit <Shift>
F5	<kopieren>	\G	
F6	<ändern>	\~	Taste "+" mit <Alt Gr>
F7	<einsetzen>	\S	
F8	<desk>	\R	
F9	<selekt>	\L	
F10	<do>	\!	Taste "1" mit <Shift>
Esc	<undo>	\X	
Ret	<ret>	\N	
Einfg	<einfügen>	\i	
Entf	<löschen>	\d	
Cursor nach oben	<auf>	\^	.. links oben auf der Tastatur, unter <Esc>
Cursor nach unten	<ab>	\v	
Cursor nach links	<links>	\<	links unten auf der Tastatur
Cursor nach rechts	<rechts>	\>	Taste "<" mit <Shift>
Pos1	<anfang>	\V	
Ende	<ende>	\&	Taste "6" mit <Shift>
Bild auf	<s.auf>	\p	
Bild ab	<s.ab>	\P	
Rück	<rück>	\B	
Tab	<tab>	\T	

KAPITEL 48 - STANDARDDATEIEN

MP : <u>H</u>ilfsprogramme - <u>S</u>ystemeinstellungen - <u>ST</u>andarddateien

Die Standarddateien werden von Open Access verwendet, um bestimmte Informationen auf dem Hintergrundspeicher (Festplatte, Diskette) abzulegen bzw. von diesem zu lesen. Sollte eine Standarddatei noch nicht existieren, so legt Open Access diese auf dem hier definierten Verzeichnis an. Wird einer Standarddatei kein Verzeichnis zugeordnet, so wählt Open Access das Verzeichnis, das durch den ersten Pfad der Suchtabelle bestimmt wird.

Alle Standarddateien sollten sich im gleichen Verzeichnis befinden und dieses Verzeichnis sollte nie aus der Suchtabelle entfernt werden. Nur so hat Open Access immer Zugriff auf die Standarddateien. Es bietet sich das Verzeichnis *HILFE* an, da dieses andere wichtige Dateien enthält und daher ohnehin immer in der Suchtabelle stehen sollte.

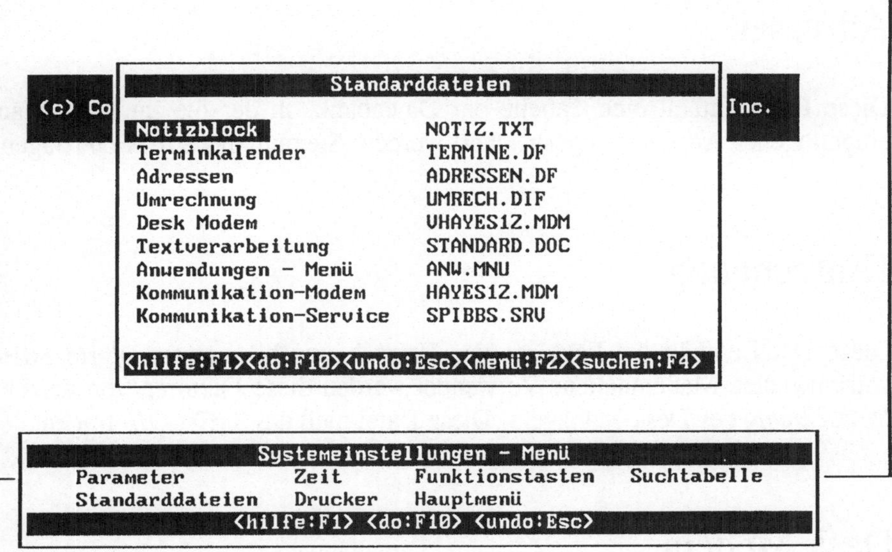

Abbildung 48-1 : Definition der Standarddateien

Auf jeden Fall sollten alle Standarddateien im Netzwerkbetrieb in einem privaten Verzeichnis der jeweiligen Arbeitsstation gespeichert werden. Natürlich kann dies auch ein privates Verzeichnis auf dem Server sein, es ist jedoch empfehlenswert, den Hintergrundspeicher der Station zu verwenden.

Nach dem Aufruf erscheint das in Abbildung 48-1 zu sehende Fenster. Im folgenden wird nun die Bedeutung der einzelnen Standarddateien erläutert.

Notizblock

Diese Datei steht beim Aufruf des *Notizblocks* des Desk-Managers zur Bearbeitung zur Verfügung. Sie muß unbedingt das Suffix *TXT* tragen und einen reinen ASCII-Text enthalten.

Terminkalender

Diese Datei enthält eine Tabelle der Datenbank, in der die im *Terminkalender* des Desk-Managers eingetragenen Termine abgespeichert werden. Sie muß das Suffix *DF* tragen.

Adressen

Diese Datei enthält eine Tabelle der Datenbank, in der die im Desk-Manager eingetragenen Adressen abgespeichert werden. Sie muß das Suffix *DF* tragen.

Umrechnung

Diese Datei enthält die Faktoren zur Umrechnung bestimmter Werte zwischen verschiedenen Maßeinheiten. Verwendet werden diese Faktoren von der Option *Umrechnung* des Desk-Managers. Diese Datei muß das Suffix *DIF* tragen.

Desk Modem

Diese Datei enthält Informationen über das gewünschte Modem bei der automatischen Wählfunktion des Desk-Managers. Als Suffix dieser Datei ist *MDM* anzugeben.

Textverarbeitung

Diese Datei enthält den Text, der beim Anlegen eines Textes mit der Textverarbeitung automatisch geladen wird. Die Standarddatei wird durch Ändern des Textes nicht verändert. Es bietet sich an, einen Standardtext als Standarddatei für die Textverarbeitung zu definieren. So können Sie zum Beispiel den allgemeinen Aufbau eines Briefes (Briefkopf, Adresse, Datum, etc.) in der Standarddatei ablegen. Beim Aufruf der Textverarbeitung steht dieser Rahmen dann bereits zur Verfügung. Als Dateien sind nur formatierte Texte mit dem Suffix *DOC* zugelassen.

Anwendungen-Menü

Diese Datei enthält die Informationen für das frei definierbare Menü, das über den Punkt *Anwendungen* des Hauptmenüs aufgerufen werden kann. Diese Datei darf nur reinen ASCII-Text enthalten. Das Suffix *MNU* ist nicht zwingend vorgeschrieben. Normalerweise trägt diese Datei den Namen *ANW*, ein anderer Name ist aber durchaus zulässig. Die Struktur der Datei läßt sich in zwei Teile zerlegen, auf die wir nun eigehen werden.

Kopfzeile - Überschrift

In der ersten Zeile der Datei werden Überschrift und Position des Menüs festgelegt. Dabei ist folgendes Format einzuhalten :

```
"[Überschrift]" [x],[y]
```

Der Platzhalter *[Überschrift]* ist durch den gewünschten Menütitel zu ersetzen. Wird keine Überschrift angegeben, so erscheint im Menü der Standardtitel *Applikationen*. Die beiden Parameter *[x]* und *[y]* bestimmen die Position der linken, oberen Ecke des Menüfensters auf dem Bildschirm. Wird das Fenster zu weit nach rechts bzw. unten positioniert, so werden die Positionsparameter automatisch geändert. Dadurch steht im Fenster immer genügend Platz zur Darstellung der Überschrift und der Menüpunkte zur Verfügung.

Rumpf - Menüpunkte

Im Rumpfteil der Datei können bis zu 22 Menüpunkte aufgenommen werden.
Für jeden Menüpunkt ist eine Zeile mit folgender Struktur anzulegen :

[Bezeichnung] [Anweisung]

Der Platzhalter *[Bezeichnung]* ist durch die gewünschte Bezeichnung des
Menüpunktes zu ersetzen. Dabei ist zu beachten, daß die Bezeichnung eines
Menüpunktes maximal 23 Zeichen lang sein darf, mit einem Buchstaben
beginnen muß und kein Leerzeichen enthalten kann. Um einzelne Worte eines
Menüpunktes nicht durch Binde- (-) oder Unterstriche (_) trennen zu müssen,
kann zur Trennung das ASCII-Zeichen *255* verwendet werden. Dieses Zeichen
wird - wie das Leerzeichen - auf dem Bildschirm nicht dargestellt und kann über
die ASCII-Tabelle (<ascii:Alt-F4>) ausgewählt (<ende:Ende>) und dann in
den Text eingesetzt werden (<einsetzen:F7>).

Wodurch der Platzhalter [Anweisung] zu ersetzen ist, hängt von der
auszuführenden Aktion ab. Es bestehen sechs Alternativen :

Untermenüs

Ein weiteres Menü (Untermenü) , das mit gleicher Struktur aber anderem Namen
als das eigentliche *Anwendungen-Menü* abzulegen ist, kann durch die Anweisung
[Name].MNU aktiviert werden. Es ist zu beachten, daß ein Untermenü ebenfalls
wieder Untermenüs haben kann, aber insgesamt nicht mehr als drei solcher
Schachtelungs-Ebenen zugelassen sind.

Anwendungen

Eine Programmierer-Applikation wird durch die Anweisung *[Name].CND*
gestartet, wobei *[Name]* durch den Namen der Applikation zu ersetzen ist

Compiler-Anwendungen

Eine kompilierte Programmierer-Applikation ist durch *[Name].COD* aufzurufen.
[Name] ist wieder durch den Namen der Applikation zu ersetzen.

OSA-Applikationen

Der Aufruf einer OSA-Applikation erfolgt durch *[Name]. Hier ist der Platzhalter *[Name]* durch den Namen der OSA-Applikation zu ersetzen.

Makros

Um ein Makro zu starten, ist die Anweisung *[Name]*.MON nötig, wobei [Name] durch den Namen des zu startenden Makros zu ersetzen ist. Wichtig für das Starten von Makros aus dem Anwendungen-Menü oder einem seiner Untermenüs ist, daß das Makro seine Arbeit im Open-Access-Hauptmenü aufnimmt. Es ist also insbesondere falsch, wenn man ein Makro, das aus einem Untermenü des Anwendungen-Menüs aufgerufen wird, so gestaltet, daß es zuerst ins Anwendungen-Menü zurückgeht.

DOS-Befehle

Ein DOS-Befehl wird durch die Anweisung */[Befehl]* oder *\[Befehl]* ausgeführt. Anstelle des Platzhalters *[Befehl]* kann ein beliebiger DOS-Befehl stehen. Macht man hier keine Angabe, so gelangt man einfach ins DOS und kann durch den Befehl *EXIT* wieder in Open Access zurückkehren.

Kommunikation-Modem

Diese Datei enthält die Information über das normalerweise verwendete Modem im Modul *Kommunikation*. Diese Datei muß das Suffix *MDM* tragen.

Kommunikation-Service

Diese Datei enthält die Informationen zum Aufbau einer Verbindung im *Modul* Kommunikation. Als Suffix ist *SRV* zu wählen.

KAPITEL 49 - DRUCKER-ANPASSUNG

MP : <u>H</u>ilfsprogramme - <u>S</u>ystemeinstellungen - <u>D</u>rucker

Eine der schwierigsten Aufgaben bei der Konfiguration eines Programms besteht in der fehlerfreien Anpassung der Software an einen Drucker. In Open Access III finden Sie Treiber (Konfigurationen) für 47 verschiedene Ausgabegeräte. Neben zahlreichen Druckern stehen auch noch weitere Möglichkeiten (Plotter, Bildschirm, etc.) zur Ausgabe von Daten zur Verfügung. Nach Aufruf der Option *Drucker* erscheint die in Abbildung 49-1 zu sehende Liste der verfügbaren Treiber.

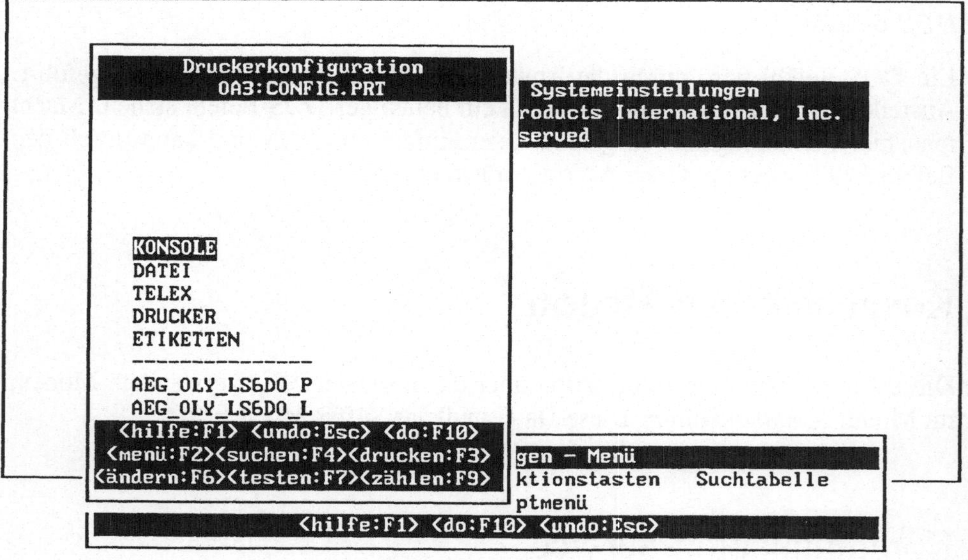

Abbildung 49-1 : Die Liste der verfügbaren Druckertreiber

Gespeichert werden diese Konfigurationen in der Datei *CONFIG.PRT*, die der Datei *INFOE.PRT* aus Open Access II entspricht. Mit <auf> und <ab> können Sie einen Treiber selektieren.

Standardtreiber

Es stehen vier Treiber für Standardausgabegeräte zur Verfügung. Mit *DRUCKER* können Daten auf alle an der parallelen Schnittstelle angeschlossenen Drucker ausgegeben werden. Allerdings werden dabei keine Druckattribute (Fettdruck, Großschrift, etc.) und auch keine Besonderheiten (z.B. Blattgröße) berücksichtigt. Das gleiche gilt für den Treiber *ETIKETTEN*, der allerdings für das Bedrucken von einbahnigen Endlosetiketten mit einer Breite von 12,7 cm (5") und einer Höhe von 2,54 cm (1") vorbereitet ist. Über den Treiber *DATEI* können die Daten in eine ASCII-Datei (reiner Text) geschrieben werden. Nach der Wahl dieser Konfiguration ist noch der Name der Datei zu bestimmen. Der letzte Standardtreiber *KONSOLE* leitet die Datenausgabe auf den Bildschirm.

Anzahl der verfügbaren Treiber

Durch <zählen:F9> wird in der Kopfzeile der Liste die Anzahl der verfügbaren Druckerkonfigurationen eingeblendet. Es können maximal 50 Treiber in die Liste aufgenommen werden.

Löschen eines Treibers

Wenn bereits 50 Konfigurationen in der Liste existieren und Sie noch einen weiteren Treiber aufnehmen möchten, können Sie durch <zeil_lö:Strg-Rück> den mittels Cursor selektierten Treiber löschen.

Importieren eines Treibers

Es ist möglich, eine Konfiguration aus einer anderen Liste zu kopieren. Dadurch können zum Beispiel mehrere Open-Access-Anwender ohne Probleme einzelne Druckertreiber austauschen. Gehen Sie dazu bitte wie folgt vor :

1. Kopieren Sie die Datei *CONFIG.PRT* mit dem zu importierenden Treiber
    von der Festplatte des fremden Rechners auf eine Diskette.

2. Tragen Sie das Hauptverzeichnis Ihres Diskettenlaufwerks in die
    Suchtabelle ein.

3. Wählen Sie die Druckeranpassung (s.o.) an.

4. Betätigen Sie Funktionstaste <kopieren:F5>

5. Im nun erscheinenden Eingabefenster geben Sie den Aliasnamen des
    Diskettenverzeichnisses und den Namen der Datei an.

6. Es wird die fremde Treiberliste angezeigt. Wählen Sie die gewünschte
    Konfiguration und bestätigen Sie Ihre Wahl mit <do:F10>.

Nach diesem Vorgang befindet sich der importierte Treiber in der Liste der
Ausgabegeräte.

U   Auch Druckertreiber aus Version 2.11 können importiert werden. Diese
    lassen sich dann auch ohne Einschränkungen bearbeiten. Der Vorgang ist
    mit dem oben beschriebenen identisch. Allerdings befindet sich der zu
importierende Treiber hier in der Datei *INFOE.PRT*.

Sortieren der Treiber

Durch <suchen:F4> werden die Konfigurationen der Liste alphabetisch
geordnet.

Protokoll eines Treibers

Alle Daten einer Konfiguration können auf ein Ausgabegerät ausgegeben werden.
Für das Ausgabegerät bietet sich hier eine der oben beschriebenen Standard-
konfigurationen an.

Ändern eines Treibers

Eine bestehende Konfiguration kann durch <ändern:F6> bearbeitet werden. Mit
<do:F10> werden die getätigten Änderungen übernommen, durch
<undo:Esc> kann der Vorgang abgebrochen werden.

Anlegen eines Treibers

Eine neue Konfiguration wird mit <zeil_einf:Strg-Ret> angelegt. Man hat dabei die Möglichkeit, die Daten der durch den Cursor selektierten Konfiguration in die neue Konfiguration zu übernehmen. Dies ist zum Beispiel dann empfehlenswert, wenn ein bereits bestehender Treiber fast mit dem anzulegenden Treiber übereinstimmt.

Die Parameter eines Treibers

Wir werden nun die einzelnen Parameter der Konfiguration ausführlich beschreiben. Ziehen Sie zur Einstellung der Parameter bitte zusätzlich Ihr Druckerhandbuch zurate. Für die Konfiguration selten benutzter Ausgabegeräte, wie Plotter usw. finden Sie im Handbuch *Hilfsprogramme*, Seite 103 ff., weitere Informationen.

Drucker Identifikation

Hier können Sie eine bis zu 15 Zeichen lange Bezeichnung für den Treiber eintragen. Unter diesem Namen kann der Treiber dann später aufgerufen werden.

Ausgabe auf

Diese Angabe bestimmt die zu verwendende Hardware-Schnittstelle. Es stehen folgende Alternativen zur Verfügung :

Kürzel der Hardwareschnittstellen
CON .... Bildschirm
Datei .... Hintergrundspeicher ...... (Festplatte/Diskette)
LPT1 .... 1. Parallele Schnittstelle .... (Drucker)
COM1 .... 1. Serielle Schnittstelle .... (Drucker)
COM2 .... 2. Serielle Schnittstelle .... (Drucker)
LPTx .... x. Parallele Schnittstelle .... (Drucker)
LST .... Netzwerkausgabegerät .... (Drucker)

Ob Ihr Drucker eine serielle oder parallele Schnittstelle besitzt, erkennen Sie am Steckertyp des Druckerkabels. Zum Anschluß an eine parallele Schnittstelle (auch Centronics-Schnittstelle genannt) dient ein 36poliger Stecker mit etwa 5cm Breite. Der Stecker für eine serielle Schnittstelle ist dagegen wesentlich schmaler. Die meisten Drucker für PCs sind für den Anschluß an eine parallele Schnittstelle vorgesehen.

Baudrate

Die Baudrate legt die Geschwindigkeit der Datenübertragung zum Drucker fest. Diese wird in Baud (Bits/Sekunde) angegeben und sollte den am Drucker eingestellten Wert nicht überschreiten. Eine hohe Baudrate ist nur dann sinnvoll, wenn Ihr Drucker einen sogenannten Puffer besitzt. Der Puffer nimmt dann die zu druckenden Daten auf und Sie können, ohne auf das Ende des Ausdrucks warten zu müssen, weiterarbeiten. Je höher die Baudrate ist, desto schneller werden die Daten in den Puffer geschrieben. Eine sehr hohe Baudrate bedingt aber auch, daß ein Abbruch des Druckes nur mit erheblicher Verzögerung möglich ist. Vor- und Nachteile sind hier also abzuwägen.

Parität

Dieser Parameter ist lediglich beim Anschluß des Ausgabegerätes an der seriellen Schnittstelle von Bedeutung. Für parallele Drucker ist der Wert *Keine* beizubehalten. Welchen Wert Sie bei einem seriellen Drucker einstellen müssen, hängt von der Einstellung am Drucker ab - beide müssen übereinstimmen.

Stopbits, Datenbits

Auch diese Parameter sind nur beim Anschluß des Ausgabegerätes an der seriellen Schnittstelle zu beachten. Ihre Werte müssen mit der Einstellung am Drucker übereinstimmen.

ETX/ACK? und XON/XOFF?

Nur wenn ein serieller Drucker das ETX/ACK- bzw. das XON/XOFF-Protokoll verwendet, ist bei diesen Parametern der Wert *Ja* einzustellen.

Grafikdrucker

Wenn Ihr Drucker grafikfähig ist, sollten Sie hier den Wert *Ja* wählen.

Plotter

Durch die Wahl des Wertes *Ja* für diesen Parameter hat man die Möglichkeit, spezielle Plotter-Parameter unter der Überschrift *Plotter-Information* einzustellen.

Einzelblatt, Pause für Farbwechsel, Pause für Typenradwechsel

Diese Parameter bedingen bei Wahl des Wertes *Ja* eine Unterbrechung der Ausgabe auf das Ausgabegerät, wenn eine Seite komplett ausgegeben wurde, eine neue Farbe oder eine neue Schriftart verwendet wird. Im jeweiligen Fall kann dann ein neues Blatt, ein anderes Farbband oder ein anderes Typenrad eingelegt werden.

Ausgabeklasse

Dieser Parameter beeinflußt den Grafikdruck und wurde speziell für Open Access entworfen. Daher werden Sie in Ihrem Druckerhandbuch dazu auch keine Informationen dazu finden. Weitere Hinweise finden Sie ab Seite 126 des Handbuchs *Hilfsprogramme*. Wir führen hier nur die wichtigsten Klassen auf :

0　　　Für die meisten 9-Nadel Farbdrucker. Es ist zusätzlich der Parameter *Grafikanfang-Sequenz* mit der Sequenz *(27)L(0)(0)* zu belegen.

1　　　Für die meisten 9-Nadel Schwarz/Weißdrucker. Es ist zusätzlich der Parameter *Grafikanfang-Sequenz* mit der Sequenz *(27)L(0)(0)* zu belegen.

6　　　Für die meisten 24-Nadel Schwarz/Weiß-Drucker. Es ist zusätzlich der Parameter *Grafikanfang-Sequenz* mit der Sequenz *(27)*m(0)(0)* zu belegen.

60　　　Für die meisten 24-Nadel Farbdrucker. Es ist zusätzlich der Parameter *Grafikanfang-Sequenz* mit der Sequenz *(27)*m(0)(0)* zu belegen.

23　　　Schwarz/Weiß-Breitwagendrucker

24　　　Breitwagen-Farbdrucker

70　　　Laserdrucker

100　　　Postscript-Drucker

101　　　Postscript-Drucker mit Grauskala

Papierlänge, Papierbreite

Die Papierlänge und Papierbreite werden in Zoll angegeben. Die Papierlänge legt gleichzeitig den Parameter *Zeilen/Seite* fest. Zur Umrechnung eines Zentimeter-Wertes in Zoll ist dieser durch *2,54* zu teilen. Zum Beispiel sind bei einer Papierlänge von 30,5 cm als Wert 12 Zoll einzutragen.

> **!** Eine inkorrekte Papierlänge führt zu einem nicht ordnungsgemäßen Papiervorschub. Der Druckbeginn wird dann mit jeder neuen Seite weiter verschoben.

Linker Rand

Der linke Rand wird um den in Zoll (1" = 2,54cm) angegebenen Wert eingerückt. Dieser Parameter ist nur in seltenen Fällen sinnvoll, da beinahe jede Ausgabe in Open Access die Angabe eines individuellen linken Randes ermöglicht.

Bedruckbare Länge

Legt den vertikal bedruckbaren Bereich der Papierlänge fest. Dieser Wert muß daher kleiner oder gleich dem Wert des Parameters *Papierlänge* sein. Die Differenz zwischen den Werten beider Parameter wird zu gleichen Anteilen als oberer bzw. unterer Rand ausgegeben.

Anzahl Druckspalten

Dieser Parameter bestimmt die Anzahl von Spalten, mit denen die Daten ausgegeben werden. Normaler Text besitzt nur eine Druckspalte, Artikel in Zeitschriften und Tageszeitungen dagegen mehrere. Die Spaltenbreite erhält man, indem man den Wert des Parameters *Papierbreite* durch die Anzahl der Spalten dividiert.

Initialisierung

Hier ist eine Steuersequenz einzutragen, die den Drucker in den gewünschten Standardzustand versetzt. Die notwendigen Steuersequenzen entnehmen Sie bitte Ihrem Druckerhandbuch. Nicht auf der Tastatur befindliche Steuerzeichen oder solche, die sich nicht eingeben lassen (Esc), geben Sie bitte als Dezimalzahlen in runden Klammern ein. Für ESC ist zum Beispiel *(27)* einzutragen.

Abschluß

Die hier einzutragende Steuersequenz wird nach dem Abschluß der Ausgabe an den Drucker gesendet. Es ist zu beachten, daß eine inkorrekte oder unvollständige Abschluß-Sequenz Probleme beim Ausdruck mit Fremdprogrammen bereiten kann.

Normal

Hier ist die Steuersequenz einzutragen, die den Drucker wieder auf normale Schrift zurücksetzt.

Zeichen/Zoll

Diese Angabe bestimmt, wieviele Zeichen auf 2,54 cm Raum Platz finden. Aus diesem Wert und dem Wert des Parameters *Papierbreite* wird die Anzahl der Zeichen pro Zeile errechnet.

Zeilen/Seite

Dieser Parameter bestimmt die Anzahl der Zeilen pro Seite. Sein Wert wird durch die Einstellung des Parameters *Papierlänge* vorgegeben.

Weitere Schriftgrößen

Neben der normalen Schrift können noch drei weitere Schriftgrößen (*Größe 1 - Größe 3*) definiert werden, die sich im Modul *Programmierer* durch den MODE-Befehl anwählen lassen. Auch für diese Schriftgrößen sind die beiden vorstehenden Parameter zu definieren.

Superscript und Subscript

Hier sind die Steuersequenzen für den Ausdruck hoch- bzw. tiefgestellter Zeichen einzutragen.

Farbe 1-4 - Farbdrucker

Diese Parameter legen die Steuersequenzen für die Ausgabe auf Farbdrucker fest. Es ist unbedingt zu beachten, daß bei der Ausgabe auf einen Drucker eine subtraktive *Farbmischung* vorliegt, bei der drei 

übereinanderliegende Körperfarben schwarz ergeben. Die Darstellung auf dem Bildschirm dagegen unterliegt der additiven Farbmischung, bei der drei Spektralfarben übereinanderprojeziert weiß erzeugen. Wir stellen hier die Bildschirmfarben den Druckfarben gegenüber :

Additive und Subtraktive Farbmischung

Farbe	Druckfarbe(n)	Bildschirmfarbe(n)
Blau	Blau	Blau
Rot	Rot	Rot
Grün	Blau & Gelb	Grün
Gelb	Gelb	Rot & Grün
Magenta	Blau & Rot	Blau & Grün
Orange	Gelb & Rot	Blau & Rot
Weiß	Nichts	Weiß
Schwarz	Blau, Rot & Gelb	Nichts

Fettdruck, Unterstreichen, Kursiv, Briefqualität (LQ)

Hier sind die entsprechenden Sequenzen für die angegebenen Schriftmodi einzutragen.

Font 1-4

Die Sequenzen dieser Parameter legen vier weitere Schriftarten fest, die dann beim Ausdruck verwendet werden können.

Seitenvorschub, Zeilenvorschub, Rückschritt, Neue Zeile

Die hier eingetragenen Steuersequenzen sollten den Druckkopf auf die erste Zeile des nächsten Blattes, in die nächste Zeile, ein Zeichen zurück bzw. an den Anfang der nächsten Zeile setzen.

Grafikvorbereitung und Grafikrücksetzung

Diese beiden Parameter sind mit den Steuerzeichen für das Umschalten von Text- auf Grafikdruck bzw. das Umschalten von Grafik- auf Textdruck zu belegen.

Grafikanfang 1 und Grafikende

Diese Parameter sind bei Druckern, die vor und nach den Grafikdaten weitere Informationen benötigen, mit den entsprechenden Steuersequenzen zu versehen.

Grafikbenutzersequenz 1

Dieser Parameter muß bei Ausgabegeräten der Klasse 60 die Steuersequenz *(13)* enthalten.

Anzahl Grafiknadeln

Hier ist die Anzahl der für den Grafikdruck zu verwendenden Nadeln einzutragen.

Grafikzeilen-Höhe

Dieser Parameter ist mit der Anzahl der insgesamt vorhandenen Anzahl von Druckkopfnadeln zu belegen.

Kreis-Weite-Verhältnis, Kreis-Höhe-Verhältnis

Durch die Werte dieser beiden Parameter können Sie einen verzerrten Kreis rund gestalten. Da für diese Verhältniszahlen nur ganzzahlige Werte zugelassen sind, multiplizieren Sie beide Werte mit 10, bis die Genauigkeit Ihren Vorstellungen entspricht. Zum Beispiel ist die Angabe *2:1* gleichbedeutend mit der Angabe *20:10*.

Testen eines Treibers

Nachdem Sie alle Parameter eines Treibers mit den gewünschten Werten belegt haben, können Sie über <testen:F7> eine Testausgabe starten, wenn Sie den Treiber über <do:F10> verlassen haben und sich somit wieder in der Liste der Konfigurationen befinden.

KAPITEL 50 - OSA-APPLIKATIONEN

U | Obwohl Open Access schon immer recht flexibel war, werden die Möglichkeiten durch OSA, die *Offene-System-Architektur*, nochmals erheblich erweitert. Bei OSA-Applikationen handelt es sich um Programme, die in der Programmiersprache *C* entwickelt wurden und die jederzeit in Open Access eingebunden werden können. Zur OSA-Programmentwicklung wird das sogenannte *Entwicklerpaket*, eine Sammlung von Routinen, die in *Microsoft C 5.1* eingebunden werden können und dann den Zugriff auf Open-Access-Systemvariable bieten, benötigt. Das Schreiben der OSA-Applikationen mit dem Entwicklerpaket bleibt allerdings die Aufgabe erfahrener Programmierer, da gute Kenntnisse der Programmiersprache *C* unabdinglich sind.

Alle OSA-Applikationen gliedern sich nahtlos in die Open-Access-Benutzeroberfläche ein, so daß der Anwender sich nicht an eine andere Optik und Bedienung gewöhnen muß. Die Anwendungsmöglichkeiten für OSA sind kaum begrenzt. Es lassen sich zum Beispiel neue Funktionen für Datenbank und Tabellenkalkulation entwerfen, der Befehlssatz der Programmiersprache *PRO* erweitern oder Systemvariable (z.B. Farbkonfiguration) verändern. Im folgenden werden wir aufzeigen, was bei der Arbeit mit OSA-Applikationen zu beachten ist.

Technische Daten

Bevor Sie mit einer OSA-Applikation arbeiten können, müssen Sie diese in Open Access einbinden. Da jede OSA-Applikation Hauptspeicherplatz (RAM) im Rechner belegt, bestehen einige Einschränkungen, die unbedingt beachtet werden sollten :

Speicherplatz

Maximal 15 OSA-Applikationen können gleichzeitig in Open Access eingebunden werden.

Anzahl Funktionen pro OSA-Applikation

Jede OSA-Applikation kann bis zu 50 OSA-Funktionen beinhalten.

Anzahl aktiver OSA-Funktionen

Insgesamt dürfen die eingebundenen OSA-Routinen maximal 50 Funktionen bereitstellen.

Probleme mit dem Speicherplatz

Jede OSA-Applikation belegt einen Teil des Hauptspeichers. Bei Problemen mit dem Speicherplatz sollten Sie daher eventuell eine oder mehrere der eingebundenen OSA-Applikationen entfernen.

Einbinden

Es bestehen drei Möglichkeiten, eine OSA-Applikation in Open Access einzubinden. Welche Alternative zu wählen ist, hängt von der jeweiligen OSA-Applikation ab.

Automatisches Einbinden

Für das automatische Einbinden beim Starten des Programms wird eine Textdatei benötigt, welche die Dateinamen der einzubindenden OSA-Applikationen enthält. Diese Datei können Sie sehr einfach mit dem *Notizblock* des Open-Access-Deskmanagers anlegen. Sollen zum Beispiel die OSA-Applikationen MODES.OAC, POWER.OAC und LIST.OAC automatisch eingebunden werden, so muß die Datei folgenden Aufbau haben :

```
MODES
POWER
LIST
```

Wie Sie sehen, ist die Angabe des Suffix nicht nötig, aber für jeden Namen ist eine neue Zeile zu wählen. Leerzeilen zwischen den Namen sind nicht zulässig. Diese Datei speichern Sie nun unter einem beliebigen Namen in einem der Verzeichnisse, die in der Suchtabelle eingetragen wurden.

Starten Sie nun Open Access nicht durch *OA3* sondern durch *OA3 A=[Name]*.
Den Platzhalter *[Name]* ersetzen Sie durch den Namen der eben angelegten
Datei, welche die Namen der OSA-Applikationen enthält.

Einbinden mittels Hilfsprogramm

MP : Hilfsprogramme - OSA - EInbinden

Tragen Sie in das Fenster den Dateinamen der OSA-Applikation ein oder wählen
Sie eine OSA-Applikation über <suchen:F4> aus einem der Verzeichnisse, die
in der Suchtabelle eingetragen wurden.

Einbinden über den Programmierer

Über eine Applikation des Programmierers kann eine OSA-Routine mit dem
Befehl *ATTACH "[Name]"* eingebunden werden. Der Platzhalter *[Name]* ist
durch den Namen der OSA-Applikation zu ersetzen.

Entfernen

In verschiedenen Situationen kann es nötig sein, eine eingebundene OSA-
Applikation wieder zu entfernen. Es gibt zwei Wege dies zu erreichen.

Entfernen mittels Hilfsprogramm

MP : Hilfsprogramme - OSA - ENtfernen

Tragen Sie in das Fenster den Dateinamen der OSA-Applikation ein oder wählen
Sie eine OSA-Applikation über <suchen:F4> aus einem der Verzeichnisse, die
in der Suchtabelle eingetragen wurden.

Entfernen über den Programmierer

Über eine Applikation des Programmierers kann eine OSA-Routine mit dem
Befehl *DETACH "[Name]"* entfernt werden. Der Platzhalter *[Name]* ist durch den
Namen der OSA-Applikation zu ersetzen.

Aufrufen

Wie die Funktionen einer OSA-Applikation aufgerufen werden, hängt von der Applikation selbst ab. Näheres dazu sollten Sie in der Beschreibung zur jeweiligen OSA-Applikation finden. Wir wollen hier lediglich auf den "Normalfall" jederzeit aufrufbarer OSA-Applikation eingehen. Wir beschreiben dazu den Weg bis zur Öffnung des Eingabefensters, in das dann nur noch der Name der OSA-Applikation (Suffix nicht nötig) eingetragen werden muß.

Aufruf über Funktionstaste

Nach dem im Kapitel 47 beschriebenen Verfahren können Sie eine festgelegte OSA-Applikation direkt auf Tastendruck aufrufen. Wollen Sie aber über eine Funktionstaste eine beliebige OSA-Applikation starten, so ist die Voreinstellung \C der Funktionstaste *F1* zu wählen.

Aufruf über das Makro-Menü

Betätigen Sie <makro:Alt-F8> und dann <ändern:F6>, um das Eingabefenster über das Makro-Menü zu öffnen.

Über die Anwendungen

Die notwendigen Informationen zur Realisierung eines Aufrufs über die Option *Anwendungen* des Open-Access-Hauptmenüs finden Sie in Kapitel 48.

ANHANG

Suffixe der Open-Access-Dateien

&#	Eine temporäre Datei
ARR	Die Parameter des Programmierers
ASD	Automatisch angelegte Kopie eines DOC-Textes
AST	Automatisch angelegte Kopie eines TXT-Textes
BAT	Eine DOS-Stapeldatei (Batch)
BCK	Die Sicherheitskopie einer Kalkulationsmodells
CHT	Eine Grafikkonfiguration
CMP	Ein komprimiertes Modell der Kalkulation
CND	Eine gebundene Anwendung des Programmierers
DF	Eine Tabelle der Datenbank
DIF	Daten im Transferformat (Data Interchange Format)
DOC	Ein formatierter Text
DRV	Ein Grafiktreiber
EXC	Benutzereinträge zur Silbentrennung
EXE	Ein ausführbares Programm
FMD	Ein Modell der Kalkulation
HLP	Ein Hilfstext
HYP	Daten für die Silbentrennung
IF	Der Index einer Tabelle der Datenbank
IMA	Eine Grafik im IMA-Format
LEX	Daten für die Rechtschreibhilfe
MDM	Eine Modemkonfiguration
MF	Einträge der Memospalten einer Tabelle
MNU	Ein Menü der Anwendungen
MON	Ein Tastaturmakro
OA3	Die Open-Access-Systemeinstellungen
OAC	Eine OSA-Applikation
OBJ	Eine OSA-Applikationen im Objektkode
PCX	Eine Grafik im Diaformat
PHO	Eine Textgrafik im Diaformat
PMK	Eine Druckmaske
PRT	Die Druckerkonfigurationen
SMK	Eine Schirmmaske der Datenbank
SPI	Das eigentliche Open Access
SRV	Konfiguration einer Dienstdatei der Kommunikation
SSH	Ein Diakarusell
STF	Eine Spaltenanalysemaske der Datenbank
TBD	Die Konfiguration einer Tabellenanalyse
TBF	Eine Maske zur Tabellenanalyse
TBI	Die Daten einer Tabellenanalyse
TXT	Ein Text ohne Formatierung (ASCII-Code)
XLT	Eine Übersetzungstabelle für den Datenaustausch

Hinweise für Umsteiger

Sollen Datenbestände von Version II auf Version 3.0 übertragen werden, so sind die im folgenden angeführten Hinweise zu beachten.

Grundsätzliches

Bevor Sie mit Open Access II erstellte Dateien mit der Version 3.0 verwenden, sollten Sie unbedingt Sicherheitskopien der Dateien anlegen. Nur so ist gewährleistet, daß Sie bei eventuellen Problemen keine Daten verlieren. Außerdem lassen sich mit der Version 3.0 erstellte oder bearbeitete Dateien nur in wenigen Fällen mit der älteren Programmversion verarbeiten.

Textverarbeitung

Sowohl *DOC*-Dateien als auch *TXT*-Dateien können ohne Probleme verarbeitet werden. Es ist allerdings zu beachten, daß sich einige der *eingebetteten Befehle* geändert haben. Nutzen Sie die *Ersetzen*-Funktion, um diese auf Version 3.0 anzupassen.

Eingebettete Befehle	
Version 2	Version 3
KT1	KZEILE1
KT2	KZEILE2
Fußteil	FZEILE
KT1_ZEILE	KZEILE1_NR
KT2_ZEILE	KZEILE2_NR
Fußteil_Zeile	FZEILE_NR
SETZE_S	SETZE_SEITE
JUSTIEREN	AUSRICHTEN
SATZNR	ZEILENR

Datenbank

In Schirm- (Suffix *SMK*) und Druckmasken (Suffix *PMK*) ist die *Abfrage* in Version 3.0 in englisch gehalten. Werden Schirmmasken früherer Versionen (mit deutscher Abfrage) verwendet, so kommt es bei der *Formabfrage* zu einer Fehlermeldung. Sie müssen die Abfragen aller Schirmmasken ins englische übertragen, um diese Probleme zu vermeiden.

Datenbankdateien der Version II werden nach Rückfrage konvertiert, wenn man
unter Version 3.0 mit ihnen arbeiten will. Bei der Übertragung von Datenbankdateien mit 82 Spalten kann es vereinzelt zu Problemen kommen.
Überprüfen Sie Dateien mit dieser Spaltenanzahl daher auf korrekte Übertragung.

Kalkulation

Wie in der Textverarbeitung wurden auch in der Kalkulation einige eingebettete
Befehle umbenannt. Zusätzlich wurden die Bezeichnungen einzelner Makrobefehle geändert.

<table>
<tr><td colspan="2" align="center">Eingebettete Befehle und Makrobefehle</td></tr>
<tr><td>Version 2</td><td>Version 3</td></tr>
<tr><td><Ber></td><td><Bereich></td></tr>
<tr><td><Graph></td><td><Graf1>/<Graf2></td></tr>
<tr><td><Alt5></td><td><Alt-F5></td></tr>
<tr><td><Alt6></td><td><Alt-F6></td></tr>
<tr><td><Alt7></td><td><Alt-F7></td></tr>
<tr><td><Alt9></td><td><Alt-F9></td></tr>
<tr><td><Justie></td><td><Ausric></td></tr>
<tr><td><Beep></td><td><Ton></td></tr>
<tr><td><Case></td><td><Fall></td></tr>
<tr><td><Benut1></td><td><DeF1></td></tr>
<tr><td><Benut2></td><td><DeF2></td></tr>
<tr><td><Benut3></td><td><DeF3></td></tr>
<tr><td><Benut4></td><td><DeF4></td></tr>
<tr><td><Benut5></td><td><DeF5></td></tr>
<tr><td><Benut6></td><td><DeF6></td></tr>
<tr><td><Benut7></td><td><DeF7></td></tr>
<tr><td><Benut8></td><td><DeF8></td></tr>
<tr><td><Drucke></td><td><Druck></td></tr>
<tr><td><End></td><td><Ende></td></tr>
<tr><td><Env></td><td><Umgeb></td></tr>
<tr><td><Graph1></td><td><Graf1></td></tr>
<tr><td><Graph2></td><td><Graf2></td></tr>
<tr><td><Info></td><td><Hilfe></td></tr>
<tr><td><If></td><td><Falls></td></tr>
<tr><td><Jump></td><td><Sprung></td></tr>
<tr><td><Move></td><td><Beweg></td></tr>
<tr><td><Msg></td><td><Nachri></td></tr>
<tr><td><Rückta></td><td><Rücktab></td></tr>
</table>

Wir haben keine Möglichkeit gefunden, die Grafikkonfigurationen aus Version II
(Dateien mit Suffix CHT) in Open Access III zu übernehmen.

Wichtige Adressen

Perspektive

Die SPI-eigene Zeitschrift *Perspektive* erscheint vierteljährlich mit mindestens 24 Seiten Umfang. Der Schwerpunkt liegt bei Berichten, Tips & Tricks und Informationen zu Open Access. Für 20,00 DM jährlich kann die Perspektive bei

>   Gesellschaft für Redaktionelle Dienstleistungen
>   Pater-Maier-Straße 45
>
>   8152 Feldkirchen-Westerham 1

abonniert werden.

Open-Access-Userclub

Der Userclub wurde Anfang 1988 gegründet. Er bietet für 90,00 Jahresbeitrag eine personengebundene Mitgliedschaft. Neben einer ständig erneuerten Informationsdatei, die den Mitgliedern regelmäßig zugesendet wird, werden Club-Treffen organisiert. Nähere Informationen erhalten Sie beim

>   Open Access User Club
>   Herrn Dieter Feiler i.H. SFG
>   Mühlstraße 2
>
>   7900 Ulm-Söflingen

SPI

Beim Hersteller erhalten Sie unter anderem Informationen zum Applikationskatalog, wenn Sie folgende Adresse anschreiben :

>   SPI (Deutschland) GmbH
>   Stefan-George-Ring 22+24
>
>   8000 München 81

ASCII-Tabelle

Dez.	Zeichen	Dez.	Zeichen	Dez.	Zeichen	Dez.	Zeichen	Dez.	Zeichen	Dez.	Zeichen	Dez.	Zeichen	Dez.	Zeichen
0		32		64	@	96	`	128	Ç	160	á	192	└	224	α
1	☺	33	!	65	A	97	a	129	ü	161	í	193	┴	225	ß
2	☻	34	"	66	B	98	b	130	é	162	ó	194	┬	226	Γ
3	♥	35	#	67	C	99	c	131	â	163	ú	195	├	227	π
4	♦	36	$	68	D	100	d	132	ä	164	ñ	196	─	228	Σ
5	♣	37	%	69	E	101	e	133	à	165	Ñ	197	┼	229	σ
6	♠	38	&	70	F	102	f	134	å	166	ª	198	╞	230	µ
7	•	39	'	71	G	103	g	135	ç	167	º	199	╟	231	τ
8	◘	40	(	72	H	104	h	136	ê	168	¿	200	╚	232	Φ
9	○	41	)	73	I	105	i	137	ë	169	⌐	201	╔	233	Θ
10	◙	42	*	74	J	106	j	138	è	170	¬	202	╩	234	Ω
11	♂	43	+	75	K	107	k	139	ï	171	½	203	╦	235	δ
12	♀	44	,	76	L	108	l	140	î	172	¼	204	╠	236	∞
13	♪	45	-	77	M	109	m	141	ì	173	¡	205	═	237	φ
14	♫	46	.	78	N	110	n	142	Ä	174	«	206	╬	238	ε
15	☼	47	/	79	O	111	o	143	Å	175	»	207	╧	239	∩
16	►	48	0	80	P	112	p	144	É	176	░	208	╨	240	≡
17	◄	49	1	81	Q	113	q	145	æ	177	▒	209	╤	241	±
18	↕	50	2	82	R	114	r	146	Æ	178	▓	210	╥	242	≥
19	‼	51	3	83	S	115	s	147	ô	179	│	211	╙	243	≤
20	¶	52	4	84	T	116	t	148	ö	180	┤	212	╘	244	⌠
21	§	53	5	85	U	117	u	149	ò	181	╡	213	╒	245	⌡
22	▬	54	6	86	V	118	v	150	û	182	╢	214	╓	246	÷
23	↨	55	7	87	W	119	w	151	ù	183	╖	215	╫	247	≈
24	↑	56	8	88	X	120	x	152	ÿ	184	╕	216	╪	248	°
25	↓	57	9	89	Y	121	y	153	Ö	185	╣	217	┘	249	∙
26	→	58	:	90	Z	122	z	154	Ü	186	║	218	┌	250	·
27	←	59	;	91	[	123	{	155	¢	187	╗	219	█	251	√
28	∟	60	<	92	\	124			156	£	188	╝	220	▄	252	ⁿ
29	↔	61	=	93	]	125	}	157	¥	189	╜	221	▌	253	²
30	▲	62	>	94	^	126	~	158	₧	190	╛	222	▐	254	■
31	▼	63	?	95	_	127	⌂	159	ƒ	191	┐	223	▀	255	

SACHWORTVERZEICHNIS

A

B

C